ADICTOS SEXUALES ANÓNIMOS

APROBADO POR EL COMITÉ DE LITERATURA
AGOSTO 2004

APROBADO POR LA CONFERENCIA
MAYO 2016

Esta es la traducción al Español de la Tercera Edición de
Adictos Sexuales Anónimos

ISO
P.O. Box 70949, Houston, TX 77270
800-477-8191

Página Web: http://www.saa-recovery.org
Correo electrónico: info@saa-recovery.org

978-0-9892286-2-6

Impreso en los Estados Unidos de América

ÍNDICE

Capítulo	*Página*
Prólogo a Adictos Sexuales Anónimos, Tercera Edición	viii
Introducción	1
Capítulo Uno: Nuestra adicción	3
Capítulo 2: Nuestra comunidad	
Las reuniones	11
El papel del padrino	14
Definición de abstinencia	16
Capítulo Tres: Nuestro programa	
Los Doce Pasos de SAA	23
Primer Paso	25
Segundo Paso	29
Tercer Paso	32
Cuarto Paso	36
Quinto Paso	42
Sexto Paso	45
Séptimo Paso	49
Octavo Paso	51
Noveno Paso	55
Décimo Paso	59
Undécimo Paso	63
Duodécimo Paso	66
Capítulo Cuatro: Nuestra vida en recuperación	
Herramientas para la recuperación	70
Síndrome de abstinencia y recaídas	75
Una sexualidad más sana	79
Ayuda externa	82
Capítulo Cinco: Nuestro propósito	
Servicios	85
Las Doce Tradiciones de Adictos Sexuales Anónimos (ASA)	87
Primera Tradición	88
Segunda Tradición	89

Tercera Tradición 92
Cuarta Tradición 93
Quinta Tradición 96
Sexta Tradición 97
Séptima Tradición 99
Octava Tradición 101
Novena Tradición 102
Décima Tradición 104
Undécima Tradición 106
Duodécima Tradición 108

Conclusión: Seguir regresando 110

Los pasos son la solucion espiritual 113

Historias Personales
1. No quería estar solo 116
2. Una llamada telefónica le salvó la vida 128
3. Integrándose 135
4. Tomar una decisión 139
5. Sus sueños se hacen realidad 143
6. Una nueva forma de vida 146
7. Sin necesidad de comprenderlo 150
8. Ser monja y adicta sexual 153
9. Libre en prisión 157
10. Anoréxico sexual 159
11. Aún creciéndose espiritualmente 164
12. Consecuencias trágicas, grandes recompensas 169
13. Esto es lo que sí funciona 173
14. Reparar el daño en vida 176
15. Choque de dos mundos 182
16. Otra puerta se abre 189
17. Fin al aislamiento 196
18. Muchos obstáculos que saltar 198
19. Una fuente superior 204
20. Entregarse dos veces 210
21. Fuera de los estacionamientos 214
22 Mantenerse en el camino 221
23. Crecerse 224
24. Un nuevo pasado 229
25. De la locura a la serenidad 231
26. La abstinencia es la base 242
27. Sacerdote sin control 245
28. Llevar a cabo el programa 248

29. Un nuevo viaje 253
30. Tiempo para crecerse 257
31. Romper el silencio 261
32. La paz de la recuperación 266
33. Vocación en la vida 272
34. Ahora ella tiene una esperanza 280
35. El camino a la reconciliación 283
36. ¿Es posible ser alguien "normal"? 288
37. Auto-aceptación 291
38. Por la gracia de Dios 300
39. Una de las personas elegidas 303
40. Se revelarán mayores detalles 309
41. Funciona si nosotros lo llevamos a cabo 313
42. El don de la sobriedad 318
43. La clave para sanar 322
44. Amor firme 325
45. Sueños reestablecidos 333
46. Los pasos a la libertad 337

PRÓLOGO A LA TERCERA EDICIÓN

Este libro es el primer texto completo publicado por la Comunidad de Adictos Sexuales Anónimos (ASA) y fue elaborado como respuesta a la necesidad de nuestros miembros de contar con un texto que sirviera como guía general de nuestro programa de recuperación de la adicción sexual.

Describe nuestra adicción tal y como la hemos experimentado; explica el propósito y la manera en que están estructurados nuestros grupos; lo indispensable que es el padrinazgo como guía dentro del programa; el proceso por el cual los miembros deciden abstenerse de comportamientos sexuales adictivos y los Doce Pasos del programa de ASA. Otros aspectos importantes incluyen las diferentes "herramientas" que se usan en el programa y las doce tradiciones de ASA que sirven de guía a los grupos y a sus comités de servicios en su tarea de transmitir el mensaje de recuperación. Al final del libro, hemos incluido algunas historias personales de nuestros miembros en las que ellos comparten sus experiencias, fortalezas y esperanzas acerca de su adicción y recuperación.

Este libro no pretende ser un manual de instrucciones completo que abarque todos los aspectos de cómo poner en práctica los Doce Pasos. A medida que adquirimos experiencia y sabiduría, confiamos en que se escribirá más literatura que trate las necesidades que vayan surgiendo en nuestra comunidad.

La máxima herramienta de recuperación es el adicto sexual en vía de recuperación. Nuestro compromiso de ayudar a otros adictos sexuales que buscan recuperarse y nuestro trabajo en conjunto hacia esa meta en común, transmiten el mensaje del programa de ASA mejor que cualquier material escrito. La experiencia que gana cada uno de los miembros al llevar a cabo los pasos del programa es la mejor forma de apreciar su recuperación. Aquí debemos hacer énfasis en lo que se estipula frecuentemente en este libro: la importancia de trabajar con un padrino para recibir el máximo beneficio de nuestro programa. No solos, sino juntos, a través de un Poder Superior a nosotros, podemos y nos recuperamos de la adicción sexual.

Con esta fe, con un espíritu altruista y con una profunda gratitud por el don de la recuperación que hemos recibido, es que ofrecemos este libro a los adictos sexuales que estén buscando una nueva forma de vivir.

INTRODUCCIÓN

Somos adictos sexuales. Nuestra adicción casi destruye nuestras vidas, pero nos liberamos a través del programa de recuperación de Adictos Sexuales Anónimos (ASA). En la Comunidad de ASA descubrimos que no estamos solos y que el reunirnos con frecuencia a compartir experiencias, fortalezas y esperanzas nos brinda la opción de vivir una nueva vida.

Nuestro comportamiento sexual adictivo nos causaba dolor, a nosotros mismos, a nuestros amigos, a nuestras familias y seres queridos. Nuestras vidas estaban fuera de control. Probablemente hayamos querido dejar nuestro comportamiento adictivo haciendo promesas y varios intentos de poner fin a nuestra adicción; sin embargo, fallábamos una y otra vez. Para cada uno de nosotros, llegó un momento de crisis. Cuando al fin pedimos ayuda, encontramos una manera de recuperarnos mediante el programa de ASA.

Nos dimos cuenta, a través de nuestra larga y dolorosa experiencia, de que somos incapaces de lograr recuperarnos de la adicción sexual por nuestros propios medios. Nuestro programa tiene como base la creencia, confirmada por nuestra experiencia, que un Poder Superior a nosotros mismos puede lograr lo que no pudimos hacer solos. Al dejar nuestra adicción en manos de un Poder Superior, recibimos el don de la recuperación, un día a la vez.

Adictos Sexuales Anónimos es un programa espiritual que tiene como base los Pasos y Tradiciones de Alcohólicos Anónimos (AA). Aunque no estamos afiliados a AA ni a ninguna otra organización, estamos profundamente agradecidos con Alcohólicos Anónimos por hacer posible nuestra recuperación.

Nuestro propósito primordial es ponerle fin a nuestro comportamiento sexual adictivo y ayudar a otros a recuperarse de su adicción sexual. Encontramos una nueva forma de vivir a través del programa de ASA y transmitimos nuestro mensaje a otros que buscan recuperarse. Todo aquél que desee ponerle fin a su comportamiento sexual adictivo, puede hacerse miembro del programa. No existe ningún otro requisito. Nuestra comunidad está abierta a mujeres y hombres, sin importar su edad, raza, religión, origen étnico, estado civil u ocupación. Toda persona es bienvenida sin importar su identidad u orientación sexual, ya sea homosexual, lesbiana, heterosexual, bisexual o transexual.

En nuestros grupos, existe una sabiduría colectiva que ha aumentado y que ha sido transmitida a todos los miembros a través de los años. Aprendemos nuevas soluciones para resolver viejos problemas. Los Doce Pasos constituyen el eje central de este programa espiritual de recuperación. Al seguir estos pasos nos liberamos del comportamiento sexual adictivo y sanamos nuestra mente, cuerpo, espíritu, relaciones personales y sexualidad.

La desesperación nos reunió. Encontramos los unos en los otros lo que no podíamos encontrar en ninguna otra parte: alguien que sabía y podía entender la intensidad de nuestro dolor. Juntos encontramos la esperanza y la protección de un Poder Superior bondadoso.

Nuestro compromiso es ayudar a otros a recuperarse de su adicción sexual, de la misma forma que otros nos ayudaron a nosotros. Este libro contiene nuestras historias y nuestra sabiduría y está dedicado a todo adicto sexual, dondequiera que se encuentre.

CAPÍTULO UNO

NUESTRA ADICCIÓN

Antes de venir a Adictos Sexuales Anónimos, muchos de nosotros no sabíamos que nuestro problema tenía un nombre. Lo único que sabíamos era que no podíamos controlar nuestro comportamiento sexual. Para nosotros, las relaciones sexuales eran una forma de vida absorbente. Aunque los detalles de las historias de cada uno de nosotros eran diferentes, nuestro problema era el mismo. Éramos adictos a los comportamientos sexuales a los que regresábamos una y otra vez, a pesar de las consecuencias.

La adicción sexual es una enfermedad que afecta la mente, el cuerpo y el espíritu. Es progresiva y el comportamiento, junto con sus consecuencias, generalmente son más serios conforme pasa el tiempo. Se presenta como una compulsión que es un deseo más fuerte de lo que puede resistir nuestra voluntad, y como obsesión que es una preocupación mental acompañada de comportamientos y fantasías sexuales. En ASA, llamamos a nuestro comportamiento sexual adictivo "actuar".

El actuar transfiguraba nuestros sentimientos y nuestra conciencia y esa transfiguración nos parecía muy deseable. La obsesión y los rituales que llevaban al acto sexual en sí eran parte de la "adrenalina". Constantemente buscábamos esa adrenalina, prefiriéndola sobre muchas otras actividades y sintiendo nuestras compulsiones con mayor fuerza que nuestras necesidades básicas de comer, beber, dormir o estar a salvo. Estos deseos compulsivos eran irresistibles, constantes e insaciables; eran como alarmas que se activaban en nuestras mentes y hacían que fuera difícil concentrarse en otra cosa. Cuando queríamos actuar, el sentido de urgencia, no se disipaba. Tampoco nos sentíamos satisfechos cuando obteníamos nuestra "dosis." En lugar de eso, entre más actuábamos, mayores deseos sentíamos de continuar actuando. Perdíamos cada vez más y más de nuestras vidas debido a nuestra adicción, lo cual nos costaba tiempo, dinero, relaciones personales, salud, trabajo y hasta nuestra libertad. Las consecuencias de nuestra adicción no nos hacían poner fin ni limitar nuestro actuar. Entre más tratábamos de controlar nuestro comportamiento, más empeoraba. Éramos incapaces de ponerle fin por nuestra cuenta y las súplicas o amenazas de las personas en nuestro derredor tampoco nos ayudaban a ponerle fin.

Actuábamos de diferentes maneras. En algunas ocasiones teníamos problemas con un comportamiento no deseado; en otras, con muchos de ellos, en ese contexto, luchamos contra la promiscuidad; las relaciones sexuales anónimas; la masturbación compulsiva; las relaciones destructivas; las obsesiones románticas; la infidelidad; el tener fantasías obsesivas; el sexo cibernético; el uso compulsivo de pornografía –incluyendo la de Internet–; temor excesivo de las relaciones sexuales o evitarlas; prostitución o uso de prostitutas; travestismo compulsivo; relaciones sexuales por teléfono; voyerismo; exhibicionismo; tener relaciones sexuales en lugares públicos; tocarse de manera inapropiada; abuso sexual o manoseo; sadomasoquismo; u otros comportamientos que son, en sí, un riesgo para nosotros mismos – físico, legal, emocional o espiritual– y un peligro para otras personas. Éstos son sólo algunos ejemplos de nuestro actuar pero existen muchos más. Lo que tienen en común todos estos comportamientos para nosotros los adictos sexuales es que los practicábamos de una forma compulsiva, nuestra fuerza de voluntad era incapaz de hacerles frente y tenían un efecto negativo y doloroso. No importaba si otras personas parecían comportarse así sin enfrentar ningún efecto adverso. Nosotros no podíamos llevarlas a cabo sin sufrir las consecuencias.

A través del tiempo nos hemos dado cuenta de ciertas características de nuestra vida como adictos sexuales. Aunque ninguno de nosotros encaja perfectamente en un perfil particular, todos podemos identificarnos con algunos de los siguientes rasgos: escogíamos las relaciones sexuales y la obsesión romántica por sobre aquellas cosas que más amamos, incluyendo los amigos, la familia y nuestra profesión. Nuestras mentes se llenaban de pensamientos sexuales, fantasías románticas y planes para seducir que distorsionaban nuestro pensamiento. Las relaciones sexuales se convirtieron en una forma de escapar de nuestros sentimientos y responsabilidades. Repetíamos nuestros comportamientos sexuales aunque sabíamos que nos causarían daño a nosotros mismos y a otras personas. Intentamos dejar estos comportamientos pero nuestros intentos no funcionaron. La mayor parte de nuestro tiempo se nos iba en prácticas sexuales o en manejar las crisis y los problemas que surgían debido a nuestro comportamiento sexual. Violábamos nuestros propios valores y las relaciones sexuales se convertían en el principal indicador de lo que era importante. Nuestras decisiones sexuales nos generaban miedo y desesperación; nuestras vidas se llenaban de engaños para poder ocultar nuestro comportamiento. Llegamos a encontrarnos aislados y solos y nos sentíamos vacíos espiritualmente. En nuestra adicción, perdíamos el control de nuestro comportamiento; la enfermedad tenía vida e intereses propios, una verdad difícil de aceptar. Es posible que pensáramos que podíamos actuar solamente cuando así lo deseábamos, pero si examinamos de cerca nuestra experiencia, podemos ver que no podíamos controlar nuestro comportamiento. Por ejemplo, muchos de nosotros pensábamos que podíamos actuar por un rato y después regresar a nuestra vida normal; nos entreteníamos en uno de nuestros comportamientos favoritos, como navegar en Internet, sólo para descubrir que no nos deteníamos cuando dijimos que lo haríamos. En ocasiones, no nos deteníamos hasta que era absolutamente necesario.

Cuando nos encontrábamos activos en nuestra adicción, era difícil dejar nuestra obsesión con el sexo. Se inmiscuía en nuestros pensamientos, especialmente cuando estábamos bajo presión, lo que incluía: fantasear sobre sexo, pensar en las veces que habíamos actuado y hacer planes para volver a actuar. La obsesión sexual tenía consecuencias propias. Cuando estábamos absortos en nuestros pensamientos sobre sexo, era difícil concentrarnos en algo más; utilizábamos fantasías sexuales para lidiar con emociones y situaciones que no queríamos enfrentar. Entre más hacíamos esto, mayor crecía nuestra obsesión sexual; en poco tiempo muchos de nosotros pensábamos y fantaseábamos sobre sexo durante todo el día. Nuestras fantasías se volvían más compulsivas e inusuales. Además, si hacíamos realidad nuestras fantasías con la esperanza de que si las satisfacíamos nos sentiríamos satisfechos, descubríamos que estábamos sedientos de más. Entre más tiempo permanecíamos en ese mundo de fantasía, más perdíamos el contacto con la realidad. Nuestra obsesión sexual frecuentemente nos llevaba a creer que otras personas estaban tan obsesionadas como nosotros; como resultado de esa creencia, algunos de nosotros hacíamos sugerencias, chistes o comentarios inapropiados sobre sexo. De hecho, no es que las fantasías sexuales sean necesariamente malsanas en sí mismas. Nuestro problema era que nos perdíamos a nosotros mismos en estas fantasías compulsivas, alejándonos cada vez más de los demás y de la realidad.

Intentábamos establecer límites en torno a nuestro comportamiento, pero con el tiempo violábamos esos límites. Algunos de nosotros decidimos que realizaríamos ciertos comportamientos, pero no haríamos otras cosas que fueran peligrosas, causaran daño a otros o fueran ilegales. Actuaríamos en formas supuestamente "seguras", y sólo fantasearíamos acerca de actuar en lo que estaba prohibido. De pronto, un día, cruzábamos esos límites: pagábamos por tener relaciones sexuales cuando pensamos que nunca lo haríamos, corríamos riesgos reuniéndonos con extraños para tener relaciones sexuales o violábamos los límites sexuales de otros. Tal vez nos prometimos a nosotros mismos no volver a hacer estas cosas y, sin embargo, lo hicimos. Pero poco tiempo después, lo hacíamos repetidamente, esperando poder detenernos y, al mismo tiempo, rogando para que no nos descubrieran.

Intentamos detener nuestros comportamientos, dejar algunos o todos ellos por completo. Jurábamos nunca volver a actuar de nuevo, y luego regresábamos a nuestra adicción en pocos días, horas, incluso minutos. Nos deshacíamos de toda nuestra pornografía y artículos pornográficos, sólo para sacarlos luego de la basura o comprar más. Nos prometíamos a nosotros mismos y, a menudo, a nuestros seres queridos, que no repetiríamos nuestro comportamiento. En ocasiones cumplíamos las promesas por varias semanas, meses o años, pero con el tiempo, volvíamos a actuar de nuevo.

Tal vez hayamos pensado que con el tiempo, o cuando cambiasen las circunstancias, dejaríamos de actuar. Pudimos haber pensado que nos detendríamos cuando nos casáramos o entabláramos una relación seria. Y para algunos de nosotros, eso fue así, pero sólo por un tiempo. Creíamos que si tan sólo pudiéramos cambiar nuestra situación, el comportamiento desaparecería. Pensábamos que tan pronto termináramos la escuela, el curso de capacitación o el período difícil por el que estábamos pasando, podríamos controlar nuestro problema. Sin embargo, frecuentemente nos encontrábamos actuando, después de haber pasado por una crisis.

Muchos de nosotros vivíamos una doble vida. Quizás nos sentíamos horrorizados por actuar pero cuando estábamos en nuestra adicción, entrábamos en una especie de trance. Lo que normalmente considerábamos inmoral o vergonzoso se convertía en algo sexualmente excitante. Frecuentábamos lugares a donde normalmente no hubiésemos ido, pasábamos tiempo con personas a las que normalmente no hubiésemos frecuentado y hacíamos cosas que no queríamos contarle a nadie.

Para ocultar que habíamos actuado, mentíamos a nuestras familias, amigos y compañeros de trabajo. También intentábamos ocultar nuestra adicción de nosotros mismos esforzándonos en el trabajo, siendo perfeccionistas o tal vez siendo muy religiosos. Aun así, con toda la auto-disciplina de la cual hacíamos acopio, no pasaba mucho tiempo antes de que nos sintiéramos obligados a actuar otra vez.

La adicción sexual nublaba nuestro juicio. En nuestra obsesión, actuábamos como si fuéramos invisibles, inmortales e invencibles. Por ejemplo, tal vez creíamos que podíamos espiar a alguien o exhibirnos ante otros o ir a tiendas de artículos sexuales sin que nadie nos viera. Tal vez creíamos que podíamos tener relaciones sexuales con extraños sin usar protección y que no correríamos el riesgo de contraer enfermedades o caer en la violencia. Tal vez creíamos que podíamos tener relaciones sexuales cibernéticas sin que alguien se enterara o sin perjudicar nuestras relaciones íntimas. Tal vez creíamos que podíamos mentirle a nuestra pareja, a nuestro jefe, o a nuestros amigos sin sufrir consecuencia alguna. Cuando nos atrapaban, o cuando intentábamos explicar lo que estábamos haciendo, no podíamos inventar razones creíbles para explicar nuestro comportamiento. Nuestro comportamiento no tenía sentido ni siquiera para nosotros mismos, hasta que, finalmente, comprendimos que éramos adictos sexuales.

Para algunos de nosotros, el evitar compulsivamente las relaciones sexuales y la intimidad se convertía en un patrón destructivo que dominaba nuestros pensamientos y acciones. Tal vez siempre nos habíamos sentido incapaces o no estábamos dispuestos a ser activos sexualmente. O tal vez tuvimos períodos en los que nos sentíamos "sin deseos" alternando con otros períodos en los que actuábamos. Nos dimos cuenta de que ambos extremos representan los síntomas de la misma enfermedad. Ya sea que estuviéramos actuando, o no tuviéramos relaciones sexuales en lo absoluto, nuestra adicción suponía que no estábamos disponibles emocionalmente.

Ser un adicto sexual se sentía como estar atrapado en un sinfín de contradicciones. Buscábamos amor y romance pero, al encontrarlo, le temíamos y huíamos de la intimidad. Descuidábamos o incluso evitábamos las relaciones sexuales con aquellos que nos amaban, prefiriendo las nuevas conquistas, lo desconocido y lo solitario. Algunos de nosotros pasamos por períodos en los que las relaciones sexuales y las relaciones emocionales eran intolerables y evitábamos el contacto con otros para pasar, después, a un período en el cual ninguna cantidad de relaciones sexuales era suficiente. Entre más relaciones sexuales teníamos, menos satisfechos nos sentíamos y más parecía aumentar nuestro deseo. Entre más intentábamos detener o moderar nuestro comportamiento, más se agravaba. Algunos de nosotros nos mantuvimos leales a aquellos que nos lastimaban, abandonando a aquellos que nos habían demostrado su lealtad y cariño. O nos concentrábamos en un comportamiento que tal vez nunca nos agradó o que violaba nuestros valores. Buscamos consuelo y seguridad a través de comportamientos peligrosos, arriesgados y traumáticos que nos dejaban aún más heridos, maltratados y traumatizados que cuando empezamos. Nuestra sexualidad, la que debió haber sido una fuente de felicidad y placer, se convirtió en algo sin alegría y hasta en algo destructivo y peligroso para nosotros mismos y para los demás.

Algunos de nosotros también sufríamos de otros comportamientos adictivos como adicción al alcohol y a otras drogas, hábitos compulsivos al comer, o adicción a los juegos de azar, a trabajar, a fumar, a gastar o cualquier otro comportamiento o sustancia adictiva. Estas adicciones tendían a agravar nuestra adicción sexual y multiplicaban las consecuencias negativas de nuestra enfermedad.

Estas consecuencias fueron muchas y variadas. Algunas llegaron como resultado directo de un continuo actuar: nos arrestaron o contrajimos una enfermedad venérea o perdimos nuestros empleos debido a un comportamiento sexualmente inapropiado; nuestros matrimonios y relaciones terminaron cuando se descubrió nuestro comportamiento; nuestra reputación y medio de vida fueron perjudicados por la publicidad acerca de nuestra conducta ilegal; sufrimos un luto emocional después de la euforia o contemplamos el suicidio.

Con frecuencia las consecuencias eran el resultado indirecto de nuestra adicción. Tal vez perdimos amistades o relaciones sentimentales debido a que nuestro continuo actuar interfería con la energía y el compromiso que estas relaciones y amistades requerían. Es posible que nuestro desempeño laboral haya sido mediocre porque no nos podíamos concentrar, por habernos desvelado actuando o por estar distraídos con obsesiones sexuales. Frecuentemente estábamos deprimidos e insatisfechos con nuestras propias vidas; éramos rencorosos y culpábamos a otros por nuestra propia desdicha.

Creíamos que el momento en que actuábamos era el pico de nuestra adicción pero, con frecuencia, era sólo un preludio al derrumbe físico y emocional que seguía. La adrenalina generalmente no era tan "buena" como esperábamos que fuera. Sólo en contadas ocasiones igualaba nuestras fantasías y no volvía a capturar la emoción que una vez pudo haber tenido. Cuando nos dábamos cuenta de que habíamos sido seducidos una vez más por nuestras fantasías, frecuentemente nos sentíamos desesperados. Lo más extraño era que nuestra desesperación, en lugar de detenernos, nos llevaba directamente a actuar una vez más. Nuestros sentimientos de dolor y vergüenza con frecuencia eran más de lo que podíamos soportar. Como no teníamos ninguna esperanza de ponerle fin a nuestro actuar, buscábamos formas de aliviar el dolor. Eso nos llevaba a obsesionarnos con tener relaciones sexuales nuevamente.

Sentir vergüenza es una experiencia común entre los adictos. Es sentir que nunca somos lo suficientemente buenos, que algo no está bien con nosotros, que somos malas personas. La vergüenza jugaba un papel en el ciclo adictivo que socavaba nuestro deseo de no querer actuar. Como nos sentíamos indignos, no importaba si estábamos actuando o no. El actuar nos ayudaba a escapar o a escondernos de nuestra vergüenza. En ocasiones la vergüenza se convertía en parte de la adrenalina adictiva en sí, de manera que en realidad, lográbamos sentir una euforia sexual al ser "malos". La vergüenza también nos hacía ocultarnos y alejarnos de los demás, por lo que no buscábamos la ayuda que necesitábamos.

Para muchos de nosotros, aun cuando intentábamos ponerle fin a nuestro comportamiento, el dolor de la abstinencia nos obligaba a actuar nuevamente, a pesar de nuestros esfuerzos. El abstenernos de nuestros comportamientos sexuales adictivos generaba una reacción en nuestras mentes y cuerpos similar a la de un drogadicto que deja la droga. No podíamos tolerar la molestia física y emocional que sentíamos al dejar estos comportamientos, así que volvíamos a actuar una y otra vez.

Al llegar a ASA, las personas generalmente sabían que algo andaba mal con nosotros, aunque intentáramos esconder nuestro comportamiento. En muchos casos, nuestra pareja o familiares sabían de nuestra adicción antes de que nosotros mismos la reconociéramos y, a menudo, ya habían buscado ayuda para nosotros o para ellos mismos. Generalmente éramos los últimos en reconocer nuestro problema.

Uno de los aspectos más peligrosos de nuestra adicción es nuestra incapacidad de verla por lo que es. A la dificultad de reconocer lo que estamos haciendo, lo serio y peligroso que es y cuánto daño causa o podría causar, le llamamos *negación*. La negación disimula la horrible verdad de nuestra adicción al convencernos a nosotros mismos de que lo que estamos haciendo no es tan malo ni tan peligroso, o que otras personas o circunstancias externas son las responsables de nuestra conducta. Generalmente nuestra negación es muy sutil, es posible que recordemos nuestro actuar pero negamos el dolor que nos causa, las consecuencias, los riesgos y nuestra incapacidad para ponerle fin a ese comportamiento. Desafortunadamente, a menudo, esto evita que busquemos ayuda.

Para muchos de nosotros, el camino vertiginoso de la adicción sexual nos llevó a lo que llamamos *tocar fondo*. Tocar fondo es llegar a un punto tan bajo –mental, física, emocional y espiritualmente– que logramos enfrentar nuestra negación. Qué tan bajo caemos cuando tocamos fondo varía de persona a persona. Para algunos, pudo haber tomado la forma de una crisis externa: perdimos nuestro empleo, nos dejó nuestra pareja o fuimos arrestados. Para otros, llegó en un momento de desesperación, cuando nos dimos cuenta de que si no parábamos, íbamos a tener una existencia miserable, solitaria y de pesadilla. O llegamos a un punto en donde sentimos que podíamos perder nuestra vida si seguíamos actuando.

La adicción sexual no es sólo un mal hábito, ni es el resultado de un pésimo auto-control, una falta de moral o una serie de errores. Por el contrario, si la adicción fuera algo que pudiéramos detener por nosotros mismos, las consecuencias negativas serían suficientes para hacer que nos detuviéramos. Muchos de nosotros intentamos curarnos a nosotros mismos con prácticas religiosas o espirituales, disciplina moral o auto-superación. Sin embargo, y a pesar de nuestra sinceridad y nuestros mejores esfuerzos, seguíamos actuando. Nuestros actos eludían todos los intentos racionales de explicación o corrección. Tuvimos que enfrentar el hecho de que teníamos una enfermedad, y que no podíamos poner fin a nuestro comportamiento adictivo por nosotros mismos.

Para todos aquéllos que estamos en recuperación, llegó un momento en que nos dimos cuenta de que sencillamente no podíamos seguir viviendo como lo veníamos haciendo. Nuestra negación se fragmentó y sentimos el impacto total de nuestra insoportable situación. Veíamos que nos encontrábamos al borde del precipicio y sólo nos faltaba dar el último paso. Continuar actuando parecía imposible; sin embargo, no seguir actuando también parecía imposible. Sabíamos que teníamos que cambiar, aunque no supiéramos cómo. Debido a esa desesperación, llegamos a Adictos Sexuales Anónimos (ASA).

CAPÍTULO DOS

NUESTRA COMUNIDAD

Las reuniones

Muchos de nosotros llegamos a Adictos Sexuales Anónimos (ASA) sintiéndonos profundamente aislados y avergonzados de nuestros comportamientos y acciones pasadas. Tal vez creíamos que nadie podía entendernos o identificarse con las cosas que habíamos hecho o por las que habíamos pasado. Descubrir que no estamos solos es una experiencia liberadora. Es un gran consuelo y alivio saber que existe una comunidad de adictos sexuales en recuperación y que tenemos un lugar a donde ir en busca de ayuda para recuperarnos.

Las reuniones son la parte más fundamental de la comunidad de ASA. En las reuniones emergemos de nuestra vergüenza, secretos y temores hacia una comunidad de personas que comparten el objetivo común de liberarse de la adicción sexual. Nos dan la oportunidad de hablar de nuestras vidas y nuestra adicción con otros adictos sexuales, personas que han tenido experiencias similares y que comprenden los problemas que enfrentamos. El asistir a nuestra primera reunión de ASA es un paso trascendental para pasar del aislamiento a la comunidad de adictos sexuales y posteriormente a la recuperación. Para muchos de nosotros, nuestra primera reunión fue una experiencia liberadora; nos encontramos entre personas como nosotros y escuchamos sus historias. No parecía importar si nos identificábamos, o no, con el tipo de comportamiento de los demás y, frecuentemente, nos quedábamos asombrados al ver a otras personas compartir con sinceridad los problemas que presenta la adicción sexual. Al ser testigos de su honestidad y sinceridad, sentimos que podíamos hablar con toda franqueza sobre nosotros mismos. Además, el revelar nuestra adicción sexual a otros, nos proporciona una sensación de liberación y alivio, aún si inicialmente sentíamos algo de temor, o nos resistíamos a hacerlo.

Un grupo de ASA consta de dos o más personas que utilizan los Doce Pasos y las doce tradiciones de ASA para reunirse, regularmente, con el propósito de recuperarse de su comportamiento sexual adictivo. En nuestras reuniones leemos la literatura de ASA y compartimos nuestras experiencias, fortalezas y esperanzas y nos concentramos en cómo funciona y cómo podemos aplicar el programa de recuperación de ASA en nuestras vidas.

Las reuniones de ASA son presididas por los miembros; no hay facilitadores profesionales ni externos. Nos reunimos como iguales: adictos sexuales que se ayudan mutuamente para alcanzar la sobriedad sexual y para practicar una nueva forma de vida. Todos contribuimos para que nuestras reuniones sean un lugar en el que se fomente nuestra recuperación y en donde se transmite el mensaje de ASA al adicto sexual que aún está sufriendo. Nuestros compañeros de la comunidad dependen de nosotros, así como nosotros, dependemos de ellos.

Debido a la delicada naturaleza de la adicción sexual, muchos de nuestros grupos son "cerrados", es decir que sólo aquellas personas que tengan el deseo de detener un comportamiento sexual adictivo pueden asistir. Cualquier otra persona que esté interesada en saber acerca de ASA puede asistir a las reuniones "abiertas". Aunque luchamos por conseguir la sobriedad sexual, el lograrlo no es condición para asistir o participar; la participación es voluntaria. Además, no estamos obligados a hablar si no deseamos hacerlo. Con tan solo escuchar, podemos aprender cómo otros miembros logran ser honestos, confrontan su adicción, encuentran apoyo de otros compañeros adictos y ponen en práctica el programa. Aprendemos cómo otras personas han enfrentado problemas similares a los nuestros y cómo han usado las herramientas del programa para combatirlos. Los miembros pueden tener cualquier creencia religiosa o no tener ninguna en absoluto. Todo adicto sexual que busque recuperarse es bienvenido.

Muchos de los grupos sugieren que los recién llegados asistan a por lo menos seis reuniones antes de decidir si el programa es adecuado para ellos. Si no nos sentimos cómodos en una reunión en particular, podemos ir a otra. Sugerimos que asistir a las reuniones sea una prioridad en nuestras vidas. Necesitamos el apoyo, el estímulo y la sensación de pertenencia que las reuniones nos brindan para poder efectuar los cambios dramáticos que la recuperación trae a nuestras vidas.

Como adictos sexuales, somos particularmente propensos al aislamiento. Muchos de nosotros actuábamos, solos o en secreto. Las reuniones son de primordial importancia porque nos ayudan a romper este aislamiento; en las reuniones descubrimos que no somos únicos. Si escuchamos sobre las experiencias y sentimientos que tenemos en común, nos damos cuenta de que tenemos más cosas afines que diferencias. En las reuniones nos damos cuenta de que podemos confiar en que los demás sepan quienes somos en realidad y, aun así, ser aceptados por ellos.

Si no hay alguna reunión de ASA en nuestra área, aún podemos lograr recuperarnos empleando la literatura del programa, conectándonos a larga distancia con otros adictos o eventualmente iniciando nuestras propias reuniones. La idea de iniciar una reunión puede intimidarnos, pero alguien se arriesgó para dar comienzo a cada una de las reuniones que tienen lugar actualmente. Contamos con el apoyo de la Organización Internacional de Servicios de ASA (ISO, por sus siglas en inglés) y de otros grupos de ASA.

A través de los años, nuestros grupos han desarrollado diferentes formatos y costumbres. Aunque ninguna descripción detallada es válida para todas las reuniones, existen algunos principios generales y normas que la mayoría de los grupos sigue. Escuchamos con respeto lo que tienen que decir las otras personas y compartimos nuestra experiencia cuando sea apropiado. Utilizamos las palabras "yo" o "nosotros" en lugar de "usted" o "ustedes" al compartir acerca de nuestra experiencia de recuperación. No interrumpimos ni damos consejos a menos que se nos solicite. Al compartir nuestras experiencias nos dirigimos a todo el grupo y no a una o dos personas. Una reunión no es el lugar adonde vamos a conquistar a alguien ni es terapia de grupo. Procuramos no usar lenguaje ofensivo o descripciones demasiado explícitas. Evitamos mencionar nombres o lugares específicos relacionados con nuestro actuar. Debido a la naturaleza de nuestra adicción, somos cautelosos al tocar o abrazar a otros en la comunidad de adictos sexuales sin su consentimiento. Nos concentramos en la solución, más que en el problema.

Nos esforzamos por practicar el anonimato y la confidencialidad para que la reunión sea un lugar seguro para todo adicto sexual. Generalmente utilizamos sólo nuestro primer nombre en el grupo para garantizar el anonimato. A quién vemos o qué se dice durante la reunión, es confidencial; no lo comentamos con personas que no sean miembros del grupo.

Necesitamos valor para asistir a la primera reunión para enfrentar el temor a la incomodidad de ser reconocidos en una reunión por alguien que conocemos. Aun así, es útil recordar que con frecuencia, nos arriesgábamos a sufrir mayores consecuencias cuando estábamos actuando, que la vergüenza que pudiéramos sufrir en una reunión. Con el tiempo, la incomodidad da paso a una sensación de pertenencia y a un sentimiento de alivio al saber que hay otras personas como nosotros.

En los sitios de reunión, podemos abandonar nuestras defensas emocionales y ser honestos de una manera que pocas veces ocurre fuera de la comunidad. ASA es uno de los pocos lugares en donde podemos hablar francamente sobre nuestro comportamiento sexual sin temor a ser juzgados o ridiculizados. Una vez que rompemos el silencio que nos hemos impuesto a nosotros mismos, podemos ser más honestos y formar lazos más fuertes con los miembros de nuestro grupo y son, precisamente, estos lazos los que enriquecen nuestro proceso de recuperación. Con el tiempo, aprendemos a confiar en nuestros compañeros de ASA y a gozar de su confianza en nosotros.

En nuestros grupos ocurren muchas cosas que son importantes para la recuperación. Una de ellas es que compartimos nuestra experiencia unos con otros, lo cual nos recuerda que tenemos una enfermedad en común y que no estamos solos. Al compartir nuestras historias recordamos nuestro avance en el proceso de recuperación y nos damos esperanzas mutuamente. También reconocemos en nosotros mismos lo que solíamos ser y así asumimos un compromiso, aún mayor, con los cambios que estamos haciendo. Otra ventaja es que al abrirnos a las experiencias, fortalezas y esperanzas de otros también se nos presentan nuevas estrategias y actitudes para poner en práctica en nuestra propia recuperación, tomando lo que funciona para nosotros y dejando el resto. Al mismo tiempo, el compartir nuestra experiencia con otros nos ayuda a reducir nuestra vergüenza y dolor ya que los otros miembros no solamente entienden el dolor que sentimos, sino que están dispuestos a ayudarnos.

También aprendemos a utilizar herramientas específicas que nos ayudan a cambiar nuestro comportamiento e interrumpir el ciclo compulsivo de actuar y, luego, la desesperación. Dejamos en claro en qué consiste nuestra abstinencia, lo que necesitamos evitar y lo que necesitamos agregar a nuestras vidas para poder llevar una vida sexual más sana. De igual forma obtenemos apoyo para realizar las tareas difíciles que nos ayudarán a lograr la liberación que buscamos; cuando las enfrentamos solos, dichas tareas pueden parecer abrumadoras, pero con personas que piensan como nosotros, podemos encontrar una valentía y una fe renovadas. Por último, aprendemos que los Doce Pasos de ASA, son el programa de recuperación que nos ayuda a liberarnos de comportamientos sexuales adictivos y nos guía a vivir una nueva vida.

El papel del padrino

Uno de los aspectos más importantes del programa es el padrinazgo. Un padrino es una persona de la comunidad de adictos sexuales que actúa como guía para ayudarnos a poner en práctica el programa de ASA, un compañero adicto en el que podemos confiar para recibir apoyo. Lo ideal es que el padrino se haya abstenido de comportamientos sexuales adictivos, haya puesto en práctica el programa y nos pueda enseñar lo que ha aprendido del mismo. Aprendemos de la experiencia, dificultades, triunfos y errores de nuestro padrino. Nuestro padrino puede explicar los principios del programa, por ejemplo, la manera de definir nuestra sobriedad sexual. Aún más importante, los padrinos nos guían en el proceso de llevar a cabo los Doce Pasos.

Si sentimos la necesidad de actuar, podemos llamar a nuestro padrino para hablar acerca de ello. Un padrino puede ayudar a que nos responsabilicemos de nuestro comportamiento. Si nos comprometemos a asistir a una reunión, nuestro padrino puede comprobar si asistimos, o no. Los padrinos nos pueden hacer ver que estamos en riesgo de sufrir una recaída; pueden llamar nuestra atención en los momentos en que no somos completamente honestos con nosotros mismos. Frecuentemente el padrino es la persona de la comunidad de adictos sexuales que mejor nos conoce.

Como nuevos miembros del grupo, se nos sugiere que elijamos un padrino tan pronto como sea posible. Muchos de nosotros le pedimos a la persona que haya compartido experiencias durante las reuniones, que nos haya ayudado, o que nos haya inspirado, por servirnos de ejemplo, que sea nuestro padrino. En un comienzo podemos tener padrinos temporales hasta que lleguemos a conocer mejor a las personas. Se recomienda no establecer relaciones de padrinazgo, con ninguna persona hacia la cual nos sintamos atraídos sexualmente, puesto que eso puede poner en riesgo la confianza y seguridad que todos necesitamos. Si alguien se niega a ser nuestro padrino, no lo debemos tomar como afrenta personal, simplemente, conseguimos otro padrino. Como miembros también podemos cambiar de padrino; lo importante es tener uno y emplearlo, porque no podemos seguir intentando resolver los problemas por nosotros mismos.

A veces es difícil encontrar un padrino que tenga más experiencia en ASA que nosotros. En general pasa esto cuando las reuniones son relativamente nuevas en un área en particular. Existen soluciones a este problema: podemos ponernos en contacto con un miembro del programa que tenga más experiencia y que asista a una reunión distinta de ASA; podemos entablar una relación con un padrino a larga distancia, por teléfono, correo electrónico o por medio de cartas; podemos considerar entablar una relación de co-padrino con un amigo del programa para apoyarnos mutuamente. También podemos pedirle a una persona que tenga menos experiencia en ASA, pero que tenga experiencia con un programa de recuperación en alguna otra comunidad similar.

La relación con un padrino es flexible: les corresponde al padrino y a la persona "apadrinada" decidir exactamente cómo trabajarán juntos. Nos mantenemos en contacto regular con nuestro padrino, solicitamos su apoyo, guía y aliento. Mientras trabajamos en los Doce Pasos de ASA, nuestro padrino es un aliado de nuestra recuperación que comparte su experiencia, conocimiento y sabiduría del programa con nosotros.

Los padrinos y las personas apadrinadas a menudo forman un lazo intenso que sirve de sanación. Podemos compartir con nuestro padrino problemas que pensamos que son demasiado personales como para compartir con un grupo. Muchos de nosotros llegamos al programa de recuperación sintiendo que no somos dignos de ser amados y que no merecemos nada. Un padrino que se toma la molestia de escucharnos y de ayudarnos en los malos tiempos, nos ayuda a ganar confianza en otro ser humano. Es así como empezamos a ver que somos dignos y merecedores de todos los dones que la recuperación trae consigo.

Una vez que hayamos trabajado en el programa de ASA y que personalmente, hayamos logrado abstenernos de comportamientos sexuales que son adictivos para nosotros y alcanzado un cierto grado de crecimiento espiritual, podemos considerar ser padrinos de otros miembros que lo soliciten. ASA no tiene ningún requisito formal en cuanto a esta decisión. La mayoría de nosotros sabemos que estamos listos para ser padrinos cuando otro miembro nos lo pida o cuando nuestro propio padrino nos aliente a servir de padrino de alguien. No necesitamos ser expertos en la vida o sobre las adicciones para poder ayudar a alguien. Simplemente compartimos el conocimiento y la experiencia que hemos adquirido al poner en práctica los Doce Pasos y haber usado las herramientas del programa, compartimos la sabiduría impartida por nuestro propio padrino y de otras personas en la comunidad. No somos responsables de las decisiones de las personas a quienes ayudamos o de cuánto progresan en su recuperación, todo lo que necesitamos hacer, es ser nosotros mismos y compartir lo que tenemos, sabiendo que un Poder Superior es responsable del resultado.

Definición de abstinencia

Nuestro objetivo al ingresar al programa de ASA es abstenernos de uno o más comportamientos sexuales específicos. A diferencia de los programas para alcohólicos o drogadictos en recuperación, Adictos Sexuales Anónimos no tiene una definición universal de abstinencia.

La mayoría de nosotros, no tenemos el deseo de dejar de tener relaciones sexuales por completo. No son las relaciones sexuales, en sí, las que nos causan problemas, sino la adicción a ciertos comportamientos sexuales. En ASA, podremos determinar mejor cuáles comportamientos son adictivos y cuáles son sanos. Sin embargo, la comunidad no les dicta a sus miembros lo que es, o no, un comportamiento sexualmente adictivo. En lugar de eso, nos hemos dado cuenta de que es necesario que cada miembro defina su propia abstinencia.

Se debe tener en cuenta que somos distintos unos de otros, y nuestros comportamientos adictivos, aunque similares, son únicos para cada uno de nosotros. Lo que para un miembro puede ser sano, para otro puede ser claramente adictivo. ASA simplemente no puede predecir cada forma posible de actuar y definir las distintas formas de actuar para todos. Como comunidad, no debemos negar que cualquier comportamiento en particular puede ser una forma de actuar para algún miembro. Tampoco queremos restringir comportamientos que son sanos para algunos de nosotros. Puesto que distintos adictos sufren de distintos comportamientos, y como nuestra sexualidad se experimenta de tantas formas, es necesario que los miembros de ASA definan para sí mismos; con el apoyo de sus padrinos, u otras personas en recuperación, cuáles de sus comportamientos sexuales consideran que los conducen a "actuar".

Esto último puede resultar difícil. Si somos demasiado benévolos con nosotros mismos, es posible que no logremos la sobriedad. Si somos demasiado estrictos, podríamos restringirnos de comportamientos sanos que no es necesario dejar, y si no podemos cumplir con nuestros estándares más altos, podríamos colocamos en una posición vulnerable y sufrir una recaída. Necesitamos el apoyo de otros adictos sexuales en recuperación y confiar en un Poder Superior a nosotros para encontrar un equilibrio adecuado entre estos dos extremos.

Consideramos, cuidadosamente, los comportamientos sexuales que sentimos que no somos capaces de dejar, y los actos sexuales que nos llevan a sentirnos desmoralizados o a experimentar otras consecuencias negativas. Estos son los comportamientos adictivos de los que nos debemos abstener. También consideramos los comportamientos sexuales que son aceptables para nosotros, o que podemos disfrutar con un sentido de gratitud y placer. Nuestro programa reconoce la dignidad de cada persona y su derecho de escoger su propio concepto de lo que considera una sexualidad sana.

Hemos aprendido que nuestra idea de lo que es sano y lo que es adictivo cambia con tiempo y experiencia. Con el paso del tiempo, somos capaces de definir nuestra abstinencia individual con honestidad, justicia y delicadeza, este proceso es un ejercicio invaluable en nuestra recuperación. Dicho proceso requiere que examinemos minuciosamente todos nuestros comportamientos sexuales, decidamos cuáles son sanos o adictivos y de cuáles, no estamos seguros. Esta es una forma de hacer un recuento de nuestra sexualidad que nos enseña mucho acerca de nosotros mismos y de nuestro comportamiento.

Cuando examinamos ciertos comportamientos sexuales, es de gran utilidad hacernos las siguientes preguntas: ¿Nos damos cuenta de que repetimos comportamientos que no queremos? ¿El realizar dichos comportamientos nos lleva a querer hacer algo que sabemos que nos perjudica a nosotros o a otras personas? ¿Estos comportamientos violan los derechos de otros, o van en contra de su voluntad u ocurren sin su consentimiento? ¿Nos damos cuenta de que nos comportamos de esta forma cuando estamos ansiosos o bajo presiones, o cuando nos enfrentamos con situaciones o emociones desagradables? ¿Existen causas o consecuencias emocionales debido a nuestros comportamientos? ¿Notamos sentimientos desagradables como ira, vergüenza o depresión antes de hacerlo? ¿Nos sentimos avergonzados, deprimidos, arrepentidos o solos después de hacerlo? ¿Existen otras consecuencias negativas, ya sean posibles, o reales? ¿Nos sentimos incómodos por la cantidad de tiempo o dinero que invertimos en dichos comportamientos? ¿Estamos arriesgando nuestra salud, relaciones, familia o trabajo? Responder a estas preguntas y compartir con sinceridad nuestros puntos de vista sobre estos temas con nuestro padrino y con otras personas en recuperación nos ayudará a comprender mejor el tipo de comportamiento del que debemos abstenernos para lograr recuperarnos.

Para ayudar a definir nuestra sobriedad sexual, muchos de nosotros utilizamos una herramienta que se desarrolló en ASA llamada los Tres Círculos. Es sólo una herramienta y no es un requisito utilizarla, —no todos los adictos en recuperación utilizan este método—. Sin embargo, esta herramienta ha ayudado a muchos miembros del programa a establecer las bases para su recuperación.

Dibujamos tres círculos concéntricos, que constan de un círculo interior, medio y exterior. Con la ayuda de nuestro padrino u otras personas en recuperación escribimos distintos comportamientos en cada uno de los círculos. En el círculo interior, colocamos los comportamientos sexuales de los que deseamos abstenernos, los que consideramos que nos llevan a "actuar"; estos son los comportamientos que identificamos, con la ayuda de nuestro padrino, como adictivos, perjudiciales o inaceptables para nosotros. En el círculo medio, colocamos los comportamientos que nos pueden llevar a actuar o de los que no estamos seguros. En el círculo exterior colocamos los comportamientos sanos, aquellos que enriquecen nuestras vidas y nuestra recuperación.

Los comportamientos que anotamos en nuestros círculos, no quedan allí de por vida o permanentemente. Conforme avanza nuestra recuperación y entendemos algo nuevo acerca de nosotros mismos y de nuestra adicción, somos libres de agregar o retirar comportamientos, o de trasladar estos mismos de un círculo a otro, de manera que reflejen este nuevo crecimiento y percepción. Hemos llegado a comprender que no podemos cambiar los Tres Círculos por capricho, sino sólo después de haber considerado tales cambios cuidadosamente, orado y con la guía de nuestro padrino y de nuestros grupos.

En el círculo interior anotamos los comportamientos sexuales que deseamos dejar de practicar. Los comportamientos que ocupan el círculo interior son los comportamientos sexuales adictivos que nos trajeron a ASA, las cosas que nos hicieron tocar fondo en nuestra enfermedad.

Algunos de nosotros colocamos ciertos comportamientos en el círculo interior, simplemente, porque nos conducen a un patrón de comportamiento adictivo que podría causarnos problemas. Por ejemplo, podemos colocar en nuestro círculo interior el uso de pornografía, o salir a dar una vuelta (pasear en automóvil o buscar de otra manera posibles encuentros sexuales) si experimentamos que somos impotentes ante estos comportamientos, o si notamos que avivan aún más el deseo de actuar o los consideramos destructivos de alguna forma.

Algunos de nosotros podemos considerar los mismos comportamientos destructivos y peligrosos en sí. Por ejemplo, podemos considerar la pornografía en nuestro círculo interior si consume todo nuestro tiempo, nos conduce al aislamiento, a la pérdida de empleo, a relaciones no sanas, afecta nuestra salud o nos causa problemas emocionales.

En el programa de Adictos Sexuales Anónimos, actuar puede ser definido como *el llevar a cabo comportamientos sexuales que hemos colocado en nuestro círculo interior.* Así pues, la sobriedad sexual se define como la abstinencia de los comportamientos que hemos anotado en el círculo interior. De igual forma, una recaída (o pérdida de la sobriedad sexual) se refiere a caer en los comportamientos que hacen parte del círculo interior. Cuando definimos nuestro círculo interior, o de alguna otra forma identificamos lo que significa actuar para nosotros, eliminamos una posible confusión con respecto a nuestro programa o a qué nos referimos cuando utilizamos términos tales como "actuar" o "abstinencia". Definir lo anterior con claridad, nos hace responsables ante nosotros mismos y ante aquellos que nos están ayudando en nuestra recuperación.

El círculo medio nos ayuda a evitar ser perfeccionistas sobre nuestros estándares para lograr la sobriedad sexual. En el círculo medio identificamos los comportamientos que consideramos "resbaladizos" para nosotros y aquellos comportamientos de los que no estamos seguros.

La mayoría de nosotros llegamos a ASA sin tener idea de lo que, en realidad, es la sexualidad sana; por lo general, no estamos seguros de si algunos comportamientos son adictivos, o no. En este caso los colocamos en el círculo medio hasta que podamos determinar si son compulsivos o tienen consecuencias negativas. Por ejemplo, si colocamos la masturbación dentro del círculo medio, podríamos analizar con qué frecuencia nos masturbamos, qué tipo de fantasías utilizamos, si nos estamos masturbando en un lugar apropiado y cómo nos sentimos después del hecho. Si nos convencemos que ese comportamiento es adictivo, podemos entonces decidir trasladar este comportamiento a nuestro círculo interior.

Los comportamientos resbaladizos son aquellas actividades que realizamos y que nos hacen vulnerables, porque nos pueden conducir a actuar. Algunos de nosotros, podríamos citar los siguientes ejemplos: manejar por los lugares en donde solíamos actuar, coquetear o intrigar, usar ropa sugestiva o buscar contenidos sexuales en televisión. Podemos convencernos a nosotros mismos de que tenemos una razón legítima para encontrarnos en una situación resbaladiza, cuando de hecho, esto es parte de un patrón de comportamiento adictivo que nos puede llevar a caer en comportamientos que corresponden al círculo interior. El colocar los comportamientos resbaladizos en nuestro círculo medio constituye una forma de ponernos a nosotros mismos sobre aviso de cuando estamos en peligro de actuar.

Si participamos en comportamientos del círculo medio, no perdemos nuestra sobriedad, pero es una señal de que necesitamos acercarnos a los demás y utilizar las herramientas que aprendimos en ASA para volver por el buen camino. También es importante recordar que lo que puede ser un comportamiento resbaladizo para alguien, puede ser actuar para otro. Cada uno de nosotros tiene que decidir lo que consideramos apropiado en este proceso, en lugar de depender de las comparaciones con otros miembros cuyas historias no son iguales a las nuestras.

También podemos colocar en nuestro círculo medio comportamientos no sexuales que sabemos que nos llevan a estados mentales resbaladizos; comportamientos poco sanos que no ayudan en nuestro proceso de recuperación. Algunos ejemplos de este ejercicio incluyen: aislarse de las personas, faltar a las reuniones, trabajar en exceso y otros comportamientos posiblemente adictivos tales como beber, apostar o comer en exceso.

Cuando somos nuevos en el programa, nuestro padrino nos puede sugerir que coloquemos los comportamientos sexuales compulsivos que no tengan consecuencias serias y obvias en nuestro círculo medio, en lugar de nuestro círculo interior. Esto nos permite concentrarnos en nuestros comportamientos más destructivos primero. Por ejemplo, pudimos haber participado en comportamientos ilegales o que pudieron haber puesto en riesgo nuestra vida, tales como masturbarnos mientras conducíamos o tener relaciones sexuales anónimas en lugares públicos; de la misma forma, digamos que también acostumbramos a masturbarnos utilizando pornografía en la privacidad de nuestro hogar. Un padrino puede sugerir que dejemos primero los comportamientos más peligrosos; y una vez que tengamos tiempo para obtener ayuda, y hayamos empezado a pensar con mayor lucidez, podemos decidir colocar también la masturbación que ocurre al utilizar pornografía en nuestro círculo interior.

Algunos de nosotros, por otra parte, podríamos llegar a la conclusión de que este método es poco efectivo, y nuestro padrino puede sugerir que coloquemos todos los comportamientos sexuales compulsivos en el círculo interior desde el principio. Reiteramos así que no existe una manera única y correcta, nuestra buena relación con un padrino, nos ayudará a usar los círculos de manera que corresponda con nuestras necesidades individuales.

El círculo medio puede considerarse como una red de protección, la cual nos permite caminar por la cuerda floja de la abstinencia sin tener miedo de que un paso en falso sea, necesariamente, desastroso. También podemos considerarlo como una pista de advertencia o un barandal de protección. Si pasamos el barandal de protección, no habremos caído al acantilado; sin embargo, debemos reconocer que nos encontramos en un área de peligro.

Por último, colocamos en el círculo exterior esos comportamientos que consideramos sanos, no riesgosos y beneficiosos para nuestra recuperación. El practicar estos comportamientos es una forma de ser benévolos con nosotros mismos. Son actos de atención para con nosotros mismos que ayudan a darle sentido, realización, serenidad y alegría a nuestras vidas.

El círculo exterior de comportamientos abarca un rango amplio de actividades saludables. Estas son las actividades para las que no tenemos tiempo cuando estamos actuando. Algunos ejemplos son trabajar en nuestro programa de recuperación, redescubrir pasatiempos que alguna vez disfrutamos, practicar deportes y hacer ejercicio, compartir tiempo con amigos y familiares, socializar y hacer nuevos amigos en un ambiente seguro, ser voluntarios de una causa en la que creamos, o participar en actividades que hagan nuestras vidas más divertidas y significativas.

La mayoría de nosotros incluimos una sexualidad saludable en nuestro círculo externo. Comportamientos sexuales saludables son aquellos que nosotros escogemos para mejorar nuestra vida, nuestra recuperación, nuestra conexión con otros, y nuestra vida espiritual. Algunos ejemplos incluyen salir, tener relaciones sexuales seguras y amorosas dentro de una relación estable, la masturbación no compulsiva, tomar clases de baile o disfrutar del contacto físico cuando sea parte de una demostración de afecto.

Durante este proceso, es muy útil contar con la guía de un padrino o de otros miembros de la comunidad de adictos sexuales que tengan más experiencia. La experiencia demuestra que es muy difícil distinguir nuestros problemas por nuestra propia cuenta o ver a través de la negación, lo que a menudo opaca la verdad acerca de nuestro comportamiento. Con el apoyo de otros miembros de ASA, tomamos conciencia y obtenemos la sensación de apoyo que necesitamos para encontrar la recuperación.

El establecer la definición de abstinencia nos ayuda a contestar preguntas del tipo "qué" las cuales enfrentamos cuando ingresamos a ASA: ¿De qué nos debemos abstener? ¿Qué objetivos queremos lograr? Sin embargo, las preguntas decisivas del tipo "cómo", siguen en pie: ¿Cómo logramos la sobriedad sexual? ¿Cómo podemos vivir de una forma diferente a la anterior que nos permita mantener nuestra abstinencia? Las respuestas a estas preguntas se encuentran en nuestro programa espiritual de recuperación, los Doce Pasos de Adictos Sexuales Anónimos (ASA).

CAPÍTULO TRES

NUESTRO PROGRAMA

Los Doce Pasos de ASA

El asistir a las reuniones de ASA nos ayuda a encontrar el camino hacia una nueva vida. Y aun cuando la comunidad de adictos sexuales apoya nuestra recuperación; el verdadero trabajo de recuperación está descrito en los Doce Pasos. Las reuniones son foros en los que aprendemos a integrar los pasos a nuestra vida. Al realizar los Doce Pasos experimentamos una transformación espiritual que resulta en un alivio sostenible de nuestra adicción.

Cuando empezamos a ir a las reuniones de Adictos Sexuales Anónimos, muchos de nosotros nos sorprendimos al conocer personas que disfrutaban de la vida y que habían logrado liberarse de los comportamientos dolorosos y compulsivos que los trajeron a ASA. Al escuchar a otros miembros hablar acerca de su recuperación, poco a poco nos vamos dando cuenta de que para sentir que progresamos, necesitamos estar dispuestos a hacer lo que sea necesario para lograr la abstinencia sexual que buscamos, y mantenerla. La experiencia nos ha enseñado que no podemos lograr y mantener la abstinencia si no estamos dispuestos a cambiar nuestra forma de vida. Sin embargo, si podemos enfrentar nuestros problemas honestamente y estamos dispuestos a cambiar los Doce Pasos de ASA pueden conducirnos a un despertar que permitirá que vivamos una nueva vida de acuerdo a principios espirituales. Al poner en práctica estos pasos, logramos que ocurra un cambio fundamental en nuestras vidas. Los pasos son los cimientos de nuestra recuperación.

Los Doce Pasos de Adictos Sexuales Anónimos

1. *Admitimos que éramos impotentes ante nuestro comportamiento sexual adictivo, que nuestras vidas se habían vuelto ingobernables.*
2. *Llegamos a creer que un Poder Superior a nosotros mismos podía devolvernos el sano juicio.*
3. *Decidimos poner nuestra voluntad y nuestra vida al cuidado de Dios, tal como lo concebimos.*

4. *Sin miedo hicimos un minucioso inventario moral de nosotros mismos.*
5. *Admitimos ante Dios, ante nosotros mismos, y ante otro ser humano, la naturaleza exacta de nuestros defectos.*
6. *Estuvimos enteramente dispuestos a dejar que Dios nos liberase de todos estos defectos de carácter.*
7. *Humildemente le pedimos a Dios que nos liberase de nuestros defectos.*
8. *Hicimos una lista de todas aquellas personas a quienes habíamos hecho daño y estuvimos dispuestos a repararlo.*
9. *Reparamos el daño causado directamente a aquellas personas siempre que nos fue posible, excepto cuando el hacerlo implicaba causarles daño a ellos o a otros.*
10. *Continuamos haciendo nuestro inventario personal y cuando nos equivocábamos lo admitíamos inmediatamente.*
11. *Buscamos a través de la oración y la meditación mejorar nuestro contacto consciente con Dios, como nosotros concebimos a Dios, pidiéndole solamente que nos dejase conocer su voluntad para con nosotros y la fortaleza para cumplirla.*
12. *Habiendo obtenido un despertar espiritual como resultado de estos pasos, tratamos de llevar este mensaje a otros adictos sexuales y de practicar estos principios en todos los aspectos de nuestras vidas.*

Estos pasos son la parte fundamental de nuestro programa y son tan profundos como no lo hubiéramos podido imaginar al comenzar el programa. Con el tiempo, establecemos una relación con un Poder superior a nosotros, y esto nos permite llegar a tener un concepto muy personal acerca de un Poder Superior. A pesar de que los pasos utilizan la palabra "Dios" para referirse a este Poder Superior, ASA no está afiliada a ninguna religión, credo o dogma. El programa ofrece una solución espiritual a nuestra adicción, sin requerir apego a un credo ni a principios específicos. El camino es lo suficientemente amplio para dar cabida a todos los que deseen seguirlo.

No existe una forma correcta o aprobada por ASA para completar los Doce Pasos. La mayoría de nosotros aprendimos los Doce Pasos con nuestros padrinos. Muchos de nosotros también hemos obtenido nuevas perspectivas de libros o hemos adaptado métodos de otros programas de doce pasos. En este libro se sugieren ideas de cómo aplicar cada uno de los pasos a nuestra vida con base en enfoques que han funcionado para muchos de nosotros.

Cada paso presenta una tarea significativa y cada tarea está relacionada con los demás pasos. Este es el proceso por el cual damos comienzo a nuestra nueva vida en recuperación partiendo de principios espirituales. Los pasos han sido enumerados porque sirven para trazar el curso de nuestro progreso espiritual. Cubrimos los pasos en orden, debido a que cada uno de ellos sirve como base para realizar los pasos siguientes. Las tareas resultantes de realizar cada uno de los pasos a menudo son específicas, tales como hacer listas que nos obligan a hacer un examen honesto de nosotros mismos y de nuestro estilo de vida. Cada tarea realizada pasa a ser parte de nosotros mismos, a medida que gradualmente vamos dejando a un lado nuestra antigua forma de pensar y empezamos a ser conscientes de nuestro contacto con un Poder Superior.

Solos no podemos realizar ninguno de los pasos, es por ello que llevamos a cabo los pasos con alguien que comprenda nuestro problema y esté interesado en nuestra recuperación; es preferible que sea un padrino. Un padrino nos ayuda a prepararnos para realizar cada uno de los pasos, nos guía, hace sugerencias y nos escucha cuando compartimos las experiencias y el conocimiento que obtenemos al efectuar cada uno de los pasos.

Sin embargo, los pasos son más que una serie de ejercicios, nos ofrecen principios básicos para vivir nuestra vida. Muchos de nosotros encontramos diariamente la oportunidad de aplicar uno o más de los pasos a las dificultades que se nos presentan diariamente. Con el tiempo, los principios espirituales que aprendemos de los pasos comienzan a ser parte de nuestros pensamientos, sentimientos y comportamientos. Así es como nos damos cuenta de que no solamente estamos llevando a cabo los pasos, sino que los estamos viviendo.

Primer Paso

Admitimos que éramos impotentes ante nuestro comportamiento sexual adictivo, que nuestras vidas se habían vuelto ingobernables.

En nuestra adicción nos aferramos a la creencia de que teníamos el control de nuestro comportamiento sexual y que podíamos manejar con éxito nuestras vidas, esto hacía que muchos de nosotros ni siquiera pudiéramos ver que teníamos un problema. Nos decíamos a nosotros mismos que si intentábamos con mayor esfuerzo podríamos dejar la adicción, pero nuestra experiencia nos demostró lo contrario. Sin importar cuantas promesas o propósitos hiciéramos, qué tanto esfuerzo y determinación tuviéramos, con el tiempo, regresábamos a nuestros comportamientos, junto con sus dolorosas consecuencias. Sólo cuando admitimos que somos impotentes ante estos comportamientos y que somos incapaces de manejar nuestras propias vidas, es cuando estamos listos para iniciar el camino de la recuperación.

Cuando realizamos el Primer Paso, admitimos que nuestra adicción nos está destruyendo y que no la podemos detener. Nos rendimos, alzamos la bandera blanca y aceptamos que la batalla ha terminado. El principio que rige esta confesión, es la honestidad. Para muchos de nosotros, la primera grieta que se presenta en nuestra fase de negación del problema llega al tocar fondo y la desesperación de enfrentarnos a una situación insoportable. El siguiente logro ocurre cuando somos lo suficientemente honestos para dar el Primer Paso, al reconocer que somos impotentes ante el comportamiento que nos trajo a este punto y que nuestras vidas están deshechas; admitimos esto sin excusas ni racionalizaciones. Con el Primer Paso, dejamos de mentirnos a nosotros mismos.

Mientras podamos ser honestos con nosotros mismos, aunque sea un poco nada más, podemos avanzar en nuestra recuperación. La honestidad es el principio sobre el que se basa todo logro futuro. Empezamos al admitir que somos completamente impotentes de detener nuestros comportamientos adictivos por sí mismos. Admitimos que nuestras vidas están fuera de nuestro control, esto es suficiente para empezar a recuperarnos.

El admitir que nuestra voluntad no es suficiente, nos permite permanecer abiertos a nuevas formas de pensar y de vivir. Mientras sigamos creyendo en el auto-control para remediar nuestra adicción, continuaremos fracasando. Con este paso reconocemos que tenemos una enfermedad, no una simple debilidad o un defecto de carácter, y que no podemos cambiar este hecho. Honestamente admitimos que no tenemos todas las respuestas y que necesitamos ayuda. Cuando admitimos que somos impotentes ante nuestra adicción, empezamos a hacer a un lado el control y estamos más abiertos a recibir la ayuda que tan desesperadamente necesitamos.

El admitir que nuestras vidas se habían vuelto ingobernables nos permite examinar honestamente las consecuencias tan dolorosas de nuestro comportamiento sexual, consecuencias que afectaron cada aspecto de nuestra existencia. Es difícil aceptar que no somos capaces de manejar nuestras propias vidas, y aún más difícil admitir esto delante de otras personas, pero nuestra experiencia ha demostrado que no tenemos otra opción más que rendirnos, o volver a actuar, y todo lo que eso conlleva.

Para muchos de nosotros fue útil examinar nuestro comportamiento sexual detalladamente al trabajar en el Primer Paso. Algunos de nosotros escribimos la historia de nuestra adicción sexual, comenzando por describir el primer recuerdo que tengamos hasta el presente, sin dejar nada afuera. El ver nuestra propia historia nos sirve para comprender lo impotentes que éramos ante nuestra adicción. Al escribir el Primer Paso, anotamos ejemplos de nuestra impotencia, incluyendo la forma en que avanzaron los comportamientos que nos llevaron a actuar, las acciones que violaron nuestros propios valores, los esfuerzos que realizamos para detenernos, y las ocasiones en que aun sabiendo que esos comportamientos nos llevarían a sufrir graves consecuencias y que, a pesar de eso, no nos detuvimos.

Al escribir el Primer Paso también anotamos la forma en que la adicción sexual hizo ingobernable nuestra vida. Si gastábamos dinero en nuestra adicción, podemos calcular cuánto dinero gastamos. Si gastábamos tiempo, podemos estimar la cantidad de horas que malgastamos, incluyendo el tiempo ocupado en fantasías u obsesiones. Si nos arriesgábamos a que nos arrestaran, a experimentar actos violentos, o a contraer alguna enfermedad, podemos examinar cada riesgo específico al que nos expusimos. También escribimos acerca de la forma específica en que nuestro comportamiento afectó nuestra salud mental y física, nuestro trabajo, las vidas de nuestros seres queridos, y cualquier otra consecuencia —interna o externa— que hubiésemos experimentado.

Nuestra enfermedad nos dejaba poco tiempo, energía y dinero para algo más. Nuestras fantasías y obsesiones nos distraían de las cosas que necesitábamos hacer. A menudo descuidábamos nuestras responsabilidades y evitábamos hacer las cosas que no queríamos enfrentar. Muchos de nosotros tuvimos una serie de problemas simultáneos. Teníamos relaciones que necesitaban atención, crisis financieras y en ocasiones enfrentábamos problemas legales. Las consecuencias para nuestra vida interior eran igual de serias. El comportamiento sexual adictivo aumentaba nuestra soledad e inseguridad, perjudicaba nuestra auto-estima, nos alejaba de nuestra naturaleza espiritual y a menudo resultaba en un trauma emocional. Todas estas consecuencias dan como resultado una vida inmanejable.

Al anotar los ejemplos de la impotencia e ingobernabilidad, incluimos detalles específicos, que nos ayudan a recordar lo que pensábamos y sentíamos en ese momento, y dejan ver claramente la realidad de nuestra adicción sexual. Aunque realicemos este paso haciéndolo de la mejor manera que podamos, es posible que descubramos más detalles posteriormente durante el proceso de nuestra recuperación. Lo importante es realizar el Primer Paso lo antes posible y hacerlo de la mejor manera que nos sea posible sabiendo que podemos volver a trabajar en éste cuando lo necesitemos.

Recibimos ayuda de alguien en el programa, generalmente de nuestro padrino, quien nos ayuda a llevar a cabo el Primer Paso. Es importante entender que necesitamos apoyo para enfrentar nuestra adicción. Un padrino nos puede ayudar a enfrentar aquellas partes de nuestra enfermedad sobre las cuales estamos en la etapa de la negación. Podemos pensar, por ejemplo, que los riesgos que tomamos no fueron tan peligrosos o que las consecuencias no fueron tan serias. Nuestro padrino nos puede ayudar a ver más honesta y claramente cuál era en realidad nuestra situación. Si decidimos dar el

Primer Paso por escrito, generalmente compartimos lo que hemos escrito con nuestro padrino. Para muchos de nosotros, ésta es la primera ocasión en que compartimos con otra persona toda la verdad acerca de nuestra adicción.

En algunos grupos de ASA, los miembros comparten su Primer Paso durante una reunión. Con la ayuda de nuestro padrino y de otras personas en el grupo, seleccionamos las partes más importantes de nuestra historia para leerlas en la reunión. Estas incluyen los ejemplos más significativos de lo impotentes que éramos ante nuestra adicción y los peores momentos de ingobernabilidad que encaramos sin importar cuanta vergüenza sintamos. También compartimos puntos importantes de nuestra historia de adictos que ilustren el avance de nuestra enfermedad. De igual manera, narramos la forma en que finalmente buscamos ayuda y lo que sentimos al reconocer nuestra impotencia e ingobernabilidad. Nuestro padrino también puede ayudarnos a decidir con anticipación si ciertos detalles de nuestra historia son demasiado impactantes como para compartir con el grupo.

El grupo necesita asegurarse de que recibamos apoyo antes y después de hacer la presentación relativa a nuestro Primer Paso, ya que el compartir nuestra historia con el grupo puede hacer que sintamos fuertes emociones y que nos sintamos muy vulnerables. Pero también puede ayudar a romper los lazos de vergüenza y aislamiento, a hacer más profundo el proceso de sanación y a aumentar nuestro compromiso con la recuperación. El compartir el Primer Paso en el grupo presenta la oportunidad de establecer contacto con otros miembros. Al arriesgarnos a compartir nuestra experiencia, permitimos que los demás nos conozcan mejor. A la vez cuando escuchamos a otros compartir su Primero Paso con nosotros, recordamos aspectos similares de nuestra propia adicción. El compartir el lazo que tenemos en común sobre lo impotentes que éramos ante nuestra adicción, ayuda en la sanación de cada miembro del grupo.

Cada uno de nosotros opta por realizar este paso de la forma que sea más efectiva y tenga mayor sentido para sí mismo. No todos llevamos a cabo el Primer Paso por escrito. Lo que importa es que seamos honestos acerca de nuestra adicción, y abandonemos la idea de controlar nuestro comportamiento por medio de la fuerza de voluntad y de manejar nuestras vidas sin la ayuda de alguien más. No podemos cambiar el hecho de que padecemos de una enfermedad. Al ser rigurosamente honestos y abandonar la utopía de sobreponernos a nuestra adicción por nosotros mismos, nos abrimos a la solución espiritual que los Doce Pasos nos brinda.

También aprendemos a pedir y a recibir ayuda de otros adictos sexuales en recuperación; al pedir ayuda, nos liberamos del aislamiento tóxico que impulsa nuestra adicción. Conforme recibimos ayuda, aprendemos a derrumbar las paredes y a aceptar la atención y el cuidado de los demás.

Aprender a ser vulnerables, admitir que no tenemos todas las respuestas, el pedir y recibir ayuda son aspectos esenciales para nuestra recuperación. Cuando admitimos por completo nuestro dilema y que somos incapaces de encontrar la salida, nos damos cuenta de que ahora estamos listos para escuchar la solución. Estamos listos para el Segundo Paso.

Segundo Paso

Llegamos a creer que un Poder superior a nosotros mismos podría devolvernos el sano juicio.

Cuando aceptamos que nuestra forma no funciona, el Segundo Paso abre la puerta para una nueva forma que sí funciona. En el Primer Paso, admitimos que nuestra adicción nos iba a destruir si no la deteníamos y que no la podíamos detener por nuestra cuenta. Descubrimos que nuestra adicción era un problema demasiado grande para que lo solucionáramos por nosotros mismos. Sin algún Poder mayor a nosotros para ayudarnos nuestra situación no tiene esperanza. En el Segundo Paso se nos presenta la posibilidad de que este Poder nos puede devolver el sano juicio y el bienestar básicos.

El Segundo Paso ofrece esperanzas de que el sano juicio es posible, y al mismo tiempo insinúa que, en nuestra adicción, no estábamos en nuestro sano juicio. Nuestra falta de sano juicio se manifestó de muchas formas. A menudo le dimos prioridad a nuestra adicción y todo lo demás era secundario. Es posible que nos colocamos a nosotros mismos en situaciones de peligro o que tomamos riesgos terribles. Y entre más negábamos nuestra adicción y sus consecuencias, más fuera de la realidad estábamos. Recuperar el sano juicio es redescubrir la naturaleza espiritual que siempre hemos tenido pero que estaba escondida por la locura de nuestra enfermedad.

Creer en un Poder Superior puede ser difícil para muchos de nosotros en ASA, quienes llegamos al programa con una fe que se había dañado de una forma o de otra o para aquellos quienes nunca tuvimos ninguna creencia religiosa. Algunos de nosotros provenimos de ambientes religiosos estrictos y de mucha crítica que reforzaban nuestro miedo y vergüenza. Algunos intentamos refugiarnos de nuestra adicción en la religión. Sin embargo, después de hacer grandes compromisos y esfuerzos en nuestras prácticas religiosas, encontramos poco alivio perdurable de nuestra enfermedad. Otros nunca participaron en una religión, o intentaron algunas y quedaron insatisfechos. Muchos de nosotros no creíamos en Dios o no estábamos seguros de qué creencias espirituales estábamos dispuestos a aceptar, si acaso aceptáramos alguna. No importa si somos ateos, agnósticos o aquellos de sólidas creencias religiosas, podemos tener reservaciones acerca de la espiritualidad necesaria para llevar a cabo el Segundo Paso.

Es posible que estemos tan acostumbrados a la auto-dependencia como la única forma de funcionar en el mundo que nos resistimos a la idea de un Poder mayor a nosotros. Comenzamos a estar abiertos a esta idea cuando consideramos las fuerzas que son claramente más poderosas que nosotros, como la naturaleza, la sociedad o hasta nuestra adicción. Cuando reconocemos que nuestro propio poder es limitado podemos reconocer más fácilmente la posibilidad de un Poder Superior.

Para algunos de nosotros, casi todo parecía tener mayor poder que nosotros, pero de una forma negativa – oprimiéndonos y evitando que fuéramos felices o libres. En contraste con esta creencia negativa, llevar a cabo el Segundo Paso nos permite aceptar la posibilidad de un Poder que nos puede liberar de las cadenas de nuestra enfermedad y regresarnos a una vida de sano juicio y realización.

Para llevar a cabo este paso, sólo necesitamos estar abiertos a intentar algo nuevo. Para la mayoría de nosotros, *llegar a creer* es un proceso gradual. No necesitamos creer en un concepto particular del Poder Superior para empezar. Aprendemos de los demás lo que funciona y no funciona para ellos. Escuchamos e intentamos nuevas formas de hacer las cosas. Si estamos dispuestos a aprender, podemos descubrir los inicios de una esperanza dentro de nosotros y llegar a creer en la posibilidad de una recuperación de nuestra adicción sexual.

Para muchos de nosotros, esto empieza simplemente con asistir a las reuniones. Sentimos al grupo como un Poder mayor a nosotros, el cual se preocupa por nosotros. El ejemplo de aquellos que viven en recuperación, libres de sus conductas sexuales adictivas, nos demuestra el poder del programa. Podemos depender del amor y apoyo de nuestros amigos en el grupo. Desarrollamos una disponibilidad para intentar algunas de las sugerencias del grupo, aun aquellas fuera de nuestra zona habitual de comodidad, cuando observamos los efectos prácticos de estas ideas en acción. Podemos llegar a creer en un Poder Superior a partir de este sencillo inicio.

Con el tiempo la mayoría de nosotros llegamos a creer en un Poder espiritual que trasciende nuestra voluntad y pensamiento humano y que éste Poder nos puede devolver a una condición de serenidad y sano juicio. Los Pasos utilizan la palabra "Dios" para indicar este Poder. Sin embargo, el programa no acata ninguna religión, ni nos adherimos a ninguna creencia en particular acerca de la palabra "Dios," dejando este asunto al entendimiento de cada miembro. Somos libres de usar una palabra diferente en nuestra práctica espiritual, si eso es lo que nos funciona. Lo que es importante es que dependamos de una realidad espiritual, o Poder Superior, más que en las palabras. Esencialmente nuestra experiencia compartida de este Poder es una de benevolencia y cuidado. No necesitamos ser religiosos para aceptar esta idea o para pedir a este Poder benevolente que nos ayude en nuestra recuperación.

Uno de los aspectos de llegar a creer en un Poder Superior es encontrar cuáles conceptos espirituales tienen sentido para nosotros. Necesitamos estar dispuestos a dejar de lado ideas y prejuicios de antaño, intentar nuevas soluciones a problemas antiguos y escuchar las experiencias espirituales e ideas de los demás de la confraternidad. Lo que funciona para otros puede no sentarnos bien a nosotros. Pero si somos pacientes y estamos abiertos, descubriremos un entendimiento del Poder Superior que es único a nosotros y con el cual nos sentimos a gusto. A final de cuentas, los puntos específicos de nuestras creencias no son tan importantes como nuestra fe. Podemos basar nuestra espiritualidad en la fe de que nuestro Poder Superior nos puede liberar de nuestra adicción.

A algunos de nosotros nos sirvió explorar las creencias anteriores acerca de Dios o de la religión para poder dejar aclarar antiguas ideas y suposiciones que nos pudieran obstruir el camino ahora. Compartir estos pensamientos con nuestro padrino o con otros en recuperación nos puede ayudar a comprender nuestras creencias espirituales anteriores y a estar abiertos a nuevas creencias que son más sanas para nosotros.

Nuestros conceptos acerca de un Poder Superior se pueden cambiar y desarrollar con el tiempo. Conforme crecemos en nuestra recuperación crece nuestra conciencia espiritual. Y con el tiempo descubrimos que nuestra fe crece no tanto a partir de un conjunto de creencias abstractas, sino de las experiencias prácticas diarias de la recuperación y de sanar, como observamos en otros y en nosotros mismos. Podemos cultivar esta conciencia acercándonos a aquellos miembros que muestren una recuperación importante de las conductas con las que hemos luchado más nosotros, y cuya fe práctica nos atraiga.

La clave del Segundo Paso no es simplemente creer en un Poder Superior, sino creer que este Poder pueda regresarnos al sano juicio y que así lo hará. Muchos de nosotros creíamos que la recuperación funcionaría para otras personas, pero no para nosotros. Creíamos que nuestros problemas eran diferentes y que nuestra situación única. Nos habíamos acostumbrado tanto a la derrota y desesperación que perdimos la esperanza. En la recuperación inicial muchos de nosotros tuvimos nuestra primera experiencia de esperanza a través del grupo. En las palabras de otros miembros, y en sus ojos, vimos que la recuperación sí era posible. Todo lo que necesitábamos hacer era reconocer que si era posible para otros era posible para nosotros también.

Si nos parece difícil creerlo, podemos actuar "como si" lo creyéramos. La disponibilidad de actuar "como si" lo creyéramos nos ayuda a establecer un compromiso con la recuperación, a pesar de cualquier duda que podamos tener. Al comprometernos con la recuperación nos damos tiempo para que el programa funcione en nuestras vidas, y nuestra comprensión crecerá gradualmente al mismo tiempo que nosotros. Nos damos cuenta de que "actuar como si" lo creyéramos es más que hacerse ilusiones. En el proceso nos damos cuenta de que una disponibilidad para aceptar nuevas formas de conducta nos lleva a una comprensión más clara de quienes somos y cómo funcionan los principios espirituales.

Cuando llegamos a creer que podemos recuperar el sano juicio, hemos salido del problema y estamos conscientes de la solución. Sin necesidad de comprender por completo a nuestro Poder Superior, podemos aceptar y utilizar este Poder para librarnos de nuestra adicción. Nuestra creencia de que la recuperación es posible nos da la fortaleza para tomar acción. Estamos listos para el Tercer Paso.

Tercer Paso

Decidimos poner nuestra voluntad y nuestra vida al cuidado de Dios, tal como lo concebimos.

El Tercer Paso constituye un punto decisivo. Al dar este paso, descubrimos la buena voluntad que necesitamos para permitir que Dios, como sea que concibamos a Dios, actúe en nuestras vidas. Habiendo aceptado, tanto la realidad de la enfermedad, como la posibilidad de que un Poder Superior puede ayudarnos cuando nuestros propios esfuerzos han fallado; hacemos un acto de fe, recurriendo a ese Poder para obtener ayuda. Nuestro concepto de este Poder no necesita ser perfecto o definitivo para que podamos dar este paso. Solamente necesitamos una mente abierta y estar dispuestos a intentar algo nuevo.

Dar el Tercer Paso significa actuar de acuerdo a nuestra creencia de que un Poder Superior nos puede liberar de nuestra adicción y devolvernos el sano juicio. Empezamos a dejar de aferrarnos tanto a nuestros patrones destructivos anteriores, tal vez sin saber aún qué va a reemplazarlos, pero con la fe de que algo mejor nos será revelado. Cuando entregamos nuestra anterior forma de vida a un Poder Superior, no siempre sabemos hacia dónde vamos, pero podemos estar seguros de que será mejor de donde estábamos.

Inicialmente, al realizar este paso es posible que tengamos muchas preguntas y dudas. ¿Qué significa aquello de entregar nuestra voluntad y nuestras vidas? Podemos pensar en "nuestra voluntad" como nuestros planes e intenciones, lo que queremos hacer con nuestras vidas. Podemos pensar en "nuestras vidas" como la realización de nuestras intenciones, y como el alcance total de lo que en realidad hacemos, pensamos y decimos. Entregamos nuestra voluntad y nuestra vida al cuidado de Dios porque el dirigir nuestros pensamientos y acciones hacia nosotros mismos nos ha llevado a actuar, a sufrir consecuencias negativas y a la desesperación. En el Tercer Paso, permitimos que un Poder Superior nos ayude a guiar nuestras decisiones diarias, abriéndonos a la posibilidad de que, tal vez, no sepamos lo que nos conviene y dejamos de creer en nuestro propio poder para manejar nuestras vidas. Al hacer esto, nos damos cuenta de que el cuidado de Dios comprende no sólo el lograr la abstinencia de los comportamientos sexuales adictivos, sino el curso entero de nuestra vida diaria y cada aspecto de nuestra existencia.

¿Cómo podemos lograr poner nuestra vida en manos de un Poder Superior? Quizá tengamos temor de dar este paso. Hasta pudiera parecer imposible la idea de entregar el control de nuestra existencia y permitir que un Poder Superior dirija nuestras vidas. Pero sirve recordar que todo lo que estamos haciendo es tomar la decisión de poner en manos de un Poder Superior nuestra voluntad y nuestra vida. A esta altura del programa, simplemente estamos dispuestos a seguir hacia adelante. Decidimos asumir el compromiso para con nuestra recuperación y crecimiento espiritual. En realidad, para la mayoría de nosotros, el poner en manos de Dios nuestra voluntad y nuestra vida sucede de forma gradual, a medida que realizamos los nueve pasos restantes.

El Tercer Paso nos invita a entregar nuestra voluntad y nuestra vida al cuidado de Dios, no al control de Dios. No nos estamos abandonando a que algún poderoso maestro nos dirija y nos obligue a realizar cosas que no escogeríamos por nuestra cuenta. En lugar de eso, abrimos nuestra mente al tomar nuevas decisiones bajo la luz de la bondad y cuidado de un Poder Superior que nos transforma. El poner nuestras vidas al cuidado de Dios, como nosotros concebimos a Dios, nos ofrece una forma de vida en la que experimentamos delicadeza y compasión. No tenemos que obsesionarnos con el pasado o preocuparnos por el futuro, podemos concentrarnos en el presente, que es en donde en realidad vivimos y abrimos nuestra mente a nuevas soluciones. Somos libres de tomar diferentes decisiones; gradualmente aprendemos a cuidarnos a nosotros mismos, así como nuestro Poder Superior cuida de nosotros.

Al dar este paso, estamos dispuestos a pasar por todas las experiencias y emociones, incluso aquellas que sean dolorosas y difíciles. Descubrimos que entregar nuestras vidas no es el fin de nuestros problemas; sino una manera de ver nuestras dificultades desde otro punto de vista, con un enaltecido sentido de confianza en que las soluciones son posibles.

En este paso entregamos nuestra voluntad y nuestras vidas a Dios como nosotros concebimos a Dios. Esto significa que tenemos la oportunidad de desarrollar nuestro propio concepto de Dios, y el derecho de crecer y recuperarnos en formas que compaginen con este concepto. Ningún miembro o grupo puede imponernos sus creencias sobre nuestro Poder Superior; somos libres de desarrollar nuestra relación con este Poder Superior de la forma que funcione mejor para nosotros y a nuestro propio ritmo. Nuestros conceptos de Dios y de la espiritualidad también pueden cambiar con el paso del tiempo, conforme avanza nuestra vida en recuperación. Esta libertad de concepciones ha abierto la puerta a la espiritualidad para muchos de nosotros quienes pensábamos que no podíamos o no queríamos ser espirituales.

Con acciones pequeñas, pero importantes, podemos llevar a cabo el Tercer Paso si asumimos un compromiso con el programa. Por ejemplo, muchos de nosotros decidimos que asistir a las reuniones es ahora una prioridad y las programamos en la agenda de nuestra vida sin importar las circunstancias, nos comprometemos a asistir, aunque no tengamos ánimos de hacerlo. Llegamos a creer que es la voluntad de Dios que no actuemos destructivamente. De esta forma renunciamos a estar alegando cómo manejar nuestra adicción y sencillamente hacemos lo que es correcto de acuerdo con nuestro programa. Así, llevamos a cabo el Tercer Paso cuando elegimos la recuperación sobre la adicción.

Es en este momento que podemos empezar a abrirnos a la guía de un Poder Superior. Para muchos de nosotros, estos son nuestros primeros intentos rudimentarios de orar. También podemos pedir la ayuda de nuestro Poder Superior para abstenernos hoy y llevar a cabo nuestro programa de recuperación. De igual forma podemos pedir que nos permita ver cómo podemos servir a los demás y hacer la voluntad de Dios. Nuestras palabras específicas son menos importantes que nuestra disposición de hacer contacto con un Poder Superior a nosotros y permitir la intervención de Dios en nuestras vidas.

La decisión que el Tercer Paso requiere que tomemos es la decisión de rendirnos: renunciamos a la creencia de que nuestro intelecto, nuestro conocimiento, nuestro juicio y nuestra voluntad regirán con éxito nuestras vidas. Aceptamos que el control que creíamos tener sobre nuestras vidas era una ilusión. Esta profunda rendición de creencias, hábitos y comportamientos del pasado es algo que tenemos que renovar a diario. Reafirmamos nuestra decisión de entregar nuestra voluntad y nuestras vidas al cuidado de Dios, como nosotros concebimos a Dios, sin buscar una perfección inalcanzable, pero reconociendo y afirmando el avance que logramos en nuestra recuperación.

Con la rendición, nos despedimos de nuestra antigua forma de vivir y nos preparamos para la transición hacia una nueva forma de vida.

El abandonar nuestra adicción puede ser como perder a un amigo cercano. Vivimos con la adicción la mayor parte de nuestras vidas y ésta nos confortó y distrajo de nuestros problemas. Enfrentar la vida sin actuar implica sentimientos de dolor y pérdida; aun así podemos lograrlo, a través de la fe en un Poder Superior, y acompañados de otras personas que han recorrido el mismo camino.

De vez en cuando nos damos cuenta de que "recobramos" nuestra voluntad, intentando ganar el control de nuestras vidas al poner nuevamente determinadas áreas de nuestras vidas en manos de nuestro Poder Superior. No tenemos por qué desalentarnos por estas experiencias. Mientras creamos en el proceso de recuperación y tengamos la disposición de aprender y crecer, podemos regresar al Tercer Paso y volver a asumir el compromiso para con nuestro programa espiritual.

Cuando tomamos la decisión de entregar nuestra voluntad y nuestras vidas al cuidado de Dios, como nosotros concebimos a Dios, empezamos a notar señales de crecimiento y transición, que son evidencia de que el programa está funcionando. Nos damos cuenta de que somos más honestos y de que estamos más dispuestos a compartir la verdad acerca de nosotros mismos con otras personas. De igual manera asistimos a las reuniones con regularidad y hacemos un lugar en nuestras vidas para la comunidad de adictos sexuales.

Solicitamos y aceptamos ayuda, acercándonos a otros adictos sexuales en recuperación regularmente, en lugar de vivir guardando secretos. Podemos abstenernos de nuestros comportamientos sexuales del círculo interior como un don de nuestro Poder Superior más que como el resultado de grandes esfuerzos de nuestra parte; y así empezamos a valorar y a disfrutar un nuevo sentido de espiritualidad. Nos sentimos agradecidos por nuestra recuperación y por los dones que empezamos a recibir de nuestro Poder Superior.

Al reflexionar sobre nuestro progreso hasta esta parte, podemos sentir alivio proveniente de una renovada fe en que el programa puede funcionar para nosotros. A su vez un creciente sentido de hermandad dentro de la comunidad de ASA y una nueva habilidad de vivir el presente bajo el cuidado de Dios, nos da el valor de continuar avanzando hacia adelante en nuestra recuperación. Con la ayuda de nuestro padrino estamos listos para hacer un inventario personal, para hacer una reflexión profunda sobre nuestro pasado y sobre aquellos defectos de carácter que nos impiden entregar completamente nuestra voluntad y nuestras vidas al cuidado de Dios. Ya hemos tomado la decisión, por lo que el trabajo de autoexploración sin temores puede comenzar. Continuamos con el Cuarto Paso.

Cuarto Paso

Sin miedo hicimos un minucioso inventario moral de nosotros mismos.

Al dar el Cuarto Paso empezamos a conocernos a nosotros mismos como en realidad somos. Con base en los principios de los tres primeros pasos, hacemos un inventario de los sentimientos y patrones que han moldeado nuestras vidas y nos damos cuenta de que nuestra adicción es más que sólo actividades sexuales que no podemos manejar, sino que también incluye un sistema entero de pensamientos, sentimientos y comportamientos subyacentes. Si no hacemos este inventario, corremos el riesgo de quedar atrapados en nuestros hábitos de antaño, nuestras creencias erróneas, y aquellos defectos de carácter que no hemos examinado y que a la larga nos llevarán a sufrir una recaída. Al analizar con honestidad nuestra naturaleza moral –las fallas que nos mantienen atrapados en nuestra adicción, así como nuestras virtudes y aspiraciones– empezamos a dejar de ser egocéntricos y comenzamos a centrarnos en Dios.

El Cuarto Paso requiere de valor porque, poco a poco, estamos abandonando nuestras viejas racionalizaciones, deshonestidades y autocompasión para descubrir la verdad de quiénes somos. En este proceso la mayoría de nosotros nos damos cuenta de que vamos descascarando muchas capas de nuestra fase de negación. La visión distorsionada de nosotros mismos nos llevó a evadir la responsabilidad de nuestras acciones y la negación acerca de nuestros comportamientos adictivos evitaba que viéramos nuestras fallas. Al mismo tiempo, nuestra creencia de que éramos personas horribles hacía que pensáramos que nunca cambiaríamos, o que no merecíamos una mejor vida. Al dar el Cuarto Paso, estamos dispuestos a desafiar estas formas anteriores de pensar y a examinarnos con una visión más clara.

Un minucioso inventario sin temor es una forma de abrirnos al cuidado y sanación de nuestro Poder Superior. Es una de las primeras y más profundas formas en que ponemos en acción la decisión que tomamos al dar el Tercer Paso. Conforme llevamos a cabo el Cuarto Paso practicamos la honestidad, el valor y la fe, teniendo en mente que otros han recorrido este camino antes que nosotros y han visto fortalecida su recuperación al realizar este paso.

Un inventario moral puede describirse como un examen sistemático de todas las creencias, los sentimientos y las actitudes que han moldeado nuestras vidas desde nuestros primeros años. Es una encuesta minuciosa de cómo hemos respondido a las personas, a las circunstancias y al mundo que nos rodea. Un inventario nos permite revisar nuestras vidas de una forma metódica y objetiva, reevaluando suposiciones, creencias y sentimientos a los que por años nos hemos aferrado pero que quizá nunca examinamos o cuestionamos. Al hacer este inventario, tenemos cuidado especial de identificar esos aspectos de nuestro carácter que nos lastimaron a nosotros mismos y a otras personas, para tenerlos en primer plano, para sanarlos y cambiarlos en los pasos siguientes.

El inventario del Cuarto Paso, lo hacemos por escrito. Sería muy fácil pasar por alto o ignorar aspectos importantes si simplemente lo decimos en voz alta o lo pensamos. Todo inventario tiene que ser registrado de alguna forma para que sea preciso; imaginemos hacer el inventario de toda la mercancía de una tienda sin escribir nada. Además, para que sea útil, nuestro inventario debe hacer que nos responsabilicemos de nuestras acciones. El inventario por escrito sirve como una fotografía del estado actual de nuestro ser y nos permite obtener una perspectiva precisa y realista de nosotros mismos, tal vez por primera vez. También podemos utilizarlo como referencia cuando trabajemos en los Pasos del Quinto al Noveno.

La experiencia nos ha enseñado que es útil trabajar en este paso en pequeñas partes a la vez, sin tratar de apresurar el proceso. La mayoría de nosotros no puede escribir el Cuarto Paso de una sola vez; hay demasiado trabajo que hacer, y necesitamos tiempo para reflexionar sobre nuestro trabajo conforme lo escribimos. Si desglosamos el paso en partes manejables, solo necesitamos concentrarnos en la parte que tenemos frente a nosotros.

El apoyo de otras personas mientras estemos efectuando nuestro inventario es fundamental, es por esto que cuando estamos haciendo nuestro inventario, nos mantenemos en frecuente contacto con nuestro padrino y nuestros amigos de la comunidad de adictos sexuales. Un padrino nos puede ayudar a mantener el ritmo de trabajo y nos mantiene concentrados, nos alienta a explorar nuevas áreas, o nos permite avanzar cuando estamos estancados. A algunos de nosotros nos sirvió fijar una fecha para nuestro Quinto Paso como parte del proceso del Cuarto Paso. También es posible compartir partes de nuestro inventario con nuestro padrino conforme avancemos.

No existe un formato único que sea utilizado por todos los miembros para hacer sus inventarios. Trabajamos de cerca con nuestro padrino para descubrir cómo debemos escribir y qué forma de inventario es la más efectiva para nosotros. El elemento que tenemos en común es que escribimos sobre una serie de aspectos de nuestras vidas que, al unirlos nos revelan un retrato honesto de nosotros mismos que incluye nuestras deficiencias. Dicho inventario es: minucioso, porque tratamos de examinarnos de la forma más concienzuda y detallada que nos sea posible; lo realizamos sin temores porque no dejamos que nuestro temor nos evite profundizar hasta donde sea posible; y es moral porque abarca nuestros valores y las consecuencias de nuestras acciones para nosotros mismos y para otras personas.

Examinar nuestro comportamiento sexual es un aspecto importante de nuestro inventario. Mientras que en el Primer Paso examinamos los patrones de nuestro comportamiento sexual y revelamos ejemplos específicos, aquí exploramos más profundamente nuestra historia sexual y vemos cada ocasión en que nuestro comportamiento sexual nos perjudicó, directa o indirectamente, a nosotros mismos o a otras personas. Vemos a quien lastimamos, lo que hicimos específicamente para lastimarlos y por qué lo hicimos. En el proceso podemos descubrir los propósitos secretos, las fantasías, las creencias y las racionalizaciones que contribuyeron a nuestro comportamiento. Aunque la violación sexual a otra persona es un ejemplo obvio del daño ocasionado a alguien, también reconocemos que el usar a las personas para nuestras conquistas sexuales, traicionar la confianza, ser infieles, mentir y encubrir nuestros comportamientos, manipular a otras personas -abierta o sutilmente-, y aprovecharse de otros al usar el poder o autoridad, son otras formas en que pudimos haber ocasionado daño. También podemos examinar nuestras experiencias sexuales traumáticas o relaciones de maltrato sexual y sus efectos en nosotros y en los demás. Es esencial ser claros, honestos y auto-reveladores conforme exploramos cada suceso. Asumimos nuestra responsabilidad total e inequívoca por lo que hemos hecho. Aunque hubiéramos sido copartícipes en fechorías sexuales, al trabajar en el Cuarto Paso nos concentramos solamente en nuestra parte. Vemos con honestidad los defectos que impulsaban nuestro comportamiento tales, como el egoísmo, el deseo de control, la actitud de tener el derecho de hacerlo, o sentimientos de inferioridad o superioridad.

También hacemos un inventario de nuestros rencores. Para los adictos sexuales, el rencor es uno de los obstáculos más difíciles de superar para crecer espiritualmente. Ser rencorosos es mantener abiertas viejas heridas, corajes o rencillas. Cuando nos aferramos a las heridas o al coraje asumimos una actitud negativa. Sentimos que fuimos victimizados, y cada vez que repasamos el suceso en nuestras mentes, volvemos a sentirnos victimizados. Desde esta actitud de victima a menudo nos pasamos a una actitud en donde consideramos que tenemos derechos. Si la vida es injusta, tenemos derecho de conseguir lo que necesitamos y queremos por el medio que sea necesario. Como nos sentimos con derecho, jugamos con reglas diferentes: bajamos nuestros estándares morales para permitirnos obtener lo que nos corresponde, utilizamos la deshonestidad, culpamos a otros, los manipulamos o robamos para “igualar el marcador”.

En nuestro inventario anotamos las personas y las situaciones que nos han lastimado, citando sucesos específicos. Anotamos los rencores que tenemos en contra de la gente, y por qué los tenemos —tratando de identificar exactamente lo que hicieron— en lugar de escribir generalidades. Muchos de nosotros escribimos lo que sentíamos cuando nos lastimaron y lo que sentimos ahora. Podemos incluir lo que creemos que perdimos, lo que nos quitaron, o lo que se vio amenazado por las acciones de otra persona. Algunos de nosotros también hemos anotado rencores contra la sociedad o contra ciertas instituciones. También escribimos cómo culpamos a otros: cómo creemos que sus acciones nos han lastimado y han empeorado nuestras vidas. Podemos sentirnos incómodos con este proceso, pero es importante escribir con honestidad acerca de nuestros sentimientos, aunque parezcan poco razonables.

Después revisamos nuevamente la lista de rencores, viendo cada incidente y nos preguntamos qué papel tuvimos en la situación. Debemos hacernos responsables de nuestra parte, por pequeña que sea. En ocasiones, especialmente con los rencores de la niñez, determinamos que no tuvimos responsabilidad en el problema. Sin embargo, cuando revisamos los rencores de nuestras vidas adultas nos damos cuenta, a menudo para sorpresa nuestra, de que en la mayoría de las ocasiones hemos contribuido de alguna forma a los problemas que nos aquejan. Por ejemplo, cuando vemos las acciones de otras personas, necesitamos preguntarnos, "¿Qué parte de sus acciones pudo haber sido una respuesta a algo que dije o hice?" Un padrino nos puede ayudar a aclarar esto y ver en dónde tenemos que hacernos responsables y en dónde necesitamos dejar de cargar la responsabilidad por las acciones de otras personas.

Cuando revisamos nuestra responsabilidad en los conflictos vemos surgir el patrón de nuestros defectos de carácter. Los defectos de carácter son fallas en nuestra naturaleza moral que impiden que nos alineemos con la voluntad de Dios; son expresiones de querer hacer nuestra voluntad. Estos defectos incluyen la deshonestidad, el egoísmo, egocentrismo, falta de humildad, soberbia, pesimismo, el deseo de controlar todo a nuestro alrededor o cualquier otro defecto que vemos surgir una y otra vez en nuestras relaciones con otros. Por ejemplo, si constantemente entramos en conflicto con las personas por celos, anotamos los celos como uno de los defectos de carácter. En nuestro inventario hacemos lo posible por anotar cualquier defecto que podamos identificar ya que consultaremos nuestra lista de defectos más adelante en los Pasos Sexto y Séptimo.

De la misma forma en que escribimos acerca de nuestro comportamiento sexual y los rencores, podemos hacer un inventario de otras emociones y patrones de comportamiento en nuestras vidas. Algunos ejemplos de emociones turbulentas que hacen surgir nuestros defectos de carácter incluyen el temor, envidia, soledad, pena, vergüenza, u odio a sí mismo. Es posible que esta lista no sea la adecuada para todos, por lo que podemos hacer un inventario de otros patrones de comportamiento. Nuestro padrino nos puede ayudar a reducir o a ampliar nuestro enfoque conforme sea necesario.

Con frecuencia, nuestras emociones fueron una fuente de dolor y confusión en nuestras vidas y a menudo desencadenaban nuestro comportamiento sexual adictivo. Quizá actuábamos al sentir ira, temor, ansiedad o hasta alegría, en lugar de responder a estas emociones de una forma sana. También podemos notar que nuestros sentimientos aumentan de intensidad cuando dejamos de actuar. Al hacer el inventario, podemos escribir acerca de las muchas formas en que estos sentimientos han regido nuestras vidas, utilizando ejemplos específicos de nuestra experiencia. Luchamos por aislar y reconocer cada sentimiento hasta donde nos sea posible y practicamos la aceptación de todas nuestras emociones en lugar de negarlas o temerles. En cada caso, buscamos los defectos de carácter que se revelan por no poder manejar nuestras emociones, así como reconocemos las ocasiones en que nuestras respuestas emocionales fueron responsables, comprensivas y apropiadas. Si empezamos a dudar, recurrimos a nuestro Poder Superior para obtener su ayuda en la confianza de que no fracasaremos bajo el cuidado de Dios.

En el caso del miedo, podemos escribir acerca de las ocasiones en que arriesgamos nuestras vidas, salud, empleo o relaciones mientras negábamos estar en peligro. Podemos anotar las formas en que nuestros temores nos pusieron en desventaja: de qué forma el temor motivó acciones de las cuales nos arrepentimos después, cómo evitó que lográramos las cosas que deseábamos o cómo el temor a la intimidad y el compromiso contribuyeron a nuestra soledad. Muchos de nosotros encontramos que el temor era una influencia dominante en nuestra vida, afectando profundamente nuestras creencias, relaciones y auto-estima. Pero también necesitamos reconocer las ocasiones en que hemos sido valientes: cuando sentimos temor pero aun así hicimos lo que valía la pena o era sano para nosotros.

Al escribir sobre la envidia podemos ver las formas en que comparamos nuestro interior con el exterior de las demás personas. Podemos anotar las cosas que otros tienen y que sentimos que nos faltan a nosotros, escribir sobre nuestra responsabilidad por no perseguir esos objetivos y después anotar las cosas en nuestra vida por las cuales estamos agradecidos.

Cuando examinamos la soledad, podemos escribir acerca de las formas en que nos hemos aislado nosotros mismos. Si nos mantenemos demasiado ocupados para tener amigos o de alguna otra forma evitamos el contacto íntimo, escribimos eso. Anotamos las formas en que hemos evitado la intimidad emocional con las personas más cercanas a nosotros, y anotamos las formas en que aún lo evitamos. Si hemos tenido secretos o mantenido en secreto parte de nuestra vida, también lo registramos.

Es posible que queramos escribir las cosas que hicimos y que nos causaron pena o vergüenza; aunque los sucesos en que sentimos vergüenza parezcan triviales, a menudo nos da tanta vergüenza como si el suceso hubiera ocurrido ayer. También podemos hacer una lista de las cosas por las cuales nos sentimos culpables. Observamos las cosas que hicimos que sabíamos que no estaban bien y sobre las cuales sentimos remordimiento. Así mismo, escribimos cualquier secreto que nos de vergüenza u otros sucesos que nos den vergüenza cuando los recordamos. Estos sucesos y sentimientos dolorosos deben salir a la luz si queremos continuar en nuestro camino hacia la recuperación. Mientras se mantengan en secreto tienen el poder de conducirnos, nuevamente, a nuestra adicción.

Podemos hacer un inventario del odio a nosotros mismos anotando las cosas que hemos hecho que sentimos que no podemos aceptar o por las cuales no podemos perdonarnos. Estas son las cosas que parece que el tiempo no puede sanar. Vemos las formas en que nos decepcionamos a nosotros mismos. Anotamos los rencores que tenemos en contra de nosotros mismos. Registramos las cosas sobre nosotros mismos que no nos gustan o que deseamos que sean diferentes. Escribimos sobre los comportamientos de odio a nosotros mismos, anotando las formas en que hemos maltratado nuestros cuerpos, emociones y espíritus. Vemos cómo hemos descuidado nuestras necesidades físicas, emocionales, mentales y espirituales. Examinamos la forma en que permitimos que otros abusaran de nosotros y nos maltrataran. Anotamos las cosas negativas que creemos acerca de nosotros mismos, y los mensajes ofensivos que nos decimos a nosotros mismos. Buscamos patrones en nuestro comportamiento de odio hacia nosotros mismos, tratando de identificar los defectos de carácter subyacentes.

Un inventario moral no estaría completo si no reconociéramos algunos de nuestros aspectos positivos. Con esto en mente, anotamos las formas en que actuamos con amor a nosotros mismos. Podemos escribir acerca de las amistades que hemos cultivado y las personas a quienes hemos ayudado. Anotamos las cosas de las cuales estamos verdaderamente orgullosos, tales como logros sanos por los que nos esforzamos mucho. Escribimos acerca de nuestro amor, fe y gratitud. Reconocemos el éxito que hemos tenido al entregar nuestra adicción a nuestro Poder Superior.

Necesitamos recordar que nuestro Cuarto Paso es solo un inventario, no el inventario. Siempre podemos regresar a nuestro inventario cuando sea necesario. Pudimos haber estado listos para aceptar sólo ciertas verdades acerca de nosotros mismos cuando trabajamos en ese paso por primera vez. Podemos volver a realizar el Cuarto Paso nuevamente cuando tengamos nuevas dificultades que enfrentar o cuando necesitemos examinarnos más a fondo. No existe un sólo inventario correcto y no hay inventarios perfectos.

Completar el Cuarto Paso es un hito significativo en nuestra recuperación. Para completarlo necesitamos paciencia, perseverancia, honestidad y valor. Necesitamos apoyo, ya que llevamos a cabo el Cuarto Paso con la ayuda de nuestro Poder Superior, nuestro padrino y nuestro grupo. Y requiere de delicadeza en la forma de atención hacia nosotros mismos. Al terminar este paso mostramos haber asumido un compromiso con nuestra recuperación y a vivir en la realidad. Ahora, después de haber obtenido tan arduamente una visión de nosotros mismos, es tiempo de abrirnos y compartir nuestra verdad, al compartirla aseguramos nuestra recuperación. Es hora de pasar al Quinto Paso.

Quinto Paso

Admitimos ante Dios, ante nosotros mismos, y ante otro ser humano, la naturaleza exacta de nuestros defectos.

Cada paso del programa es un acto de fe que nos hace avanzar en nuestra recuperación. Después de terminar nuestro inventario moral, se nos reta en el Quinto Paso a hacer otro acto de fe. Ahora necesitamos admitir toda la verdad que hemos descubierto ante Dios, ante nosotros y ante otra persona. El llevar a cabo el Quinto Paso nos libera del peso de los secretos, rompe nuestro aislamiento y hace que nos veamos a nosotros mismos honestamente de una forma que no podemos hacer por nuestra cuenta. Con el Quinto Paso, quedamos al descubierto.

Como adictos sexuales activos escondíamos quiénes éramos y lo que hacíamos: de los demás, pero también de nosotros mismos. Damos el Quinto Paso cuando salimos del escondite, abandonamos el auto engaño y reconocemos que dependemos de un Poder Superior. Nuestra creencia de que estábamos aislados, alejados del cuidado de un Dios benévolo, nos mantenía en el temor. Ahora, al liberarnos de los secretos, admitimos nuestros defectos a la luz de nuestra relación con Dios, como nosotros concebimos a Dios. Si confiamos, se nos dará el poder para admitir nuestras deficiencias. Admitir nuestros defectos ante Dios abre la puerta a un cambio interno. Nos hemos dado cuenta de que Dios nos ayudará a encontrar el valor y la honestidad que necesitamos para poder dar este paso.

A pesar de que registramos un inventario detallado en el Cuarto Paso, es otra cosa totalmente distinta admitir la verdad ante nosotros mismos. Necesitamos tener cuidado de reconocer en nuestro interior la naturaleza exacta de nuestros defectos, para que la negación pueda dar paso a la aceptación. Compartir nuestro inventario con otro ser humano nos ayuda en este proceso. Cuando nos escuchamos admitir nuestros defectos a alguien más, explicando todos los detalles en voz alta, nuestro pasado empieza a cobrar un mayor sentido, y podemos empezar a ver nuestra vida con mayor claridad. Conforme tomamos consciencia de la realidad de nuestras deficiencias, las podemos llevar, con toda humildad, a nuestro Poder Superior. Nuestra aceptación más profunda llega cuando sabemos que Dios, como nosotros concebimos a Dios, nos ama sin importar lo que hayamos hecho.

En el Quinto Paso, revelamos todos nuestros secretos a otra persona, por primera vez para muchos de nosotros. A pesar de nuestro compromiso con el programa, a menudo nos sentimos con temor en estos momentos. Creemos que si contamos a alguien nuestros secretos, seremos juzgados con dureza y rechazados, especialmente por aquellos comportamientos que nos llevaban a actuar que son los que más nos avergüenzan. Es natural sentir estos temores, pero no podemos permitir que eviten que demos este paso. Le pedimos a nuestro Poder Superior la fortaleza y la disposición de compartir nuestra historia. Descubriremos que la persona que escucha nuestro Quinto Paso no nos rechazará, sino que a menudo respetará nuestra sinceridad y valor, y nos querrá aún más.

Escogemos a alguien de nuestra confianza para que escuche nuestro inventario. La mayoría de nosotros compartimos nuestro Quinto Paso con nuestro padrino. Algunos escogemos a un amigo en el programa, un terapeuta, un asesor espiritual u otro confidente sabio con el que nos sintamos cómodos. Es mejor dar este paso con la ayuda de una persona que ya lo llevó a cabo en su propia recuperación y que ya nos conoce y nos acepta incondicionalmente.

No llevamos a cabo el Quinto Paso con nuestras parejas, padres o familias. Este no es el momento de confesiones egoístas. Necesitamos tener tiempo en el programa y la ayuda de miembros con mayor experiencia antes de que podamos juzgar lo que se puede revelar a nuestras familias o a las personas más allegadas a nosotros.

Admitir nuestros defectos significa aceptar todas las formas en que fuimos deshonestos, desleales, abusivos, desconsiderados, injustos o poco éticos. Nuestros defectos incluyen todas las formas en que rompimos las reglas para poder avanzar o evadir las consecuencias que no queríamos enfrentar. También pueden incluir las medidas que dejamos de tomar por descuido, así como las que tomamos.

Admitimos nuestros defectos de una forma detallada y concienzuda. Describimos lo que hicimos, cuándo lo hicimos y lo que pensábamos o sentíamos cuando lo hicimos. Describimos cuáles fueron las consecuencias para nosotros y para las otras personas. Muchos de nosotros contamos la historia de cada defecto en lugar de simplemente hacer una lista de ellos. En el proceso reexaminamos situaciones en las cuales nos consideramos la víctima o cuando restamos importancia a nuestras acciones ofensivas. Con el objetivo de ser minuciosos, admitimos todos los defectos que podamos recordar, no solamente aquellos relacionados con nuestro actuar.

Sobre todo, admitimos los defectos de carácter que motivaron nuestras acciones, como el orgullo, la envidia, el egoísmo o la avaricia. Estos defectos o fallas son *la naturaleza exacta de nuestros defectos.* Son aquellos aspectos del temperamento que limitan nuestro crecimiento espiritual y nos mantienen encerrados en hábitos, actitudes y creencias de auto-derrota. Hemos encontrado que admitir estos defectos es esencial para poder tener un descubrimiento positivo en nuestras relaciones con los demás y con nosotros mismos.

Esto puede parecer una tarea muy difícil, pero no debemos perder el ánimo. Durante el Quinto Paso nuestro padrino con frecuencia compartirá sus propias experiencias con nosotros, contándonos acerca de sus acciones, sentimientos y deficiencias similares. Saber que otras personas sienten lo mismo, y han hecho el mismo tipo de cosas, ayuda a liberarnos de nuestra vergüenza y aislamiento. Nuestro padrino nos apoya emocionalmente cuando enfrentamos las partes más dolorosas de nosotros mismos, permitiendo que nos veamos sin acobardarnos.

Aunque el Quinto Paso se concentra en admitir la naturaleza exacta de nuestros defectos, también es de gran utilidad reconocer las cosas buenas que tenemos. Admitir las formas en que hemos sido cuidadosos, ingeniosos, y talentosos nos ayuda a desarrollar una perspectiva equilibrada de toda nuestra naturaleza moral. Al reconocer nuestras fortalezas de carácter, y alentados por nuestro padrino, establecemos los principios en los cuales se puede basar nuestra futura recuperación.

Aunque quisiéramos compartir todo nuestro Quinto Paso en una sola reunión, la verdad es que es posible que algunos de nosotros necesitemos varias reuniones para terminar el paso entero. Una vez que iniciamos, tomamos el compromiso de terminarlo. A menudo somos vulnerables emocionalmente mientras llevamos a cabo este paso, así que deseamos estar seguros de terminarlo de forma oportuna y de conseguir algo de apoyo adicional. Con la ayuda de nuestro Poder Superior, y el apoyo de nuestro padrino y otras personas, podemos enfrentarnos a nuestro dolor sin que éste nos consuma. Una vez que terminemos el Quinto Paso las recompensas bien valen el esfuerzo.

Cuando acabamos el Quinto Paso podemos sentir como si nos hubieran quitado un gran peso de encima. Muchos de nosotros sentimos por primera vez una sensación de plenitud e integridad porque reconocimos y nos hicimos responsables de todo nuestro ser, ante nosotros mismos, nuestros compañeros adictos y nuestro Poder Superior. La aceptación que recibimos es una experiencia espiritual profunda. Habiendo logrado una mayor fe en el amor y cuidado de Dios, como nosotros concebimos a Dios, ahora es tiempo de examinar detalladamente nuestros defectos de carácter a la luz de nuestra relación con Dios. Nuestra nueva comprensión nos lleva a desear un cambio. Pasamos ahora al Sexto Paso.

Sexto Paso

Estuvimos enteramente dispuestos a dejar que Dios nos liberase de todos estos defectos de carácter.

Querer que cambie nuestra vida, no es lo mismo que estar dispuestos a cambiar de verdad. Los patrones negativos que encontramos en nuestro inventario moral representan toda una vida de creencias, actitudes y hábitos de comportamiento arraigados en nuestro interior. El solo hecho de tomar consciencia de su existencia puede ser doloroso; tratar de imaginar la vida sin ellos puede ser casi imposible.

La mayor parte de nuestra resistencia al cambio, tiene como base el temor. Puede ser más fácil seguir viviendo de una forma infeliz, pero familiar, que enfrentarse a un futuro desconocido e incierto. Para muchos de nosotros, nuestros problemas y deficiencias parecían definirnos como personas: ¿qué seríamos sin ellos? A menudo encontramos que nuestros defectos de carácter empezaron como una forma de manejar las situaciones difíciles, ya sea en la niñez o posteriormente. Es difícil abandonar creencias y comportamientos que en su momento nos ayudaron a sobrellevar situaciones complicadas, o que inclusive nos mantuvieron vivos. Si sentimos temor podemos permitirnos considerar cuidadosamente y con valentía la posibilidad de entregar los defectos que nos son familiares, con la confianza de que nuestro Poder Superior no nos dará más de lo que podemos manejar.

Los defectos de carácter son los rasgos, actitudes y creencias indeseables, que hacen que nuestras vidas sean ingobernables, lastiman a otros y obstruyen nuestro crecimiento espiritual. Nuestros problemas no empezaron con nuestra adicción sexual, ni terminan cuando entramos en recuperación. El Sexto Paso se basa en el reconocimiento de que nuestra enfermedad tiene raíces más profundas que nuestro comportamiento de actuar. Requiere de la voluntad de cambiar en lo básico y liberarnos de las fallas que siguen creando serios problemas en nuestra vida.

La mayoría de nosotros ya estábamos conscientes de nuestros peores defectos de carácter mucho tiempo antes de llegar a este paso. Si somos iracundos, celosos sin control, estamos llenos de rencor o nos sentimos pisoteados, probablemente tenemos una idea de cómo estos patrones han envenenado nuestras vidas y nuestras relaciones. Pero en lugar de solucionar estos problemas o de aceptar nuestras vidas, nos habíamos encerrado en la adicción. En el Sexto Paso, nos abrimos a la posibilidad de que Dios puede liberarnos de los defectos que no podíamos manejar y que encubríamos actuando.

Al realizar este paso es útil consultar la lista de defectos de carácter que hicimos como parte del inventario moral del Cuarto Paso y que tal vez ampliamos con la ayuda de nuestro padrino cuando efectuamos el Quinto Paso. Nuestra lista incluye todas las actitudes y patrones de comportamiento de auto derrota que se nos han revelado. Algunos ejemplos de actitudes poco sanas pueden incluir el rencor, la soberbia, la autocompasión, ser perfeccionista, culpar a otros, sentirse como víctima y sentir que tenemos derechos. Nuestra lista de comportamientos puede incluir acciones habituales como ser iracundos, aislarse de otros, mentir, manipular o evitar el conflicto. También es posible que nos hayamos dado cuenta de nuestros rasgos o actitudes negativas hacia la vida, tal como la avaricia, la envidia, el egoísmo y el odio hacia nosotros mismos. Es importante darse cuenta de que las palabras "defectos de carácter" se refieren a "la naturaleza exacta de nuestros defectos", los cuales admitimos tener en el Quinto Paso. En el Sexto Paso nos concentramos en esos defectos que hemos notado al hacer el inventario.

Podemos ver, por ejemplo, que nuestras expectativas sobre los demás nos han llevado a la desilusión y al resentimiento. Podemos darnos cuenta de que nuestro perfeccionismo nos hizo aplazar las cosas por no querer terminar un trabajo que no fuera perfecto. Podemos recordar momentos en los que nuestra terquedad, actitudes de crítica, o sentimientos de superioridad moral resultaron en conflictos con otras personas. Ver las áreas de ingobernabilidad en nuestra vida nos puede ayudar a reconocer nuestros defectos cuando identificamos nuestra responsabilidad en los eventos que fueron dolorosos o se salieron de control. También podemos ver dónde hemos estado "estancados": áreas de nuestra vida que constantemente nos causaron problemas. Por ejemplo, si somos el tipo de personas que no se compromete a nada, podemos reconocer este defecto en el patrón de problemas que hemos tenido, tal como no durar mucho en el mismo trabajo, o brincar de una relación a otra. Buscamos esos aspectos de nuestra personalidad que no nos permiten avanzar en la vida, cualquiera que estos sean.

Podemos pedir a nuestro padrino y amigos en recuperación que nos ayuden a identificar nuestros defectos de carácter, podemos pedirles que nos digan cuando nos observen tomando decisiones que van en contra de nuestros mejores intereses. A su vez nos pueden decir en dónde repetimos los mismos errores. Tal vez haya veces en que nos señalen las situaciones que nos causan problemas, en lugar de decirnos directamente cuáles creen ellos que son nuestros problemas. También es útil pedirle a nuestro Poder Superior que nos revele nuestros defectos de carácter. Cuando oramos o meditamos en este paso, a menudo obtendremos una nueva perspectiva acerca de nosotros y de nuestras deficiencias.

Como adictos sexuales, podemos darnos cuenta de que nuestros defectos de carácter se manifiestan en forma de creencias y actitudes poco sanas relacionadas con el sexo. Estas creencias pueden incluir: creer que el sexo es malo o erróneo por naturaleza, o que el sexo es incompatible con ser religioso, espiritual o "bueno"; tener dificultades para diferenciar entre relaciones sexuales y amor, o entender cómo se relacionan entre sí; sentir que no somos competentes en lo sexual o sentir vergüenza, mientras evitamos riesgos sexuales sanos; y tener sentimientos de tener derechos sexuales o asociar las relaciones sexuales con el poder y el control. Si hemos sido víctimas de un trauma o abuso sexual, podemos sentirnos atrapados en el papel ya sea de la víctima o del perpetrador, repitiendo constantemente los patrones de abuso, o podemos evitar las relaciones sexuales por temor a volver a ser la víctima o convertirnos nosotros mismos en los perpetradores. Al llevar a cabo este paso, reconocemos que muchos de nuestros sentimientos, pensamientos, y convicciones acerca de las relaciones sexuales van más allá de nuestra habilidad de manejarlos y no desaparecerán de la noche a la mañana. Nuestro rol es estar dispuestos y preparados para que nuestro Poder Superior nos lleve hacia formas más sanas de vivir con nuestra sexualidad.

Es posible que nos sintamos impotentes ante nuestros defectos de la misma manera que nos sentimos impotentes ante nuestros comportamientos sexuales adictivos. Pero si no estamos dispuestos a abandonar nuestros defectos, corremos el riesgo de regresar a nuestra adicción. Nuestro inventario moral del Cuarto Paso nos reveló cómo los defectos tales como el rencor, el egoísmo, y el sentir lástima por nosotros mismos nos llevaron una y otra vez a comportamientos adictivos. Al estar preparados para renunciar a nuestros defectos, mostramos una predisposición para hacer lo que sea necesario para mantener la abstinencia.

Estar completamente preparado requiere un compromiso más profundo con la recuperación, la voluntad de dejar que Dios, como nosotros concebimos a Dios, realice cambios importantes dentro de nosotros, cambios en la forma de pensar y sentir, cambios en nuestros comportamientos. La preparación del Sexto Paso es uno de los resultados prácticos de nuestra decisión de poner en manos de Dios nuestra voluntad y nuestra vida como parte del Tercer Paso. Para que la voluntad de nuestro Poder Superior se haga realidad en nosotros, debemos estar preparados para permitir que esta se haga realidad. Si sentimos que aún no estamos dispuestos, podemos orar para que podamos prepararnos para ser liberados de estos defectos. Aunque no hay una forma perfecta e infalible de estar "completamente" preparados, sabremos cuando nuestras dudas y reservas se disipen y dejen de ser una obstrucción.

Muchos de nosotros intentamos eliminar nuestros peores defectos de carácter en el pasado y nuestros esfuerzos fallaron, del mismo modo que fallaron nuestros intentos de liberarnos de nuestra adicción. Tal vez intentamos con juramentos y resoluciones, o adoptando creencias o prácticas diseñadas para la auto-superación, sólo para ver que nuestros defectos se manifestaban nuevamente, a pesar de nuestras buenas intenciones. Nos preguntamos cómo puede Dios liberarnos de nuestros defectos de carácter. Pero para trabajar en el Sexto Paso no tenemos que preocuparnos por esto. Todo lo que tenemos que hacer es estar dispuestos y dejar el resto en manos de nuestro Poder Superior.

La cara opuesta de cada defecto de carácter es una virtud de carácter. Parte de nuestro proceso de prepararnos por completo es poner en práctica las virtudes de nuestro carácter en nuestras acciones y elecciones, en lugar de nuestros defectos. Si somos emocionalmente rígidos, podemos encontrar la forma de ser más flexibles. Si somos perfeccionistas, demasiado autocríticos, o somos impacientes, podemos poner en práctica la aceptación. El practicar nuevas formas de comportamiento puede ayudar a abrir nuestro corazón para recibir los cambios espirituales que Dios quiere para nosotros.

La idea de dejar de practicar hábitos de toda la vida puede parecer abrumadora. Hemos aprendido que el Sexto Paso no es algo que hacemos sólo una vez, sino un proceso continuo. No es necesario estar dispuestos a ser liberados de todos nuestros defectos de carácter al mismo tiempo. Podemos concentrarnos en estar preparados para ser liberados primero de uno o dos de los defectos de carácter que nos debilitan. Y de la misma manera que cuando dejamos de actuar un día a la vez, también podemos estar preparados para aceptar cambios en nuestro carácter, un día a la vez. Cuando veamos que reaccionamos a una situación de la misma forma en que lo hacíamos en el pasado, podemos intentar manejarla de una forma distinta sólo por un día. Nunca conoceremos la perfección, pero siempre podemos avanzar.

A medida que vamos dejando atrás nuestra forma de enfocar la vida en el pasado, y confiamos en que Dios nos revelará nuevas formas de hacerlo, muchos de nosotros empezamos a tener una visión más amplia de lo que nuestra vida en recuperación puede llegar a ser. Estamos preparados para un verdadero cambio; y nuestra atención se concentra ahora directamente en nuestro Poder Superior, para que podamos pedir con toda humildad la ayuda que necesitamos. Es hora de comenzar con el Séptimo Paso.

Séptimo Paso

Humildemente le pedimos a Dios que nos liberase de nuestros defectos.

Los pasos anteriores permiten que nos demos cuenta de que los defectos de carácter, fallas o deficiencias en nuestra personalidad, nos causaron mucho sufrimiento toda la vida y evitaron que observáramos por completo la voluntad de Dios para con nosotros. Cuando estemos completamente preparados para liberarnos de estos aspectos autodestructivos de nuestro carácter, podemos pedirle a Dios que lo haga en el Séptimo Paso. Cuando le pedimos a Dios que nos ayude, invitamos a Dios a que entre en nuestra vida de una forma diferente.

Quizás nos preguntemos por qué es necesario pedirle a Dios con *humildad*. Muchos de nosotros confundimos humildad con humillación. Nos resultaba más fácil rogar o exigir lo que deseábamos, que pedirlo. La verdad es que se requiere de humildad para pedir ayuda. El pedir ayuda significa admitir que no somos del todo fuertes y autosuficientes. Significa que dejamos el orgullo y la vergüenza a un lado cuando creemos que necesitamos ayuda.

La humildad resulta de la auto-sinceridad que hemos adquirido al trabajar en los pasos anteriores, viene de tener una percepción realista de nosotros mismos, de conocer tanto nuestras fortalezas como nuestras limitaciones. Reconocemos que nuestras deficiencias no son únicas y que no somos ni mejores ni peores que los demás. Cuando vivimos con este conocimiento, no esperamos la perfección de nosotros mismos ni de los demás, sabemos en cambio que vamos a cometer errores y optamos por aprender de ellos en lugar de castigarnos por haberlos cometido. La humildad significa que se nos puede enseñar, que somos vulnerables, y estamos abiertos.

Cuando estemos preparados para hacer cambios fundamentales en nuestra vida, y cuando comprendamos que no podemos cambiar sin la ayuda de nuestro Poder Superior; le pedimos humildemente a Dios que retire nuestros defectos de carácter. El poder de este paso radica en la acción de pedir, no en el resultado. Pedir es una acción muy poderosa – expresa una rendición más profunda de nuestra parte. El Séptimo Paso no garantiza, ni predice un resultado. Hemos llegado a comprender que la voluntad de Dios para nosotros generalmente es distinta, y a la larga mejor de lo que esperamos. Lo único que necesitamos hacer, es simplemente ponernos en las manos de Dios.

Muchos de nosotros efectuamos este paso mediante la oración. A menudo incluimos una petición especial en nuestras oraciones cotidianas. También es posible que pidamos que nos libere de un defecto de carácter en particular, cuando una situación así lo requiera. Con frecuencia encontramos alivio tan pronto empezamos a orar, porque nuestra actitud hacia la situación cambia mediante la acción de pedir.

El cambio ocurre cuando Dios así lo disponga, no nosotros. Como adictos, estábamos acostumbrados a buscar gratificarnos instantáneamente. Pero en la fase de recuperación, la mayoría de nosotros experimentamos una mejoría gradual más que una transformación súbita. Necesitamos paciencia para llevar a cabo el Séptimo Paso, y confianza en que nuestro Poder Superior puede ayudarnos. Ciertamente es posible que seamos liberados de algunos de nuestros defectos inmediatamente, otros pueden surgir una y otra vez, desafiándonos a depender aún más de Dios. Quizá hasta nos demos cuenta de que ciertas deficiencias quedan latentes, permitiéndonos avanzar en nuestra recuperación, sólo para reaparecer más tarde cuando podemos reconocerlas mejor y entregárselas a Dios. No importa cómo trabajamos en este paso, el resultado es un constante aumento de nuestra serenidad, libertad y crecimiento espiritual.

Una de las principales formas en que Dios obra en nuestra vida es a través de otras personas. El pedir que seamos liberados de nuestras deficiencias también se expresa a través de abrirnos a otros adictos en recuperación. Nuestros compañeros adictos nos ayudan de muchas formas: nos dan aliento cuando nos falta confianza, pueden ayudarnos a identificar las deficiencias que no hemos podido reconocer por nuestra propia cuenta y pueden apoyarnos al compartir sus propias experiencias de cuando llevaron a cabo este paso. Simplemente con el hecho de hablar con alguien sobre nuestros defectos; podemos reducir el poder que éstos tienen sobre nosotros. A veces, precisamente la ayuda que necesitamos consiste en tener a alguien que escuche nuestros dilemas.

Al llevar a cabo el Séptimo Paso podemos ver también que nuestro concepto de Poder Superior se hace más personal. Hasta este punto, la mayoría de nosotros aún sentía una cierta distancia y lejanía con respecto a la relación con Dios. Al ver el efecto práctico que depender de Dios tiene en nuestra vida diaria, y de cómo influye en nuestras actitudes y comportamientos de forma tangible, empezamos a ver a nuestro Poder Superior como una presencia mucho más íntima y cercana que antes. Podemos pedirle ayuda a Dios en cualquier momento y en cualquier situación. El ser humildes y mantener una actitud receptiva, se convierten en parte de nuestra vida diaria.

A medida que el sentimiento de humildad crece en nosotros, poco a poco llegamos a ver nuestra vida, y hasta nuestros problemas, con gratitud. Cuando nos liberamos de la auto-importancia, podemos reconocer que tenemos mucho que agradecer. En nuestra adicción sentíamos que nos faltaba algo, sin importar lo que teníamos. A menudo arriesgábamos las cosas maravillosas que teníamos para poder actuar. En la fase de recuperación, con la humildad que asimilamos al trabajar en los Doce Pasos, comenzamos a agradecer las cosas que dábamos por sentado. Y podemos ver nuestras deficiencias como oportunidades para aprender y crecer.

También descubrimos que nuestros defectos de carácter pueden ser útiles en las manos de Dios. Nuestros dilemas con nuestras propias deficiencias nos ayudan a comprender y a sentir empatía con los dilemas de otras personas y a tenderle la mano al adicto que aún sufre, compartiendo nuestras propias experiencias, fortalezas, y esperanzas con ellos. Algunos aspectos de nosotros mismos que nos avergonzaban y que tratábamos de mantener en secreto, a veces pueden transformarse inesperadamente en dones que enriquecen nuestra recuperación, al dejarlos a la luz de un Poder Superior benevolente. El enojo puede contener las semillas del valor; la envidia puede convertirse en empatía; el orgullo egoísta puede transformarse en un sano amor así mismo. Cada defecto de carácter que ponemos en manos de Dios se convierte en una forma más de abrirnos al cuidado de Dios.

En el proceso de pedirle a nuestro Poder Superior que nos libere de las fallas de nuestro carácter, practicamos nuestra humildad y la profundizamos. Solamente cuando hayamos llegado a este punto de nuestro programa, y hayamos iniciado el proceso de transformar el enfoque egoísta que teníamos de la vida en un nuevo enfoque basado en principios espirituales, estaremos preparados para enfrentar constructivamente el daño que hemos causado a otras personas. Al estar dispuestos a abandonar el rencor, el temor y los otros defectos que nos han aislado de Dios y de nuestros compañeros, estamos preparados espiritualmente para considerar reparar o reparar el daño que hemos hecho en el pasado. Seguimos con el Octavo Paso.

Octavo Paso

Hicimos una lista de todas aquellas personas a quienes habíamos hecho daño y estuvimos dispuestos a repararlo.

Con el Octavo Paso, comenzamos a hacernos responsables del daño que les causamos a los demás cuando actuamos como resultado de nuestros defectos de carácter. La mayoría de nosotros sabemos que causamos daño a otros, de una forma o de otra, pero en el pasado optamos por sentirnos culpables sin hacer nada al respecto. Nos daba miedo considerar las consecuencias de nuestras ofensas y sentíamos que no podíamos hacer nada, estábamos demasiado absortos para darnos cuenta de las ruinas que íbamos dejando a nuestro paso, tan enfrascados en nuestros propios rencores y heridas que no estábamos dispuestos a reconocer nuestra parte en el problema. Sin embargo, conforme avanza nuestra recuperación, buscamos recuperar la verdad de nuestras acciones. La realización de los Pasos Cuarto al Séptimo nos ayuda a clarificar nuestras responsabilidades. En el Octavo Paso reclamamos tanto nuestra integridad como nuestra compasión y nos damos cuenta de que estamos dispuestos a liberarnos del sentimiento de culpabilidad que habíamos cargado con nosotros.

Empezamos por hacer una lista de todas las personas a las que les hayamos hecho daño. Nuestro inventario moral del Cuarto Paso nos puede ser útil para hacer esta lista. Al repasar nuestro inventario moral veremos los nombres de muchas personas a las que les teníamos rencor, temíamos, descuidamos o perjudicamos con nuestro comportamiento sexual. La mayoría de estos nombres harán parte de la lista que haremos al realizar el Octavo Paso. La atención que prestemos a las deficiencias descritas en el Cuarto Paso también puede desencadenar recuerdos de otras personas a las que perjudicamos con estos defectos de carácter a través de los años. Se trata de hacer una lista tan completa como sea posible, tratando de no dejar fuera a nadie. Mientras que en el Cuarto Paso examinamos nuestras relaciones dolorosas para ayudar a descubrir nuestros defectos de carácter; en el Octavo Paso nos concentramos en las personas afectadas por estos defectos de nuestro carácter y, en ver de esta forma, cómo le causamos daño a cada una de ellas.

El daño que les hicimos a otras personas puede haber sucedido de muchas formas distintas. Pudimos haber lastimado a otras personas sexual o físicamente o haberlas lastimado verbal o emocionalmente. El daño pudo haber sido el resultado de nuestras acciones o de nuestras omisiones. El grado del daño causado puede variar, desde haber sido desconsiderados o descuidados hasta haber llegado a cometer abusos directamente. Anotamos el nombre de cualquier persona a quien hayamos causado daño de alguna de estas formas. Muchos de nosotros incluimos detalles en la lista, tales como el momento en que lastimamos a la persona, qué hicimos para causarle daño y en qué consistió el daño. Anotar estos detalles específicos, nos ayuda a asumir responsabilidad por nuestras acciones en forma concreta.

Hemos descubierto que es útil empezar por las personas que resultaron perjudicadas directamente por nuestro actuar. Tal vez hayamos explotado y manipulado a otros, quizá nos aprovechamos de su vulnerabilidad, los convencimos de que violaran sus valores o los presionamos para que tuvieran relaciones sexuales. Algunos de nosotros practicamos el abuso sexual u otras actividades peligrosas o ilegales. Tal vez obligamos a las personas a tener relaciones sexuales o a participar en nuestra actividad sexual. Nos pudimos haber aprovechado de menores o usado la violencia o amenazado para evitar que otros nos delataran. Lo importante es ser minuciosos, incluir a todas las personas que podamos recordar a quienes les hayamos causado daño con nuestro comportamiento, sin importar si sabemos sus nombres o no. Si nos sentimos abrumados, oramos a nuestro Poder Superior y pedimos la ayuda y guía de nuestro padrino y amigos en recuperación.

También anotamos a aquellos a quienes hemos causado daño con nuestra deshonestidad, actitudes egoístas y otros comportamientos que surgieron de nuestros defectos de carácter. Pudimos haber mentido o hecho falsas promesas, incluso a las personas más cercanas a nosotros. Pudimos haber sido demasiado críticos, impacientes, alegadores, moralizantes, económicamente irresponsables, vengativos o malvados. También incluimos a las personas a las que les causamos daño por nuestro descuido, por no "estar presentes" en sus vidas. Tal vez estuvimos demasiado ocupados para estar con la familia o los amigos, faltamos a eventos importantes, estuvimos embebidos, retraídos, aislados o no nos concentramos en el trabajo o abandonamos por completo a nuestras familias o a nuestros seres queridos.

Podemos realizar este paso con mayor eficacia cuando mantenemos nuestra atención concentrada en el Octavo Paso, enfocándonos sólo en nuestra buena voluntad de reparar el daño que hemos causado; en lugar de preocuparnos en cómo vamos a reparar el daño, en el Noveno Paso. El proceso de reparar o enmendar el daño se divide en dos etapas por una razón: tomarnos el tiempo que sea necesario para llegar a estar dispuestos a repararlo de verdad, antes de continuar. Hasta aquí, sólo necesitamos ser sinceros con nosotros mismos acerca del daño que hemos causado. Nos concentramos en esta tarea y abandonamos cualquier preocupación que tengamos acerca del futuro. Nuestro Poder Superior nos acompaña durante todo este proceso.

Muchos nos sorprendimos cuando nos sugirieron que añadiéramos nuestro nombre a la lista de las personas a quienes les habíamos hecho daño, se nos olvidó tener en cuenta el daño que nos causamos a nosotros mismos. En nuestra adicción, a menudo no nos cuidábamos bien y actuamos de forma autodestructiva, traicionamos nuestros propios valores o dañamos nuestro sentido de autoestima. El agregar nuestro nombre a la lista nos ayuda a desarrollar un sentido de compasión por nosotros mismos y nos alienta a tratarnos con cuidado y respeto.

Cuando terminamos nuestra lista, la mayoría de nosotros le pedimos a nuestro padrino que la revisemos juntos para que nos dé sus comentarios. Nuestro padrino puede sugerir que agreguemos ciertas personas o incidentes que pasamos por alto o que eliminemos ciertos nombres de la lista. Algunos de nosotros nos sentimos culpables de cosas por las cuales no somos responsables. Nuestro padrino nos puede ayudar a dejar en claro estas cosas, alentándonos a ser minuciosos sin necesidad de ser demasiado severos con nosotros mismos.

Una vez terminada la lista, a menudo nos cuesta encontrar la voluntad para reparar el daño que hayamos causado, especialmente si sentimos que las personas a las que les causamos daño también nos causaron daño a nosotros. La justificación y racionalización de nuestro comportamiento puede reincidir. Si estamos enojados con alguien, es difícil pensar en reparar el daño causado a esa persona, ya que por ejemplo podemos desear que esa persona se disculpe primero; aun así para poder llegar a estar dispuestos a reparar los daños causados, es fundamental que nos concentremos solamente en nuestro comportamiento, no en el de alguien más. Nuestra parte puede ser pequeña, pero debemos concentrarnos sólo en esa parte.

Descubrimos que cuando nos aferramos a viejos agravios, no podemos crecer espiritualmente. En muchos casos, nuestra lista contiene nombres de personas con las cuales tenemos asuntos pendientes. Si continuamos sintiendo que tenemos muchas conversaciones pendientes por terminar, nuestra mente también estará llena de arrepentimientos y suposiciones del tipo "qué tal si…" Realizar este paso significa estar dispuestos a dar por terminadas estas relaciones, sin importar si las personas mencionadas se portaron bien con nosotros o no. Este proceso de estar dispuestos a rectificar los daños que hayamos causado requiere que nos rindamos de una manera más profunda que antes a la voluntad de nuestro Poder Superior.

Algunos de nosotros hemos sentido estar atrapados en nuestros sentimientos acerca del pasado. Hemos sentido una gran tristeza y dolor sobre nuestras acciones y las pérdidas sufridas como resultado de esas acciones, o en ocasiones, nos sentimos tan avergonzados que nos parecía insoportable hablar más del asunto. Cuando nos sentimos abrumados de esta forma, buscamos el apoyo de Dios, como nosotros concebimos a Dios, y de nuestros amigos del programa para enfrentar el dolor de nuestras acciones y sentir que estamos dispuestos a reparar el daño. Nuestras vidas están al cuidado de Dios, sin importar el daño que hayamos causado. Nos armamos de valor, en la fe de que nuestra buena voluntad para seguir llevando a cabo este paso; nos permitirá, tanto aminorar considerablemente nuestro sufrimiento, como reconocer el sufrimiento que causamos a los demás.

Si empatizamos con aquellos a quienes lastimamos, es señal de que estamos dispuestos a reparar el daño que hemos causado. No podemos apurar este proceso. Es posible que nunca lleguemos a comprender completamente por lo que pasaron aquellas personas a las que lastimamos, pero podemos pedir que lleguemos a estar dispuestos a comprenderlo, cuando así lo disponga Dios.

Con el tiempo, encontraremos la buena voluntad para seguir adelante y reparar el daño que hemos causado. Aun así, no esperamos realizar el Octavo Paso a la perfección. Si no estamos totalmente preparados en cada caso, o si seguimos sin estar seguros acerca de algunos nombres en la lista, es posible aun continuar avanzando hacia adelante y no quedarnos estancados aquí. Siempre podemos examinar el Octavo Paso en otro momento y profundizar en él. Una vez que hayamos logrado ser honestos acerca del daño que hemos causado a otros, y que estemos dispuestos a hacer lo que nos sea posible para reparar el daño causado a los demás, es hora de proceder. Estamos listos para el Noveno Paso.

Noveno Paso

Reparamos el daño causado directamente a aquellas personas siempre que nos fue posible, excepto cuando el hacerlo implicaba causarles daño a ellos o a otros.

Al dar el Noveno Paso, actuamos sabiendo que lo que hacemos realmente importa y que nuestras acciones tienen consecuencias en el mundo, para bien o para mal. Reparamos el daño que causamos debido a nuestra adicción no sólo admitiendo honestamente lo que hicimos, sino también comprometiéndonos a corregir la situación. El acercarnos a los demás para reconocer y sanar las ofensas del pasado, trae una sensación de libertad y serenidad a nuestro presente. Llamamos a este proceso *hacer reparaciones directas.* En el Noveno Paso hacemos cuanto sea posible para ponernos en contacto con las personas a quienes les causamos daño, confesamos las ofensas que les hicimos, expresamos remordimiento, y ofrecemos alguna forma de subsanar dicho daño. Sobre todo, cambiamos nuestra forma de actuar en el presente, haciendo lo posible para no repetir el comportamiento que causó el daño en el pasado, e informamos de esta determinación a aquellos que lastimamos.

A muchos de nosotros nos preocupa la reacción de aquellas personas a quienes vamos a desagraviar, dudamos acerca de proceder con este paso a causa de nuestro temor. Sin embargo, podemos confiar en que nuestro Poder Superior estará con nosotros durante este proceso y nos concederá el valor que necesitamos para continuar. Por otra parte nos corresponde reparar los daños sin hacernos responsables de las reacciones de los demás. Algunas de las personas a quienes nos acerquemos quizás puedan aceptar nuestras disculpas con comprensión y perdón, otras no. La respuesta de una persona en particular, ya sea positiva o negativa, no es una forma de medir lo bien que reparamos el daño. El éxito de nuestra reparación depende solamente de la honestidad y minuciosidad con que la hacemos.

El Noveno Paso puede ser un proyecto de gran magnitud. Llevamos a cabo este paso sólo cuando estamos preparados y tenemos una fuerte base espiritual construida sobre los pasos anteriores. En lugar de abrumarnos con la cantidad de personas en nuestra lista del Octavo Paso, o todo el daño que hicimos a través de los años, simplemente reparamos el daño que hayamos causado a una persona, tomando una a la vez, ya que cada persona y situación tiene mucho que enseñarnos. Podemos tomarnos nuestro tiempo, enfrentar con paciencia los desafíos para los cuales estamos preparados, y confiar en que estaremos listos para los que se presenten en el futuro.

Durante este proceso tenemos que ser conscientes de nuestros motivos para reparar dichos daños. Las verdaderas reparaciones son las que hacemos de forma desinteresada y sincera, sin motivos ocultos. Necesitamos estar seguros de que no utilizamos el proceso de reparar daños como una excusa para ponernos en contacto con personas que prefieren no vernos. También nos cuidamos de usar el Noveno Paso como una oportunidad para defender nuestros comportamientos del pasado o agobiar a otros con confesiones detalladas para poder aligerar algo de nuestra culpa. En todos los casos, nos examinamos para ver si actuamos por egoísmo, simplemente para sentirnos mejor, o por el deseo de ser admirados y queridos por haber cambiado nuestra forma de ser.

Necesitamos usar nuestro buen juicio en esto. Pedimos consejo de nuestro padrino y otros miembros que llevaron a cabo este paso. En lugar de apresurarnos a hacer reparaciones prematuras, nos tomamos el tiempo para aclarar exactamente qué es lo que queremos reparar y qué daño consideramos haber hecho en cada situación. También nos tomamos el tiempo para poner en claro nuestras emociones antes de proceder. Una actitud de humildad y sincero arrepentimiento por el daño causado nos ayudará a llegar lejos. En cada caso, también decidimos si es adecuado ponernos en contacto con esa persona, cuánto le revelaremos y si nos ponemos en riesgo al hacer dicho reparo.

Si tenemos una buena razón para creer que le haremos daño a alguien al ponernos en contacto con esa persona, entonces nos abstenemos de hacerlo. En ocasiones podemos cerciorarnos mediante una tercera persona si sería apropiado entrar en contacto para reparar cualquier daño que hayamos causado. Si la respuesta es no, tenemos que mostrar respeto por esa decisión y mantenernos alejados. Si nos ponemos en contacto con una persona a quien maltratamos, puede ser necesario que sea a través de alguien a quien esa persona conozca o bajo la supervisión de un profesional que pueda hacer que ese encuentro no sea arriesgado. Cuando se trate de personas de quienes hemos abusado sexualmente o debido a comportamientos ilegales, debemos ser muy cautelosos para no perjudicarlos nuevamente, ni ofrecer reparar daños, a menos que estemos seguros de que lo recibirán de forma positiva.

Nos cuidamos de cuánto revelamos al reparar un daño. No necesitamos explicar que somos adictos sexuales a aquellas personas a las que les causamos daño en el pasado y que se han distanciado de nosotros. Revelar nuestra enfermedad es menos importante que hacernos responsables por el daño que causamos y, además, puede distraer el enfoque de nuestro objetivo de resarcir algún daño. También utilizamos nuestro buen juicio acerca de qué tan específicos somos al tratar de reparar los daños. Entrar en mucho detalle acerca de nuestro comportamiento sexual, por ejemplo, puede causar más daños que beneficios. En lugar de eso, compartimos el patrón general de nuestro comportamiento dañino, midiendo la reacción de la persona para determinar si es necesario explicar en mayor detalle. Sin embargo, revelamos sin temor alguno, las consecuencias de nuestro comportamiento que afectan directamente a la otra persona, por ejemplo, si la expusimos al contagio de alguna enfermedad venérea. Durante este proceso examinamos cuidadosamente nuestros motivos, manteniendo siempre en equilibrio nuestra voluntad por hacernos completamente responsables de nuestras ofensas con precaución y estando atentos al bienestar de aquellos a quienes les hemos causado daño.

Generalmente no necesitamos exponernos a grandes riesgos personales cuando intentamos reparar los daños que hemos causado. Algunos de nosotros cometimos delitos graves debido a nuestra adicción sexual. Admitirlo puede tener consecuencias graves tanto para nosotros como para nuestros seres queridos. Antes de tomar medidas, pensamos en las personas a quienes podríamos causarle daño en el proceso, incluyéndonos a nosotros mismos. Por otro lado, no queremos dejar lugar para las racionalizaciones. Consultamos con nuestro padrino y, tal vez, con un profesional particular, antes de intentar reparar un daño que pudiera tener consecuencias legales. Con el tiempo, después de rezar y pedir fortaleza y dirección a nuestro Poder Superior, podremos tomar nuestra propia decisión con respecto a dicho reparo.

Para corregir la situación, consideramos lo que es correcto en cada caso. Si tomamos dinero o propiedades, hacemos lo posible por reponerlos. Si nuestro comportamiento causó daños psicológicos, a nuestros hijos o a otras personas, podemos ofrecer pagar una terapia. Si estuvimos alejados y los descuidamos, podemos estar más disponibles y presentes emocionalmente. Muchas situaciones son más complejas y requieren que oremos, pensemos bien y consultemos con nuestro padrino antes de actuar. Frecuentemente es útil preguntar a las personas a quienes les causamos daño qué consideran ellas que podemos hacer para remediar la situación. Tenemos que tener en mente que no siempre podemos resarcir el daño que hemos causado; nada puede cambiar el pasado. Esto no evita que hagamos lo posible para remediar la situación en el presente. Muchos de nosotros hemos experimentado la sanación, no sólo a nivel personal, sino de nuestras relaciones personales, a partir de actos de reparo no muy adecuados.

Si no podemos reparar el daño directamente, aún podemos realizar actos significativos. Podemos, por ejemplo, donar tiempo o dinero a una asociación o institución de caridad apropiada. Sería mejor hacer nuestros donativos anónimamente, en virtud del espíritu de humildad recién adquirido. En el caso de personas que han fallecido, aun así podemos escribirles cartas que incluyan todo lo que les hubiéramos dicho si estuvieran vivas y leérselas, luego, a nuestro padrino. Podemos recordar a dichas personas en nuestras oraciones y dejar que su recuerdo nos motive en nuestra nueva forma de vivir. En todos los casos en los que no podemos resarcir los daños causados directamente, por cualquier motivo, sentimos la pérdida y aprendemos de nuestra experiencia para tomar mejores decisiones en el futuro.

A pesar de que hagamos el más sincero de los esfuerzos y tengamos las mejores intenciones al realizar este paso, recuperar la confianza de aquellos a quienes les causamos daño, generalmente no es un asunto que se puede resolver rápida y fácilmente. En nuestra adicción, muchos de nosotros nos disculpábamos una y otra vez ante nuestros seres queridos, sólo para volver a lastimarlos una y otra vez. Nuestras disculpas parecerán sinceras sólo cuando sea claro que ahora vivimos de una forma diferente. A menudo les toma más tiempo a las personas a quienes les causamos daño volver a tener confianza en nosotros, que el tiempo que nos toma a nosotros experimentar un logro significativo en nuestra recuperación. En algunos casos es posible que nunca se pueda recuperar la confianza. Sólo podemos reparar el daño, haciendo lo mejor que nos sea posible y dejar el resto en manos de Dios.

A la larga, la forma más efectiva de resarcir los daños que les hemos causado a los demás y a nosotros mismos, es asumir el compromiso de nuestra recuperación. Algunos dicen que "al vivir una nueva vida, reparamos los daños causados a otros." Comprendemos que podemos rectificar las ofensas del pasado al no volver a causar daño de la misma forma a aquellos a quienes les causamos daño ni a nadie más. Al finalizar el Noveno Paso sabemos que hemos hecho todo lo que podíamos hacer para reparar las ruinas de nuestro pasado y seguir adelante con borrón y cuenta nueva. Al continuar absteniéndonos y trabajando en el programa de ASA nos comprometemos a mantener la reciente liberación que hemos experimentado de las consecuencias de nuestro continuo actuar. Nos hacemos responsables de nuestro comportamiento. Nuestras relaciones mejoran, tanto aquellas con quien lastimamos en el pasado como con las nuevas personas que vienen a formar parte de nuestra vida. Vemos que logramos ser mejores personas y que empezamos a tener un nuevo sentido de nuestro valor propio. Nos sentimos libres de vivir en el presente y disfrutar nuestra vida, sin tener que cargar con el peso de la desesperación, los rencores y los temores.

La realización del Noveno Paso nos brinda muchos dones: una verdadera empatía para con aquellas personas a las que les causamos daño, compasión, respeto para consigo mismo, y respeto para con la humanidad de otros. Si Dios quiere, quizás podamos obtener el perdón de aquellos a quienes les causamos daño. Si hemos sido diligentes en reparar nuestros daños, ciertamente también llegaremos a perdonarnos a nosotros mismos. Como resultado de haber aceptado la responsabilidad por el daño que causamos a otros, aun a aquéllos que nos causaron daño, tenemos nuevas posibilidades de amar y perdonar a otros. Nuestra fe en nuestro Poder Superior aumenta cuando nos damos cuenta de que hemos enfrentado directamente las ofensas del pasado, las hemos reparado y hemos recibido el don de un futuro mejor. El proceso que inició con el Cuarto Paso y culminó con el Noveno es ahora parte de nuestra vida, es una actitud diaria y es una práctica que nos ayudará a mantener nuestra sobriedad sexual y a continuar conectados espiritualmente. Ahora daremos el Décimo Paso.

Décimo Paso

Continuamos haciendo nuestro inventario personal y cuando nos equivocábamos lo admitimos inmediatamente.

En el Décimo Paso, adoptamos la disciplina de realizar una limpieza espiritual regularmente. Así como actuamos para reparar el daño que causamos en el pasado, también debemos continuar haciendo un inventario de nuestros comportamientos y reparamos los daños cuando sea necesario en nuestras vidas actuales. El Décimo Paso nos ayuda a lidiar con nuestras deficiencias diariamente. A pesar de hacer nuestros mejores esfuerzos, cometemos errores, somos humanos y, frecuentemente, nos quedamos cortos, aun cuando nos abstenemos de nuestro comportamiento sexual adictivo. Al dar el Décimo Paso nos comprometemos a mantener nuestra casa en orden, ya sea que vuelvan a aparecer los comportamientos del pasado o que surjan nuevos, como inevitablemente sucederá.

Un inventario moral realizado frecuentemente es la piedra angular del Décimo Paso. Reservamos tiempo para examinar nuestros comportamientos, nuestras relaciones con los demás, nuestras emociones y nuestra condición espiritual. Es esencial reservar tiempo para estar a solas, sin distracciones, para reflexionar. Es posible que cada uno de nosotros encuentre diferentes maneras de destinar tiempo y diferentes métodos para hacer nuestro inventario moral de nuevo. No importa la forma en que realicemos este paso, actuamos a partir del compromiso que hemos asumido de lograr que la introspección se convierta en parte de nuestra nueva forma de vida.

Una introspección honesta se puede realizar de diferentes formas. Podemos repasar los eventos del día mentalmente o llevar un inventario en nuestro diario. Podemos reportarnos con nuestro padrino u otros adictos en recuperación, o tomar un momento para hacer un inventario o "examen instantáneo" cuando experimentemos ciertos sentimientos. Muchos de nosotros volvemos sobre el Décimo Paso diariamente, aunque también se puede volver sobre este paso cada vez que sea necesario cuando nos sintamos disgustados, enojados o fuera de equilibrio. Algunos de nosotros reservamos un tiempo semanal, mensual o anual para hacer un inventario más detallado. Lo importante es que repitamos el proceso que iniciamos con los Pasos Cuarto al Noveno, para preservar los éxitos que hemos logrado en nuestra recuperación y para reforzar la conexión con nosotros mismos, con otros, y con nuestro Poder Superior.

Muchos de nosotros hacemos un inventario al finalizar el día. Al repasar nuestras actividades diarias, tomamos nota de las emociones que sentimos durante el día, dándonos cuenta si predominó alguna emoción en particular como la ira o el temor. Repasamos nuestras actitudes, lo que dijimos a los demás, y si estuvimos atentos a nuestras necesidades. Vemos si se presentó algún defecto de carácter o viejo hábito. Consideramos la posibilidad de haberle causado daño a alguien y si necesitamos reparar el daño. También nos ayuda el recordar las cosas por las que estamos agradecidos o aquellas que hicimos bien. La gratitud nos ofrece la perspectiva que necesitamos para enfrentar nuestros problemas y nos ayuda a sentirnos conectados con nuestro Poder Superior. Pedimos la ayuda de Dios para enfrentar los desafíos que se nos presentan, y le damos gracias por las bendiciones recibidas en nuestra vida y por nuestra recuperación.

Algunos de nosotros optamos por hacer los inventarios del Décimo Paso por escrito. No tenemos que tratar de solucionar todos nuestros problemas en estos inventarios por escrito: solamente registramos nuestros retos y dificultades, así como los aspectos positivos que notamos acerca de nosotros mismos. Si escribimos con regularidad en un diario, podemos usar parte de nuestro tiempo escribiendo en él, para continuar trabajando en este paso. El hecho de escribir nos da una sensación de claridad que no siempre logramos de otra forma. También nos puede ayudar a romper las racionalizaciones que surgen como resultado de nuestros defectos de carácter. A muchos de nosotros nos parece útil compartir con nuestro padrino lo que hemos escrito más tarde.

También podemos realizar el Décimo Paso reportándonos con frecuencia con nuestro padrino o con otros miembros, o al dar estricta cuenta sobre nuestro comportamiento durante las reuniones. Además de admitir honestamente nuestras deficiencias y errores, muchos de nosotros utilizamos esta manera de reportarnos para evaluar qué tan bien estamos llevando a cabo nuestro programa en general. Reportamos con honestidad cualquier pensamiento que consideremos ser un desliz o comportamiento que hayamos tenido. Examinamos las presiones que podrían tentarnos a actuar. Evaluamos si estamos utilizando bien las herramientas de recuperación, tales como asistir a las reuniones, leer la literatura sobre recuperación, hacer llamadas telefónicas o rezar. Reportamos la forma en que estamos cuidando de nosotros mismos y qué riesgos positivos estamos tomando para desafiarnos y crecer.

Cuando sentimos que se perturba nuestra serenidad, instantáneamente hacemos un inventario de nuestros sentimientos para restaurar nuestro equilibrio emocional. Estos inventarios rápidos son útiles cuando tenemos conflictos con alguien o estamos preocupados por emociones que nos hacen sentir incómodos. Hacemos una pausa para examinar nuestras emociones y encaminar nuestras perspectivas. A menudo descubrimos rencores que no hemos examinado u otros defectos de carácter en juego. Podemos hacer una pausa y preguntarnos cuál es nuestro papel en esta situación. Así podemos admitir el papel que nos corresponde y hacer lo que sea necesario para remediar la situación, ya sea reparando el daño causado, adaptando nuestra actitud o simplemente dejándolo pasar.

No siempre es fácil saber cuándo hemos cometido un error. Es posible que no descubramos la verdad acerca de nuestro comportamiento hasta mucho tiempo después. Cuando repasamos las actividades de nuestro día como parte del Décimo Paso, identificamos acciones y emociones de las cuales no estábamos completamente conscientes en el momento que ocurrieron; sin embargo, con el tiempo aprendemos a identificar lo que sentimos en el momento. Poco a poco aprendemos a escuchar la voz calmada y delicada de nuestra conciencia y a notar cuando sentimos que algo anda mal en nuestro interior. A medida que seguimos haciendo nuestro inventario personal, empezamos a identificar nuestros errores y comportamientos dañinos con más rapidez.

En ocasiones nuestras ofensas causan graves daños a los demás, como cuando mentimos, actuamos por ira, o engañamos. Sin embargo, no necesitamos causarle un daño grave a alguien para que sea una ofensa. De hecho, nuestras ofensas de menor gravedad son mucho más dominantes y difíciles de reconocer. Podemos olvidar una cita o llegar tarde, hacer comentarios desconsiderados, romper promesas o tergiversar la verdad, no cumplir los compromisos, o probar los límites de las demás personas. Conforme pasa el tiempo, podemos ver mejor y admitir la influencia de nuestros defectos de carácter en todos los aspectos de nuestro comportamiento.

Cuando reconocemos nuestro error, lo admitimos inmediatamente.

Primero nos lo admitimos a nosotros mismos, lo que significa no estar a la defensiva y abandonar el deseo de tener la "razón" a toda costa. Después, podemos admitírselo a nuestro padrino o a otras personas que nos apoyen, especialmente si necesitamos ayuda para poner en claro los daños que tenemos que reparar y, por medio de la oración, a nuestro Poder Superior. Por último, se lo admitimos a aquellos afectados por nuestro comportamiento y reparamos el daño causado en tanto sea necesario. En algunos casos, necesitamos tener el mismo cuidado al reparar daños como lo hicimos en el Noveno Paso y ofrecer reparar el daño sólo si es apropiado. Frecuentemente, todo lo que necesitamos hacer es simplemente reconocer nuestra ofensa a la persona afectada.

Sin importar cuales fueron nuestras ofensas, es fundamental que las admitamos rápidamente para tener éxito en la realización de este paso. Entre más tiempo esperemos para reparar el daño, aunque se trate de ofensas menores, mayor es la probabilidad de que la situación se agrave. Y aún más importante, entre más tiempo esperemos, mayor es el riesgo de afectar nuestra serenidad. El admitir nuestras ofensas tan pronto como sea posible, nos ayuda a evitar que la vergüenza y los remordimientos se acumulen y nos permite volver a lograr rápidamente nuestra tranquilidad mental.

El hecho de llevar un inventario personal frecuentemente no significa que nos castiguemos. El propósito de este paso no es castigarnos a nosotros mismos ni vigilarnos excesivamente. En lugar de eso, llegamos a aceptar que el cometer errores es un hecho en la vida y parte fundamental de nuestra recuperación. El Décimo Paso dice "cuando nos equivocábamos," y no "si nos equivocábamos". Nuestra experiencia nos demuestra que nos equivocaremos con frecuencia. Algunos de nuestros errores provienen de la influencia de nuestros defectos conocidos. Otros errores resultarán cuando crecemos y asumimos nuevos riesgos como parte de nuestra recuperación. En cualquier caso, nuestra imperfección es ineludible, y los errores inevitables. Adoptamos la actitud de aprender de ellos, más que de negar, nuestros errores. El realizar este paso nos permite dejar a un lado tanto el perfeccionismo, como la soberbia. Gradualmente descubrimos el alivio y la humildad de saber que no tenemos que ser perfectos.

En este punto de nuestra recuperación podremos haber experimentado un crecimiento sorprendente en la calidad de nuestras relaciones y la calidad de nuestra fe. El practicar el Décimo Paso nos ayuda a seguir creciendo en aceptación y consciencia de sí mismos y en ser rigurosamente honestos. Descubrimos una mayor disposición para arriesgarnos y aprender de nuestros errores. Vivimos de tal forma que nuestras cuentas están balanceadas y nuestra serenidad intacta. Con gratitud por todo lo que hemos recibido de nuestro Poder Superior, continuamos con el Undécimo Paso.

Undécimo Paso

Buscamos a través de la oración y la meditación mejorar nuestro contacto consciente con Dios, como nosotros concebimos a Dios, pidiéndole solamente que nos dejase conocer su voluntad para con nosotros y la fortaleza para cumplirla.

Al dar el Undécimo Paso, nos dedicamos a enriquecer nuestra consciencia espiritual cada vez más y a hacer más estrecha la conexión con nuestro Poder Superior. Conforme avanzamos en nuestra recuperación, comprendemos que nuestro Poder Superior siempre ha estado con nosotros, aun cuando estábamos profundamente arraigados en nuestra adicción. Al llevar a cabo cada paso, lo que ha aumentado en nosotros es nuestro contacto consciente con este Poder Superior. Al hacer del contacto con Dios una práctica consciente, permitimos que Dios entre a nuestras vidas, sanándonos, dirigiéndonos y cambiándonos de una forma que no era posible anteriormente. En el Undécimo Paso, buscamos mejorar este contacto consciente, para que nuestra conexión espiritual se convierta no solamente en el medio por el cual nos recuperamos de nuestra adicción, sino que también sea nuestra fuente diaria de dirección y fortaleza.

El Poder Superior que buscamos es bondadoso y nos apoya. Este paso funciona mejor cuando tenemos fe en la bondad de la voluntad de nuestro Poder Superior para con nosotros, aun cuando no podamos ver los resultados todavía. Es posible que aún pasemos por etapas duras o períodos de confusión. Sin embargo, nos aferramos a la creencia de que la voluntad de Dios es para nuestro propio bien y que el conocimiento y poder que necesitamos se nos dará cuando así lo disponga Dios.

La oración y la meditación son las dos prácticas que utilizamos en este paso para mejorar nuestra conexión espiritual. El objetivo es la calidad de nuestro contacto con Dios y la profundidad y riqueza de nuestra vida espiritual; los medios son la oración y la meditación. La forma que tomarán nuestras oraciones y meditación dependerá en gran parte de las creencias que tengamos acerca de nuestro Poder Superior. Encontramos ayuda y dirección preguntándoles a nuestro padrino y a amigos en recuperación acerca de sus experiencias al llevar a cabo este paso. Somos libres de descubrir lo que funciona mejor para nosotros; lo importante es el objetivo de mantener y afianzar nuestra conexión con Dios, como nosotros concebimos a Dios.

Para muchos de nosotros, orar es simplemente hablar con Dios. Más que luchar con los retos de nuestras vidas como si estuviéramos solos y necesitáramos "explicárnoslos" a nosotros mismos, compartimos nuestros pensamientos y sentimientos con nuestro Poder Superior. Al orar, de hecho lo que decimos es: "Dios, aquí estoy, y mis preocupaciones son estas". Al abrirnos de esta forma, nos acostumbramos a exteriorizar nuestros sentimientos con regularidad y a ponernos conscientemente bajo el cuidado de Dios.

Al principio algunos de nosotros nos sentíamos incómodos al orar. A menudo nos detenían nuestras suposiciones de lo que era una oración, o qué forma tenía. Aprendimos que no es necesario que la oración sea formal o esté relacionada con una tradición o texto religioso. Podemos orar en el auto o en la regadera. Podemos simplemente decir lo que tenemos en mente. Con la práctica nos sentimos más cómodos. Con el tiempo, nuestras oraciones se convierten en conversaciones normales con nuestro Poder Superior.

Es muy útil orar a ciertas horas regulares durante el día, así como en otras ocasiones en que necesitamos acercarnos a nuestro Poder Superior. Por la mañana podremos orar pidiendo ayuda a Dios para que nos ayude a enfrentar los retos del día. Por la noche podremos expresar nuestra gratitud por nuestras vidas y por los dones que hemos recibido en nuestra recuperación. Estas oraciones le dan una estructura a nuestro día, recordándonos que nada es más importante que nuestra relación con nuestro Poder Superior. También oramos en tiempos no programados cuando lo deseamos o lo necesitamos. Oramos pidiendo recibir dirección y valor cuando tenemos la tentación de actuar, o cuando nos encontramos en una situación difícil. Con el tiempo, encontramos que oramos espontáneamente, como expresión de confianza en nuestro Poder Superior.

Si pensamos que la oración es el proceso mediante el cual hablamos con Dios, entonces la meditación sería el proceso de escuchar. Empieza cuando tomamos tiempo para ir más despacio y concentrarnos sin distracciones. Nos reservamos un tiempo sin trabajo, sin contacto con otras personas, sin televisión u otros medios que exijan nuestra atención. Para el espacio de tiempo dedicado a la meditación, la búsqueda de la voluntad de Dios es una prioridad consciente. Cuando guardamos silencio, somos receptivos a la sabiduría que no ocurre de otra forma.

Algunos de nosotros nos resistimos cuando intentamos meditar. Aprender a guardar silencio y a prestar atención, a menudo puede ser algo difícil para nosotros. Además, es posible que nos distraigan pensamientos o sentimientos desagradables que puedan aflorar. Podemos ser delicados con nosotros mismos, acostumbrándonos gradualmente a la experiencia de permanecer en silencio y a prestar atención. Si somos pacientes y seguimos con nuestra meditación, descubriremos también que las emociones desagradables finalmente pasan. Cualquier pequeño esfuerzo que hagamos para ir más despacio y escuchar, es un paso más hacia el deseo de conectarnos con nuestro Poder Superior, deseo que será fructífero con el tiempo.

Existen muchas formas para meditar. Una vez más, somos libres de descubrir la forma que funcione mejor para nosotros. Por ejemplo, podemos meditar al leer literatura espiritual, practicando una de las muchas técnicas para calmar la mente o simplemente sentándonos a contemplar la naturaleza. Sin importar el método que utilicemos, estamos a la disposición de nuestro Poder Superior, siendo receptivos a cualquier perspectiva que podamos recibir.

Muchos de nosotros practicamos leyendo libros sobre la meditación, en los que leemos y reflexionamos sobre literatura que nos inspire. Esto puede incluir los textos espirituales que seleccionemos. También puede incluir libros de meditación diaria que contienen un pasaje corto para leerlo diariamente durante el año. Algunos de nosotros leemos meditaciones escritas específicamente para personas que forman parte de un programa de recuperación de doce pasos. Así podemos tomarnos tiempo para reflexionar acerca de lo que leímos y cómo aplica a nuestras vidas en ese momento.

Algunos de nosotros descubrimos que estar al aire libre en medio de la naturaleza también es una forma de meditación. Reconocemos al mundo natural como parte de un Poder Superior a nosotros. Nos damos cuenta de que nos sentimos serenos al observar las estrellas o escuchar el mar. El conectarnos con Dios a través de la naturaleza nos da una perspectiva y un sentido especial de la presencia de Dios.

Algunos de nosotros practicamos una de las muchas formas de meditación diseñadas para tranquilizar la mente. Estas prácticas pueden llevarse a cabo estando sentados, o al caminar. A menudo la clave para este tipo de meditación es concentrarse en algo simple, como nuestra propia respiración. O podemos simplemente sentarnos en silencio, enfocando nuestra atención en nuestro Poder Superior, permitiendo que seamos receptivos a la gracia y sabiduría de Dios. Existen prácticas de meditación relacionadas con tradiciones específicas, y existen aquellas que son totalmente personales y únicas. No importa por cuál método optemos, buscamos aclarar nuestras mentes para estar conscientes de la presencia de Dios y estar disponibles a la influencia de Dios.

Para cuando llegamos al Undécimo Paso, ya gozamos de cierto nivel de contacto consciente con nuestro Poder Superior. También ya nos hemos acostumbrado a pedirle a Dios su ayuda y dones espirituales tales como: sabiduría, serenidad y valor. No hay necesidad de dejar a un lado este tipo de oraciones cuando llegamos a este paso. Sin embargo, al dar el Undécimo Paso vamos más allá. Nos damos por rendidos a nuestro deseo de obtener ciertos resultados y solamente pedimos que se haga la voluntad de Dios para con nosotros y la habilidad de llevarla a cabo. Vamos más allá de pedirle cosas a Dios, y pasamos a la práctica de buscar unir nuestra voluntad con la voluntad de Dios para con nosotros.

Llevar a cabo este paso significa estar conscientes del propósito superior de nuestra espiritualidad, más que concentrarnos en deseos personales. Aprendemos a aceptar que la realidad no está hecha a la medida de las limitaciones del ser, y que las privaciones y pérdidas son una parte válida de la vida, igual que la alegría y el placer. Esto no quiere decir que dejaremos de pedirle a Dios dones espirituales o su ayuda en las dificultades de la vida, pero llevar a cabo el Undécimo Paso le da un mayor sentido a este otro tipo de petición. Llegamos a reconocer la voluntad de Dios como nuestro bien superior y, al hacerlo, nuestras peticiones se fundan en la gratitud; más que en nuestro propio interés, en la fe; más que en el temor.

Cuando sentimos lo que Dios quiere que hagamos, también pedimos la fuerza de voluntad para llevarlo a cabo. Necesitamos fe y fortaleza para llevar a cabo la voluntad de Dios, puesto que no siempre podemos prever los resultados de las acciones que nos pide que tomemos, ni podemos tener en cuenta todos los efectos posibles. La creencia de que nuestro Poder Superior sabe lo que es mejor para nosotros, y de que nos será revelado, crece conforme llevamos a cabo este paso. También aceptamos gradualmente que la voluntad de Dios para nosotros cubre todos los aspectos de nuestras vidas, no sólo nuestra recuperación de la adicción sexual. Nos damos cuenta de que nuestra serenidad continúa aumentando a medida que unimos nuestra voluntad a la voluntad de Dios en cada nueva área que se nos va revelando.

Se nos ha dado una nueva oportunidad en la vida, al despertar a una dimensión espiritual que no sabíamos que estaba a nuestra disposición. Llegamos a abrirnos y a compartir con otros lo que ganamos y a ayudar a aquéllos que también van por el camino de la recuperación. Por gratitud, buscamos la oportunidad de servir a Dios y a nuestros compañeros adictos sexuales. Nuestro camino nos conduce al Duodécimo Paso.

Duodécimo Paso

Habiendo obtenido un despertar espiritual como resultado de estos pasos, tratamos de llevar este mensaje a otros adictos sexuales y de practicar estos principios en todos los aspectos de nuestras vidas.

La realización de este programa conduce a un despertar espiritual. Nuestra relación con Dios, como nosotros concebimos a Dios, se convierte en parte fundamental de nuestras vidas. A través del proceso de los Doce Pasos, dejamos a un lado nuestras viejas formas de pensar y actuar que tienen como base el temor, la vergüenza y el aislamiento y aprendemos a confiar en la guía y cuidados de un Poder Superior. En un comienzo cuando llegamos a la comunidad de Adictos Sexuales Anónimos, es posible que solamente hayamos deseado dejar nuestro continuo acto compulsivo. Pero cada paso del programa contribuye a hacer cambios fundamentales en nuestra perspectiva, desde la obsesión con nosotros mismos, el control, hasta llegar a la rendición y aceptación. Nuestra sobriedad sexual va de la mano con nuestro crecimiento espiritual.

Para algunos de nosotros, este despertar puede ser un aumento súbito y dramático de nuestra consciencia. Para otros, puede ser lento y gradual, y puede que no lo notemos hasta que reflexionemos en los cambios que han ocurrido. Aunque nuestras experiencias son muy diferentes, ciertos aspectos son comunes para muchos de nosotros. Notamos en nosotros mismos una humildad más profunda que nos permite pedir y recibir ayuda cuando la necesitamos. Juzgamos menos, y estamos más dispuestos a dejar los rencores atrás y admitir nuestros errores. Hacemos el esfuerzo de reparar las relaciones que hemos perjudicado. Elegimos la compañía de personas que nos respetan, nos cuidan, y nos tratan bien. Empezamos a ver la vida en términos de crecimiento, cambio y transformación. Tenemos una mayor sensación de pertenencia, intimidad y amistad verdadera. Procuramos vivir de acuerdo a nuestro verdadero propósito, lo cual es la voluntad de Dios para con nosotros.

En el Duodécimo Paso ponemos nuestro despertar en práctica al servir a otros. Con la consciencia espiritual viene la responsabilidad, el deseo, y la necesidad de ayudar a otros adictos sexuales que estén sufriendo, tal como se nos brindó libremente esa ayuda a nosotros. Este impulso nace del amor y gratitud desinteresados, pero también es esencial para nuestra propia sobriedad sexual y crecimiento espiritual. El llevar el mensaje a otros adictos es tan importante para mantener nuestra propia recuperación, como para ayudar a otros adictos a encontrar la suya.

Nuestro mensaje es simple y profundo: recuperarse de la adicción sexual es posible al realizar los Doce Pasos de ASA y, seguir este programa resulta en un despertar espiritual. Cada uno de nosotros lleva este mensaje por medio de la sabiduría adquirida a través de haber llevado a cabo el programa personalmente, más que por ideas o teorías tomadas de la experiencia de alguien más. No somos expertos, sólo adictos sexuales que compartimos nuestras experiencias honestamente unos con otros. Nuestra autoridad viene de nuestra experiencia. Compartimos lo que sabemos: cómo llegamos hasta aquí, y cómo funciona el programa de ASA para nosotros.

Cuando llevamos el mensaje directamente a otros adictos sexuales, podemos lograr conectarnos con ellos de una forma en que las personas que no son adictas, nunca podrían hacerlo. Hablamos a partir de nuestra experiencia. Nos hemos dado cuenta de que el relatar nuestras historias es una de las formas más efectivas de llevar el mensaje. Contamos acerca de nuestra adicción sexual: el dolor, pena, sufrimiento, y desesperación que nos ocasionó; la forma en que intentamos detenerla o controlarla y cómo fallaron nuestros esfuerzos; la forma en que nuestras vidas se tornaron ingobernables; la pérdida y el sufrimiento que nos causó nuestra adicción a nosotros mismos y a otros; y cómo finalmente encontramos la recuperación. Al contar nuestras historias, demostramos que de verdad comprendemos por lo que han pasado otras personas. Y al compartir nuestra recuperación, ofrecemos esperanza y mostramos que existe una forma de salir de la adicción que sufrimos en común.

Existen muchas otras formas de llevar el mensaje. Cualquier servicio que hagamos y que ayude a llevar el mensaje a otros adictos sexuales es parte del espíritu de los Doce Pasos. Podemos iniciar asistiendo con frecuencia a las reuniones. Cuando asistimos, ayudamos a crear un lugar en el que otras personas pueden llevar el mensaje de recuperación, aunque no digamos nada nosotros. Esto tiene mayor importancia de la que creemos, ya que muchas reuniones han dejado de existir por falta de asistencia. Si somos nuevos en el programa, podemos contribuir ayudando a preparar lo que se necesita para la reunión, ayudando a ordenar al terminar. Siempre hay muchas formas de ayudar, sin importar cuánta experiencia tengamos en nuestra recuperación.

Llevamos el mensaje a nuestros compañeros adictos sexuales con cada acción de aliento, apoyo y servicio. Podemos ayudar a iniciar una reunión y acercarnos a otros en un área en donde no hay grupos de ASA. Podemos continuar transmitiendo el mensaje, uno por uno, hablando con otro adicto sexual después de una reunión. O podemos servir como parte de grupos o comités más grandes, contribuyendo con nuestro tiempo y talento para ofrecer varios servicios a la fraternidad, para dar publicidad a nuestras reuniones, o para organizar actividades de la fraternidad.

Una de las formas más directas y profundas en que podemos servir a otros miembros es ser sus padrinos. Caminamos junto con las personas a quienes les servimos de padrinos, transmitiendo lo que hemos aprendido de aquéllos que fueron o son nuestros padrinos. En última instancia, llevamos el mensaje sirviendo de ejemplo. Cuando ponemos en práctica nuevas formas de actuar y pensar, demostramos que el programa funciona y les damos esperanzas a otros que buscan una nueva vida. Seguimos pidiéndole a nuestro Poder Superior ayuda para continuar llevando el mensaje de recuperación, y ser así un conducto del amor y sabiduría de Dios.

No importa cómo servimos, recibimos mucho más de lo que damos. Antes que nada, nuestra experiencia demuestra que el trabajar con otros protege nuestra propia abstinencia. Guardamos el don invaluable de la sobriedad sexual por ser útil a otros adictos sexuales. También recibimos muchos otros dones: salimos del aislamiento y el egoísmo de nuestra adicción; crecemos conforme practicamos la generosidad, empatía y humildad; establecemos nuevos lazos con otras personas que nos nutren y nos sostienen; y gozamos de la alegría y satisfacción de entregar algo de nosotros a una causa más grande.

Los pasos son una expresión de los principios espirituales que pueden practicarse en todos los aspectos de la vida. La honestidad, la buena voluntad, el valor, la humildad, el perdón, la responsabilidad, la gratitud y la fe son sólo algunos de los nombres que les damos a los principios espirituales que gradualmente llegan a guiarnos en nuestras vidas. Conforme avanzamos en el programa y establecemos un contacto consciente con Dios, como nosotros concebimos a Dios; nos damos cuenta de que hemos asimilado estos principios internamente —como regalos que siempre estuvieron allí sin abrir— hasta que estuvimos preparados para recibirlos. El abrir estos regalos nos proporciona un despertar espiritual. Seguir aplicándolos a diario nos mantiene en buena forma espiritual y creciendo en la recuperación. Con el Duodécimo Paso, buscamos de una forma consciente practicar estos principios en nuestras vidas, no solamente como una forma de mantener nuestra sobriedad sexual, aunque eso siempre será importante, sino como la luz que nos guía en todo lo que hacemos.

Practicar estos principios en nuestras vidas significa aplicar los principios del programa en el hogar, en el trabajo, y en cualquier lugar en donde nos reunamos con otras personas con un propósito en común. Conforme crecemos espiritualmente encontramos oportunidades para servir casi en cualquier situación. Nuestras relaciones más íntimas pueden ofrecer los mayores retos a nuestra honestidad, compasión e integridad, pero a menudo también nos recompensan por encima de nuestras expectativas. Descubrimos que los principios espirituales nos pueden guiar en las dificultades diarias de la vida, y nos pueden ayudar a enfrentar una pérdida, pena o hasta la muerte con fortaleza y gracia. Lo que ganamos en este programa es un modelo para una vida plena y exitosa, suceda lo que suceda.

Mantenemos nuestra recuperación llevando a cabo un programa diario, sabiendo que aunque nunca seremos perfectos, podemos ser felices hoy. Podemos vivir la vida en sus términos, sin tener que cambiar o suprimir nuestros sentimientos. Nuestra serenidad y sobriedad crecen conforme seguimos viviendo de acuerdo a los principios espirituales. Disfrutamos los dones que se manifiestan como resultado de ser honestos y vivir una vida íntegra. Pedimos ayuda cuando la necesitamos y expresamos nuestro amor y gratitud cada día. Nos damos cuenta de que todo por lo que hemos pasado nos ayuda a servir a otros. Aprendemos que el mundo es un lugar mucho más seguro de lo que jamás habíamos sabido, porque siempre estamos al cuidado de un Dios bondadoso.

CAPÍTULO CUATRO

NUESTRA VIDA EN RECUPERACIÓN

Herramientas para la recuperación

Adictos Sexuales Anónimos (ASA) ofrece una solución espiritual a la enfermedad de la adicción sexual. Cada aspecto de nuestro programa se basa en la premisa de que un Poder Superior a nosotros mismos nos ayuda a tener vidas sanas y productivas, libres del comportamiento sexual adictivo. Con el tiempo, y con la abstinencia continua de los comportamientos que hemos anotado en nuestro círculo interno, hemos descubierto que el deseo de actuar es menos intenso y menos frecuente. Se nos retira el deseo compulsivo: ahora tenemos una opción. También experimentamos como la obsesión con las relaciones sexuales se alivia, y agradecemos el sentirnos liberados de un deseo que pensamos nunca nos dejaría.

La sobriedad sexual es un don que hace posible muchos otros dones espirituales. Pero no es una cura. Necesitamos mantener la humildad, seguir trabajando en nuestro programa a diario para poder mantener nuestra sobriedad sexual y crecer espiritualmente. No podemos ser complacientes o vivir sin consciencia; el mantener la libertad que hemos encontrado requiere contacto diario y consciente con Dios, como nosotros concebimos a Dios, el cual expresamos al practicar los principios espirituales que hemos aprendido en nuestro programa de recuperación. Llegamos a la comunidad de ASA porque deseábamos dejar nuestro actuar y así a través de los Doce Pasos hemos encontrado la abstinencia que buscábamos, pero en el proceso se nos ha dado mucho más: una forma de vida completamente nueva, fundamentada en principios espirituales. Nuestro viaje de recuperación dura toda la vida.

Al hacer este viaje asumimos un compromiso total con el proceso de recuperación. Hacemos del programa nuestra más alta prioridad, en el entendimiento de que al no cumplir con nuestro compromiso totalmente, arriesgamos lo que hemos ganado. Aprendemos a escuchar en las reuniones con una mente abierta. Gradualmente, dejamos de seleccionar sólo lo que estamos dispuestos a cambiar, y empezamos a abrirnos a los cambios que nuestro Poder Superior tiene para nosotros. Aprendemos a hacer lo que sea necesario para lograr nuestra recuperación, porque somos dignos de ella.

El ser rigurosamente honestos es uno de los principios fundamentales en los que se basa nuestro programa. Sin la honestidad, no podemos mantener nuestra sobriedad. Compartimos honestamente con nuestro padrino, y en las reuniones aprendemos a ser honestos acerca de lo que somos, lo que hemos hecho, lo que nos trajo hasta aquí y lo que vamos a hacer ahora. La honestidad nos ayuda a recuperar nuestro propio respeto y a la larga se convierte en nuestra postura normal ante el mundo y en todas nuestras relaciones. No mentimos ni tenemos amoríos, aunque no nos descubran; aprendemos a no usar medias verdades para manipular a otros; aceptamos la responsabilidad de nuestras acciones y nuestras vidas, vivimos con la fe de que el cuidado de Dios es suficiente para nosotros y que no necesitamos ser deshonestos para sobrevivir.

Además de los Doce Pasos, existen muchas herramientas que ofrecen beneficios para nuestra recuperación de la adicción sexual. Una herramienta es una acción que apoya la recuperación y que otros adictos sexuales han usado con éxito. Ponemos en práctica la honestidad, el mantener nuestras mentes abiertas y nuestra buena voluntad cuando adoptamos una nueva herramienta, y confiamos en la experiencia y fortaleza de la comunidad con la esperanza de que será beneficioso para nosotros, cómo lo fue para otros antes que nosotros. Ofrecemos aquí unas herramientas comunes que nos han sido útiles, pero existen muchas más.

Nuestra experiencia nos ha demostrado que avanzamos en nuestra recuperación cuando actuamos. Comprender nuestra adicción nos beneficia de muchas formas, pero al final, con sólo pensar no saldremos del problema. Para empezar, nuestros mejores pensamientos nos metieron en problemas, en lugar de esto, entramos en acción: asistimos a una reunión; llamamos a alguien en la comunidad cuando sentimos el deseo de actuar o cuando nos sentimos débiles; evitamos los lugares y situaciones que relacionamos con nuestro comportamiento adictivo; conseguimos un padrino; llevamos el mensaje de ASA; aportamos a la comunidad; y ayudamos a otros a recuperarse y, como parte de este proceso, nos ayudamos a nosotros mismos.

Conforme llevamos a cabo el programa, somos más conscientes de cómo funciona el proceso adictivo. Una de las habilidades más importantes que adquirimos es conectar nuestro comportamiento con sus consiguientes consecuencias. Cuando tenemos deseos de actuar, tendemos a entrar en la fantasía y concentrarnos en nuestro deseo adictivo, perdiendo contacto con el conocimiento que tenemos acerca de las consecuencias que inevitablemente sucederán. En la fase de recuperación, practicamos recordándonos a nosotros mismos los posibles resultados de los comportamientos que nos llevaban a actuar. Pensamos en cómo nos sentiremos después, lo que nos costará, lo que ponemos en riesgo, y qué daño podremos ocasionar a los demás. A menudo necesitaremos la ayuda de otros miembros para hacer esto con éxito, así que aprendemos a llamar a nuestro padrino, o a alguien más de la comunidad cuando tenemos el deseo de actuar. Otro adicto sexual nos puede ayudar a poner los pies sobre la tierra, ayudándonos en nuestra recuperación y recordándonos de las consecuencias de una recaída.

La mayoría de nosotros llamamos por teléfono frecuentemente para hacerle saber a alguien en el programa cómo nos está yendo o nos acercamos a alguien cuando estamos luchando con nuestra adicción. Algunos de nosotros hemos asumido el compromiso de llamar a un amigo en recuperación cuando nos encontremos en una situación de desliz, o cuando surjan pensamientos y deseos obsesivos. En ocasiones, todo lo que necesitamos es que alguien nos pregunte qué es lo que está pasando y nos escuche. Poco tiempo después sabremos lo que nos está molestando, y una vez que lo sabemos, generalmente, se disipa el impulso de actuar.

La literatura sobre recuperación del programa es otra herramienta importante ya que nos ayuda a educarnos, motivarnos e inspirarnos. Al leer la literatura de ASA aprendemos a mantenernos sobrios y a llevar a cabo un programa de recuperación hecho a nuestra medida. Esta identificación única con nuestra enfermedad y nuestra comunidad es inestimable para fomentar un sentido de pertenencia y compromiso con la recuperación de la adicción sexual. Algunos de nosotros también consultamos literatura externa sobre la adicción sexual o leemos literatura publicada por otras comunidades de doce pasos. Dicha literatura nos puede ayudar a comprender a fondo nuestra enfermedad y nos da una perspectiva adicional sobre cómo realizar un programa de recuperación.

Muchos de nosotros utilizamos una herramienta que consiste en fijar límites, los límites son las restricciones que fijamos a nuestro comportamiento. Cuando decidimos que necesitamos mantenernos alejados de un comportamiento que puede ser un problema para nosotros, fijamos un límite a ese comportamiento. Por ejemplo, podemos fijarnos límites al pasar por los lugares en donde solíamos actuar. Si tenemos problemas haciendo comentarios inapropiados o intrigando sobre el sexo, podemos fijar un límite a hacer bromas de contenido sexual o a coquetear. Si nos sentimos atraídos sexualmente hacia los niños o hemos cometido abuso sexual de menores, podemos fijar límites para evitar estar a solas con ellos o pasar por escuelas o parques. Fijamos límites para mantenernos a salvo y permanecer alejados de situaciones que podrían llevarnos a actuar.

Límites también pueden ser los que fijamos y mantenemos con otras personas en nuestras vidas. Aprendemos a hacerles saber a otros cómo queremos que se nos trate y qué tipo de comportamiento podemos y no podemos aceptar. A menos que aceptemos la responsabilidad personal de establecer y mantener límites saludables en nuestras relaciones, corremos el riesgo de acumular resentimientos o asignarnos el papel de víctima. El peligro en desempeñar el papel de víctima es que posiblemente adquiramos como resultado un sentido de tener derecho a actuar. Nuestro padrino puede ayudarnos a fijar límites adecuados y nos hará responsables de nuestro comportamiento.

Algunos de nosotros llevamos un diario como herramienta para ayudarnos a descubrir y expresar cómo nos sentimos, aliviar nuestra obsesión, registrar nuestros logros, y darnos un escape creativo. En ocasiones escribimos acerca de un tema en particular o acerca de algún problema que tengamos. Nos puede ayudar a poner en claro lo que pensamos y sentimos. Cuando estamos confundidos, podemos escribir para aclarar nuestros pensamientos. Escribir también puede ayudarnos a dejar de ser obsesivos. Tan sólo el hecho de escribir puede ayudar a tranquilizar la mente. Como rutina diaria, escribir nos ayuda a mantenernos en contacto con nuestros sentimientos, los problemas que nos preocupan y las dificultades a las que nos enfrentamos diariamente.

Con el tiempo nuestros diarios se convierten en un registro de nuestro avance. Podemos regresar a ver lo que escribimos hace tiempo y entender lo que nos preocupaba. Podemos ver cómo a menudo las cosas que temíamos que sucedieran no sucedían. Podemos descubrir el avance que tenemos en nuestra recuperación viendo los cambios en nuestro comportamiento y perspectiva que de otra forma pudimos haber pasado por alto, puesto que a menudo son sutiles y ocurren en el transcurso de un tiempo largo.

Con el pasar del tiempo nuestros diarios se convierten en registros de nuestros logros. Al leer lo que escribimos hace tiempo nos daremos cuenta de lo que nos preocupaba y, con frecuencia, podremos ver que las cosas que temíamos que sucedieran no sucedían. Podemos ver el avance que hemos logrado en nuestra recuperación, notar los cambios en nuestro comportamiento y perspectiva que, de otra forma, quizás pasamos por alto, puesto que a menudo son sutiles y ocurren durante un período de tiempo prolongado.

Desarrollar nuestra creatividad nos ayuda a entretenernos y sanar. Nos expresamos en distintas formas. Podemos tocar un instrumento musical, escribir poemas, pintar, bailar, o dibujar, o tal vez cocinar, o dedicarnos a la jardinería o la decoración. Algunos de nosotros dejamos de ser creativos en nuestra adicción cuando llegamos a la conclusión de que no éramos lo suficientemente buenos o que no teníamos tiempo. En la recuperación, volvemos a descubrir nuestro lado creativo. Muchos de nosotros optamos por colocar nuestras actividades artísticas y creativas en nuestro círculo exterior.

Muchos de nosotros necesitamos recuperarnos tanto física como espiritual y emocionalmente. Una de las reparaciones que nos debemos a nosotros mismos es cuidar mejor de nuestros cuerpos. Esto puede incluir comer mejor, consultar al médico o al dentista, o hacer ejercicio. Hacer ejercicio también es una forma de reducir la ansiedad, establecer una nueva relación con nuestros cuerpos y disfrutar de nuestros cuerpos con un placer que no es sexual.

Existen muchas otras herramientas y sugerencias que se han transmitido de un adicto sexual a otro a través de los años. Algunas de estas tradiciones informales se expresan mediante varios dichos y lemas de recuperación. Algunos ejemplos incluyen: HACER algo (parar y HACER algo cuando esté Hambriento, Aislado, Cansado, Enojado o Rebelde), –"Si no está bajo su control, déjeselo a Dios" (principio de la rendición) y "Buscamos progresar, no perfeccionar". Para nosotros es de gran utilidad recordar estos dichos cuando nos encontramos en situaciones difíciles.

Un lema que expresa una de las verdades básicas del programa es "Un día a la vez". En lugar de pensar en términos de para siempre o eternamente, simplemente nos concentramos en mantener nuestra sobriedad sexual hoy, sin preocuparnos por mañana o el resto de nuestras vidas. Mantener nuestra atención en el hoy nos ayuda a estar presentes en nuestras propias vidas, con la fe de que el cuidado de Dios es suficiente para el futuro.

A través de la experiencia del cuidado de Dios y el amor y cuidado que existe en la comunidad de ASA, aprendemos de la importancia de ser benévolos con nosotros mismos. Sabemos demasiado bien lo brutal que es nuestra adicción. La delicadeza es algo distinto. Somos delicados al cuidar bien de nosotros mismos, asegurándonos de que obtenemos lo que necesitamos y no presionándonos demasiado. Nos perdonamos a nosotros mismos por nuestros errores, pasados y presentes. Reconocemos los cambios positivos en nuestras vidas. Aprendemos a querer y afirmar más que a castigarnos a nosotros mismos. Nos permitimos sentir la gama entera de los sentimientos humanos.

Podemos sufrir reveses y tiempos difíciles. Podemos sufrir las consecuencias dolorosas de los comportamientos pasados, o experimentar el dolor de un crecimiento nuevo, pero es importante que no nos demos por vencidos. Si utilizamos las herramientas y practicamos los principios espirituales que hemos aprendido, podemos continuar a pesar del dolor sin actuar, y encontrar la serenidad. El milagro de recuperarnos de la adicción sexual se convierte en una realidad que vivimos a diario.

Síndrome de abstinencia y recaídas

El síndrome de la abstinencia a largo plazo se da a través del programa de ASA. Por la gracia de Dios, podemos encontrar la libertad del comportamiento sexual adictivo. No se trata simplemente de actuar con menor frecuencia o dejar los peores comportamientos y continuar practicando otros. Nos abstenemos de todos nuestros comportamientos enumerados en el círculo interior, un día a la vez, por meses, años y décadas. Muchos vivimos este milagro cada día, y es posible para todos nosotros.

Muchos de nosotros pasamos por un periodo de trastornos emocionales intensos e incomodidad física cuando dejamos nuestros comportamientos sexuales adictivos. Le llamamos síndrome de abstinencia. Nos pueden asaltar recuerdos, sentimientos y sensaciones físicas poderosas. Otros síntomas de la abstinencia incluyen cambios intensos en el estado de ánimo, dolor físico, ira, ansiedad, depresión, cansancio, insomnio, pesadillas o sueños en los que actuábamos.

Con el síndrome de la abstinencia sentimos una urgencia incontrolable de continuar actuando compulsivamente para poder aliviar la incomodidad. Podemos enfrentarnos en repetidas ocasiones a tentaciones de sabotear nuestra recuperación, o sentirnos extrañamente atraídos hacia nuevos comportamientos sexuales que jamás pensamos que nos atraerían. Sin embargo, sabemos que si volvemos a actuar, solamente pospondremos o prolongaremos la abstinencia que es una fase inevitable. Nadie puede pasar por la fase de abstinencia por nosotros, o quitarnos todo el dolor, pero contamos con el apoyo de nuestro padrino y de las otras personas en el programa para ayudarnos a salir adelante. Durante la abstinencia, se nos recomienda mantenernos en contacto regular con los demás por teléfono, asistir a las reuniones y a las reuniones de la comunidad. También debemos ser delicados con nosotros mismos, atendiendo nuestras necesidades de cuidado, comodidad, seguridad, nutrición, descanso, ejercicio y afirmaciones positivas.

Si experimentamos la abstinencia, podemos estar seguros de que no durará para siempre. Muchos de nosotros hemos pasado por una fase de abstinencia larga y hemos salido de ella exitosamente, a menudo gozando de mejor salud y sintiéndonos mucho más felices que antes. Podemos seguir experimentando alguna forma de abstinencia con cada nuevo nivel de rendición en nuestra recuperación. Sin embargo tenemos fe en que nuestro Poder Superior nos guía en este proceso y que nos cuida en el camino.

Como adictos sexuales muchos de nosotros enfrentamos grandes dificultades para mantener la abstinencia de nuestros comportamientos adictivos. Aquellos de nosotros que hemos experimentado la recuperación en otros programas de doce pasos que tratan con la adicción a sustancias a menudo sentimos que es más difícil mantener la abstinencia del comportamiento sexual adictivo que del alcohol u otras drogas. Nuestras obsesiones sexuales están dentro de nosotros y parecen estar disponibles todo el tiempo, no sólo cuando ingerimos un producto químico que altera nuestro estado de ánimo. Además, podemos tener una gran variedad de comportamientos sexuales adictivos, los cuales pueden cambiar con el tiempo. Nuestra enfermedad es poderosa, misteriosa, multifacética y está profundamente arraigada. No nos sorprende que muchos de nosotros hayamos sufrido una recaída.

El sufrir una recaída significa participar en algo que definimos en nuestro programa personal como un comportamiento sexual adictivo, o de "actuar." En términos de los Tres Círculos, una recaída significa llevar a cabo los comportamientos sexuales que hemos colocado en nuestro círculo interior. Es vital, por lo tanto, que usemos los Tres Círculos, o alguna otra herramienta que defina exactamente nuestra abstinencia, para que no haya ambigüedad acerca de cuándo tenemos una recaída y cuándo no. Una definición clara nos permite reconocer nuestro avance. La falta de definiciones claras da lugar a la negación y racionalización, evitando que progresemos.

No existen fracasos en este programa. No juzgamos a los miembros que tienen una recaída, porque sabemos que todos somos indefensos frente a esta enfermedad. Si tenemos una recaída es importante que regresemos inmediatamente a la fase de recuperación. No es necesario que un error se convierta en un episodio de desenfreno autodestructivo. A menudo nos sentimos avergonzados cuando tenemos una recaída. Nuestra adicción se llena de energía, y nos surge la idea de que más vale que intentemos eliminar el impulso de nuestro sistema, pero hemos aprendido que ésta es sólo la voz de la vergüenza y la adicción la que nos habla. Nuestros deseos adictivos no pueden ser satisfechos, en su lugar, podemos asistir a una reunión de ASA en donde seremos bienvenidos. Frente a cualquier situación, sin importar con cuánta intensidad hemos actuado, qué tan recientemente sucedió, o cuán derrotados nos sintamos, hoy podemos mantener nuestra abstinencia. Todo lo que necesitamos hacer es considerar las herramientas del programa como una prioridad y buscar ayuda de nuestro Poder Superior y de nuestros amigos en recuperación.

Una recaída nos da la oportunidad de reevaluar qué tan bien estamos llevando a cabo nuestro programa. He aquí las preguntas a considerar: ¿Regresamos a situaciones o lugares considerados propicios para un desliz? ¿Asistimos con regularidad a las reuniones, o buscamos pretextos para hacer algo más en su lugar? ¿Prestamos atención en las reuniones? ¿Juzgamos lo que dicen los demás en lugar de identificarnos con ellos? ¿Somos honestos al compartir? ¿Tenemos un padrino y estamos en contacto con él? ¿Somos completamente honestos con nuestro padrino? ¿Utilizamos todas las herramientas del programa? ¿Hacemos las llamadas telefónicas? ¿Rezamos y meditamos? ¿Llevamos a cabo los Doce Pasos? ¿Nos estancamos en un paso en particular? ¿Evitamos un paso? Necesitamos llevar a cabo todos los pasos si deseamos continuar avanzando.

Cuando evaluamos nuestro programa, básicamente lo que hacemos es preguntarnos si la recuperación es nuestra mayor prioridad. Todos tenemos responsabilidades y obligaciones, pero si nos permitimos volver a caer en nuestra adicción y no regresar a la recuperación, ponemos en peligro todo lo que tenemos.

También necesitamos examinar las circunstancias que conllevan a una recaída. Éstas nos ofrecen indicios acerca de cómo podemos estar mejor preparados en el futuro. ¿Qué estaba sucediendo en nuestra vida antes de la recaída? Tal vez somos vulnerables durante los días festivos, o tal vez necesitemos obtener apoyo adicional cuando estamos con nuestra familia de origen. ¿Cómo se encontraban nuestras relaciones familiares en ese momento? Es posible que actuáramos cuando teníamos problemas en nuestras relaciones familiares. Algunos de nosotros descubrimos que incluso hemos iniciado pleitos como parte de nuestro patrón de actuación. ¿Cómo cuidábamos de nosotros mismos? ¿Nos estábamos aislando? ¿Nos permitimos estar demasiado Hambriento, Aislado, Cansado, Enojado o Rebelde? La enfermedad puede debilitar nuestros límites y hacernos más vulnerables a nuestra adicción. Sí reconocemos las circunstancias que resultaron en una recaída, podemos obtener mayor apoyo cuando estemos en circunstancias similares en el futuro.

Gradualmente aprendemos a identificar nuestros "disparadores." Un disparador es cualquier situación o comportamiento que nos hace sentir un deseo poderoso de actuar. Uno de los retos más difíciles para muchos de nosotros es aprender a distanciarnos del actuar, una vez que nos encontremos ante un disparador. Una cosa es regresar a la recuperación después de una recaída, y otra es alejarnos de nuestra adicción una vez que se ha puesto en marcha el conocido patrón de comportamiento. Aprendemos que no necesitamos esperar hasta después de una recaída para volver a comprometernos con nuestra recuperación. Si nos sentimos a punto de entrar en un comportamiento del círculo interior, utilizamos los recursos del programa para romper el patrón antes de actuar. Nos recordamos que el actuar no es una opción sana y que no podemos detener la adicción por nosotros mismos. Podemos rezar pidiendo ayuda a nuestro Poder Superior o tal vez podemos acercarnos a otro adicto. Llamar a alguien por teléfono, aunque no haya quien conteste, es una acción poderosa de rendición. En ocasiones es suficiente para romper el hechizo. Muchos de nosotros hemos visto que las intervenciones automáticas son mejores que intentar evaluar si estamos en riesgo de una recaída. Podemos llamar por teléfono en cualquier momento en que estemos expuestos a un disparador, sin importar si sentimos el deseo de actuar. Esto nos inculca el hábito de distanciarnos de una recaída aun antes de que el deseo adictivo se presente. También encontramos provechoso identificar nuestra parte en la situación de desliz y tomar la responsabilidad de usar las herramientas del programa para hacernos cargo de ella.

Algunos de nosotros sufrimos recaídas con regularidad o en una forma periódica. En estos casos necesitamos hacer mejoras básicas a nuestro programa. Si no hemos escogido un padrino y no hemos llevado a cabo los Doce Pasos es tiempo que lo hagamos. Si el actuar sigue siendo un patrón, es posible que no estemos completamente dispuestos a admitir que somos impotentes ante la adicción. En ocasiones nos colocamos a nosotros mismos en situaciones difíciles, una y otra vez, sin el suficiente apoyo para mantener nuestra sobriedad. En este caso necesitamos preguntarnos si aceptamos nuestra impotencia sobre nuestra adicción en cada aspecto de nuestras vidas. Es posible que también sea necesario hacer ajustes en nuestros Tres Círculos; tal vez necesitemos agregar nuevos puntos a nuestro círculo interior o intermedio, o cambiar ciertos comportamientos de un círculo a otro. Si nos damos cuenta de que nuestras recaídas ocurren cuando nos encontramos en cierta situación, necesitamos cambiar la situación o encontrar nuevas formas de responder a la misma. Mantenernos en contacto regular con nuestro padrino y amigos en recuperación nos ayuda a mantener la perspectiva, entender y descubrir los recursos que nos faltan para ser receptivos a los cambios en nuestra forma de pensar y actuar.

Cuando hemos logrado mantenemos sobrios por un período de tiempo, la complacencia puede convertirse en un obstáculo para nosotros. No podemos dar por sentada la recuperación. Muchos de nosotros hemos encontrado que nuestra enfermedad continúa avanzando, aunque llevemos a cabo el programa. Si tenemos una recaída, a menudo no solamente regresamos a nuestro comportamiento anterior, sino que pasamos a comportamientos nuevos y más destructivos, y es posible que nuestra enfermedad tienda a escalar más rápido que antes. Para evitar la complacencia en nuestro programa, necesitamos cultivar y mantener un sentido de gratitud y un compromiso con la sobriedad sexual.

No escogimos ser adictos sexuales, pero cada uno de nosotros somos responsables de nuestra propia recuperación. Como comunidad creemos que la abstinencia a largo plazo es posible para cada uno de nosotros. Si "seguimos asistiendo a las reuniones" y llevamos a cabo el programa de la mejor forma que podamos, nuestro Poder superior nos ayudará a mantener nuestra sobriedad sexual un día a la vez.

Una sexualidad más sana

La sexualidad es una parte fundamental del ser humano. Brinda a nuestras vidas un enorme placer y una profunda satisfacción. Sin embargo, la sexualidad no adictiva siempre se nos ha hecho difícil de alcanzar. Una de las tragedias de nuestra adicción es que es posible que nunca hayamos aprendido a disfrutar de nuestra sexualidad de una forma sana.

En nuestra adicción, las relaciones sexuales eran compulsivas, sintiéndonos impulsados, como por una fuerza irresistible, a practicar comportamientos sexuales, más que a decidir libremente el tener relaciones sexuales. Para muchos de nosotros, con frecuencia, parecía que no estábamos siendo sexuales, sino que usábamos las relaciones sexuales como una forma de escapar de la realidad, tratar la ansiedad, o lidiar con emociones que no queríamos enfrentar. En nuestra enfermedad, usábamos el control y el aislamiento para sentirnos a salvo, y así pasábamos cada vez más tiempo en la fantasía, lo que nos alejaba de los demás y de un sentido real de nosotros mismos. Para algunos de nosotros, nuestra sexualidad adictiva estaba centrada en el poder y el ego, nuestras fantasías eran acerca de tener el poder de ser sexuales en dónde fuera, cómo fuera y con quién nosotros quisiéramos. O constantemente buscábamos las relaciones para que nos "repararan", llenaran nuestro vacío y nos hicieran sentir valiosos. Algunos de nosotros maltratamos a otros y los tratamos como objetos. No éramos conscientes, o no respetábamos, los derechos y límites sexuales de los demás. Sin importar cuántas relaciones sexuales tuviéramos, seguíamos sintiéndonos insatisfechos. Teníamos temor a la vulnerabilidad y la intimidad.

Estos síntomas de nuestra enfermedad, y muchos otros similares a éstos, dejaron una profunda huella en nosotros, convirtiéndose en patrones habituales de pensamiento y acción. Cuando logramos la abstinencia del comportamiento sexual adictivo a través del programa de Adictos Sexuales Anónimos nos dimos cuenta de que seguíamos teniendo dificultades con estos patrones, los cuales se nos hacen más evidentes una vez que hemos dejado de actuar. Para la mayoría de nosotros, estos síntomas sólo desaparecen poco a poco, al realizar los Doce Pasos. Y conforme se desenmaraña nuestra antigua forma de vivir y de pensar, se nos anima a explorar lo que una sexualidad más sana significa para nosotros. Esto, también, es un proceso lento y gradual para la mayoría de nosotros ya que las distorsiones que causa esta enfermedad en nuestra sexualidad con frecuencia son muy persistentes, por lo que en ocasiones hace difícil descubrir nuevas formas de comportamientos que consideremos sanos.

Para algunos de nosotros ha sido útil escoger un periodo en el que nos abstenemos de toda actividad sexual como parte de nuestra recuperación.

Establecemos un período de tiempo en el que no vamos a ser sexuales con nadie, ni siquiera con nosotros mismos. Esto permite el período de abstinencia, en el cual podemos descubrir quiénes somos sin la familiar distracción de las relaciones sexuales. Necesitamos la guía de nuestro padrino para decidir si esta opción es la mejor para nosotros, y de ser así, por cuánto tiempo debemos abstenernos. Nuestro padrino nos puede ayudar a juzgar si nuestros motivos son sanos y si tenemos el suficiente apoyo como para tener éxito. Para la mayoría de nosotros, esta es una herramienta temporal que utilizamos en nuestra recuperación, pero algunos de nosotros optamos por el celibato como una forma de vida plena en sí misma.

Los Doce Pasos de ASA nos conducen a un despertar espiritual. Si mantenemos nuestra abstinencia y ponemos en práctica los principios del programa en nuestras vidas, podemos darnos cuenta de que también cambian nuestras actitudes acerca de nuestra sexualidad y la forma en que tenemos relaciones sexuales. Para algunos, esto sucede rápidamente; para otros, lentamente o no sucede. En ASA, no medimos el éxito de nuestro programa por la frecuencia de nuestras experiencias sexuales positivas y sanas. Aunque para muchos de nosotros la sexualidad sana es una parte de la vida en recuperación, no es el propósito ni el objetivo principal de ASA. Nuestro programa nos libera de los comportamientos sexuales adictivos. En qué concentramos nuestra energía dentro de nuestra nueva forma de vivir es decisión de cada miembro.

Como miembros de ASA, nos enfrentamos a diferentes dificultades en la recuperación y nuestras necesidades, situaciones, y experiencias también son variadas. Así como no definimos por adelantado cuáles comportamientos constituyen un comportamiento sexual adictivo para cada miembro, ASA no apoya una definición específica acerca de la sexualidad sana. No existe ninguna fórmula, ni una respuesta única a nuestras preguntas. Podemos explorar este ámbito si somos solteros, salimos con alguien, o tenemos una pareja formal. Lograr una perspectiva acerca de lo que en realidad son nuestras necesidades y deseos requiere de paciencia y honestidad. Nuestros padrinos y otros miembros nos pueden apoyar y compartir con nosotros lo que ha funcionado para ellos y lo que no ha dado resultado. Para obtener orientación y consejos más específicos o complejos, podemos consultar a un profesional externo calificado.

Muchos de nosotros tuvimos experiencias sexuales sumamente intensas en nuestra adicción. Sabemos que no podemos seguir actuando pero podemos temer que la sexualidad sana sea aburrida en comparación. La verdad es que muchos de nosotros no experimentamos el sexo en realidad cuando estábamos actuando. En nuestras experiencias más intensas solíamos estar desconectados, perdidos en una burbuja de repeticiones, fantasía y obsesión. Nuestra enfermedad evitó que estuviéramos completamente presentes cuando éramos sexuales. En la recuperación, aprendemos a no dejar que las ideas exageradas acerca de la excitación sexual eviten que aprendamos y practiquemos comportamientos sexuales más sanos.

Muchos de nosotros reconocemos una sexualidad más sana cuando experimentamos algo muy diferente de lo que conocíamos en nuestra adicción, y nos damos cuenta por la diferencia de nuestros sentimientos: no nos sentimos compulsivos, impulsados, o alejados, como en otro mundo. En lugar de eso, estamos presentes emocionalmente durante la actividad sexual. Esto puede parecer incómodo o nos puede dar temor, especialmente al principio. Al practicar la honestidad, tener una mente abierta y estar dispuestos, podemos descubrir experiencias más sanas de la sexualidad. Existen numerosas ideas y sugerencias acerca de una sexualidad más sana que ofrecen los miembros de ASA, con base en sus propias experiencias. Muchos de nosotros describimos nuestro comportamiento sexual como sano cuando estamos presentes, tenemos intimidad, somos flexibles, apoyando a nuestra pareja y comportándonos apropiadamente durante las relaciones sexuales. Somos libres de considerar estas sugerencias y decidir lo que funcione para nosotros.

Podemos darnos cuenta de que una sexualidad más sana inicia mucho antes de que inicie cualquier acto sexual, con un cambio en nuestra presencia emocional y conexión con otros. Cuando nos permitimos ser íntimos con nuestras propias emociones, llegamos a estar conscientes de cómo nos sentimos en realidad, sin juzgar o censurarnos. Gradualmente aprendemos a ser honestos en cuanto a nuestros sentimientos con los demás, y al mismo tiempo estar abiertos a los sentimientos ajenos. En este proceso aprendemos a expresar nuestro afecto más que perseguir el poder y el control. Tener intimidad es abandonar el control y empezar a confiar, confiar en otra persona, confiar en nosotros mismos, y tener fe en un Poder Superior.

Cuando estamos a salvo y estamos presentes emocionalmente, podemos ser flexibles. Aprendemos que las relaciones sexuales no tienen que ser iguales todo el tiempo, y que no es necesario tener un objetivo. Si estamos conscientes de cómo nos sentimos, podemos decidir lo que necesitamos y deseamos. De igual manera aprendemos a fijar límites sexuales, límites acerca del tipo de comportamiento en el que queremos participar o no. También aprendemos a respetar los límites de otros. Descubrimos que ser sexuales es una forma de satisfacer las necesidades y deseos sexuales apropiados, más que una forma de manejar la ansiedad, automedicación o escape.

Para algunos de nosotros evitar las relaciones sexuales es adictivo, en algunos casos nos identificamos como "anoréxicos sexuales". Así como la compulsión de morirse de hambre, o la anorexia, se consideran como trastornos de la alimentación; evitar las relaciones sexuales, puede ser considerado como un comportamiento sexual adictivo. Algunos de nosotros hemos estado "sin deseos" sexuales durante la recuperación, con temor a las relaciones sexuales por asociarlo en nuestras mentes con nuestra adicción o con un trauma sexual anterior o debido a un temor a la intimidad y vulnerabilidad. Intentar controlar nuestra sexualidad de esta forma es sólo otro síntoma de nuestra enfermedad. La solución radica en entregar nuestra voluntad y vidas al cuidado de nuestro Poder Superior, sabiendo que por muy desconocidas que sean las dificultades de una sexualidad más sana, podemos confiar en Dios, como lo entendamos.

Todos estos son consejos, sugerencias, y descripciones derivados de las distintas experiencias de los miembros de ASA. No son reglas, y no son para todos. Parte de la recuperación consiste en reconocer que tenemos más preguntas que respuestas y dejar lugar para los errores. La libertad que logramos a través de la sobriedad sexual nos ayuda a aceptar las diferencias y estar abiertos a nuevas posibilidades.

La promesa de la recuperación es una restauración del ser. La sexualidad es una parte de quienes somos, una parte que se perdió y se distorsionó a través de nuestra adicción. Cuando recuperamos la posibilidad de una sexualidad más sana, recuperamos un aspecto vital de nuestro ser. En nuestra adicción, las relaciones sexuales eran algo que teníamos fuera de nuestras vidas "normales". En la recuperación buscamos formas de hacer que nuestra sexualidad ocupe un lugar apropiado en la vida. También reconocemos lo que hemos perdido, sentimos el daño que sufrimos, y a la larga aceptamos nuestro pasado, lo cual abre el camino para estar presentes hoy, sexual y espiritualmente. Y conforme crecemos en la recuperación, muchos de nosotros escogemos integrar nuestra sexualidad con nuestra espiritualidad. Cuando somos sexuales con amor, gratitud y generosidad, las relaciones sexuales pueden ser una expresión de nuestros ideales espirituales más altos. Podemos usar nuestra sexualidad para expresar nuestro amor, aprecio y fe.

Ayuda externa

ASA ofrece un programa de recuperación de la adicción sexual. Aunque nuestra experiencia nos ha enseñado que los Doce Pasos llevan a un despertar espiritual, y proporcionan una guía invaluable para una nueva forma de vida, no afirmamos que nuestro programa proporciona las respuestas a cada problema o situación que pudiéramos enfrentar. Muchos de nosotros hemos sentido la necesidad de buscar ayuda fuera de la comunidad, además del apoyo que recibimos dentro de nuestros grupos de ASA. Nuestros amigos en recuperación nos alientan a tomar cualquier acción necesaria para mejorar nuestro bienestar y crecimiento personal.

Para algunos de nosotros, las relaciones sexuales no son nuestra única adicción. Es posible que hayamos llegado a ASA provenientes de algún otro programa de recuperación. O podemos descubrir, en el transcurso de nuestro trabajo en ASA, que nuestras vidas son ingobernables en otras áreas también. Podemos encontrar que necesitamos un apoyo mayor para otros problemas y comportamientos que el que puede proporcionar ASA. Aunque no estamos afiliados ni tampoco respaldamos a ninguna otra comunidad de doce pasos, reconocemos nuestras raíces en común en los Pasos y Tradiciones de Alcohólicos Anónimos, tal como se practican en AA y otros programas de doce pasos. Las reuniones abiertas de otras comunidades de doce pasos, y la literatura que ellos ofrecen siempre están disponibles como recursos.

Algunos de nosotros también hemos encontrado apoyo para nuestra recuperación participando con alguna forma de organización religiosa. Podemos buscar una mayor estructura en nuestras prácticas espirituales o establecer un sentido de comunidad con otros que comparten nuestras creencias religiosas o espirituales. Algunos de nosotros encontramos que participar en una comunidad religiosa o asistir a servicios religiosos puede fortalecer nuestra propia espiritualidad y ayudar a nuestro programa. Al mismo tiempo, algunos de nosotros elegimos practicar nuestra espiritualidad sin participar en ninguna tradición religiosa. Una vez más, se nos alienta a hacer lo que sintamos que es correcto para nosotros. Todos nosotros somos libres de ir a donde nuestra fe nos lleve.

Muchos de nosotros recurrimos a la terapia para ayudarnos a nosotros mismos a sanar las heridas emocionales y psicológicas profundamente arraigadas, incluyendo abuso sexual y trauma. Podemos haber sufrido grandes pérdidas que están relacionadas con nuestros comportamientos adictivos o maltrato en el pasado, y nuestro dolor a causa de estas pérdidas puede parecer abrumador. De igual manera podemos darnos cuenta de que necesitamos apoyo profesional para poder manejar los efectos de nuestro trauma sexual. Somos libres de buscar la ayuda profesional que consideremos necesaria para contribuir en el procesamiento del dolor y de la sanación.

También podemos recurrir a la terapia como parte de nuestro compromiso de auto reconocimiento o de conciencia. Por ejemplo, algunos de nosotros buscamos la terapia de pareja para ayudarnos con los problemas que se presentan dentro de nuestras relaciones personales. Simplemente podemos considerar la terapia como parte de nuestro programa actual de cuidado personal y psicológico.

Además, algunos de nosotros buscamos tratamiento médico para la depresión, ansiedad, u otros trastornos de salud mental. Podemos tomar medicamentos controlados bajo la supervisión de un médico. Muchos de nosotros descubrimos que los medicamentos pueden ayudarnos, particularmente con condiciones que agravan nuestra adicción, tal como lo es la depresión clínica.

Es posible que el juzgado nos ordene tomar una terapia de grupo o asistir a un tratamiento como paciente ambulatorio a aquellos de nosotros que hayamos cometido delitos sexuales. ASA no tiene opinión alguna acerca de estos programas. Para algunos de nosotros, tanto el programa de ASA y el tratamiento es necesario para una recuperación total. Sin embargo, el proceso de recuperación a través de los Doce Pasos es un proceso completamente diferente a la terapia, aunque los dos pueden complementarse mutuamente.

Para nosotros, fue importante reconocer que ninguno de los recursos que se mencionan anteriormente substituyen al trabajo que se realiza en el programa de ASA. ASA no respalda ni se opone a otras comunidades u organizaciones religiosas, o al uso de ningún medicamento en particular o forma de terapia. Como miembros de ASA, consideramos todos estos recursos como una ayuda exterior que está disponible si la necesitamos.

Conforme crecemos en nuestra recuperación, nos damos cuenta de lo que necesitamos para poder cuidar de nosotros mismos, y nos damos permiso de satisfacer esas necesidades. Los recursos externos están disponibles como parte de nuestro cuidado propio. También crecemos en nuestra voluntad y habilidad de buscar ayuda más allá del programa de ASA, disfrutar una mayor conexión con las personas y participar de la vida. Obtenemos no solamente la liberación de nuestra enfermedad, sino la libertad de sentirnos como en casa en el mundo.

CÁPITULO CINCO

NUESTRO PROPÓSITO

Servicios

Dependemos unos de otros para mantener nuestra sobriedad sexual, y ASA depende de nuestros servicios para seguir funcionando. Los servicios dentro de ASA van desde un encuentro con otro miembro para ofrecerle información y ayuda mientras se toman un café hasta los encuentros internacionales auspiciados por la Organización Internacional de Servicios (ISO por sus siglas en inglés). El ayudar a mantener a ASA funcionando es una extensión de nuestro propósito de transmitir nuestro mensaje de recuperación. Nuestros esfuerzos como voluntarios son fundamentales para el éxito de la comunidad y la recuperación de todo adicto sexual que participa en ella.

El servicio personal, la ayuda de un adicto a otro adicto es esencial para transmitir nuestro mensaje de recuperación. Brindamos este tipo de servicio cuando le damos la bienvenida a un nuevo miembro o escuchamos a alguien de la comunidad que necesita hablar. Podemos ser padrinos de otros en el programa, visitar o escribirles a los adictos que están en la cárcel, o estar disponibles para atender las llamadas telefónicas de los miembros que desean ayuda. En todos los casos anteriores, compartimos nuestra experiencia y ofrecemos nuestro apoyo. Lo paradójico de servir a otros es que nos ayuda a mantenernos sobrios sexualmente, sin importar el beneficio que las otras personas puedan recibir de nuestra parte. Así, hemos aprendido que la mejor forma de evitar una recaída es ayudar a otro adicto sexual.

Además de prestar servicios a nivel personal, proporcionamos servicios generales que ayudan a que nuestros grupos continúen funcionando. Estos servicios incluyen encontrar lugares para realizar las reuniones, proporcionar información pública y difusión del programa, producción y distribución de la literatura del mismo. Necesitamos colaboradores de confianza y miembros para los comités en todos los niveles: comenzando con los directores de nuestros grupos locales, los delegados que enviamos a la Convención Internacional e incluyendo a los representantes y personal que nos atienden en ISO. Todos estos esfuerzos requieren de la contribución financiera y voluntaria de todos y cada uno de los miembros y grupos de ASA.

Las reuniones locales son los cimientos de nuestra recuperación personal. Sin una reunión sana y bien organizada, la recuperación de todos los miembros estaría en peligro. Cada grupo necesita de servidores confiables que realicen las tareas necesarias para continuar haciendo que las reuniones sean accesibles para todos nosotros. Algunas de las tareas que realizan los miembros incluyen: presidir las reuniones, ordenar la literatura del programa, responder las cartas que lleguen al correspondiente apartado postal o contestar las llamadas telefónicas, recaudar fondos y pagar el alquiler de locales u oficinas. Un grupo puede llevar a cabo reuniones de negocios con frecuencia o cuando sea necesario, para elegir a otros servidores confiables y tomar las decisiones que sean necesarias para que las reuniones se desarrollen con eficacia.

Nuestras reuniones locales también son los cimientos de la estructura del servicio de ASA. A través de nuestras reuniones locales, tenemos voz dentro de ASA en su conjunto. Nuestros grupos envían delegados a la Convención Internacional anual. Los delegados expresan las decisiones e intereses de sus grupos locales, especialmente aquellas que tengan que ver con cuestiones que afecten a ASA en su conjunto. De esta forma, todos contribuimos en el proceso de toma de decisiones de toda la comunidad. Confiamos en que un Poder Superior nos guíe en todas nuestras reflexiones y decisiones.

En algunas áreas, los grupos locales se unen y forman inter-grupos para proporcionar servicios que un sólo grupo no podría proporcionar por sí solo. Los inter-grupos pueden publicar boletines, calendarios que incluyan todas las reuniones que tienen lugar a nivel local y, organizar eventos regionales, servir de centro de distribución de la literatura del programa, apadrinar una línea telefónica o página web, proporcionar información y ayuda a la comunidad, o proveer cualquier otro servicio según lo dicten las necesidades de los grupos miembros.

A nivel internacional, el ISO proporciona servicios que los grupos e inter-grupos no pueden proporcionar por sí solos. ISO ayuda a asegurar que el mensaje de ASA sea uniforme y que esté disponible para todos los nuevos grupos que surjan a nivel internacional. Además, ISO responde correspondencia, contesta llamadas telefónicas y correos electrónicos en los que se solicita información; ISO mantiene un calendario internacional de todas las reuniones que tienen lugar a nivel local, opera una página web, edita y proporciona traducciones de la literatura del programa de ASA, organiza eventos y conferencias internacionales, y proporciona muchos otros servicios de acuerdo a las necesidades de los miembros de los grupos. Estos servicios son financiados con fondos aportados por los miembros del programa.

En todo nivel de la estructura de nuestros servicios nos guiamos por las Doce Tradiciones de ASA, tal como fueron adaptados a partir de las

Doce "Tradiciones" de Alcohólicos Anónimos. Así como los Doce Pasos nos enseñan los principios espirituales necesarios para lograr una recuperación individual sana, las Tradiciones constituyen los cimientos espirituales necesarios para el buen funcionamiento de nuestros grupos. El adherirnos a estos principios preserva nuestra comunidad, protegiendo así la recuperación de cada miembro. También hemos descubierto que estos principios nos ayudan a manejarnos con integridad en nuestras relaciones personales y como miembros responsables de la sociedad.

Las Doce Tradiciones de Adictos Sexuales Anónimos (ASA)

1. *Nuestro bienestar común debe tener prioridad; la recuperación personal depende de la unidad de ASA.*
2. *Para el propósito de nuestro grupo, sólo existe una autoridad fundamental: un Dios bondadoso tal como pueda manifestarse en nuestra conciencia de grupo. Nuestros líderes no son más que servidores de confianza. No gobiernan.*
3. *El único requisito para ser miembro de ASA es querer liberarse del comportamiento sexual adictivo.*
4. *Cada grupo debe ser autónomo, excepto en asuntos que afecten a otros grupos o a ASA considerada en su conjunto.*
5. *Cada grupo tiene un sólo propósito primordial: llevar el mensaje de recuperación al adicto sexual que aún está sufriendo.*
6. *Un grupo de ASA nunca debe respaldar, financiar, o prestar el nombre de ASA a ninguna entidad allegada o empresa ajena, para evitar que los problemas de dinero, propiedad y prestigio nos desvíen de nuestro propósito primordial.*
7. *Todo grupo de ASA debe autofinanciarse a sí mismo, negándose a recibir contribuciones de fuentes externas.*
8. *ASA nunca tendrá carácter profesional, pero nuestros centros de servicio pueden emplear trabajadores especializados.*
9. *ASA, como tal, nunca debe ser estructurada como organización, pero podemos crear juntas o comités de servicio que sean directamente responsables ante aquellos a quienes sirven.*
10. *ASA no tiene ninguna opinión acerca de asuntos ajenos a sus actividades; por consiguiente, su nombre nunca debe mezclarse en polémicas públicas.*

11. Nuestra política de relaciones públicas se basa más bien en la atracción que en la promoción; necesitamos mantener siempre nuestro anonimato personal ante la prensa, la radio, la televisión y el cine.

12. El anonimato es la base espiritual de todas nuestras tradiciones, recordándonos siempre anteponer los principios a las personalidades.

Primera Tradición

Nuestro bienestar común debe tener prioridad; la recuperación personal depende de la unidad de ASA.

Como adictos sexuales en recuperación, todos necesitamos del amor y del apoyo de nuestros compañeros de ASA. Necesitamos escuchar la experiencia, la fortaleza y la esperanza de cada uno. Necesitamos padrinos y otros adictos en recuperación para que nos guíen a poner en práctica los pasos del programa. Si estamos teniendo dificultades y queremos actuar, necesitamos ser capaces de tomar el teléfono y llamar a alguien en la comunidad que nos comprenda. No podemos recuperarnos solos. Por el contrario encontramos la liberación que buscamos como partes que conforman un todo y que se interrelacionan entre sí. De la misma forma, nuestros grupos se fortalecen cuando forjamos relaciones personales que nos sirven de apoyo con otros grupos de ASA y con la comunidad en su conjunto. Unión significa que, como grupo, fijamos nuestra mirada en las necesidades que tienen en común todos los adictos sexuales en recuperación, y esto nos une a través de todos los idiomas y fronteras. La recuperación de cada miembro depende del bienestar de todos.

Así como todos compartimos la misma enfermedad, también compartimos una necesidad muy importante de recuperación. De esta manera nuestro bienestar común consiste en cualquier cosa que apoye esta necesidad básica. Como individuos, tenemos ideas diferentes de cómo cubrir esa necesidad, y esto es sano; la diversidad de pensamiento y de opinión ayuda a que nuestro trabajo de servicio sea revitalizador y creativo. La Primera Tradición canaliza esta energía creativa hacia un objetivo único: el bienestar de los adictos sexuales en recuperación. Así, cuando anteponemos esta necesidad común a nuestros deseos personales, podemos disfrutar de nuestras diferencias y al mismo tiempo mantenemos nuestro propósito de unidad.

Nuestros grupos trabajan en conjunto para hacer de ASA un lugar en donde los adictos sexuales se pueden recuperar y crecer espiritualmente. Cada grupo recibe apoyo de otros grupos y de ASA en su conjunto quienes cooperan proporcionando servicios, y comparten un mensaje consistente de recuperación. Toda la comunidad, a su vez, se apoya en los esfuerzos de cada grupo. Mantenemos presente no solamente el bienestar de aquellos que son miembros actuales de ASA, sino de todos los adictos sexuales que en el futuro vendrán a nuestras reuniones con la esperanza de liberarse de su adicción. Una comunidad estable y unida proporciona un refugio seguro para aquellos que buscan ayuda.

Los desacuerdos son parte natural de cualquier comunidad sana, sin embargo el espíritu de unidad evita que los desacuerdos se conviertan en disputas, facciones, o conflictos personales destructivos. Esto se logra cultivando la tolerancia y la buena voluntad hacia los otros miembros, anteponiendo el bienestar del grupo frente a nuestras preferencias, deseos, u opiniones personales. Un grupo que se fracture o se divida por cualquier conflicto nos pone a todos en riesgo. Nuestros grupos son más fuertes cuando podemos resolver o aceptar desacuerdos a medida que éstos surgen, y mientras continuemos llevando el mensaje de recuperación con la misma compasión para todos.

Como comunidad, nuestro compromiso es con el bienestar común de los adictos sexuales en recuperación que se encuentran en todas partes. La Primera Tradición deja claro que la recuperación de cada miembro depende de la fortaleza de ese compromiso. Todos jugamos un papel importante y, mientras trabajemos juntos, unidos por la fe en un Poder Superior bondadoso, los adictos sexuales continuarán encontrado la recuperación dentro de ASA.

Segunda Tradición

Para el propósito de nuestro grupo, sólo existe una autoridad fundamental: un Dios bondadoso tal como pueda manifestarse en nuestra conciencia de grupo. Nuestros líderes no son más que servidores de confianza. No gobiernan.

La Segunda Tradición tiene como base la unidad dentro de ASA: en todos los aspectos del programa, nuestra sabiduría se deriva del grupo, no de una persona en particular. Esta tradición también tiene como base la humildad: las mejores decisiones que el grupo tome se guían en la confianza que tenemos en un Poder Superior bondadoso, más que en la inteligencia innata, experiencia especial, influencia personal o habilidad para debatir. Este ideal de basar las decisiones de nuestro grupo en principios espirituales más que en la opinión o en influencias personales es diferente a lo que estamos acostumbrados. Nos damos cuenta de que en ASA, ningún miembro tiene autoridad sobre otro miembro de ASA, pero que Dios tiene autoridad suprema sobre todos nosotros.

Todos tenemos opiniones en relación a los asuntos del grupo, pero el mantener un enfoque espiritual nos eleva más allá del nivel personal y muestra nuestro compromiso para encontrar soluciones que satisfagan las necesidades del grupo más que nuestros propios deseos. Nos damos cuenta de que preguntamos "¿Qué es lo correcto?" en lugar de "¿Quién está en lo correcto?" A medida que nos escuchamos unos a otros y nos apoyamos en nuestra relación con un Poder Superior bondadoso para que nos guíe, empieza a surgir dentro del grupo un entendimiento de cómo solucionar estas preguntas de acuerdo a principios espirituales. Llamamos a esto conciencia de grupo. En algunas ocasiones, la conciencia de grupo es tan clara que el grupo llega rápidamente a una decisión unánime, en otras ocasiones, es posible que convoquemos a una votación para decidir un asunto; sin importar el mecanismo que utilicemos para tomar decisiones, procuramos mantener nuestras mentes abiertas. En nuestra experiencia, hemos visto muchos casos en que el punto de vista de un grupo minoritario, con el tiempo, finalmente fue reconocido como conciencia de grupo. En el espíritu de unidad de ASA, encontramos un equilibrio entre el apoyar las decisiones del grupo como si fueran nuestras, y la búsqueda grupal de la voluntad de un Poder Superior.

Conciencia de grupo no es lo mismo que unanimidad, consenso, voto mayoritario, o acuerdo. Más que expresar la voluntad del grupo, esto es la voluntad de un Poder Superior expresada a través del grupo. No hay un método único utilizado por los grupos para determinar la conciencia de grupo, pero siempre es sabio comparar nuestras decisiones con los Pasos y las Tradiciones a medida que avanzamos. En algunos casos, la conciencia de grupo puede ser expresada por una sola persona. Con mayor frecuencia, la conciencia de grupo se descubre solamente después de escudriñar muchas perspectivas diferentes y, a menudo, representa una conclusión, a la cual ningún miembro en particular habría llegado por su propia cuenta. Sin importar nuestros puntos de vista u opiniones personales, cada uno de nosotros tiene la responsabilidad de participar para discernir y apoyar la conciencia de grupo.

El aprender a buscar la voluntad de un Poder Superior a través de la conciencia colectiva requiere de tiempo, paciencia y buena voluntad. El amor es la fuerza que guía nuestro trabajo de servicio más que los conocidos métodos de influencia personal y control humano. Para nosotros puede ser difícil abandonar las ideas de antaño sobre autoridad, especialmente si creemos que nuestros motivos son buenos. Es posible que partiendo de un interés sincero para con la comunidad, queramos tomar el control de lo que sucede en nuestros grupos y comités de servicio; pero con tiempo y experiencia, aprendemos a confiar en la conciencia de grupo y a valorar la guía que recibimos como grupo más que en nuestra propia influencia y sabiduría. También aprendemos que la conciencia de grupo crece y cambia al igual que nosotros lo hacemos en nuestra recuperación personal. Los retos nuevos requieren de soluciones nuevas. En ocasiones el crecimiento puede ser doloroso, y los cambios que experimentamos puede que no se parezcan en nada a lo que esperábamos. Aun así, al practicar el principio de rendirnos ante Dios, podemos confiar que la guía de Dios, tal como se exprese en la conciencia de grupo, nos llevará justo a donde necesitemos estar.

A quienes somos escogidos por nuestros grupos para llevar a cabo las decisiones tomadas por la conciencia de grupo, nos conocen con el nombre de servidores de confianza. El solicitar que los miembros presten sus servicios no los pone en un rango o clase diferente a los demás miembros; al contrario, establece una relación de confianza. Confiamos en que aquellos a quienes elegimos para que presten servicio, actuarán de acuerdo a los principios espirituales de nuestros Pasos y Tradiciones, se guiarán por la conciencia de grupo, comunicarán información precisa al grupo y del grupo y ayudarán a llevar el mensaje de recuperación de la mejor manera posible. El liderazgo en ASA significa comprometerse a servir a la comunidad de ASA y promover nuestro bienestar común.

Este concepto de servicio es diferente al de la idea de gobierno. El asumir una autoridad de gobierno sobre los demás significa ejercer nuestra influencia y control personal sobre ellos. Como servidores confiables, sin embargo, nos regimos por la voluntad de nuestro Poder Superior tal como lo discierne la conciencia de grupo, con la entera responsabilidad de desempeñar las tareas que se nos encomienden, pero sin la autoridad para obligar o imponer castigos a nuestros compañeros de la comunidad. Al prestar servicios juntos, aprendemos a relacionarnos unos con otros con base en la confianza, generosidad, y sin intereses propios, en lugar del deseo de controlar. Cuando reconocemos a un Dios bondadoso como nuestra autoridad suprema, nos protegemos de la soberbia y el deseo de hacer nuestra propia voluntad, voluntad que podría dividirnos y obscurecer nuestro mensaje. La confianza mutua que experimentamos al servir, emana de la dependencia en un Dios bondadoso que trabaja a través de nuestros grupos.

Tercera Tradición

El único requisito para ser miembro de ASA es querer liberarse del comportamiento sexual adictivo.

La adicción sexual como enfermedad no discrimina según la raza, género, edad, orientación sexual, clase, religión o ninguna otra categoría social. Existen adictos sexuales en todo el mundo y en todos los estratos sociales. Todos nosotros tenemos el derecho de buscar recuperarnos en Adictos Sexuales Anónimos. La Tercera Tradición nos protege de la tendencia humana de requerir solicitudes, pruebas o trámites para demostrar idoneidad u otras exigencias que son diseñadas para controlar la membresía de los grupos.

Nadie puede juzgar si otra persona es un adicto sexual o no, o tomar decisiones acerca de si alguien está calificado para ser miembro de ASA. Para pertenecer al grupo, todo lo que necesitamos es desear ponerle fin a nuestro comportamiento sexual adictivo. Como el deseo es subjetivo nadie puede determinarlo, excepto nosotros mismos, tampoco la honestidad, claridad, o la fuerza de nuestro deseo puede determinarlo. Las razones que nos motivan a asistir a las reuniones pueden no parecer claras en un principio, y muchos de nosotros experimentamos niveles diferentes de deseo y disponibilidad para asistir a las reuniones con el transcurso del tiempo. Pero si tenemos dificultad con un comportamiento sexual al que no podemos poner fin, podemos acercarnos a ASA en busca de ayuda donde se nos garantiza un lugar en la comunidad de adictos sexuales sin compromiso alguno.

Podemos estar seguros de que mientras busquemos poner fin a nuestro comportamiento sexual adictivo, tenemos un lugar en ASA, aun cuando nuestro patrón de actuación sea diferente a los patrones de comportamiento de todas las otras personas en nuestro grupo. Puesto que éste es el único requisito para ser miembro de ASA, se nos recuerda que no debemos concentrarnos en qué diferimos de los demás o en imaginar que sólo aquellos que han actuado de cierta forma son realmente adictos sexuales. Si al hacer un examen introspectivo, decimos honestamente que tenemos un problema con algún comportamiento sexual adictivo, entonces podemos concluir que la ayuda que ofrece ASA también es para nosotros.

Esta tradición abre la puerta a todos los adictos sexuales que buscan ayuda, para que nos sintamos bienvenidos a las reuniones y queramos seguir asistiendo. El programa de ASA se ofrece en forma de sugerencias con base en la experiencia colectiva del grupo más que como un requisito que deba ser cumplido. No existen cuotas por la membresía y los adictos siempre podemos asistir a las reuniones, sin importar en qué fase de la recuperación nos encontremos o cuál es el avance o los contratiempos que encontremos durante el programa. Aunque es costumbre que los miembros nos identifiquemos como adictos sexuales en las reuniones, no es un requisito. Esta libertad que nos ofrece el no estar sujetos a ser juzgados y no tener restricciones y controles nos ayuda a sentirnos libres, abrirnos y compartir nuestra adicción, que para muchos de nosotros ocurre por primera vez en nuestras vidas. Aun cuando las reuniones sí están estructuradas y cuentan con reglas en relación a un comportamiento apropiado, éstas aplican sólo en lo que se refiere al lenguaje que utilizamos y a nuestras acciones dentro de la reunión, y nunca a nuestro estatus como miembros o a nuestro derecho de asistir.

Como comunidad, el programa de Adictos Sexuales Anónimos está abierto a cualquier persona que tenga el deseo de poner fin a su comportamiento sexual adictivo. Sin embargo, algunos grupos han tomado la decisión autónoma de orientar sus reuniones hacia un grupo específico dentro de la comunidad. Por ejemplo, hay reuniones para hombres, mujeres, homosexuales y lesbianas, anoréxicos sexuales, profesionales, y aquellos que han cometido actos clasificados como delitos graves. Tales reuniones tienen la intención de permitir a aquellos de nosotros que asistimos a ellas, hablar con mayor libertad, de darnos la oportunidad de reunirnos con otras personas que nos comprendan mejor, o para proteger mejor nuestro anonimato. Este tipo de reuniones han probado ser valiosas, nuestra experiencia sugiere, sin embargo, que nos beneficiamos mucho al asistir también a reuniones que sean tan abiertas y diversas como sea posible.

La Tercera Tradición se basa en la confianza más que en el temor. Cuando vivimos con el espíritu de esta tradición reconocemos que no podemos emitir juicios acerca de ninguno de nuestros compañeros o creer que cualquier adicto sexual es indigno de recuperarse o no apto para nuestro programa. Nos enfrentamos al reto de abrir nuestros corazones y nuestras reuniones a aquellos que son diferentes a nosotros y de buscar formas de demostrar la compasión y la esperanza que se nos ha otorgado. La claridad y simpleza de la Tercera Tradición refleja la compasión de un Poder Superior bondadoso que nos libera de la adicción sin importar quienes somos o de dónde venimos. Todo el que tenga el deseo de poner fin a su comportamiento sexual adictivo es bienvenido. La bienvenida que recibimos en ASA nos inspira a brindar el mismo recibimiento y el mismo mensaje de esperanza a aquellos que llegan después de nosotros.

Cuarta Tradición

Cada grupo debe ser autónomo, excepto en asuntos que afecten a otros grupos o a ASA, considerada en su conjunto.

El vehículo básico y más importante para recuperarnos es un grupo de

ASA. Cuando dos o más adictos sexuales quieren compartir sus experiencias, fortalezas, y esperanzas, lo hacen durante una reunión. Las reuniones no son organizadas ni auspiciadas por ninguna autoridad exterior, los adictos sexuales organizan sus propias reuniones y los grupos se rigen por sí solos. Este nivel de autodeterminación puede ser considerado un tanto extremo, ¿Cómo puede una organización funcionar sin ningún control externo para establecer sus grupos? Nos hemos dado cuenta de que una de las razones por las que este proceso funciona tan bien, es precisamente porque lo hacemos nosotros mismos. Nuestra autonomía se destaca en claro contraste con la dependencia y compulsión que sentíamos durante nuestra adicción. La autonomía va de la mano con el auto respeto y una nueva sensación de libertad a medida que asumimos la responsabilidad de nuestros grupos y de transmitir nuestro mensaje.

Tenemos la libertad de desarrollar nuestras reuniones de diferentes formas, para satisfacer así las diferentes necesidades de una comunidad tan diversa. Algunos grupos optan por dedicar sus reuniones al estudio de los Doce Pasos; otros, lo hacen con un orador durante sus reuniones donde los miembros cuentan sus historias y comparten sus soluciones, o hacen reuniones en las que se habla de temas específicos en las que el grupo comenta uno o más temas relacionados con nuestra adicción y recuperación. Cada grupo puede crear cualquier formato o incluir diferentes opciones dentro del mismo formato para sus reuniones. Ningún tipo de reunión por sí solo puede satisfacer las necesidades de cada adicto sexual, algunos adictos estarán más abiertos a cierto tipo de reunión que a otro. Al preservar la autonomía del grupo, nos aseguramos de que nuestro mensaje sea llevado al mayor número de adictos sexuales que sea posible.

Autonomía también significa que cada grupo es libre de cometer errores y aprender de ellos a su propio ritmo. Como adictos, la mayoría de nosotros reaccionamos negativamente a sentirnos controlados. Mientras sigamos los Pasos y las Tradiciones de nuestro programa y no nos afiliemos a ninguna otra organización, tenemos la libertad de experimentar. Algunas de nuestras ideas funcionarán; otras no, pero hemos descubierto que esa libertad contribuye a la salud general de nuestra comunidad, a medida que se introducen y prosperan medidas innovadoras.

Aun cuando la Cuarta Tradición protege la naturaleza de autogobierno de cada grupo, también sirve de equilibrio de esa autonomía con el entendimiento de que todos somos parte de un todo superior: la comunidad de Adictos Sexuales Anónimos. Cada grupo tiene su carácter propio, pero hay ciertos asuntos que pueden afectar a otros grupos o a ASA en sí. Nuestras reuniones necesitan ser identificadas como reuniones de ASA, siguiendo y presentando claramente los Pasos y Tradiciones de ASA como se han escrito, portando nuestro nombre, ningún otro, y ofreciendo la esperanza de recuperarse de la adicción sexual a todo aquél que la busque. Es importante ser cuidadosos de no crear incertidumbre en relación a nuestra identidad como miembros de ASA en la mente de aquellos que asisten a nuestras reuniones. Si no dejamos esto en claro, nuestro propósito primordial puede confundirse y tergiversarse fácilmente con otras ideas, objetivos, o causas.

En el espíritu de unidad, también procuramos establecer relaciones constructivas con otros grupos de ASA, aun si utilizamos un formato o enfoque diferente. No pretendemos controlar otros grupos, dictarles u obstruirlos. Si un grupo hace énfasis en lo diferente que es a otros grupos de ASA en lugar de afirmar sus similitudes, o no proporciona información sobre la existencia de otros grupos de ASA o de nuestra Organización Internacional de Servicios a otros adictos sexuales se les negará acceso a la amplia gama de ayuda disponible dentro de nuestra comunidad. El resultado puede ser aislamiento y desconfianza con todos los problemas que esto conlleva. Hemos descubierto que es mejor hacer énfasis en nuestras similitudes y en el propósito que compartimos, permitiendo que cada miembro tenga la libertad de descubrir las reuniones que más le convengan.

También somos conscientes de la impresión que nuestros grupos dejan en la comunidad. Cuando alquilamos un local u oficina para realizar nuestras reuniones, somos responsables de tratar esos lugares y a sus dueños respetuosamente, pagando el alquiler a tiempo, manteniendo el orden y la limpieza, y siendo considerados con los vecinos, así como de mantener una conducta cordial al comunicarnos con los demás. Esto también se debe tener en cuenta cuando los grupos de ASA realizan eventos sociales, retiros, convenciones u otras actividades. Si un grupo deja una mala impresión en personas ajenas a ASA, esto repercute en toda la comunidad y puede evitar que otros adictos sexuales nos encuentren a través de referencias profesionales o personales.

Las Doce Tradiciones de ASA proporcionan el marco de referencia en el que se puede expresar una amplia gama de experiencias de recuperación. Cada grupo tiene la obligación de adherirse a los principios espirituales de nuestras tradiciones al transmitir su mensaje. Al seguir la Cuarta Tradición, permanecemos unidos en nuestro propósito pero retenemos la libertad de servir a nuestros compañeros adictos sexuales en formas diversas y vitales.

Quinta Tradición

Cada grupo tiene un sólo propósito primordial: llevar el mensaje de recuperación al adicto sexual que aún está sufriendo.

Nuestros grupos se dedican a servir a los adictos sexuales que buscan la recuperación, y el propósito u objetivo de nuestro servicio es llevar el siguiente mensaje de ASA: es posible liberarnos de nuestro comportamiento sexual adictivo a través de los Doce Pasos de ASA. Cada actividad de nuestros grupos y, de hecho, de la comunidad en su conjunto, es motivada por ese único propósito. La Quinta Tradición afirma que no puede haber ningún otro propósito más importante, o igual, al de llevar el mensaje de recuperación. Al fijarnos un sólo propósito primordial en nuestro trabajo de servicio, simplificamos todo y logramos mantener nuestro enfoque en ese propósito únicamente. Mientras le demos prioridad a este propósito en nuestras mentes y nuestros corazones, podemos tener la seguridad de que nuestros grupos en ASA van por buen camino.

Este principio de los servicios del programa se aplica en todos los niveles de nuestra experiencia dentro de ASA. Asistimos a las reuniones no sólo para recibir apoyo y sabiduría de los demás; no hablamos solamente de nuestros problemas. Al contrario, aprendemos a ser conscientes de que llevamos el mensaje de recuperación durante nuestras reuniones al compartir las soluciones que hemos aprendido siguiendo el programa de ASA, manteniendo así tanto nuestra recuperación como nuestros grupos sanos. Aunque disfrutamos de la compañía de los amigos que hemos hecho dentro de la comunidad, el propósito principal de reunirnos no es socializar. Nos aseguramos de dar la bienvenida a los nuevos miembros, los alentamos a que se queden y respondemos sus preguntas e inquietudes.

El adherirnos a nuestro propósito primordial trae consigo muchas responsabilidades: Nos aseguramos de que la literatura del programa de ASA y el calendario de reuniones estén disponibles; procuramos crear un ambiente de recuperación dentro de nuestros grupos, utilizando formatos establecidos y protocolos en las reuniones, empezando y terminando a tiempo, siendo respetuosos al compartir y escuchar; cuando tenemos reuniones de negocios, o nos encontramos para hablar sobre los servicios, buscamos nuevas formas de hacer llegar nuestro mensaje y que nuestras reuniones sean seguras y acogedoras.

El preservar nuestro propósito primordial también significa evitar llevar cualquier otro mensaje que no sea el nuestro. Como individuos, podemos encontrar apoyo e inspiración en todo tipo de materiales y literatura externa, programas de auto ayuda, terapias, filosofías, religiones, o ideas espirituales.

Como grupo, sin embargo, nuestro énfasis es en el mensaje de ASA.

Tenemos cuidado de no darles a los nuevos miembros una impresión errónea de lo que ofrecemos al mezclar nuestro mensaje con otros temas o enfoques. Nos cuidamos de insinuar que algún miembro necesita suscribirse a una religión, punto de vista político o programa terapéutico en particular como parte de los requisitos para unirse a un grupo de ASA.

La Quinta Tradición no nos dice de forma exacta cómo llevar el mensaje al adicto que aún sufre. Cada grupo necesita determinar por sí mismo cómo manejar su tiempo y sus recursos para brindar ayuda a los demás. Habrá desacuerdos entre los individuos respecto de cuál es la mejor forma de lograr nuestro propósito primordial, algunos, tal vez, originados en conflictos de personalidad o por el deseo de tomar el control. Es por esto que confiamos en un Poder Superior y en el proceso de conciencia de grupo para tomar decisiones; a lo largo de este proceso, la Quinta Tradición sirve como un recordatorio constante que lo importante es mantener en orden nuestras prioridades. Nuestros grupos existen para ayudar a hacer que la recuperación esté disponible para cualquier adicto sexual que busque ayuda. Este propósito es parte central de todo lo que hacemos como comunidad.

Sexta Tradición

Un grupo de ASA nunca debe respaldar, financiar, o prestar el nombre de ASA a ninguna entidad allegada o empresa ajena, para evitar que los problemas de dinero, propiedad, y prestigio nos desvíen de nuestro propósito primordial.

Al llevar nuestro mensaje de recuperación, a menudo entramos en contacto con otras organizaciones; parte de nuestro esfuerzo de divulgar y ofrecer ayuda puede requerir cooperar con instituciones de atención a la salud, dependencias públicas, centros de tratamiento, u otros grupos e instituciones. Dicha cooperación puede ser crítica para que el programa de ASA esté disponible a los adictos sexuales que buscan ayuda, pero si nos identifican demasiado con otras organizaciones, nuestra habilidad de llevar el mensaje de ASA puede sufrir serias consecuencias.

Existen muchos otros grupos, incluyendo otras comunidades de doce pasos, que presentan ideas acerca de, u ofrecen soluciones a, la adicción sexual o cuestiones relacionadas. Como individuos, podemos o no descubrir que estas ideas y soluciones nos sirven, pero si ASA emite una declaración pública apoyando cualquiera de estos grupos u organizaciones podría ser considerado como un respaldo a dicha organización. Nuestro programa se confundiría irremediablemente con esos otros programas y opiniones en la mente del público, haciendo que sea más difícil para aquellos que buscan ayuda, que escuchen y entiendan el mensaje de ASA. Y si financiáramos económicamente a otra organización, tal como una casa club o centro de tratamiento, es posible que nos veamos involucrados en las consideraciones prácticas de negocios de ese tipo, distrayéndonos de nuestro objetivo primordial. Si prestáramos nuestro nombre a cualquier otro proyecto o institución, implícitamente otorgaríamos el respaldo al grupo o evento con el cual se relaciona el nombre de ASA, y por lo tanto mezclaríamos nuestro mensaje con cuestiones que no son relevantes para ASA o su programa. Además, al relacionar a nuestra comunidad con organizaciones ajenas a ASA, también se nos asociaría con su reputación pública. Si un grupo externo tuviera problemas o recibiera publicidad adversa, esto podría afectar de forma negativa la percepción que se tiene de ASA y, por lo tanto, evitaría que los adictos sexuales mantengan sus mentes abiertas para recibir nuestro mensaje.

La Sexta Tradición identifica sabiamente, al dinero, propiedad y prestigio como posibles obstáculos para llevar a otros nuestro mensaje de recuperación de forma efectiva. Nuestros esfuerzos como comunidad tienen como base espiritual el servicio, más que un interés propio o deseo de obtener ganancias. El dinero y la propiedad son fuerzas poderosas en el mundo y cuando sentimos la tentación de afiliarnos a una empresa externa, esas fuerzas casi siempre comprometen y destruyen nuestra energía restando atención de nuestro enfoque de ayudar al adicto sexual que sufre, pudiendo llegar a perjudicar la integridad de nuestra estructura de servicio. Necesitamos recordar que nuestro propósito no es el obtener riquezas, ni tampoco el crecer como organización. El crecimiento y la estabilidad financiera de ASA sólo son instrumentos para ayudarnos a llevar nuestro mensaje, siempre deben ser secundarios a ese propósito, nunca el fin por sí mismos.

El adquirir prestigio es tal vez el mayor reto que se le presenta al principio de servir. Se podría pensar que la afiliación con un grupo o empresa externa podría incrementar nuestra influencia o credibilidad como comunidad, pero la experiencia nos ha demostrado que solamente necesitamos depender de un Poder Superior y de nuestros pasos y tradiciones para sostenernos, y que al poner en riesgo esa dependencia por medio de intereses externos podríamos empañar nuestra visión. Cuando aplicamos nociones de estatus, autoridad y de control a nosotros mismos, ya sea como individuos o como grupos, corremos el riesgo de querer ampliar o aumentar esa supuesta influencia y prestigio a costa de la humildad y confianza en un Poder Superior que es parte central de nuestro programa. El prestigio también incrementa las diferencias entre nosotros fracturando la unidad de la cual depende nuestra recuperación.

A todo nivel, empezando con cada grupo local y a nivel internacional, mantenemos nuestra identidad como una comunidad de adictos sexuales que ofrece un programa de recuperación a todos los que busquen liberarse de su comportamiento sexual adictivo. Para asegurar que nuestro mensaje no pase a un segundo plano por ningún interés externo, la Sexta Tradición establece límites sanos sobre nuestras relaciones con otros grupos y causas. De esta forma podemos cooperar con aquellos grupos externos a ASA que nos pueden ayudar sin vernos envueltos en muchos de los problemas que experimentan tales grupos al trabajar juntos. Claro está que no podemos evitar todos los problemas, pero al tener siempre en mente que somos una organización aparte y diferente de otras organizaciones y empresas, comunicando el mensaje único de ASA, seguimos el simple objetivo de servir a nuestros compañeros adictos sexuales.

Séptima Tradición

Todo grupo de ASA debe autofinanciarse a sí mismo, negándose a recibir contribuciones de fuentes externas.

La Séptima Tradición se asegura de que cada grupo de ASA asuma total responsabilidad de sus propias necesidades y gastos. Como adictos, muy a menudo eludíamos las responsabilidades y permitíamos que otras personas cuidaran de nosotros, recogieran nuestro desorden y atendieran nuestras necesidades básicas. Con el programa, aprendemos que somos responsables de nosotros mismos y de nuestra recuperación. A nivel de grupo, esto significa aceptar toda la responsabilidad por el autofinanciamiento de nuestras reuniones y no buscar a alguien externo para que nos ayude a pagar nuestras cuentas o dirija nuestros grupos. La Séptima Tradición también se asegura de que otras influencias u organizaciones, por bien intencionadas que sean, nunca interfieran con nuestro propósito primordial. Al rehusar contribuciones externas, tenemos la libertad de concentrarnos en transmitir el mensaje de ASA y solamente ese mensaje.

Cada grupo debe satisfacer ciertos requisitos básicos para poder autofinanciarse a sí mismo: se necesitan miembros que estén dispuestos a reunirse regularmente, compartir sus experiencias, fortalezas, y esperanzas; se necesita un lugar para llevar a cabo las reuniones que sea razonablemente accesible a todos los adictos sexuales que deseen asistir a las reuniones; se necesita tener la literatura del programa de ASA y el calendario de las reuniones. Una vez que el grupo ha sido establecido, por lo general puede pagar el alquiler del local y otros gastos recogiendo en una cesta las contribuciones voluntarias recibidas durante la reunión. La experiencia nos dice que si no tenemos la capacidad de autofinanciarnos completamente por nosotros mismos de esta manera, es mejor reducir nuestros gastos que depender de eventos de recaudación de fondos u otros eventos especiales para sostenernos. Una vez que se han cubierto las necesidades básicas del grupo, la mayoría de los grupos dona el excedente de sus fondos al inter-grupo local o a la ISO para combinar los esfuerzos de coordinación y divulgación de servicios.

El ser económicamente independientes supone más que el sólo hecho de pagar nuestras cuentas. Cada grupo necesita no solamente de dinero en la cesta para pagar el alquiler del local y comprar la literatura del programa, sino también de miembros dispuestos a satisfacer el compromiso de servir. Para ser económicamente independientes, cada grupo necesita voluntarios que desempeñen funciones básicas tales como presidir la reunión, ser padrinos de nuevos miembros y contestar la correspondencia. Podemos pensar que la Séptima Tradición es "la tradición del dinero," pero las contribuciones no monetarias son igualmente necesarias y valiosas. Cuando cada uno de nosotros acepta la responsabilidad de aportar algo para la reunión, ya sea económicamente o de otra forma, ayudamos a nuestro grupo a ser económicamente independiente, y esto a su vez, contribuye a transmitir nuestro mensaje.

Nuestra experiencia ha demostrado que el no solicitar o aceptar contribuciones externas nos estimula a ser mejores administradores de los recursos del grupo. Aunque tenemos gastos y un tesorero, no somos un negocio, y no necesitamos preocuparnos por obtener beneficios o por llevar a cabo un plan de negocios complicado. Muchos grupos de ASA eligen no acumular más dinero de lo que sea necesario para los gastos corrientes, proyectos anuales y una reserva prudente. Nuestras necesidades son simples, y no debemos perder de vista el propósito primordial de ASA que es ante todo nuestra preocupación principal.

El ser completamente independientes en lo económico significa ser conscientes de la responsabilidad que cada miembro tiene de apoyar al grupo. Algunos de nosotros tenemos la tendencia natural de relajarnos y dejar que otros hagan todo el trabajo; otras personas están muy dispuestas a asumir la responsabilidad de prestar el servicio y conservar ese puesto por tiempo indefinido. Aunque, esto, al parecer crea un equilibrio perfecto entre aquellos que toman la iniciativa y aquellos que se relajan, en realidad, dicha situación se contrapone al concepto de autosuficiencia. Un grupo funciona mejor cuando se alienta a todo miembro a servir de acuerdo a sus habilidades y cuando la prestación del servicio se rota regularmente entre los miembros del grupo. Somos completamente independientes en lo económico cuando todos nos hacemos responsables de nuestro bienestar común, sabiendo con certeza que aun cuando algunos miembros se retiren, el grupo continuará siendo lo suficientemente fuerte para seguir transmitiendo su mensaje.

Octava Tradición

ASA nunca tendrá carácter profesional, pero nuestros centros de servicio pueden emplear trabajadores especializados.

Como miembros de ASA, compartimos un problema en común y una solución en común. Todos somos adictos sexuales con el deseo de dejar nuestro comportamiento sexual adictivo. Todos sabemos por experiencia propia lo que se siente al sufrir de una adicción sexual y a qué retos nos enfrentamos durante la recuperación. Con otros adictos sexuales como nosotros, experimentamos un nivel de honestidad y comprensión que rara vez experimentamos con aquellos que no son adictos sexuales. Sin importar el interés o las buenas intenciones de aquellas personas ajenas a ASA, el tipo de ayuda que ellos pueden brindarnos es diferente a la ayuda que recibimos unos de otros dentro de ASA. Al transmitir el mensaje de recuperación con gratitud damos lo que se nos dio tan desinteresadamente a nosotros.

No se le puede poner precio a este tipo de don. ASA tiene como cimiento fundamental el principio de que un adicto sexual ayuda a otro adicto sexual, sin pagar honorarios o contar con cualificación profesional. Si ASA ofreciera ayuda profesional, la esencia fundamental de nuestras reuniones y de nuestro programa cambiaría al grado de ser irreconocible. Estaríamos divididos en dos grupos: aquellos que ofrecen ayuda profesional, y aquellos que reciben dicha ayuda. Así el primer grupo tendría un estatus inevitablemente superior al de los demás. Si cobráramos honorarios, solamente aquellos adictos sexuales que pueden cubrir los honorarios podrían asistir a las reuniones. Nuestro propósito primordial se vería comprometido por consideraciones presupuestarias y políticas. Para evitar estos obstáculos y continuar llevando nuestro mensaje sin ningún compromiso, ASA siempre tendrá carácter no profesional.

La Octava Tradición también nos recuerda que transmitir el mensaje tal como lo requiere el Duodécimo Paso no se debe confundir con las actividades que debemos realizar como parte de nuestros servicios remunerados en el transcurso de nuestras ocupaciones. Aquellos de nosotros que somos consejeros, terapeutas, educadores, miembros del clérigo o trabajadores del sector de la salud podemos tratar con los adictos sexuales y la adicción sexual como parte de nuestro trabajo; la Octava Tradición detalla una distinción sana entre los servicios remunerados que proporcionamos como parte de nuestro trabajo y el trabajo del Duodécimo Paso en el cual nos desempeñamos como miembros de ASA. Cuando llevamos el mensaje de ASA, lo llevamos simplemente como adictos sexuales ayudándonos unos a otros, nunca como profesionales.

A medida que crecen nuestros grupos y se coordinan los servicios de los mismos, es posible que sea necesario contratar profesionales para satisfacer nuestra responsabilidad de servir. Por eso se establecen centros u oficinas en establecimientos diferentes a los de las reuniones, los cuales están encargados de proporcionar servicios para la comunidad tales como literatura del programa, información pública y ayuda, convenciones de ASA y otros eventos. Posiblemente necesitemos pagar a algunas personas para que nos ayuden a realizar este tipo de trabajo de servicio que frecuentemente implica demasiado trabajo y tiempo para que puedan ser realizados solamente por voluntarios. Estos "trabajadores especiales" pueden ser o no ser miembros de ASA. Si son miembros, el hecho de que reciban remuneración por ayudar con las tareas y servicios no afecta su estatus como miembros iguales de la comunidad.

Posiblemente también necesitemos buscar asesoría profesional en relación a ciertas cuestiones que afectan a ASA, desde abogados, agentes de seguros, contadores, u otras personas expertas en sus respectivas áreas. Practicamos nuestro sentido de la humildad cuando reconocemos que no sabemos todo y que hay casos en los cuales necesitaremos recurrir a profesionales. También hacemos uso del buen juicio, decidiendo cuidadosamente cuáles situaciones requieren de dicha ayuda y cuáles no. La Octava Tradición mantiene nuestro enfoque no profesional en la recuperación y al mismo tiempo nos permite hacer lo que sea necesario para proporcionar los servicios que nos permiten continuar llevando el mensaje de ASA.

Novena Tradición

ASA, como tal, nunca debe ser estructurada como organización, pero podemos crear juntas o comités de servicio que sean directamente responsables ante aquellos a quienes sirven.

La Novena Tradición se fundamenta en la perspectiva de que nuestros grupos funcionan mejor cuando dependemos de principios espirituales, más que en las ideas convencionales de autoridad o control organizado. Por el contrario, nuestra comunidad parte de la simple idea de que los adictos sexuales se reúnen para ayudar a la recuperación mutua de su adicción sexual. Dentro de esta estructura, no existe ninguna cuota, honorario, o requisito para ser miembro. Cualquiera que sea la estructura que escojamos para nuestras reuniones, ésta estará guiada únicamente por nuestra necesidad de facilitar la recuperación a través del programa de ASA, teniendo en cuenta que dentro del grupo todos los miembros somos iguales. Este enfoque informal es parte de la razón por la cual nuestras reuniones son tan efectivas. Mantenemos todo de la forma más sencilla posible y esto nos permite concentrarnos en nuestra recuperación.

El no estar estructurada como organización también significa que no existe un comité de membresía que determine quién entra y quién no, tampoco existe ningún comité disciplinario que castigue a los miembros por quebrantar las reglas. En términos prácticos, ningún adicto sexual puede tener ningún tipo de autoridad sobre otro adicto sexual. Esto nos presenta a cada uno de nosotros con un grado sin igual de libertad y responsabilidad, que son nuestros dones más preciados. En la mayoría de las otras organizaciones, un gerente, jefe o mesa directiva tiene el poder definitivo para hacer cumplir las reglas y sancionar a los miembros. Si nosotros practicásemos este tipo de estructura organizacional dentro de ASA, sería fácil imaginar los conflictos, rebeldías y resentimientos que se generarían. Aprendimos que no estar estructurados como organización nos ayuda a asegurar la supervivencia misma de nuestra comunidad, ya que dependemos de la autoridad espiritual de un Poder Superior más que en cualquier autoridad humana para dirigirnos.

De hecho, hay que abordar los asuntos prácticos que necesitan de atención para que ASA funcione eficazmente. Por lo general, necesitamos pagar el alquiler de los locales en los que nos reunimos. Necesitamos literatura que explique nuestro programa, y necesitamos encontrar formas de hacer que esos materiales estén para disposición de todos los miembros. Necesitamos producir calendarios de las reuniones de ASA, para dar a conocer los lugares y las horas de las reuniones en nuestra área. Eventualmente, a medida que aumenta el número de grupos en nuestra área, sentimos la necesidad de crear servicios de divulgación y ayuda a la comunidad, tales como una línea telefónica o un programa que nos permita llevar nuestro mensaje a las instituciones. También en el transcurso de nuestras reuniones surgen cuestiones e intereses prácticos de varios tipos y necesitamos ocuparnos de ellos de una forma que sea coherente con nuestros principios.

Si nuestros grupos tuvieran que encargarse de proveer estos servicios, la simplicidad de las reuniones estaría en riesgo. El grupo distraería su atención en ocuparse de asuntos prácticos, restándole valioso tiempo a la verdadera razón de reunirnos que consiste en compartir nuestras experiencias, fortalezas, y esperanzas entre sí. Por esta razón, los grupos crean equipos de trabajo o comités de servicio, los cuales se reúnen a una hora diferente a la de la reunión regular de ASA, para ocuparse de tales asuntos y proporcionar los servicios requeridos. A nivel de grupo esto simplemente requiere de una breve reunión de negocios inmediatamente después de la reunión regular. Cuando varios grupos coordinan sus actividades, crean un inter-grupo, que funciona como un equipo o comité a través del cual estos grupos brindan sus servicios. De igual forma, el mismo principio se aplica a nivel internacional.

Los grupos de ASA han creado la Organización Internacional de Servicios para proporcionar servicios a toda la comunidad de ASA. La estructura de nuestro servicio, por lo tanto, tiene como base la Novena Tradición. Cada equipo o comité de servicio le debe su existencia a los grupos de ASA, y su único propósito es ocuparse de cubrir las necesidades de esos grupos.

Para que todos nuestros equipos y comités sigan siendo responsables ante aquellos a quienes sirven, todas sus acciones deben ser dirigidas por los grupos. Los comités de servicio, por lo tanto, constan de los miembros que fueron elegidos por sus grupos para que los representasen. En la mayoría de los asuntos que tienen relación con nuestros principios como comunidad, se espera que el servidor de confianza encuentre la conciencia de grupo antes de hacer parte de la toma de una decisión. En toda la estructura de nuestro servicio, es fundamental que la comunicación permanezca abierta entre los miembros y sus servidores de confianza. Los grupos tienen la responsabilidad de mantener al corriente de sus actividades a los comités de servicio y de comunicarles claramente sus necesidades e intereses; por consiguiente, los comités de servicio tienen la responsabilidad de proporcionar información amplia y correcta sobres los temas tratados, decisiones, proyectos y finanzas. Nuestros comités funcionan mejor cuando todas sus decisiones quedan abiertas para que los grupos de ASA y sus miembros las revisen.

La Novena Tradición nos protege de un peligro que ha amenazado a las sociedades humanas a través de la historia, el abuso del poder. El hecho de que nuestros equipos de servicio y comités sean directamente responsables ante aquellos a quienes sirven asegura que la estructura de nuestro servicio no se convierta en una entidad separada con sus propios intereses, sino que permanezca dependiente de los grupos, con responsabilidad ante los miembros, y fiel al mensaje de ASA.

Décima Tradición

ASA no tiene ninguna opinión acerca de asuntos ajenos a sus actividades; por consiguiente, su nombre nunca debe mezclarse en polémicas públicas.

Todas las actividades de nuestra comunidad tienen un sólo objetivo o interés: la recuperación de la adicción sexual a través del programa de Adictos Sexuales Anónimos. Cuando transmitimos nuestro mensaje o presentamos a ASA al público, ése es el único tema sobre el cual estamos calificados para proporcionar información, cualquier otro tema es considerado un "asunto ajeno". ASA no tiene en absoluto, ninguna opinión sobre asuntos sociales, políticos, económicos, religiosos, o filosóficos de nuestros tiempos. Debido a nuestra diversidad, cualquier opinión que los miembros de ASA expresen públicamente no representaría los puntos de vista de muchos miembros, lo que provocaría discordias dentro de la comunidad. Además, si ASA tomara partido en algún asunto, nuestro mensaje principal se vería opacado al asociar a nuestra comunidad con ese asunto, en la mente del público. La controversia pública impediría que los adictos sexuales busquen ayuda, si se nos considerara como un grupo partidario más que como una comunidad que acoge a cualquiera que tenga el deseo de poner fin a su comportamiento sexual adictivo o compulsión de actuar. Una percepción negativa del público, podría también mantener alejados a los adictos sexuales de nuestra comunidad, por temor a verse involucrados en una organización controversial.

En ASA empleamos ciertas ideas que podrían ser consideradas como opiniones sobre varios asuntos. No todas las personas que se enteran de la existencia de nuestro programa estarán de acuerdo con la idea de la adicción sexual, o con la idea de que la adicción sexual es una enfermedad; otras personas pueden estar en desacuerdo con nuestra orientación espiritual o con el concepto de que somos impotentes ante nuestra adicción. Cuando presentamos el programa de ASA al público, tenemos que cuidarnos de no participar en debates relacionados con estos asuntos; en lugar de eso, explicamos que así es como funciona para nosotros nuestro programa. Al mismo tiempo, no aseguramos que nuestro programa es la única forma de lograr la recuperación, ni nos oponemos a aquellas personas que piensan de forma distinta. Nuestro único objetivo es informar a las personas sobre el programa de ASA, de la mejor manera que nos sea posible, y no tratar de discutir o convencer a nadie.

Al llevar el mensaje de ASA, inevitablemente se nos pregunta acerca de nuestros puntos de vista sobre ciertos temas que se relacionan o que pudieran parecer estar relacionados con la adicción sexual. Puede ser que sintamos la tentación de comentar acerca de estos temas utilizando los principios de nuestro programa como guía, pero como comunidad, no podemos arriesgarnos a tomar una determinada postura frente a estas cuestiones, sin importar cuán relevantes pudieran parecer para las vidas e intereses de los adictos sexuales. ASA no tiene ninguna opinión acerca de otros programas de doce pasos (para la adicción sexual o en general), centros de tratamiento, terapia y sus varias escuelas y métodos, teorías del abuso sexual y sus causas, las definiciones médicas de enfermedad y recuperación, la legislación o políticas de crímenes sexuales o los escándalos sexuales de figuras públicas. Tampoco respaldamos ni nos oponemos a ningún punto de vista u organización, como comunidad, simplemente, no es asunto nuestro. Al limitar nuestras declaraciones públicas a cuestiones pertinentes al programa de recuperación de ASA, mantenemos nuestra comunidad libre de distracciones innecesarias y posiblemente peligrosas.

La Décima Tradición no significa que como individuos no podamos tener o expresar opiniones con relación a asuntos externos. Nuestro derecho a pensar y creer lo que sea es absoluto. Sin embargo, nos cuidamos de hacer declaraciones con relación a asuntos externos dentro de las reuniones de ASA, aun cuando tengamos opiniones profesionales bien informadas o firmes o creencias personales. De la misma forma que las opiniones sobre asuntos externos pueden perjudicar nuestra reputación cuando se manifiestan públicamente, el expresar dichas opiniones durante las reuniones puede alejar a otros miembros o causar discordia dentro del grupo. Nuestra experiencia nos ha demostrado que es mejor mantener estas opiniones al mínimo cuando compartimos nuestras ideas en las reuniones e identificarlas siempre como opiniones personales, no como la opinión del grupo. De esta forma nos enfocamos en las experiencias, fortalezas, y esperanzas que el programa nos ofrece a todos nosotros.

Undécima Tradición

Nuestra política de relaciones públicas se basa en la atracción más que en la promoción; necesitamos mantener siempre nuestro anonimato personal ante la prensa, la radio, la televisión, y el cine.

La Undécima Tradición sirve de guía con respecto a las relaciones públicas para nuestros grupos y para la comunidad en su conjunto. También nos sirve de guía como miembros cuando representamos a ASA en una función pública o al llevar el mensaje a los adictos sexuales que aún sufren. En nuestras relaciones públicas, procuramos dar a conocer nuestra existencia y nuestro mensaje, para que los adictos sexuales que buscan ayuda sepan dónde encontrarnos. Al mismo tiempo, nos esforzamos por proteger el anonimato de nuestros miembros. Nuestro propósito no es incrementar nuestra membresía, hacer declaraciones generalizadas acerca de nuestra efectividad como programa, lucrarnos con el respaldo de personas famosas o promover nuestra comunidad de alguna otra forma. Al contrario, simplemente ofrecemos nuestro programa como una opción para cualquiera que esté buscando ayuda y que sufra de las consecuencias negativas de un comportamiento sexual adictivo.

En las reuniones de ASA, tratamos de compartir nuestra propia experiencia, más que dar consejos. De la misma manera, cuando representamos a ASA ante el público, solamente describimos como funciona nuestro programa tan claramente como sea posible, basándonos directamente en lo que sabemos. El principio de atraer miembros significa dar a conocer a la gente que existe una forma de recuperarse de la adicción sexual, que ha funcionado para nosotros y que cualquiera que desee dejar su comportamiento sexual adictivo puede intentar. No podemos decidir si alguien es adicto sexual o no, no les aconsejamos a las personas que necesitan un programa de recuperación o que deben asistir a nuestras reuniones. En cambio actuamos con la creencia confirmada por la experiencia de que una simple declaración de quiénes somos y qué es lo que hacemos, servirá cómo invitación para aquellas personas que buscan ayuda, dándoles la oportunidad de intentar participar en nuestro programa y descubrir si éste funciona para ellos.

El atraer miembros también significa que debemos mantener nuestro anonimato para mantener la atención centrada en ASA en su conjunto, y no en una persona en particular que nos esté representando. Si en nuestro trato con la prensa y los medios de comunicación hacemos demasiado énfasis en los detalles de nuestras historias personales, esto tendería a distraer la atención de nuestro mensaje básico de recuperación y podría involucrarnos en asuntos externos o en sensacionalismo. Es nuestra política no utilizar nuestros apellidos y, en muchos casos, utilizar un nombre ficticio, al representar a ASA frente a los medios. En el caso de los medios visuales, tal como la televisión o el cine, hemos aprendido que es mejor mantener nuestras caras ocultas cuando hablamos como miembros de ASA; esta política evita que nuestra identidad como miembros de ASA se conozca públicamente. Pero aún más importante, protege a la comunidad de la controversia pública. Si en la mente del público, ASA se llegara a identificar con una persona en particular, y esa persona llegara a tener una recaída, o si cualquier otra conducta o evento negativo se relacionara con esa persona, la credibilidad de nuestro mensaje sufriría. Por lo tanto, no intentamos promovernos a través del uso de personas famosas u otras personas de renombre; en vez de esto, dependemos de la presentación directa de nuestro mensaje.

Aunque nos adherimos estrictamente a una política de atracción de miembros, es nuestra responsabilidad como comunidad identificarnos como miembros de ASA, para llevar así nuestro mensaje al adicto sexual que aún sufre. Todo aspecto de divulgación del programa, ya sea estableciendo una línea telefónica, enviando información por correo a los centros de tratamiento y a otras instituciones, o por medio de anuncios públicos en estaciones locales, puede ser una posible cuerda salvavidas o forma de apoyo para el adicto sexual que no sabe que existe la posibilidad de recuperarse. Y aun cuando no participemos directamente en traer a la luz pública a ASA, el hecho de vivir en una fase de recuperación de la adicción sexual da un ejemplo que demuestra que el programa funciona, particularmente a aquellas personas que nos conocieron antes de que entráramos al programa de recuperación.

Duodécima Tradición

El anonimato es la base espiritual de todas nuestras tradiciones, recordándonos siempre anteponer los principios a las personalidades.

Por una parte, el anonimato simplemente significa que los nombres de los miembros de ASA y los detalles de lo que compartimos en las reuniones, se mantienen de forma confidencial y no se repite fuera de las reuniones. Esto ayuda a fomentar un ambiente de libertad y de seguridad dentro de nuestros grupos, sin temor a que nuestras identidades como adictos sexuales o nuestras historias personales sean reveladas a otras personas sin nuestro consentimiento. También ayuda a prevenir los rumores u otro tipo de habladurías inapropiadas dentro de la comunidad.

Por otra parte, el ser anónimo significa no tener nombre. Cuando somos anónimos en este sentido, dejamos a un lado nuestras identidades exteriores y actuamos solamente como miembros de la comunidad, sin importar la posición social, género, ocupación, raza, religión, condición económica, apariencia y cualquier otra cualidad que nos hace diferentes unos a otros. En realidad, cuando nos reunimos con el propósito de recuperarnos, necesitamos dejar de lado todo tipo de distinciones. Aunque todos tenemos historias personales diferentes, así como talentos y dones únicos, ningún miembro es más importante que otro.

Pero el anonimato también tiene un mensaje más profundo para nosotros, un significado que subyace a nuestra existencia total como comunidad. Así cómo aprendemos a entregar nuestra voluntad y nuestras vidas a un Dios bondadoso dentro de nuestro programa de recuperación, también como comunidad aprendemos a llevar el mensaje de recuperación a través del servicio desinteresado, pensando siempre en los adictos sexuales que están buscando ayuda desesperadamente, más que en nuestros deseos o ambiciones personales. Por lo tanto, en nuestros grupos y comités de servicio, procuramos hacer énfasis en los términos "nosotros" y "nuestro," más que en "yo" y "mío".

El encontrarnos en la fase de recuperación no anula nuestras personalidades. Al contrario, la mayoría de nosotros experimenta la realización de que nuestras cualidades personales llegan a ser más especiales, vivaces y vibrantes conforme logramos la abstinencia y crecemos espiritualmente y a medida que nuestra fortaleza personal nos ayudan a continuar llevando el mensaje de esperanza. Pero la personalidad también es propensa a ser influenciada por los defectos del carácter tales como el rencor, el temor, la envidia o el deseo de control. Nuestros grupos y comités de servicio tienen como base principios más sólidos que la voluntad de los individuos. Los fundamentos de nuestro programa provienen de nuestra fe en un Poder

Superior y han sido expresados en nuestros Pasos y Tradiciones. Ellos deben guiarnos en nuestras decisiones si es que queremos continuar llevando nuestro mensaje eficazmente.

El anonimato es el espíritu de servir desinteresadamente, espíritu que como comunidad nos recuerda que siempre debemos basar nuestras acciones y deliberaciones en principios espirituales, dejando a un lado toda consideración personal a favor de un bien superior: llevar el mensaje de recuperación a los adictos sexuales. Teniendo el anonimato como cimiento, podemos dedicar nuestros esfuerzos a algo mucho más poderoso que cualquiera de nosotros. Como ASA está libre de las divisiones y conflictos que, de otra forma, serían inevitables debidos a nuestras personalidades, entonces ASA puede continuar concentrando su atención en ayudar a los adictos sexuales a liberarse y a encontrar la serenidad.

CONCLUSIÓN

SEGUIR REGRESANDO

ASA fue fundada cuando un adicto sexual, cansado de su adicción y de sentirse derrotado por las consecuencias de su adicción, llamó a un colega y le pidió ayuda. Dieron un paseo alrededor de un lago cercano a sus casas y a medida que hablaban, el colega le hizo saber que él sufría de comportamientos adictivos similares. Al principio, puede que no supieran que podían llamarla adicción sexual, pero decidieron tratar de adaptar los Doce Pasos de Alcohólicos Anónimos para manejar su problema. Empezaron a reunirse con regularidad, compartiendo lo relativo a su adicción y explorando la forma en que los Doce Pasos podrían ayudarlos a recuperarse. Pronto, un tercer miembro se les unió y así sucesivamente.

La comunidad creció gradualmente; personas valientes y desesperadas comenzaron sus propias reuniones y otras se les unieron. En poco tiempo comenzaron a realizarse reuniones de Adictos Sexuales Anónimos con regularidad en distintas ciudades de todo el país. A medida que pasaron los años, el mensaje de recuperación se siguió transmitiendo por todo el mundo.

Algunos sabían que necesitaban ayuda con su adicción sexual, pero no sabían en dónde encontrarla. Algunos encontraron alivio al asistir a otros grupos de doce pasos. Y algunos otros empezaron sus propias reuniones de ASA. Este desarrollo pudo haber empezado cuando dos o tres personas descubrieron por casualidad que ellos compartían problemas similares y empezaron a reunirse de forma informal en una casa particular o en algún café. Otras personas pueden haber empezado con un sólo adicto que encontró un espacio para llevar a cabo una reunión, publicó la hora y el lugar en el periódico local y esperó la hora programada, rezando para que alguien más se presentara. Todos estos pioneros sabían que necesitaban ayuda y estaban dispuestos a conseguirla a toda costa. Pronto verían que sus esfuerzos habían sido fructíferos con una comunidad que perduraría y crecería.

Algunos miembros se dieron cuenta de que el viaje para asistir a sus reuniones era demasiado largo y en lugar de dejar de asistir, empezaron reuniones nuevas en sus propias ciudades o pueblos. Otras personas se dieron cuenta de que no siempre podían asistir a la única reunión local disponible, o decidieron que necesitaban más apoyo del que una sola reunión podía proporcionarles, por lo que comenzaron una segunda o tercera reunión en su comunidad.

Lo que todos ellos tenían en común era el deseo de recuperarse de su adicción; un deseo que se sobreponía a cualquier temor, adversidad o inconveniencia. Fueron valientes. Tal vez fueron valientes simplemente porque llegaron a comprender la gravedad de su condición.

Y así ha sido para todos nosotros desde entonces. Todos nosotros hemos tenido que enfrentar nuestro problema después de años de negarlo. Todos nosotros hemos tenido que tomar una decisión: "¿Quiero seguir destruyendo lo que más valoro y seguir lastimando a aquellos a quienes más quiero, o estoy dispuesto a cambiar?"

Fue necesario llenarnos de valor para acercarnos. Todos enfrentamos nuestra adicción y admitimos nuestra derrota. Con valentía, pero no sin temor, cada uno de nosotros dimos el primer paso hacia la recuperación, de la misma manera establecimos contacto con la comunidad de ASA y luego fuimos a nuestra primera reunión. Posteriormente leímos la literatura de ASA, en las reuniones encontramos a otras personas como nosotros, y cuando escuchamos sus historias, pudimos oír nuestra propia historia. Los detalles a menudo eran muy diferentes, pero los sentimientos eran los mismos. Cuando finalmente hablamos, a menudo sacamos a relucir los secretos que alguna vez pensamos que jamás contaríamos a nadie.

Después de decidir que queríamos recuperarnos, empezó el trabajo difícil. Pocos fuimos los que empezamos a realizar el programa sin ninguna vacilación. En cada paso que dimos en el proceso de darnos por rendidos, pudimos haber optado por hacer las cosas a nuestra manera. Tuvimos que luchar con esa decisión una y otra vez.

Tuvimos que esforzarnos para mantener la sobriedad sexual, así como para reconstruir nuestras vidas y relaciones con las demás personas, algunas veces los pasos nos parecían abrumadores. Pero nos dimos cuenta de que teníamos varias cosas a nuestro favor: teníamos disponibles el tiempo y energía que solíamos malgastar en nuestra adicción, contábamos con nuevos amigos en recuperación y, lo más importante, teníamos a Dios, como nosotros concebimos la idea de Dios, para mantenernos. A lo largo del programa, fuimos capaces de enfrentar problemas que nunca habíamos tenido el valor de enfrentar y de hacer cosas que nunca imaginamos posibles.

Así ha sido el proceso de recuperación para nosotros. Todos hemos dado pasos de valor y saltos de fe. Cada uno de nosotros ha contribuido no sólo a su propia recuperación, sino también a la recuperación de otros adictos sexuales que sufren; así mismo hemos contribuido asistiendo a las reuniones y compartiendo nuestras experiencias, fortalezas, y esperanzas.

Hemos escuchado a nuestros compañeros adictos y los hemos apoyado en su viaje de recuperación. Como los primeros miembros de nuestra comunidad, continuamos manteniendo nuestra sobriedad sexual al ayudar a nuestro compañero adicto a permanecer sobrio y rezamos para que cada adicto sexual que busque la recuperación tenga la oportunidad de encontrarla. Y que siga regresando.

LOS PASOS SON LA SOLUCION ESPIRITUAL*

Algunos de nosotros comenzamos como "turistas" en las reuniones de ASA, turista es aquel miembro que aparece todas las semanas o cada dos semanas, quien comparte en las reuniones, quien es posible que compre y lea la literatura del programa, pero quien no pide ayuda de un padrino, no pone en práctica los Doce Pasos, ciertamente nunca asiste a una reunión de negocios y deja de actuar comportamientos que ha anotado en su círculo interior sólo por algunas semanas antes de sufrir la siguiente recaída. Esta resistencia a someterse al programa de ASA tiene raíces en el orgullo y en una obstinada falta de voluntad para admitir la derrota, a pesar del dolor y las consecuencias ya experimentadas. Como "turistas" de ASA, nos aferramos a la creencia de que realmente no somos impotentes ante la adicción y que solamente con ir a las reuniones (puede ser que lo combinemos con sólo ir a la iglesia o sólo ir al terapeuta o sólo conseguir un permiso firmado o sólo con leer un libro) será suficiente para darle un giro a las cosas sin sufrir demasiados inconvenientes. Muchos turistas asistimos y dejamos de asistir durante meses incluso años hasta que finalmente una última crisis nos precipita a tocar fondo obligándonos a encontrar la fuerza de voluntad para ser serios.

Esta experiencia pone de manifiesto la difícil verdad de que ningún adicto está obligado a poner en práctica los pasos sugeridos por este programa. Un miembro no puede ser expulsado por haber tenido una recaída o por no haber podido pasar del Primer Paso. El Tercer principio nos asegura que cualquier persona que tenga el deseo de poner fin a su comportamiento sexual adictivo, no obstante a que sea un pequeño deseo, es bienvenido en ASA por el tiempo que sea necesario para afianzar su recuperación. Dicho esto: nuestros corazones son compasivos con aquellos que están sufriendo debido a su adicción sexual y todavía vacilan aunque la solución a nuestro problema común esté tan cerca y cuando sus hermanos y hermanas en ASA estén listos para ayudarlos y guiarlos por este camino.

Con base en nuestra experiencia, aunque las reuniones son importantes, no son suficientes para recuperarse de la adicción sexual. Necesitamos de la solución espiritual que ofrecen los Doce Pasos. Claro que en las reuniones es en donde la mayoría de nosotros tenemos nuestro primer encuentro con los Doce Pasos, aprendemos acerca del programa, conocemos a nuestros padrinos y compartimos con otros nuestro deseo de recuperación. Pero si en realidad queremos experimentar la recuperación en nuestras vidas, no existen atajos. Tenemos que llevar a cabo los pasos para cosechar los frutos de ponerlos en práctica.

Los pasos son la solución espiritual para nuestra adicción conduciéndonos no sólo a una vida de abstinencia de nuestros comportamientos sexuales adictivos sino a una vida plena en la que podemos servirles a nuestros hermanos y hermanas en su recuperación y mucho más. El despertar espiritual que describe el Duodécimo Paso nos permite servir y nos conecta con nuestro Poder Superior, con nuestros compañeros adictos y con nuestro mundo de una forma que nunca soñamos que fuera posible. Este despertar es el fundamento de una existencia responsable y placentera, a medida que buscamos y encontramos la voluntad de un Poder Superior para nosotros, como individuos, y en nuestra vida en la comunidad. Y por este don invaluable de la recuperación, tan asombrosamente simple, tan libremente disponible, estamos humildemente agradecidos. Invitamos a todos los que sufren de adicción sexual, dentro y fuera de los salones de ASA, a unirse con nosotros como señal de aceptación de este don.

**Escrito para la Tercera Edición*

HISTORIAS PERSONALES

Las siguientes historias personales contienen las experiencias y opiniones de miembros individuales de ASA, y no tienen la intención de representar el punto de vista de la comunidad de ASA en su conjunto.

1.

NO QUERÍA ESTAR SOLO

Mi recuerdo más remoto es uno sexual. Formaba parte de un grupo de niños de aproximadamente entre los cuatro y siete años de edad. Nos encontrábamos en un edificio de almacén que llamábamos "el cobertizo." Estábamos con una joven vecina y nos entreteníamos con juegos sexuales. Cada uno de nosotros esperaba su turno para bajarnos los pantalones y mostrar sus genitales a los demás. Yo era el único niño. Para mí ésta fue una experiencia muy fuerte. Conforme pasó el tiempo yo intentaba recrear esta escena. En algunas ocasiones los otros niños participaban. En otras me quedaba muy solo con el deseo y de alguna forma avergonzado de que yo quisiera continuar con esta conducta y los demás quisieran hacer otras cosas.

Desde entonces, las relaciones sexuales parecían estar inmiscuyéndose siempre en mi vida. Cuando tenía como siete años de edad descubrí que cuando me trepaba al poste del tendedero de mi madre o a los columpios en el parque sentía un placer intenso. No sabía lo que era la eyaculación, y tardaría años en saberlo. Pero había descubierto la masturbación. Y era un consuelo. Vivía en una casa llena de peligro. Cuando mi papá tomaba, se enojaba. Siempre se estaba metiendo en pleitos. Primero fueron las peleas de boxeo. Después los tipos del ejército. Luego los tipos en las cantinas. Y después mi mamá. Fui testigo de cómo mi papá golpeó a mi mamá. Vivíamos en un área rural, así que además de estar asustado también me sentía solo. Treparme a un poste me ayudaba. No estaba seguro si lo que hacía era correcto. Traté de explicárselo a mi mamá pero no pareció entender lo que le decía. Así que me di por vencido.

Papá dejó de beber cuando yo tenía aproximadamente ocho años de edad. Asistió a reuniones de doce pasos durante dos años. Las cosas mejoraron, pero yo siempre sabía que la ira se encontraba muy cerca de la superficie. Todos lo sabíamos. Cuando cursaba el segundo año de secundaria mi papá se convirtió al catolicismo. Mi mamá fue criada como católica, así que esto significó mucho para ella. Y las cosas mejoraron. Sin embargo, cada sábado tenía que ir a confesarme porque creíamos que no podíamos recibir la comunión con pecados en el alma. Puesto que se esperaba que yo fuera a comulgar, tenía que confesarme primero. Mi padre llegaba a la conclusión de que había cometido el pecado de "auto-abuso"—o masturbación. En el camino hacia el confesionario y de regreso me hablaba acerca del auto-control—que nunca llegaría a ser un hombre a menos que pudiera controlar mis "impulsos." Me llenaba de sentimientos de vergüenza y fracaso. Hacía todo lo que estuviera a mi alcance para dejar de masturbarme pero fracasaba continuamente. Sentía que Dios me castigaría durante veinticuatro horas si me masturbaba. Puesto que lo hacía a diario, sentía que tenía una maldición sobre mí. Muchos años después durante un Quinto Paso, un capellán me dio la respuesta que necesitaba. Me hizo saber que yo intentaba controlar a Dios con mi conducta sexual. Si yo era bueno, Dios tendría que ser bueno.

Mis padres me enviaron a un colegio católico porque consideraron que necesitaba disciplina. Tuve dificultades con las clases y no terminaba mis tareas. Ahora que contemplo el pasado, creo que probablemente intentaba sobrellevar una depresión. Afortunadamente tuve éxito en el colegio y la vida mejoró. Podía ir a confesarme sin que mi familia se enterara. Y salir en citas pareció ayudarme, aunque sentía temor de realmente tocar a una muchacha. Recuerden, éstos eran los días en que para los católicos era pecado dar "besos con lengua" a las muchachas.

Después ocurrieron algunos sucesos que cambiaron mi perspectiva. Cuando cursaba mi penúltimo año de preparatoria, tres sacerdotes distintos abusaron sexualmente de mí. La primera ocasión sucedió en el confesionario. La segunda fue un maestro de inglés que había sido "demasiado amistoso" durante años. Me agarraba por la hebilla del cinturón con sus dedos por adentro de mi pantalón. Me llevaba de regreso de los eventos escolares y me abrazaba en su carro. Yo no alcanzaba a comprender por completo lo que quería porque yo era muy ingenuo, y creo que tenía una necesidad apremiante de recibir atención de un hombre. Cuando me llevó de viaje para buscar universidades se hizo evidente lo que quería, y me sentí traumatizado. Continuó presionándome. Era un hombre al que yo le tenía un profundo respeto, y me dejó con un conflicto muy grande. Me di cuenta de que me había tenido en la mira durante algún tiempo, y me sentí traicionado. La tercera ocasión fue un misionario que se me acercó en un cuarto de baño. Nunca le dije a nadie acerca de esto hasta que descubrieron a mi maestro de inglés y lo despidieron cuando yo cursaba el último año de preparatoria. Muchos de los otros muchachos no habían dicho nada tampoco. Como después dijo un amigo mío, era como si nos pidieran que no creyéramos en lo obvio y aceptáramos lo improbable. No compartí la historia completa hasta años después cuando el legado de esas experiencias salió dolorosamente a relucir en terapia.

Sucedió algo bueno. Se había roto la tiranía del pecado. Había visto el lado humano de los siervos de Dios. No era que yo no creyera. De hecho, no estaba seguro de qué creer. Pero sabía que no estaba solo.

Me fui a estudiar a una universidad católica de artes y humanidades. Irme fue algo bueno para mí. Sobresalía en las clases y sentía que pertenecía allí. Disfrutaba salir en citas con muchachas. Al fin tuve relaciones sexuales y fue con una muchacha a la que le tenía un gran cariño. Al día siguiente la eligieron como la muchacha de su grupo que más se parecía a la Virgen María. Ambos sentimos una profunda vergüenza. Nuestra relación creció hasta que conocí a otra mujer de la cual me enamoré inmediatamente. Había descubierto el santo grial de amor. Dejé a la mujer con la que estaba como si todo lo que habíamos hecho no importara. Me he arrepentido de eso toda mi vida. Y lastimé a una persona muy buena—un patrón que yo repetiría posteriormente.

Fui aceptado para realizar estudios de postgrado en una universidad prestigiada. Mi plan era convertirme en profesor de historia. Contraje matrimonio con la mujer con la que era tan romántico y partimos hacia la escuela de postgrado. Fue allí donde ya no pude más. La competencia era muy intensa. Los alumnos tenían que terminar dos libros por día, muchos de los cuales estaban en idiomas extranjeros. Además, los otros alumnos eran de universidades grandes y reconocidas del este y yo venía de una pequeña escuela del medio oeste. Constantemente tenía que demostrar que tenía derecho de estar allí. Era mucha la presión.

Todo empezó una noche en que me encontraba sentado en mi automóvil después de una clase nocturna. Pasaron por mi automóvil varias jóvenes colegialas de regreso a sus dormitorios. Empecé a masturbarme mientras pasaban estas jóvenes por mi automóvil. Como era de noche yo sabía que no me podían ver. Pero nunca había hecho nada parecido en mi vida. Me sorprendió y me asustó. Unas cuantas noches después hice lo mismo, sólo que le agregué un nuevo elemento al manejar mi automóvil mientras me masturbaba. El siguiente paso fue exhibirme a las mujeres cuando iba manejando. Todavía lo hacía de noche, por lo que era poco el riesgo de que me vieran. Pero una vez más me asombré de lo que estaba haciendo. Yo era el buen católico trabajador que trataba de ser honorable en todo lo que hacía. Nunca me imaginé que yo pudiera hacer algo así.

El placer que sentía era extraordinario. A diferencia del coito o la masturbación solitaria en la que sentía placer, esto era lo que los adictos llaman una "descarga de adrenalina." La emoción era diferente, el orgasmo era diferente, y todo mi cuerpo se sentía diferente durante horas. De hecho, el tiempo pasaba tan aprisa que las horas parecían segundos. Y había una gran fatiga y un malestar físico después. Emocionalmente sentía una tremenda vergüenza y temor. ¿Qué sucedería si alguien me viera así? Sabía con certeza que era lo más emocionante, estimulante y placentero que había hecho en mi vida.

A las pocas semanas lo hacía en el día porque hacerlo de noche no era suficiente. Mi conducta seguía siendo furtiva y usaba una chaqueta o manta para taparme. Aun así, era de día. Sabía que no debía hacer esto, pero estaba en un mar de confusiones. Cada vez que podía paseaba en el automóvil buscando la oportunidad de masturbarme mientras pasaba a alguien. En menos de dos meses dejé de ser furtivo y me exhibía a mujeres que no conocía. Mi adicción escaló rápidamente a partir de allí.

Empecé a tener otros problemas. Ocupaba mi tiempo en la actuación, así que no estaba haciendo nada. Peor, si me subía a mi automóvil no podía estar seguro nunca si en realidad llegaría a mi destino. Si se presentaban las circunstancias correctas, me perdía en un trance y regresaba aterrado porque debía haber estado en alguna otra parte desde hacía horas. Hacía el intento de ir a la escuela en la mañana pero no llegaba nunca. Me pasaba todo el día paseando en el automóvil—de ocho a diez horas seguidas a la vez masturbándome y exhibiéndome cuando podía. Tenía que inventar historias acerca de dónde había estado. Recuerdo que en una ocasión mi esposa me pidió que fuera a la tienda a comprar leche para la cena, que se serviría en pocos minutos. Regresé tres horas y media después. Creo que ni siquiera compré la leche. Ahora ya mentía para encubrir mis actividades, y siempre había sido una persona honesta. Estaba desesperado de una forma casi crónica—y el único alivio que sentía era cuando volvía a las calles nuevamente.

Fui a ver a un sacerdote de un pueblo vecino. Hablamos e hicimos oración. El sacerdote hizo todo lo posible para ayudarme. Le estoy eternamente agradecido. Pero yo no podía detenerme. A partir de esa experiencia tuve el primer indicio de la magnitud del problema que yo tenía. El sacerdote trató de advertirme que me podían arrestar por lo que estaba haciendo. Nunca pensé que yo fuera un criminal. No era mi intención dañar a nadie. Su preocupación casi me alarmó al darme cuenta de las consecuencias de mi conducta. Esa preocupación no era en vano, ya que en la primavera de 1968 un policía tocó a mi puerta.

El policía me informó que a la mañana siguiente me tenía que presentar a cierta estación de policía. Le pregunté cortésmente de qué se trataba. Volteó y me miró con una expresión de asco. Sin una palabra se subió a su coche patrulla. Regresé a la casa y el temor era casi insoportable. Ahora me encontraba en problemas con la ley, y todo lo que me había advertido el buen sacerdote estaba ocurriendo. Le llamé y le platique lo que había sucedido. Estuvimos en silencio al teléfono por un buen rato. Me dijo, "Vale más que te rasures la barba." En los días de la Guerra de Vietnam los alumnos barbudos no eran bien vistos por los policías. Así que esa noche me vi al espejo y decidí que era lo mejor que podía hacer. También le dije a mi esposa que tenía que ir a la estación de policía. Me preguntó si me había estado exhibiendo y le dije que sí. Con el paso del tiempo, a pesar de que a la larga nos divorciamos, hemos seguido siendo buenos amigos. Nunca averigüé de ella cómo lo supo.

Después de una noche muy inquieta, fui a la estación de policía. Me senté en la sala de espera y un hombre grande se me acercó y me dijo que era un detective. Me llevó a su oficina. Empezó diciendo que me habían visto exhibiéndome en mi automóvil. Quería saber si esto era cierto. No sé de donde salió la gracia para hacer esto, pero le respondí diciéndole que no solamente era cierto, sino que tenía un problema que me estaba llevando a la desesperación. Le conté toda la historia. Escuchó con atención y pensó por unos minutos. Me dijo que no presentarían cargos en mi contra si buscaba ayuda, y que él se encargaría de asegurarse de que obtuviera la ayuda necesaria. Pero si me volvían a pescar estaría en serios problemas. Cuando salíamos de la oficina hacía el exterior, colocó su brazo alrededor de mis hombros y dijo, "Me da gusto que no eres uno de esos tipos barbudos raros de la universidad."

El detective cumplió su palabra. Me recomendó un psiquiatra y fui a varias sesiones en donde le platiqué básicamente lo que había sucedido. Un día me pidió que anotara tres pinturas del Renacimiento que me gustaran. Escribí los títulos de tres pinturas en una tarjeta y se la entregué. Él me dio una hoja de papel. Tenía escrito los nombres de las tres pinturas que el pensó que yo escogería. El psiquiatra había adivinado las tres. Yo me quedé asombrado. Pensé que cualquier persona capaz de hacer eso no tendría dificultad en curarme. Así que inicié el psicoanálisis. Retrospectivamente, no creo que me haya ayudado mucho, aunque me pareció interesante. Se sentía bien tener a alguien con quien platicar de todo esto.

Terminé con mis actividades en la calle básicamente por temor. Esas primeras semanas fueron insoportablemente dolorosas. No podía dormir, estaba irritable e inquieto. Más que eso, sentía el dolor del anhelo. Anhelaba regresar a la calle pero sabía que no podía ir. Aun si actuaba sólo un poquito no sería capaz de detenerme. Para ayudarme a mí mismo compré un automóvil diferente. Cambié mi automóvil americano grande con sus ventanas grandes y transmisión automática por una vagoneta extranjera pequeña y de transmisión manual. Las ventanas eran pequeñas, los asientos pequeños y escondidos, y tenía que meter cambios de velocidad. Para acabar pronto, hacía muy difícil llevar a cabo mis actividades anteriores. También tenía una nueva motivación. Teníamos un nuevo bebé varón. Quería hacer lo mejor que pudiera para mi familia.

Me dediqué de lleno a mis estudios y me empezó a ir muy bien. Obtuve calificaciones de 10 en casi todas mis materias y me otorgaron una beca pedagógica. Descubrí que me encantaba enseñar y motivar a mis alumnos para que aprendieran historia. Sin embargo, mis métodos me causaron problemas. Los alumnos se cambiaban de las clases de mis profesores a mis secciones. Recuerdo que hice que mis alumnos se vistieran como su socialista preferido y tuvimos varias clases fantásticas. Con el tiempo recibí un rapapolvo por ser "un desordenado e informal" con mis estudiantes. Le bajé el tono a las clases pero aun así me encantaba hacerlo.

Me pasé nueve meses sin hacer nada más que prepararme para mis exámenes del doctorado a realizarse en la primavera de 1970. Terminé mis exámenes escritos y me presenté a mi examen oral una tarde a finales de mayo. Mis amigos y mi familia iban a celebrar conmigo después del examen. Fui a la oficina a sentarme con estos hombres, con quienes había estudiado por casi cuatro años, para escuchar su fallo. Me explicaron que no me iban a aprobar. Consideraban que no era lo "suficiente conceptual" para ser un historiador. Me exhortaron a que considerara enseñar a nivel de preparatoria porque también se necesitaban esos maestros y al parecer yo tenía algo de talento para enseñar. Lo que no sabía yo entonces es que fui el primer alumno de doctorado en más de cuarenta años al que no se le permitió repetir sus exámenes. Todo lo que yo sabía era que había estudiado durante ocho años, había aprendido tres idiomas distintos al inglés, y había fracasado. Peor aun, tenía que salir de ese cuarto y enfrentarme con mis amigos y familia. Pero también creía que yo conocía un secreto terrible. La razón por la cual me reprobaron, pensé, es porque Dios estaba haciendo un juicio final. Finalmente me estaba haciendo pagar por mi conducta sexual. Dejó pasar dos años y medio antes de hacerme saber lo disgustado que estaba conmigo. Entré en una desesperación profunda. No podía explicarles a todos lo que yo pensaba en realidad acerca del porqué de mi fracaso.

Recuerden ahora que había mucha tensión en la primavera de 1970. Nixon había invadido Camboya. Había disturbios en casi todos los recintos universitarios. La semana anterior a mis exámenes sucedió el incidente en Kent State en donde la Guardia Nacional mató a cuatro alumnos. Casi todos los recintos presentaban situaciones volátiles. En esos días uno de los temas comunes era la resistencia del "establecimiento" a las opciones creativas. Los alumnos a quienes había dado clases escucharon lo que había sucedido en mis exámenes, y cumplía con el modelo del estado represivo. Aquí había un maestro creativo al cual no podían manejar los maestros del "establecimiento." Así que organizaron una protesta, y de pronto me convertí en una causa. Y una vez que inició eso ya no hubo forma de presentar una apelación. Tampoco me quería ninguna otra universidad, porque me consideraban como una persona de ideas radicales para el plantel. La ironía era casi demasiado grande para un muchacho que había estado absorto en el siglo diecisiete, conocía muy poco acerca de Vietnam y estaba convencido que lo estaban castigando por ser un monstruo sexual. Después vine a saber que ni los estudiantes ni yo estábamos en lo cierto.

El impacto inmediato se dio en mi adicción sexual. En mi pensamiento distorsionado me dije a mí mismo que no importaba toda mi buena conducta. Así que ¿para qué intentarlo? Empecé a pasear en automóvil otra vez, excepto que ahora tenía un automóvil que lo hacía muy difícil. Y todavía tenía temor a que me arrestaran. Mi esposa y yo nos regresamos a vivir a Minneapolis y empecé a buscar una nueva carrera. No sabía qué quería hacer. Fue uno de los momentos con mayor presión en mi vida. Mis padres, mi esposa y sus padres me presionaban todos para que buscara algo, y yo estaba luchando con la desesperación. Y luego encontré un "remedio."

Vi un anuncio para un salón de masajes. Me bajé a conocerlo con la esperanza de poder exhibirme, pero me inicié a la prostitución. A la masajista no le importó que yo no portara ropa. De hecho, ella tomó eso como una señal de que yo quería ser sexual. Encontré que podía lograr algo de lo que obtenía en las calles, y además podía ser sexual. No era tan emocionante, pero no me iban a arrestar. Me convertí en un adicto a la prostitución.

Habíamos vendido nuestra casa en el este del país, y me estaba acabando el dinero de la venta a un paso alarmante. No podía encontrar un trabajo que me gustara. Finalmente fui a ver a un psicólogo industrial. Y nuevamente decidí contar toda la historia. El psicólogo que consulté era muy bondadoso. Fue otra de esas personas que me ayudaron a cambiar mi rumbo en la vida. Me hizo una serie de pruebas que indicaron que en realidad no tenía las suficientes capacidades para ser un profesor de historia. Las profesiones que me recomendó fueron consejero en psicología, escritor y orador. Todas requerían que regresara a la escuela a estudiar. Fue un momento de agonía. Volver a pasar todo ese tiempo estudiando nuevamente me parecía simplemente abrumador. Además, ninguna universidad deseaba una "persona de ideas radicales para el plantel." Así que regresé a estudiar como un alumno adulto especial—lo que significa que no me aceptaron en ningún programa. Les conté a unos cuantos profesores mi historia y esos hombres, los cuales me apoyaron durante la siguiente década, me ayudaron a entrar a estudiar nuevamente.

Mientras tanto, el psicólogo industrial que consultaba me dijo que había encontrado un remedio para mi problema sexual. Se llamaba modificación de la conducta. El doctor al que consultó le dijo que si yo seguía con el tratamiento el problema se acabaría. Fui a ver al doctor que me explicó que no creía en terapias "habladas," así que no hablaría mucho conmigo. Pero si aceptaba someterme al tratamiento quedaría libre de mi conducta compulsiva. Recuerdo haber perseguido al doctor por la calle tratando de hablar con él. Fiel a su palabra, se negó a entablar una conversación. Recuerdo haberme quedado parado allí y verlo alejarse, sintiéndome profundamente solo y lleno de temor.

El tratamiento consistía en que entrara a un cuarto oscuro y los técnicos colocaban electrodos a varias partes de mi cuerpo. Yo debía tener fantasías de que me exhibía y luego debía alzar la mano cuando me encontrara completamente en la fantasía. Después el doctor me aplicaría un fuerte choque eléctrico. Hacía esto de ocho a doce veces por sesión. Las sesiones eran dos veces por semana por diez semanas. Es sin lugar a dudas lo más doloroso que he hecho en mi vida. Me obligaba a mí mismo a ir. Me obligaba a mí mismo a seguir teniendo fantasías y alzando la mano. Al final era sumamente difícil hacerlo. Sin embargo haría cualquier cosa para deshacerme de mi problema.

El doctor y su personal estaban encantados con mis esfuerzos. Terminé el tratamiento al final de noviembre. Me aseguraron que nunca más andaría en las calles. Para enero andaba paseando en mi automóvil de noche y el antiguo proceso inició nuevamente. Retrospectivamente, toda la experiencia me daba un extraño consuelo. Yo estaba muy acostumbrado a la idea de que me castigaran por mi conducta. Y el dolor físico simplemente confirmaba lo que yo sabía era cierto acerca de mi. En resumidas cuentas, reproducía el sistema interno y las reglas de familia con las que crecí. Estaba acostumbrado a sentir dolor con respecto a mi conducta. De hecho, me lo merecía. Y como antes, un dolor insoportable no podía detener la llamada de las calles.

Sin embargo, hubo algo que sí me ayudó. Encontré un trabajo que iba de acuerdo con el nuevo rumbo de mi carrera. Empecé a trabajar para una iglesia como trabajador con los jóvenes. Me encontré inmerso en la cultura de las drogas de los años setenta. Acercarme a los jóvenes que se escapaban de sus casas y a los drogadictos de alguna forma se me hacía fácil. Conocía las calles y sabía cómo encontrar a los jóvenes. Ellos me decían, "¿Cómo sabe acerca de ésto? Usted sabe qué vamos a hacer antes de que lo hagamos nosotros. Sin embargo, usted no consume drogas." No recuerdo lo que les dije, pero sí recuerdo que a menudo me decía a mí mismo, "Sólo soy un adicto de otro tipo." Sabía con certeza que ayudar a otros me estaba ayudando a mí.

Mi matrimonio se desintegró y me convertí en padre soltero de dos hijos. También tuve varias relaciones sentimentales complicadas. Tenía un serio problema con decirle que no a las mujeres, aun cuando yo sabía que debía decirlo. En una ocasión había prometido pasar la Noche Vieja con dos mujeres distintas. No les pude decir que no a ninguna de las dos. Estaba tan angustiado por eso que la mañana antes del día del Año Nuevo saqué mi revolver y lo coloqué en la mesa. Acababa de respirar profundamente y me había dicho que esta era la única salida, cuando sonó el teléfono. Era un ministro amigo mío que llamaba para desearme felices pascuas. Escuchó mi voz y dijo, "Quédate allí, no hagas nada, llego en cinco minutos." Me ayudó a poner en claro lo que necesitaba hacer. Una vez más, hubo alguien allí para ayudarme.

A mediados de los 70 ya me encontraba mucho mejor. Había terminado mis estudios para mi doctorado en consejería, estaba comprometido para casarme, y tenía un nuevo trabajo como director de un programa nuevo de dependencia de sustancias químicas para pacientes no internados. Pero me sentía inquieto sexualmente. Había llevado toda esta terapia pero seguía siendo infeliz. Una noche cuando iba saliendo del centro de rehabilitación vi salir a los pacientes de sus reuniones de doce pasos. Salieron riéndose y abrazándose. El amor y el interés de esas personas era algo hermoso de contemplar. Yo era uno de sus terapeutas y ellos parecían estar mejor que yo. Me senté en mi automóvil lleno de envidia y anhelo. Esa noche me decidí a formar un grupo como ese para adictos sexuales.

Dos días después me habló un compañero de la universidad. Era un terapeuta que se había metido en líos por su conducta sexual. Solicitó mis servicios profesionales. Le dije que no podía hacer eso puesto que ya teníamos una relación de amistad pero que tenía una idea que quería discutir con él. Nos vimos en Lake Harriet, un hermoso lago al sur de Minneapolis. Mientras paseábamos alrededor del lago le dije de este grupo que deseaba formar basado en los Doce Pasos de Alcohólicos Anónimos. Le pregunté si se uniría conmigo y dijo que sí. Me sentí tan aliviado de que estuviera dispuesto a hacerlo. Dos días después, me llamó un tercer amigo. También era un terapeuta y tenía problemas con aventuras amorosas. Hablé con él y dijo que también se nos uniría. Ninguno de nosotros jamás habíamos asistido a una reunión de doce pasos. Empezamos juntándonos en un cobertizo—el lugar más retirado que podíamos encontrar. Cada uno de nosotros tomó su turno para contar su historia. Acabábamos de terminar cuando llegó un cuarto miembro. También era un terapeuta.

Como llegaba más gente, muy pronto se nos quedó pequeño el cobertizo. Yo conocía a un sacerdote que era un alcohólico en recuperación. Fui a él y le pregunté si nos podía proporcionar un lugar para reunirnos y si nos podía enseñar cómo llevar a cabo una reunión de doce pasos. Accedió a ambas peticiones. Hubo un momento en que me di cuenta de que él luchaba con el concepto entero. Fue un gran apoyo para nosotros y hasta el día de hoy le estoy agradecido. Me enseñó cómo hacerlo y nos permitió reunirnos en uno de los cuartos del coro. Iniciamos a principios del verano de 1977 y para el otoño ya teníamos una reunión que se reunía de forma regular en la iglesia los jueves por la noche. Se sentía tan bien estar con personas que tenían el mismo problema. Había una alegría en medio de nuestras historias tristes. También sentimos la necesidad de estar juntos un poco más, por lo que iniciamos un desayuno los lunes por la mañana. Así podíamos estar juntos dos veces por semana.

El primer asunto importante que tuvimos que tratar como grupo fue acerca de nuestros papeles profesionales. De los diez primeros miembros, nueve tenían algo que ver de una forma u otra con los servicios de salud mental. El otro era un juez. El mayor problema era que queríamos referir a nuestros clientes a un grupo como éste, pero sería difícil tener a nuestros propios clientes en el mismo grupo. Así que decidimos formar otro grupo los miércoles por la noche al cual todos podíamos referir a nuestros clientes. Ese grupo se reunía en el mismo cuarto del coro. A menudo nos preguntábamos qué hubieran hecho las personas de la parroquia si hubieran sabido.

Ambos grupos crecieron de modo espectacular. En el grupo original tratábamos de que cupieran más de treinta personas en el cuarto del coro que fue diseñado para veinte personas. Sabíamos que nos teníamos que dividir pero no soportábamos la idea de separarnos. Al final nos dividimos y nos volvimos a dividir una vez más. El grupo de los miércoles por la noche también inició el proceso de división. Se formó un comité de servicio de "inter-grupo." Adictos Sexuales Anónimos había nacido.

El proceso de división en realidad creó problemas más adelante. Empezó con un retiro que tuvimos el segundo año el fin de semana antes del Día de Acción de Gracias. Lo hicimos como una reunión prolongada que duró todo el fin de semana. Todos cocinamos y asumimos diferentes responsabilidades. Algunos de nosotros usamos el sauna y brincamos al agua por el agujero en el hielo. Todos nadamos en la piscina. Había algo casi mágico en el fin de semana. Aumentó nuestros lazos y enriqueció nuestro programa. Cada año repetíamos el retiro con los mismos resultados. Conforme se dividieron los grupos, la competencia para separar el mismo centro para el retiro se volvió muy fuerte. Cada grupo quería tener el retiro el fin de semana antes del Día de Acción de Gracias en el mismo lugar. Y hubo resentimientos. Así es que varios grupos buscaron otros lugares. He aprendido a través de los años que a los grupos que pasaron fines de semana juntos les fue muy bien. También he escuchado esto de miembros en otras partes del país. El grupo tiene que tener una vida fuera de su reunión regular.

Nuestro inter-grupo contrató a una persona llamada Marv para que nos ayudara a coordinar nuestros servicios. Tenía buenas habilidades de organización. También tenía una fabulosa recuperación y era un ser humano compasivo. Cuidó de los grupos hasta que tuvimos cincuenta en el área de Minneapolis-St. Paul. Muchos grupos en otras partes del país también dependían de sus consejos sabios y afectuosos. Con toda evidencia es uno de los hombres más amorosos que he conocido. Por ese tiempo empecé a impartir talleres de capacitación sobre la adicción sexual. En estos talleres las personas me hablaban a solas acerca de su necesidad de asistir a una reunión, pero no había reuniones en su área. Yo les pedía que me esperaran después del taller. Les enseñaba cómo tener una reunión y les daba el número del coordinador. Él les daba seguimiento. Si lo querían hacer, él les ayudaba a que sucediera. Trabajamos así durante mucho tiempo.

Después yo tuve una crisis. Mi segundo matrimonio terminó y me quedé anonadado. Otra vez era un padre soltero, sólo que ahora con cuatro hijos. La mujer con la que me había casado había sido una alumna mía. Nuestra relación había iniciado a partir de una falta enorme a los límites de mi parte, y aunque ambos nos esforzamos lo más que pudimos, no fuimos capaces de sobreponernos a esa dinámica original. Le llamé a Marv porque en ese momento no tenía un padrino. Recuerdo sentarme en los escalones de mi patio un sábado por la mañana y contarle toda la historia de mi vida. Aceptó ser mi padrino. Debido a que yo había ingresado en el programa en un punto tan temprano, nunca había tenido un padrino con una experiencia de verdad. No había nadie en ese entonces que nos mostrara cómo se debía hacer. Aquí me encontraba, con ocho años dentro del programa y al fin iba a tener un padrino que tuviera experiencia. Fue justo a tiempo. No sólo tenía que enfrentarme al divorcio y a ser un padre soltero, pero también mi padre volvió a beber después de treinta años de sobriedad. La presión de eso era casi insoportable, y mi depresión, con la que luchaba por períodos, se convirtió en mi constante compañera. Mi padrino me ayudó a salir de ese período.

Una de las partes más difíciles era que yo sentía que no debía de estar teniendo este tipo de problemas. Después de todo, yo era un terapeuta capacitado y uno de los primeros miembros del programa. Me sentía profundamente avergonzado, y mi padrino se dio el tiempo de ayudarme. Recuerdo que me sentía muy nervioso por una plática que iba a dar. Mi padrino fue a verme. Cuando iba a entrar al escenario me entregó una pequeña cruz de madera, hecha de la madera de una iglesia en Coventry que había sido bombardeada en la Segunda Guerra Mundial. El había llevado esa cruz para darse valor. Ahora me la dio a mí. Siempre prestaba atención a cómo estaba, y esperaba que le llamara con regularidad. Si no lo hacía, cuando al fin hablaba con él, empezaba a sermonear acerca de cómo pensaba él que yo me había "curado solo." Siempre nos reíamos y yo sabía que me estaba recordando amablemente de la importancia de mantenerme en contacto. Para que este programa funcione tiene que haber gente que conozca toda la historia—y que recorran contigo todo el camino.

Lo mejor que hice para mí mismo durante ese tiempo fue no salir en citas con mujeres o tener una relación sentimental con nadie. Me concentré en criar a mis hijos, el trabajo del programa, y hacer terapia.

Empecé a comprender mi conducta cuando comencé a trabajar con abuso durante la etapa de la primera infancia. Encontré que mi exhibicionismo era una repetición de esas experiencias a temprana edad en el "cobertizo." Me di cuenta de que mi incapacidad de decirle no a las mujeres venía de mis experiencias en mi familia. Las mujeres me podían importunar y yo sentía que no tenía derecho a decirles que no. Esto dio como resultado relaciones muy complicadas. Me tardé tres años antes de volver a salir en citas con mujeres. Me volví autosuficiente y me di cuenta de que estaba bien cuando estaba solo. La desesperación había desaparecido. Descubrí que mis profundas amistades de ASA se volvían aun más permanentes y valiosas. Cuando empecé a salir en citas mis amigos me vigilaban como águilas. Cuando tomaba decisiones con las que no estaban de acuerdo, me lo hacían saber. Sus opiniones iban de acuerdo con las de mis hijos. Todos estuvieron de acuerdo que una mujer con la que salí era un buen partido. Me resistí a mis amigos, a mis hijos y a la mujer por varios años. Y después comprendí que esta era una nueva frontera. Tendría que arriesgar mi recién obtenida autosuficiencia y hacerme vulnerable ante esta mujer. Ahora tendría que aprender al fin cómo serme fiel a mí mismo y estar en una relación con ella. Empezamos a ir a una confraternidad para parejas. Crucé la línea y me comprometí.

Ha sido un matrimonio maravilloso. No hay situaciones volátiles, ningún deseo de salirme del matrimonio, y ninguna preocupación acerca de buscar alternativas. No creo que hubiera podido llegar hasta allí sin la ayuda que recibí. Sobre todo, estoy agradecido por aceptar la sugerencia de mi padrino de esperarme para poder terminar el trabajo que necesitaba llevar a cabo. El aprendizaje más importante que adquirí es que nunca dejé de encontrar que el programa es una parte central de mi vida. Siempre parecía ofrecer lo que necesitaba, mucho tiempo, después de que la sobriedad dejó de ser el reto principal.

Existieron otros retos. Llevé a cabo los Pasos Cuarto y Quinto en tres ocasiones de forma completa y minuciosa. Cada uno me enseñó lecciones importantes, y cada uno fue una experiencia muy diferente. Los pasos siempre están allí para ayudarnos en nuestro proceso. Tengo amigos que dejaron de ir a las reuniones y siguieron adelante con lo que pensaron eran otras formas de crecimiento personal. Unos cuantos han tenido recaídas que les han salido muy caras. Lo que encontré para mí es que vivir la disciplina de una forma de vida de doce pasos es un reto permanente que sigue redituando. Existe un dicho en ASA que dice que la recuperación no significa que dejas de tener problemas. Más bien, tienes la oportunidad de tener problemas que no son sexuales.

2.

UNA LLAMADA TELEFÓNICA LE SALVÓ LA VIDA

Retrospectivamente, lo que viví se puede clasificar como un milagro. En ese momento yo pensaba que simplemente estaba teniendo un pésimo día.

Estaba inquieta, sola, sedienta por encontrar un escape. Había llamado por teléfono a siete personas diferentes de mi lista de doce pasos pero no había logrado hacer contacto con ninguna de ellas. ¿Acaso no contaba ese esfuerzo como "recurrir a cualquier medio para permanecer sobrio"? ¿Acaso no me merecía un tropiezo?

El mundo a mi exterior era maravilloso. Sin embargo, una tormenta se agitaba en mi interior. La rabia tronaba y sentía relámpagos de arcos de temor. Al exterior mi rostro no demostraba nada; al interior, la tristeza caía a cántaros. Lo que en su momento creía que me estaba quebrando, en tiempo subsiguiente lo reconocí como un momento de un descubrimiento importante. Las sacudidas relampagueantes de terror que sentía entonces, las comprendería como oleadas de un Poder Superior devolviéndole la vida a mi corazón.

Retrospectivamente fue la elección más pequeña, la elección de intentar otro número de esa lista, lo que cambió el curso de mi vida hacia la dirección correcta. Fue durante la octava llamada telefónica cuando encontré a alguien; sobre todo, yo me acerqué a alguien. De manera sorprendente, la persona con la qué hablé reunía los requisitos específicos necesarios para ayudarme con un problema más básico y de mayor riesgo que mi alcoholismo; me habría de ayudar con un problema que entonces no sabía que sufría. No hubo campanas. No hubo silbidos. No hubo halos deslumbrantes de luz. Estaba en el momento decisivo de mi vida, completamente ciega a las señales de la Gracia en acción.

En la octava llamada alguien contestó el teléfono. La última persona que esperaba que estuviera en casa era un amigo a quien le llamaré R. Imaginaba que andaría paseando en barco, o en su lancha de vela, practicando el esquí acuático, de pesca, o dándose la buena vida en su "finca." Pero estaba en casa. Estaba libre. Nos reunimos en un restaurante vietnamita en Minneapolis. Durante el entremés de rollitos orientales, le delineé lo que yo veía como EL problema: había algo mal en mi interior. Durante el arroz frito, R, me brindó el programa de apoyo típico. El consejo concreto que me brindó durante la cena se me escapa de la memoria. Más bien, lo que recuerdo de manera muy clara es que la simple presencia de un amigo en recuperación fue ayuda suficiente. Yo siempre, pensaba, estaría "defectuosa," pero permanecería, precisamente por la presencia de R, sobria, aunque fuera por esa noche. Eso era todo lo que yo esperaba de nuestro encuentro. Recibiría mucho más.

R. sugirió que diéramos un paseo alrededor del Lago Harriet. Platicamos mientras caminamos y finalmente, me preguntó, "¿Qué está pasando con el resto de tu vida?"

Mi instinto normal: desviar la pregunta. Un segundo suceso que me cambió la vida: le platiqué exactamente lo que sucedía.

¿Cómo estaba? Llevaba una doble vida. Una profesional solícita durante el día, una mujer desquiciada durante la noche. En esa época tenía ocho parejas sexuales. Ese número era típico. Mi vida sexual era un juego de ajedrez jugado a alta velocidad. Una de mis parejas del momento me estaba pagando por favores sexuales. No era el primero que me pagaba por tener relaciones sexuales. Sin embargo, la prostitución verdadera era la prostitución de mi integridad. El "proxeneta" verdadero era mi compulsión sexual. Mi vida privada contradecía a la persona que yo creía que era. Era una persona decente viviendo una existencia indecente. Me sentía atrapada en un laberinto de secretos y desolación. Le platiqué estos hechos a R. Terminamos nuestra vuelta al lago. Conforme nos acercamos al estacionamiento, me preguntó si lo acompañaba una vez más alrededor del lago. Esta vez me platicó lo suyo. Su historia era paralela a la mía pero incluía una diferencia importante. Me platicó de un grupo pequeño, recién formado, de hombres que se apoyaban unos a otros en la recuperación de lo que él llamaba adicción sexual. La sabiduría y apoyo de este grupo le ofrecían un mapa para salir de su propio laberinto adictivo.

La historia de R. me conmovió. La luna reflejaba nuestras sombras ante nosotros: hermanos mellizos, manos entrelazadas, con afecto forjado por los secretos compartidos y por compartir secretos. Mi vida se transformó a partir de ese momento.

Me habló la siguiente semana. Una mujer que se unía a un grupo de doce hombres era un "problema" que el grupo no estaba preparado para manejar. Tendría que esperar hasta que más mujeres se enteraran.

Esperé cuatro meses.

Sentía alegría y esperanza a la vez al saber que el caos sexual de mi vida tenía un nombre y que el nombre tenía en sí la posibilidad de recuperación. Sabía que adicción sexual era una descripción compasiva de lo que yo sufría. En 1980 el movimiento de liberación femenina todavía estaba en pañales. Su mensaje todavía no permeaba la cultura popular. Dentro de la sociedad, los hombres con quienes tenía relaciones sexuales pudieran considerarse, en el peor de los casos, como Lotarios o don Juanes. Los términos eran atrevidos pero lo suficientemente normales, tal vez, inclusive "simpáticos." Solamente uno de los muchachos. Como su compañera, por la misma conducta, me habrían llamado una puta o una ninfómana; estos términos sugirieron una degeneración sin esperanza. Las otras mujeres me considerarían una paria. La adicción sexual nos hace iguales a aquellos quienes la sufrimos. Es una metáfora de esperanza: uno lleva a cabo el programa y con la ayuda de los demás logra salir de las arenas movedizas.

Mientras esperaba que se formara el grupo de mujeres, encontré que no tenía ni idea de cómo era la cordura sexual. Me resistía a averiguarlo. Empecé a tomar otra vez, terminando con un período de tres años de sobriedad.

R. me habló para decirme que había tres mujeres más que querían un grupo de ASA. El y otro hombre de su grupo se reunieron con las tres mujeres y conmigo. Los hombres nos dijeron cómo funcionaba su grupo, cómo manejaban a los miembros de reciente ingreso, cómo manejaban su confidencialidad, etc. Enseguida se fueron. Estábamos solas.

Observé a las mujeres en nuestra mesa. Una mujer había viajado desde otro estado, un viaje de cuatro horas. Una segunda tenía dudas de que perteneciera; la tercera trabajaba en una fábrica y tenía relaciones sexuales regularmente en su lugar de trabajo con diferentes compañeros de trabajo. Yo, la cuarta, era una alcohólica que bebía.

Al término de un mes, el grupo se había reducido a otra mujer y yo. Aun nos reuníamos. Dejé de beber. Para la primavera ya éramos un grupo de ocho mujeres. Dos de esas ocho primeras mujeres se convirtieron en, y aun son, mis mejores amigas.

Esa primavera de 1981, ASA había alcanzado el punto de necesitar un inter-grupo para coordinar el trabajo de servicio y manejar los problemas de las políticas y de ética. En las primeras reuniones de inter-grupos había cinco miembros: uno de cada uno de los grupos de hombres, uno de cada uno de los dos grupos de co-adicción, y yo. Las cosas empezaban a tomar forma. ¿Cómo fue posible que ASA creciera a millares y se convirtiera en la organización internacional que es ahora? Lo que Dios les obsequió a Bill W. y al Dr. Bob en 1935 era un don que seguía dando. ¡Qué legado!

Para mí, pertenecer a un grupo de mujeres fue una bendición del cielo. Estar dentro de un grupo de mí mismo género me estabilizó en la fase de ajuste de mi recuperación inicial. No estaría sola en esta creencia. Como mujer con vivencias de abuso sexual infantil y de violación, entonces les temía a los que fueran autores de tal abuso, aun a los que se encontraban en recuperación. También temía seducir o que me sedujeran. Cualquiera de estos me habría hecho huir. Empezar en un grupo de mujeres no solamente me ayudó a evitar alguna situación negativa, sino que también creó una oportunidad positiva. En el grupo de mujeres tuve la oportunidad de ver que mi propio tipo de chauvinismo macho adictivo aumentaba mi adicción. Hasta ese punto valoraba a los hombres a expensas no sólo de mí misma sino también de otras mujeres. Consideraba a otras mujeres como la competencia o las que condenaban.

Durante mis primeros años dentro de ASA, mis hermanas, todas compañeras, luchamos reuniones para transformar el caos de cada una de nuestras vidas y reestablecer la integridad. De ellas comprendí que el compartir con honestidad, sin necesidad de un trueque sexual, era el requisito previo para la intimidad y el amor de una relación formal.

Entrar a ASA no fue tan fácil. El estigma de ser identificado como un adicto sexual podría evitar que posibles miembros buscaran un grupo. Aquellas lo suficientemente desesperadas o valientes como para buscar un programa a menudo se enfrentaban a barreras diseñadas para proteger a los miembros actuales. Durante los tres primeros años el grupo de mujeres se reunió en domicilios particulares.

El crecimiento, la estabilidad y la unión del grupo de mujeres dependían del compromiso de los miembros actuales con los de reciente ingreso. Fuimos particularmente sensibles a las necesidades especiales de las mujeres conforme se iniciaban en ASA.

Al inicio, la sabiduría de grupo nos dejó en claro que el manejo compasivo del contacto inicial era decisivo. Si una mujer asistía a una reunión o si se quedaba o no parecía depender de la impresión que tuviera de las primeras mujeres que conociera. Para las mujeres la pregunta de "quién" extiende la mano por lo general es más importante que el "qué," el "cómo" o el "dónde" de la tarea que se llevaba a cabo. El grupo de mujeres era viable debido a que nos esmerábamos en guiar a la principiante. Dos miembros se reunían con la mujer de reciente ingreso y compartían cómo había sido, qué pasó, y cómo se estaba mejorando. El grupo de mujeres se distinguía en lo que seguía a ese contacto inicial. Las dos miembros acompañaban a la mujer a su primera reunión y se ofrecían para ser sus madrinas provisionales durante las seis primeras semanas. Sobre todo, cada una de las madrinas utilizaba esas primeras semanas para enseñarle a la miembro de nuevo ingreso cómo utilizar el padrinazgo. La membresía en otras confraternidades de doce pasos no necesariamente quería decir que la mujer sabía utilizar a un padrino, especialmente para manejar una adicción sexual. Con la autorización de la miembro de reciente ingreso, su madrina la llamaba y se aseguraba de cómo iban las cosas hasta que ella se sintiera cómoda para hablarle a su madrina cuando lo necesitara.

Esta conexión de persona a persona creaba una sensación de confianza para la miembro de reciente ingreso que era un requisito previo para enfrentar y compartir su Primer Paso. Las amistades que formaba la harían seguir regresando. Seguir regresando la exponía al uso de las herramientas y los pasos del programa. Utilizar las herramientas y los pasos la llevaba a la abstinencia. Su abstinencia la sostenía en su conexión con otras adictas en recuperación. Esa conexión le proporcionaba un refugio seguro en momentos de crisis personal para ella. En gratitud ella se acercaría y ayudaría a llevar el mensaje.

A través de mis contactos de inter-grupo con hombres en ASA, y después en reuniones de grupos mixtos, aprendí que el apoyo de hermanos se veía diferente del apoyo de hermanas y que ambos funcionaban. Los hombres me enseñaron cómo enfrentar mi adicción directamente y cómo ser más directa con las mujeres a quienes apadrinaba. El grupo de mujeres les enseñó a sus hermanos acerca de la bondad. La bondad era una alternativa a la adicción; también era un método para entrar nuevamente al programa después de una recaída.

La energía y sinergia fluía a través del Inter-grupo de ASA de las Ciudades Gemelas a principios de la década de los 80. Los hombres y mujeres miembros crearon un sistema de apoyo viable para llegar a los adictos en otras ciudades. Durante los primeros años, manejé la mayoría de los contactos de mujeres de otras ciudades. Algunas necesitaban ayuda para formar un grupo en su comunidad. Otras necesitaban encontrar un terapeuta en su comunidad que entendiera la adicción sexual. Otras personas, más aisladas, llevaron a cabo el programa a través de otras confraternidades, pero necesitaban un padrino de ASA para manejar las crisis específicas y los "secretos" que no era apropiado compartir en esas reuniones de doce pasos. En una ocasión recibí una llamada telefónica de larga distancia desde Los Ángeles durante la cual escuché el Quinto Paso de una mujer.

En 1983, ASA ya contaba con una membresía de 1,000 personas (aproximadamente un tercio eran mujeres), lo suficientemente grande para que contratáramos a una persona de tiempo completo. Era un hombre maravilloso, un hermano en recuperación, con excelentes habilidades administrativas. Tal vez su voz fue la primera que usted escuchó en ASA. Posteriormente la organización creció. Crecieron los comités de literatura. Se publicaron libros y folletos. Se llevaron a cabo reuniones con oradores. Se organizaron retiros para los grupos. Surgió un directorio nacional de reuniones. Se escribieron manuales de cómo empezar una reunión en su propia comunidad. Se estableció una comunicación permanente entre varios inter-grupos de varias regiones. Se llevaron a cabo congresos a nivel nacional. Se había extendido la noticia.

El primer contacto formal de ASA con los medios había ocurrido en 1982. De esa fecha en adelante dependimos en las Doce Tradiciones, así como siempre lo había hecho AA. Venerábamos el anonimato y lo respetaban los medios. Participé en varias entrevistas de la TV, radio y de revistas, representando a las mujeres del programa. Mi historia se convirtió en un medio para llegar a las demás personas. Fue así que la pena y la humillación de mis días en que caía en la actuación se convirtieron en algo significativo y de realce para la vida a través de la alquimia de la recuperación.

Durante una de mis entrevistas de televisión, aparecí con un psiquiatra que dio la mejor descripción de la adicción sexual que he escuchado. Dijo que las relaciones sexuales son como nadar. Un adicto ve a otras personas disfrutándolo, se tira de cabeza en lo profundo, casi se ahoga, se arrastra hacia fuera y aun así se vuelve a tirarse de cabeza, repitiéndose así la misma escena una y otra vez. Comentó que los adictos jamás pensarían en irse hacia lo menos profundo, y menos aun en tomar lecciones.

A principios de 1987 algunos de nosotros nos presentamos en un programa de televisión. Asistí a una pequeña reunión de ASA en la ciudad esa misma noche. Un hombre entró en el cuarto y nos platicó que había visto el programa esa tarde, y había decidido que ASA era justamente el grupo que necesitaba. En ese momento tuve la extraña sensación de serle útil a mi Poder Superior, más que El a mí. Fue un año decisivo para ASA. El programa recibió mas de mil cartas la semana siguiente, con respuestas favorables. Esto representó más correspondencia que lo que hubieran recibido después de cualquier otro programa. Las llamadas telefónicas inundaron al Intergrupo de las Ciudades Gemelas. En 1989, fui miembro de un equipo de investigación sobre la adicción sexual, recopilando información de más de mil personas de todo el país. Parte de mis obligaciones era realizar entrevistas personales a fondo con 150 de estas personas. Esto resultó ser una experiencia excepcional y sobresale como el trabajo más satisfactorio que he realizado.

Mi participación en este proyecto me enseñó una y otra vez que "todo es uno." No solamente existe la unidad entre todas las diferentes caras de la adicción, pero también existe una integridad dentro de cada adicto. La luna tiene un lado oscuro así como uno brillante; sin embargo es una sola luna.

Cuanto más tiempo paso en recuperación, más claro veo a través de mi ilusión vana de que soy única. La adicción es sólo una de las facetas del ser humano. Simplemente me hace especial como todos los demás. ASA es sólo un lugar seguro para darse cuenta de esto y de aprender a vivir de mejor forma. En ASA también puedo trabajar para aumentar mi tolerancia a la alegría.

¿Así que a dónde me llevaron veinte años de pertenecer a ASA? El logro dentro del programa del que estoy más orgullosa es reclamar mi vida normal. Mi vida ya no está llena del melodrama de las telenovelas o de las películas de clasificación X. El programa me lleva más allá de las limitaciones personales hasta las fronteras del desarrollo creativo y amistades bien cimentadas. De las mujeres de los primeros años de ASA, aprendí nuevas habilidades de intimidad, y recuperé la antigua virtud de mi integridad. El grupo como conjunto me ayudó a salir del fango de mis relaciones sexuales. Llegué a definir mi abstinencia como el contacto sexual limitado a relaciones con hombres con los que comparto una profunda intimidad, y con los a quienes me puedo comprometer. Ahora respeto eso.

Del enorme milagro de la recuperación surgen muchos milagros menores, como el sorprendente brote de color semejante al de los botones de rosas floreciendo dentro de un ramo de fuegos artificiales. Viví uno recientemente. Conozco a un hombre al cual me siento sumamente atraída. Siento confianza, reto intelectual, alegría, cuando me encuentro con él. No está libre. El milagro: no manipulo la situación pero lo honro a él y honro lo que sé que son mis valores. "No estar libre" son las palabras claves que dictan mi conducta. Eso es la abstinencia. Confiar en mi integridad (y en la de él) me permite disfrutar de las actividades en las cuales trabajamos juntos. Esa es la recuperación. Varios meses después de conocerlo, compartí con él los momentos más bajos de mi vida. Me preguntó, "¿Cuándo sentiste por primera vez que todo estaba cambiando para tí?" No vacilé en decirle cuando fue ese momento: ese día lleno de luz del mes de agosto cuando decidí llamar a la octava persona de mi lista. Retrospectivamente, no vacilo en saber que ese fue EL momento dorado. Sin embargo, en ese momento, solamente pensé que estaba teniendo un pésimo día.

3.

INTEGRÁNDOSE

Soy la persona que propuso la "regla de tres segundos." Esta es la regla de que si usted se queda viendo fijamente al objeto de su adicción por más de tres segundos, puede poner en peligro su sobriedad. Tres segundos eran los indicados para mí, y me consuela saber que tres segundos también son los indicados para otras personas.

Era profesor, y una de mis alumnas de postgrado me denunció por hacerle proposiciones indecorosas en el año de 1978. Durante dos años viví horrorizado por la vergüenza que sentía. Una amable colega me platicó acerca de un grupo del que ella había oído hablar, y me entrevistó un miembro del grupo. Él me "aprobó" y después me aprobó el grupo. Era un grupo muy secreto en ese entonces, y yo no cabía en mí de gozo cuando me llamó otra persona que yo conocía que ya era miembro del grupo. Asistí a mi primera reunión, y llegué al lugar correcto pero a la hora equivocada. Me senté en el estacionamiento de la iglesia por espacio de una hora. Después empezaron a llegar los miembros del grupo. Cuando reconocí a la persona que me había hablado, salí del automóvil y lo saludé. Los dos últimos años habían sido interminables, y esa hora de espera me pareció interminable también.

Me encontraba al borde del precipicio. Tenía tendencias suicidas por la vergüenza. Mi conducta de actuación había sido tener aventuras amorosas una tras otra mientras estuve casado. Puesto que todas las aventuras fueron con alumnas de postgrado, yo sabía que era de conocimiento público. No me suicidé, porque tenía dos hijos a quienes adoraba, pero en ocasiones ni eso parecía una razón suficiente.

Mi madre había abusado sexualmente de mí hasta que tuve once años. Había logrado detener el abuso sexual, pero me sentía con un daño permanente. El abuso sexual debió haber iniciado en mi infancia pero no tenía ninguna memoria del abuso inicial, sólo que yo me sentía diferente, encerrado en una burbuja de cristal que me había separado de las otras personas desde que yo me acuerdo. Caminaba sin rumbo, más que trazar un curso a mi vida, porque todo me parecía artificial en el mundo. Veía al mundo a través del filtro de mi abuso.

Era bastante bueno en mantener las apariencias. Fui un atleta en la preparatoria y me aceptó una universidad prestigiada. Tuve relaciones con una muchacha de quince años cuando yo tenía catorce años. Era el tiempo en que se acostumbraba tener novios, y fuimos novios, siempre manteniéndonos sexualmente activos hasta que nos graduamos de la preparatoria. En realidad nunca compartí mi ser más íntimo en la relación, y me separé de ella cuando cada quien se fue a la universidad.

Tuve una serie de encuentros sexuales con varias mujeres en la universidad. Era lo que yo sabía hacer. Entré a los militares después de la graduación. El ejército, a su juicio, me ubicó en inteligencia de señales—un papel que me sentaba bien debido a mi desinterés en cualquier cosa verdadera y mi interés en las interacciones formales entre las personas. Cuando estuve en los militares sentí una libertad que nunca había sentido antes, y creí que podía sobreponerme a mi pasado. Contraje matrimonio con una mujer de belleza excepcional. Yo tenía veintitrés años y ella diecinueve. Ella era extranjera y perdí inmediatamente todas mis autorizaciones de seguridad. No me importó. Dejé el servicio militar al poco tiempo después de haberme casado. Regresé a estudiar, en esta ocasión a la escuela de postgrado. Obtuve mi doctorado en otra universidad prestigiada y me contrataron como profesor en la universidad en donde hice carrera. Al principio era yo el espíritu del entusiasmo y me fue bien, ascendiendo de puesto rápidamente. Después regresé a lo que parecía ser mi verdadero ser, un ser que nunca había dejado de tener. El centro de ese ser era el odio a uno mismo. Inicié un patrón de tener aventuras amorosas. Mi trabajo empezó a sufrir. No me ascendieron cuando solicité puestos administrativos.

Con mayor frecuencia mi único consuelo era mi creencia que le estaba ganando al sistema. Coquetear y tener relaciones sexuales eran las diversiones que me impulsaban a seguir. No tenía un sentido del abuso del poder que estaba cometiendo al actuar con las alumnas de postgrado. Me sentía como un niño y no podía ver que estaba abusando de mis hijos académicos. Ahora le digo a la gente que si creen que le están ganando al sistema, han malinterpretado la naturaleza del sistema. No es la naturaleza del sistema que le ganen.

Me uní a ASA lleno de ira porque me hubieran denunciado y porque tenía que hacer algo acerca de mi vergüenza. Nunca más me volvería a divertir.

Mi primer grupo fue uno poderoso. Fue el primer grupo de ASA y nosotros inventamos algunas de las cosas conforme avanzamos. Cuando un miembro del grupo daba una plática de los pasos con inspiración, nos sonreíamos y decíamos, "El espíritu nos mueve." Sentía que el grupo era el indicado para mi. Pero fueron muy difíciles para mí los tres primeros pasos.

Resolví ese problema diciendo que yo había echado a perder mi propia vida y que admitir mi impotencia, llegar a creer y entregar mi voluntad no podían ser peor que lo que yo había intentado por mi propia cuenta. Llegué a confiar en el grupo.

Hasta tuve indicios de espiritualidad, tal como ir manejando solo en mi automóvil, buscando una estación de radio que pudiera soportar, y descubrir que podía escuchar un sermón inteligente sin cambiarle inmediatamente de estación. Me hizo sonreír.

Mi padrino y el grupo me animaron a que hiciera un Cuarto y Quinto Paso. Me adentré en el Cuarto Paso y luego, en una especie de pánico, le llamé al ministro a quien había seleccionado para que escuchara mi Quinto Paso. Le dije que ya llevaba cuarenta y siete páginas a mano en hojas tamaño oficio y que temía que nunca estaría listo para el Quinto Paso. Él era un buen hombre. Me dijo que usara un cierto folleto que proporcionaba solamente un breve espacio para escribir cada respuesta, y que me limitara a ese espacio.

Llevar a cabo mi Quinto Paso fue una experiencia emocional profunda para mí. Lloré detenidamente por primera ocasión en cuarenta años. Ahora lloro con frecuencia, generalmente acerca de lo que estoy leyendo o de lo que escucho en las reuniones. Le digo a la gente que estoy recuperando el tiempo perdido.

El Quinto Paso me permitió regresar y volver a llevar a cabo los tres primeros pasos de una mejor forma. Me encontraba abierto y para mí, ese fue el secreto de la espiritualidad. Llevé a cabo el Sexto y Séptimo Pasos con el apoyo de los retiros ofrecidos por el grupo. Llevé a cabo el Octavo Paso y realicé ese trabajo en el Noveno Paso. Realicé un inventario moral a diario durante ocho años. Estudié meditación con un sacerdote Zen junto con otros cinco miembros del grupo, reuniéndonos con él por semana para meditar y escuchar pláticas. Le comenté a él a principios de ese año que yo había estado practicando la meditación infantil pero que reconocía que ésta era la buena. Se rió y les comentó a otros lo que yo había dicho.

Dejé de reunirme con el sacerdote cuando sugirió que había hecho lo que podía sin que diéramos el paso a la conversión. Para entonces yo me había convertido en un cristiano creyente gracias a un miembro del grupo que me había enseñado los escritos de algunos místicos cristianos modernos. Me despedí con cariño del sacerdote y me regaló su taza con una inscripción en zen.

Aun estoy consciente de mis fallas. Tengo que contar mi historia y volver a llevar a cabo los pasos para acercarme al hombre que quiero ser. Obtengo tanto de las reuniones. Los miembros de mi segundo grupo a menudo se inspiran.

Pero he aquí lo más extraño. Debido al programa y mis prácticas espirituales, empecé a sentirme casi como un hombre integrado en su persona. He llegado a disfrutar la compañía de los hombres. Ahora pienso que mi experiencia militar, de la que siempre huí antes, fue lo más importante que he hecho. Igual que mi padre, tengo planes para que me entierren con la bandera y mis medallas. Los dos tuvimos carreras civiles "distinguidas" (si, conseguí rescatar la mía) pero ahora ser soldado y mi familia son las cosas más importantes. Me he reintegrado a la sociedad como un hombre. Mi segunda esposa me ve como yo me veo a mí mismo, complejo y algo difícil, pero básicamente un buen hombre. Quiero a mis hijos y a mis nietos. Ellos me quieren a mí.

Es extraño que dado la materia prima que yo traje al programa me sienta tan integrado en mi persona. Ese es el regalo del programa, que está disponible para todos.

4.

TOMAR UNA DECISIÓN

Desde que recuerdo, sabía que yo era "diferente." Me tomó años comprender que la diferencia era el hecho de que yo era gay. El ser un hombre al que le atraían otros hombres, y crecer en los años 50 y 60, me dejó sin ningún modelo positivo de hombre a seguir. Mi religión me dijo que la homosexualidad era mala, así que hice oración. Solicité que otras personas posaran sus manos sobre mí, que hablaran en lenguas sobre mí, e que intentaran un sinnúmero de otros "remedios." El dolor, la soledad y los sentimientos de incompetencia eran intolerables. Intenté casi todo para aliviar el dolor. Inclusive intenté casarme con una mujer, pensando que eso desviaría y satisfaría mis deseos sexuales.

Durante mi matrimonio, fijé un patrón de estar dentro de una relación mientras actuaba de forma anónima con otros. Aunque intenté dejar de actuar basándome en mis sentimientos, no podía mantener un período de sobriedad más allá de tres meses. Siempre me sentí terrible después de hacerlo y me juraba a mí mismo que nunca lo volvería a hacer. Nunca fui capaz de sostener ese juramento. La culpa, la soledad, la ira, el aislamiento y el temor simplemente escalaron. Después de seis años de matrimonio estaba actuando en múltiples ocasiones durante el día. Pensé que esto era porque mi apetito sexual era voraz, o simplemente necesitaba estar con un hombre en lugar de una mujer. Me divorcié de mi esposa sin ninguna explicación, y definitivamente no le di ninguna opción al respecto.

Tuve varias relaciones distintas después de mi divorcio, todas breves, que duraron solamente unos días o semanas. Después empecé una relación con un hombre que se parecía mucho a mi ex-esposa. Durante nuestra relación volví a actuar nuevamente. Lo justificaba porque él no era capaz de satisfacerme sexualmente. Sin importar cuanto tratara de racionalizar mis acciones, aun me sentía culpable y temía que me descubrieran. Después de un año y medio terminé esa relación, culpando a mi pareja por no satisfacer mis necesidades sexuales y emocionales.

Después de varios meses de estar solo sin ninguna relación y de actuar libremente sin sentimiento de culpa, conocí a una nueva pareja. Empecé la relación con mucho temor de que repetiría mi patrón de estar con alguien mientras actuaba de manera anónima con otros. Esta relación ha pasado por tiempos turbulentos, pero ha durado catorce años y medio y es más sólida ahora que nunca. Los diez primeros años fueron bastante semejantes a mis otras relaciones—tratando de no caer en la actuación. Los sentimientos de culpa, aislamiento, soledad, y temor al ser descubierto me abrumaban. Estaba enojado porque no podía controlar mi conducta y confundido del porqué aun actuaba, cuando tenía lo que quería en casa. Definitivamente no comprendía la adicción ni la impotencia, así que culpaba a mi pareja. Pensaba que él debía ser la razón por la cual yo quería actuar. El no contaba con tanta experiencia sexual como yo, así que no me podía satisfacer. Si sólo él se acercara a mí de manera emocional, yo no tendría que buscar otras parejas sexuales. Sentía que mis parejas de actuación sí sabrían lo que yo necesitaba, y sí—¡la siguiente me salvaría!

En los diez primeros años de esta relación, la policía me detuvo en dos ocasiones por tener relaciones sexuales en un lugar público. Fueron situaciones humillantes, pero no tan humillantes como cuando me arrestaron por lo mismo. (Irónicamente, cuando me arrestaron no fue en el momento del coito—simplemente estábamos platicando acerca de ello.) Mi pareja se enteró de este arresto y me respaldó. Creo que de alguna manera lo culpé para no tener que asumir yo la responsabilidad de mis acciones. Sí agradecía su apoyo y aun así no podía evitar la actuación.

Sobrevivía por medio de juegos de palabras cuando hablaba con mi pareja. Si él me preguntaba si practicaba yo la monogamia siempre le contestaba con otra pregunta. "¿Por qué preguntas? ¿Qué estás tratando de proyectar hacia mí?" Nunca le contestaba la pregunta, pero creaba la suficiente distracción para que él dejara de hablar. Nunca acepte la responsabilidad de mi conducta. Siempre había alguien o algo que causaba que yo actuara. Justificaba la actuación ante mí mismo y volteaba encolerizado, con soberbia y condenando a cualquiera que me interrogara. Mi actuación se volvió cada vez más peligrosa y absorbente. Todas las horas de mi día las absorbía prácticamente el hacer planes de cómo me podría salir y cuando podría actuar nuevamente. Mi vida giraba vertiginosamente y no la podía detener—mi vida verdaderamente estaba fuera de control. Me sentía miserable, pero tenía que seguir amortiguando mi dolor. Las relaciones sexuales eran mi droga preferida. No quería utilizar alcohol o drogas y perder el control de mis sentidos. Así que me sentía totalmente en control al tener relaciones sexuales. No tenía ni idea de lo impotente que estaba.

Después sucedió. Toqué el fondo. Una tarde de domingo en mayo de 1994 iba en automóvil hacia mi casa después de dejar a mi hijo en casa de su madre. Sentía mucho dolor, soledad y culpa, así que me detuve en un lugar conocido en donde actuaba para aliviar el dolor. Después de todo, mi pareja estaba en la iglesia y nunca se enteraría. Durante la actuación el otro hombre sacó una navaja o un cuchillo, no estoy seguro de cual de los dos, y me cortó la garganta. Me dejó allí para morir, sangrando en el piso del baño. Fui capaz de caminar arrastrándome a mi automóvil y conducir al hospital local. (¡Ni que decir que había un Poder Superior haciendo algo por mi de lo que yo no podía hacer por mí mismo!) En la sala de urgencias inventé una historia acerca de lo que me había pasado porque no le podía contar la verdad a nadie. No quería asumir la responsabilidad de esta situación. Después de todo, yo era la víctima en todo esto. Me sentía completamente inocente. Aunque la policía no creyó mi historia, me mantuve en lo dicho. Mi pareja pensó que sonaba algo extraño pero no hizo más preguntas. Fue mi consejera la que me afrontó unos días después de que le platiqué mi historia, y me preguntó que había sucedido en realidad. No pude más y le dije la verdad. Me ayudó a decirle la verdad a mi pareja acerca de mi actuación. Fui capaz de admitir que necesitaba ayuda y me dirigieron a ASA.

Mi pareja me respaldó para ver qué iba a hacer yo. ¿Me estaba apoyando o simplemente estaba demasiado escandalizado para irse? No me importaba; necesitaba la recuperación para mí. No podía predecir si mi relación iba a durar o no—diez años son muchos para engañar a alguien y que te perdonen. Pero entendí que era impotente y que necesitaba la recuperación de ASA, sin importar cualquier otra persona o cosa en mi vida. Qué alivio no tener que llevar más el secreto a cuestas. Todo había quedado al descubierto y no tenía que esconderme o sentirme culpable. Era una extraña y fabulosa libertad.

Mi vida es muy diferente dentro de la recuperación. He encontrado una satisfacción en la relación con mi pareja que nunca pensé que podría encontrar. Ahora platicamos acerca de todo. Comentamos nuestros sentimientos y lo que cada uno piensa que necesitamos para poder sentirnos satisfechos. He descubierto que aunque una honestidad rigurosa no siempre es fácil, es la clave de mi sobriedad. Me ha costado mucho trabajo aprender a ser honesto conmigo mismo—me mentí muchos años a mí mismo. La honestidad con mi pareja también requiere trabajo, pero definitivamente brinda beneficios a la larga, ya que nos podemos comprender uno a otro y compartir cuando algo no está bien.

Aprendí que la recuperación es una opción y que puedo elegir esa opción todos los días. Sé que debo tomar la responsabilidad de lo que elijo y que esto requiere de honestidad y de un inventario diario. Puedo escoger pensar en pensamientos e imágenes adictivos o puedo escoger concentrarme en la recuperación. He descubierto que no soy el centro del universo. Toda la vida y las acciones de otras personas no están relacionadas con mis deseos sexuales.

Llevar a cabo un programa de recuperación no es fácil. Requiere de trabajo continuo, y me he dado cuenta de que lo que funcionó para mí el mes pasado puede no funcionar este mes. Las personas no siempre dicen o hacen lo que yo quiero que ellas hagan, pero yo sólo soy responsable de mis acciones y reacciones. Puedo escoger lo que es correcto para mí y mi recuperación, y no recaer en conductas pasadas. Para mí, asistir a reuniones de forma regular, hacer trabajo de servicio para el grupo, ayudar con llamadas para llevar el mensaje a otros adictos sexuales, y apoyar a otros miembros del grupo con comprensión y con mis comentarios son parte de llevar a cabo el programa.

Mi pareja entró a recuperación aproximadamente un año después que yo. Fue una época llena de temor porque pensaba que él "sanaría" y me abandonaría. Me he dado cuenta de que conforme crecemos en la recuperación somos mejores en comunicarnos nuestras necesidades y sentimientos. Podemos apoyarnos uno a otro sin tratar de llevar a cabo el programa del otro. Ahora podemos reconocer conductas antiguas y llamarnos la atención en cuanto a ellas. Ahora puedo reírme de mí mismo cuando trato de manipular a mi pareja para que asuma la responsabilidad de mis acciones, y el me detiene para decirme que ese no es su problema. Reírme de mí mismo es fundamental para mi recuperación.

Llevó cuatro años y medio de sobriedad de mis conductas más graves. Tengo una relación mucho más fuerte con mi pareja. Soy honesto con él y he encontrado la intimidad y el amor que había estado buscando. No fue "el siguiente" el que me salvó—¡fue la recuperación! Le estoy agradecido a mi Poder Superior de haberme protegido cuando toqué fondo para que realmente pudiera vivir. He encontrado la paz. La historia no tiene que repetirse en mi vida. ¡Tengo opciones!

5.

SUS SUEÑOS SE HACEN REALIDAD

Soy una mujer con un compromiso con la salud. Soy lesbiana. Soy un adicto sexual en recuperación. Cuando veo cómo es mi vida hoy—su equilibrio y los muchos sueños que se están haciendo realidad – es difícil creer que existió un tiempo en que yo no quería vivir. Sentía en ese entonces que no existía un lugar en la tierra para mí en donde yo pudiera ser plenamente la persona que soy y en dónde pudiera estar en paz conmigo misma.

Crecí como una niña muy sensible, llena de temores, y se me animó a depender excesivamente de mis padres. Me tocaron de forma inapropiada y no me dieron permiso de tener mi propio espacio emocional o físico. Me invadieron en el contexto del amor y el cuidado. Mi espíritu libre y desafiante, aunque mal encauzado durante años, ha sido el catalizador para mucha de mi búsqueda e integración en mi vida. Aunque aun lucho con la profundidad y los detalles de incesto en mi familia, he llegado a tomar cada vez más en serio mi realidad.

Ha sido muy difícil para mí aceptarme como una lesbiana y considerar mi sexualidad como una parte hermosa de mí. "Traté" durante años ser heterosexual. Era como si quisiera confirmar que les era atractiva a los hombres y que cabía como mujer en esta sociedad. Sin embargo, la mayoría de mis fantasías y atracciones se centraban en las mujeres.

La fase inicial de mi vida como lesbiana estuvo atormentada con el abuso del alcohol y otras drogas, relaciones sexuales con una serie de parejas, y una fuerte dependencia en las relaciones sexuales. Estaba obsesionada con quién tenía una relación actualmente y tenía una gran dificultad en concentrarme en las otras partes de mi vida. Sabía dentro de mí que estaba buscando con desesperación de las parejas sexuales la estabilidad y sentido que necesitaba encontrar dentro de mí, y aun así no podía enfrentar mi vacío. Era incapaz de una intimidad verdadera con otras personas porque yo estaba huyendo de cualquier tipo de intimidad conmigo misma, mis sentimientos y mis necesidades. Mi vida se sentía como un drama permanente en donde yo confundía la intensidad instantánea en una relación con la intimidad que tanto anhelaba. A pesar de que parecía tener mucho éxito en muchas partes de mi vida, mi desesperación interna era insoportable. Busqué relación tras relación, y descuidé amistades, familia y muchas de las actividades que más me gustaban. Además, usé la masturbación como una forma de consolar mi soledad, apaciguar mis temores, amortiguar mi ira, y sencillamente para "sentirme mejor."

Hace trece años inicié mi recuperación del alcoholismo y un largo viaje de terapia, mediante el cual descubrí la profundidad de mi adicción sexual. Mi sobriedad del alcohol fue el primer paso hacia la salud; pero a pesar de varios años en recuperación y mucha terapia, seguí soportando una desesperación interior y una incapacidad de sostener una sana intimidad sexual. Mis valores hablaban de un deseo de un compromiso de por vida con una sola pareja; una relación igual de respeto, poder y amor, y unos lazos que cultivarían las diferentes partes especiales de mí. No pude conocer la realidad de esta visión hasta que me hice responsable de mi adicción sexual y empecé a llevar a cabo el programa de ASA. Eso fue hace seis años y medio.

Conforme he mantenido mi compromiso con la recuperación, con tratar con los muchos problemas de mi familia de origen, y con cultivar mi espiritualidad, he sido capaz de sostener una relación formal, y se me otorgó el don de tal relación. Cuando mi pareja y yo nos conocimos hace siete años y medio, me concentraba en mejorar mi propia vida, no en buscar una pareja.

Mi crecimiento espiritual ha estado en el centro de mucho de mi curación. He luchado con mi sentido de Dios. Un profundo punto decisivo de mi recuperación ocurrió cuando enfrenté y acepté el dolor del vacío que llevaba por dentro, el cual había tratado de llenar con tantos remedios. Empezó cuando mi pareja decidió tomarse unos meses lejos de mi poco después de que inicié en ASA. Me había estado resistiendo a algunos de mis trabajos de terapia y llegaba a ser demasiado dependiente de ella. Ella decidió que necesitaba separarse de mí un tiempo para cuidarse a ella misma. Aunque este tiempo me dejó en una profunda desesperación, ahora lo veo como una parte vital de mi recuperación.

Tuve que enfrentarme a mí misma y a mi desesperación de una forma más profunda que antes. Recuerdo haber sentido un verdadero dolor físico en mi abdomen mientras lloraba y me abrazaba a mí misma, eligiendo no evitar este dolor. Tuve una sensación de que Dios estaba allí en alguna parte y que también me rodeaba mientras lloraba. Y de alguna forma salí adelante.

Sigo luchando en confiar en la sabiduría y protección de este Dios espíritu. Ver hacía mi interior y aceptar las muchas partes (en ocasiones fragmentos) de mí misma en lugar de buscar definirme en otras personas fue un proceso importante. Sé que voy por el buen camino espiritualmente cuando soy capaz de ser honesta conmigo misma y de estar presente tanto con mis sentimientos como con el momento en sí, sin importar de qué se trate.

En estos momentos mis pensamientos hacía mí misma son como aquellos de una amiga bondadosa.

Cuando no estoy centrada espiritualmente, no quiero ir más despacio o estar sola. Soy compulsiva en mi interior y no estoy en contacto con mis sentidos y sentimientos. La vida continuamente se me hace abrumadora.

Al buscar ser una persona integrada en sí misma, me dieron la oportunidad de crecer en la relación con mi pareja, que también tiene un compromiso con su propia recuperación. La curación que se ha ocurrido en mi sexualidad es milagrosa. Mi sexualidad está integrada en todo mí ser, no simplemente a mis genitales. He desarrollado límites emocionales y físicos apropiados. Por ejemplo, puedo reconocerme como una persona sexual con mayor frecuencia, sentirme atraída a otras personas sin ser manipuladora, coqueta o seductora. He aprendido a conocer despacio a las personas, más que de forma rápida e intensa. Soy capaz de expresarme sexualmente con mi pareja en una variedad de formas, y no solamente haciendo el amor. No uso las relaciones sexuales para remediar mis sentimientos u obtener confianza como persona o como pareja. En lugar de eso, mis expresiones de la sexualidad vienen a partir de mi plenitud como una persona emocional, física y espiritual. Ocurre un mutuo respeto, igualdad y una cercanía pura. Esto incluye momentos en que mi pareja necesita su propio espacio físico y no desea que se la toque.

Además, no espero que las relaciones sexuales siempre sean una "experiencia perfecta y apasionada." Se trata de mi amor que se desborda por ella, por mí misma y por la vida, una celebración de nuestro creciente amor y de mi humanidad. Mi sexualidad enriquece el resto de mi vida—no me deja en vergüenza, en secreto o en dolor como lo hizo alguna vez.

No trato de decir que mi vida es perfecta o que mi relación siempre está libre de problemas. Digo que mis herramientas funcionan. Busco amor y apoyo de distintas personas, así como de mí misma, y estoy creciendo para alcanzar muchos de mis sueños. El éxito todavía es difícil de aceptar, pero estoy mejorando en eso también. A través de mi propio trabajo y las bendiciones de mi Dios, ya no saboteo mi vida o mi sexualidad.

6.

UNA NUEVA FORMA DE VIDA

Siempre he tenido una gran fascinación con la desnudez y las relaciones sexuales. Tengo recuerdos de incidentes cargados de sexualidad que se remontan a mis días en preescolar. Mi obsesión se ha centrado en el voyeurismo y la fantasía. Nunca he ido tan lejos como mirar por las ventanas de las personas, pero siempre he estado alerta a las oportunidades de voyeurismo que se presentan en mi vida diaria.

Nunca pude integrarme a mis compañeros cuando era niño; así que me aislaba física y socialmente de ellos. Creaba un mundo de fantasía complejo en el cual era respetado y admirado por mi sabiduría y habilidades. Creaba personajes y situaciones que se desarrollaban y se repetían durante meses enteros. Siempre había un ingrediente de desnudez y juego sexual en esas fantasías. Cuando descubrí la masturbación, mi mundo de fantasía se convirtió aun más sexual y me masturbaba casi a diario. A la vez era muy tímido y reservado cuando me encontraba acerca de las niñas.

Alrededor de la época en que ingresé a la preparatoria, mi vida tomó un giro importante ya que me involucré en la iglesia y me hice cristiano. Me sentía atraído a todo lo que representa Cristo y por la vida que llevaban muchas de las personas dentro de la iglesia. Tenían algo que yo ansiaba con desesperación. Participé activamente en la iglesia, asistí a una universidad para estudiar Biblia, y entré al ministerio cristiano.

Todo ese tiempo mi vida de fantasía y mi masturbación persistían. Sí tenia algunos límites interiores que me salvaron de lo peor que mi enfermedad me pudo haber producido. Hice un compromiso de abstenerme de llegar al coito fuera del matrimonio, de fijar límites firmes a la conducta sexual que llevaría fuera del matrimonio, y de evitar conscientemente conductas que dieran a conocer mi preocupación con las relaciones sexuales. No compraba pornografía, pero cuando podía verla, lo hacía.

Mi estrategia funcionó bastante bien. Era virgen cuando me casé. He sido fiel a mi esposa. He educado a dos hijas en un ambiente sexual sano. He evitado encuentros en la sexual fase fuera de mi matrimonio. Creo contar con una buena reputación dentro de mi iglesia y comunidad.

Sin embargo, a lo largo de los años he traído materiales eróticos a nuestro matrimonio. Ocasionalmente compraba alguna revista pornográfica. Hubo un ciclo en donde yo coleccionaba estos materiales y después los desechaba, tenía un periodo más o menos largo en el que no utilizaba pornografía, después adquiría más, y atravesaba nuevamente el ciclo.

En 1998 descubrí como tener acceso a la pornografía a través del Internet y mi adicción me atrapó. En un tiempo muy breve afectó nuestra vida sexual, y mi esposa me preguntó si estaba utilizando pornografía en la computadora. Confesé y me pasé más de un año leyendo, estando en terapia y buscando hacerme responsable con unos amigos cercanos. En enero y febrero de 1999 tuve dos recaídas y confesé cuando me preguntó mi esposa nuevamente—le había alentado a que me preguntara como iba.

En la introspección que siguió me di cuenta de varias cosas: 1.) Era adicto a las relaciones sexuales y era impotente de controlar ver pornografía si se me brindaba la oportunidad para verla. 2.) Disfrutaba de la descarga de adrenalina que sentía con la pornografía y no quería renunciar a ella. 3.) Mi adicción a la pornografía a través del Internet iba en aumento, y aumentaría hasta impactar mi vida y las vidas de otras personas de manera arrolladora. 4.) Perdería las cosas que más valoraba en mi vida si no encontraba una forma de cambiar el rumbo a donde me dirigía. 5.) Todo mi conocimiento, toda la terapia, toda mi espiritualidad (tal como se había desarrollado hasta ese momento), y la conciencia de todo lo que podía perder, no podían alejarme de la actuación si permanecía en aislamiento. 6.) No podía prometer que permanecería libre de la pornografía, pero pensaba que podía comprometerme a llevar a cabo el programa de doce pasos. 7.) Lo más doloroso de lo cual me di cuenta fue que era un hipócrita, un actor de escena, alguien que aparentaba algo frente a la mayoría de las personas y que era algo distinto en el interior. Eso me cimbró porque yo había trabajado con ahínco para ser una persona con integridad.

Cuando me di cuenta de como había estado viviendo una mentira, aun para mí mismo, me sentí desolado. De manera inmediata compartí lo que me estaba sucediendo con uno de los ancianos de mi iglesia y con tres de mis compañeros ministros que eran viejos amigos y compañeros de oración. Les pregunté si yo debería renunciar del ministerio. Me alentaron a seguir adelante y trabajar para llegar a la recuperación.

Llamé al número de Adictos Sexuales Anónimos. Seguramente Dios tiene un sentido del humor. En mi primera reunión estaba un joven cuyos padres eran miembros de mi iglesia. Después de la reunión él se acercó a mi, me dio la Bienvenida, y me aseguró que mi anonimato estaba a salvo con el. ¡Ese fue un magnífico regalo!

Desde que inicié el programa, no he violado los límites de mi círculo interior utilizando pornografía ni masturbándome mientras veo pornografía, pero eso es sólo el principio de cómo han cambiado las cosas para mí. Tengo un grupo donde puedo hablar abiertamente y sin sentir vergüenza acerca de mi adicción y aprender de las otras personas que sufren de lo mismo.

Mi esposa es la amiga más amorosa y la que brinda el mayor apoyo en mi vida, pero no puedo ni debo depender de ella para que me obligue a asumir mi responsabilidad y me proporcione los comentarios imparciales que necesito. Mis amigos de ASA me ayudan no solamente a mantener los límites de mi círculo interior, sino a comprender y aprender de los problemas del círculo medio también. Cuando alguien platica sobre su experiencia, fortaleza, y esperanza en relación a problemas que son importantes para mi, aprendo mucho acerca de mí mismo y de cómo responder a situaciones semejantes. En el grupo sé que si tengo dificultades con algo, o inclusive si tengo una recaída, no habrá una fractura en las relaciones. Todo lo que escucharé es, "¡Sigue regresando!"

Antes de que ingresara a ASA, me esforzaba mucho para encontrar el apoyo y hacerme responsable ante alguien para luchar contra mi obsesión sexual. Intentaba practicar disciplinas espirituales de mi religión de varias formas diferentes y en diferentes momentos. Mencioné mi obsesión con las relaciones sexuales en terapia privada en más de una ocasión, solamente para que el tema fuera pasado por alto. (Concedo que pude no haberlo mencionado de manera tan fuerte como pensé.) Formé parte de un grupo de oración por más de diez años durante los cuales compartí mi lucha con la pornografía. Fueron bondadosos y me respaldaron, pero parecían no entender qué tan dominante era para mí. Rara vez lo sacaban a colación y me sentía incomodo sacarlo a relucir. El resultado fue que podía dejar el asunto sin tratar. Leí numerosos libros referentes al desarrollo del carácter y los problemas sexuales, pero un mayor conocimiento no ayudaba en contra del deseo de actuar.

Este programa es el único lugar donde existe un énfasis absoluto para lograr la libertad de la adicción sexual. Eso era lo que siempre necesité.

No solamente he permanecido libre de mi conducta de actuación, sino he mejorado de forma considerable en el área de las conductas de mi círculo medio. Mi vida de fantasía se ha reducido de manera importante. Conscientemente evito buscar en la televisión programas que me estimulen sexualmente, y he renovado mi compromiso a no adquirir televisión por cable o por satélite. Rara vez leo los anuncios publicitarios de las tiendas en busca de sus anuncios de ropa íntima. Estas y otras conductas semejantes se han reducido de manera dramática debido a los recordatorios constantes e ideas útiles que recibo dentro del programa. Nunca antes tuve ese tipo de ayuda enfocada en mi problema.

Otro don del programa es el énfasis en desarrollar una nueva forma de vida a través de un despertar espiritual. Se me alienta a concentrarme, no tanto en no caer en la actuación, o ni siquiera en evitar las conductas del círculo medio, como en practicar una nueva forma de vida que traiga consigo una totalidad e integridad a todo lo que hago.

Estoy agradecido por la estructura de los Doce Pasos y de las Doce Tradiciones que hacen de éste un lugar seguro para todos nosotros. Claro que es un lugar desafiante, pero es un lugar seguro. Agradezco la disciplina de la Décima Tradición: ASA no tiene opinión acerca de asuntos ajenos a sus actividades; por consiguiente su nombre nunca debe mezclarse en polémicas públicas. Los principios del programa me recuerdan platicar sobre mis asuntos y escuchar a las otras personas al compartir sus experiencias. Resulta liberador y sano concentrarme en mi propia historia y mi propia recuperación, con el conocimiento de que puedo ayudar a otros solamente en la medida que yo adquiera lo que ellos pudieren querer. Estoy trabajando para llevar esa misma actitud a otros aspectos de mi vida también.

7.

SIN NECESIDAD DE COMPRENDERLO

No podía dejar de actuar en formas que me colocaban en riesgo de contraer enfermedades, de que se me arrestara y se me hiciera daño corporal. Sabía en mi corazón y alma que lo que estaba haciendo me perjudicaba a mí mismo y era tóxico para el alma. No me importaba si era malo moralmente, aunque no estaba orgulloso de ello, pero podía sentir la destrucción y el daño que le ocasionaba a mi propio espíritu. De todas maneras, simplemente no podía dejar de hacerlo. Veía a esto como prueba contundente de que yo era un ser humano defectuoso, débil y probablemente despreciable.

Recuerdo una noche que me pasé tratando de encontrar un masaje sexual. Mi masajista "regular" ya no tenía su negocio, pero su amiga se había cargado de él. Después de pensar obsesivamente todo el día en eso llegué y me di cuenta de que me había dado la dirección equivocada. Herido y desesperado, rastreé en el Internet otra opción. En menos de una hora me encontré en un departamento oscuro y lúgubre, y una mujer con una sonrisa extraña me saludaba. Me ofreció un "aperitivo" y le di un pequeño sorbo. Por poco pierdo el conocimiento. Estoy seguro de que trataba de sedarme para quitarme mi dinero. Salí huyendo de allí. Pero no había acabado. Después de buscar un poco más en el Internet y de realizar llamadas desesperadas, acabé en una calle lateral sórdida, tocando el timbre de una persona que nunca contestó. Allí me encontraba yo a la medianoche, solo en la calle, abrumado por la inutilidad y por mi aborrecimiento de mí mismo.

Eso fue algo parecido a tocar fondo, e intenté "controlar" mi actuación, pero lo seguía haciendo de forma esporádica, en busca de la euforia, de la "sensación de satisfacción." Era asombroso como persistía esa ilusión. El impulso a menudo se apoderaba de mí cuando algo positivo pasaba en mi vida: el prospecto de un nuevo trabajo, una nueva novia, un nuevo rumbo. Había alcanzado el punto después de diez años de tal conducta, en donde la actuación ya no me funcionaba como solía hacerlo. Anhelaba una verdadera intimidad, un verdadero contacto humano, un riesgo verdadero, pero no tenía ni idea de cómo lograrlo. Por mucho que valorara mi propio intelecto, descubrí que no podía pensar cómo salir de esto. Quería dejar de gastar tanto dinero, quería dejar de odiarme a mí mismo y quería dejar de sentirme tan solo.

No sólo actué en salones de masaje, sino que también usé las relaciones sexuales por teléfono, el Internet, la pornografía y hasta visitas ocasionales a salones de sadomasoquismo, en dónde le pagaba a mujeres para que me golpearan y humillaran. Eso parecía ser la mejor solución cuando mis ánimos andaban bajos y necesitaba un "levantón": visitas estrujantes al alma a lugares sombríos en donde recibía lo opuesto al amor y al afecto. De alguna manera me atraía la atención oscura y hostil (lo que era, después de todo, mejor que no recibir ninguna atención) y había puesto características sexuales a mi anhelo de intimidad y conexión humana.

Volví a tocar otro fondo cuando, un día, después de haber terminado con éxito un nuevo proyecto creativo, me sentí obligado a regresar a un salón de sadomasoquismo. Odiaba este lugar, pero era casi como si yo estuviera hipnotizado por una fuerza del mal. Lo racionalicé como un "premio" a mis esfuerzos. De hecho, me encontraba impotente e indefenso en contra de estos impulsos de locura.

Acababa de dejar de llover. Retiré dinero de un cajero automático y caminé con tristeza hacia mi destino, un esclavo perfecto de una enfermedad despiadada. Me di cuenta de que las personas en la calle sonreían, viendo hacia arriba. ¿Qué estaban viendo? Un arco iris que atravesaba el cielo. Ver el arco iris, después de una lluvia larga y fría, parecía hacer que la gente estuviera contenta. Mi mente, desgraciadamente, estaba encadenada a otras cosas.

Pensé que era una señal de mi fracaso que no pudiera yo "explicarme" cómo hacerle para detener esta locura. Afortunadamente asistía en ese tiempo a unas reuniones de doce pasos que trataban con la co-dependencia, debido a algunos alcohólicos que había en mi vida. En realidad abusaba del alcohol yo mismo—el alcohol y la actuación eran compañeros ideales. Al fin otro miembro del programa me convenció de que asistiera a reuniones por mis problemas con la bebida. Después de una fuerte lucha conmigo mismo, entregué el alcohol a un Poder Superior que me quería ver, sentía yo en mi corazón, más feliz, y libre.

Recurrí a la actuación en dos ocasiones más durante la fase inicial de mi sobriedad, y los sentimientos de desmoralización eran demasiados para soportar. Me veía distinto a mí mismo cuando estaba sobrio, y también veía a las mujeres con las que actuaba en una luz distinta, más humana. Ya no eran diosas manipuladoras, capaces de rescatarme de lo alto (mientras se llevaban mi dinero y autoestima con engaños); eran, de hecho, solamente personas que hacían lo mejor que podían. Me parecieron personas tristes, confundidas y silenciosamente desesperadas, por el hecho de que se sometían a esta degradación por el afán del dinero. No parecían felices. Me di cuenta de que yo participaba activamente en su desmoralización, así como en la mía.

Un amigo me había ofrecido llevarme a Adictos Sexuales Anónimos pero lo aplacé hasta que, cuando el dolor era demasiado grande, caminé, aterrado, a mi primera reunión. El ambiente no pudo haber sido más amistoso o acogedor. Me sentí cómodo inmediatamente y sentí un alivio indescriptible por haber encontrado un grupo de personas de mentalidad espiritual que me recibieron sin reserva, y compartían tanto de mi historia. Aunque fue muy difícil mover algunos de mis comportamientos básicos al "círculo interior" (actuar con prostitutas, masajes eróticos, relaciones sexuales por teléfono, y salones de sadomasoquismo) mi espíritu, aquel que anhelaba consuelo, gradualmente se convirtió en mi guía.

Fue difícil entregar mi arma principal—mi intelecto—pero no tan difícil como sufrir el infierno de la adicción activa. Sentí que la recuperación era una experiencia de entrega activa basada en la espiritualidad, sin necesidad de comprenderlo. Dios me guía con la luz de su compasión, aunque soy yo el que mueve los pies.

Tal vez yo nunca me hubiera entregado si no hubiera querido lo que vi en otros miembros de ASA: abstinencia, humor, una conexión con un Poder Superior, relaciones de verdad, y una gran cantidad de bondad y gentileza.

Soy completamente impotente ante mi comportamiento sexual adictivo. He podido encontrar la libertad de la obsesión, aislamiento y desesperación debido a que asisto a reuniones, ayudo a los miembros de reciente ingreso, y practico los principios de los doce pasos en mi vida diaria. Estoy libre también de la necesidad de "explicármelo." Lo que ha tomado su lugar—un sentimiento de que soy útil y que pertenezco, de que me necesitan y me quieren y me aman, y un entendimiento nuevamente habilitado que coloca a la humildad ante todo—es una solución mucho mejor a mis problemas de la que yo nunca me hubiera imaginado.

8.

SER MONJA Y ADICTA SEXUAL

Fui la mas pequeña de nueve hijos de una familia católica en una granja rural del medio oeste de Estados Unidos; crecí en un ambiente que pensé era sano. Más tarde habría de darme cuenta de que mis padres eran los hijos adultos de alcohólicos. Mi mamá no hablaba sobre las relaciones sexuales, pero decía, "Bájate tu vestido, muchachita sucia." No recuerdo mi infancia antes de los diez años. Después recuerdo jugar a ser prostituta y tratar de masturbarme sobre mi ropa. Eso duró un año, después del cual suprimí todos mis sentimientos. Parece que en mi familia nunca se le dio valor a los sentimientos.

Salí con muchachos durante la preparatoria, pero decidí entrar al convento a los dieciocho años de edad. Tomé mis primeros votos de obediencia, pobreza y castidad en 1961. El voto de castidad era un compromiso para no casarse, no expresar mis deseos sexuales con otras personas o conmigo misma. No tuve ningún problema con eso hasta que cumplí los treinta y cuatro años de edad. En esa época era la directora de una escuela primaria, y una colega empezó a dirigirse de manera sexual hacia mí. Empecé a masturbarme. Una mujer del personal también se dirigía de manera sexual hacia mí. Yo estaba muy confundida y seguí siendo sexual con ella y con otra mujer con quien yo vivía. Esto siguió durante un año. Intenté detener esta actuación sexual en muchas ocasiones. Mi intento mas desesperado fue cuando utilicé una navaja para rasurar para cortar cruces en el interior de mis muslos para recordarme a mí misma que estaba quebrantando mi voto.

Negué completamente lo que estaba haciendo. No me permitía a mí misma pensar—sólo seguí viviendo este mundo de fantasía donde podía hacer todo lo que quería hacer sin ninguna consecuencia. Así que seguí teniendo relaciones sexuales sin protección anticonceptiva, hasta que mi dolor, culpa y vergüenza empezaron a romper mi negación. Hice un cambio geográfico al solicitar que me transfirieran. En mi nueva misión, a ochenta millas de distancia, seguí masturbándome y por un breve instante, consideré suicidarme.

Me mudé cuatro veces durante los siguientes seis años. Fui a África a enseñar a una escuela secundaria, y luché con el choque cultural. Utilicé la masturbación para manejar mis sentimientos. No me era posible expresar ira o ni siquiera sentirla. La Hermana con quien vivía sabía que yo estaba enojada, porque estaba callada o lloraba. Tiempo después un sacerdote empezó a tener relaciones sexuales conmigo. Sentía como si atrajera a hombres de esta manera porque no tenía límites. Tuve relaciones sexuales de una ocasión con un profesor que estaba ebrio. Me había ido a dormir pidiéndole a Dios que "me enviara un hombre" mientras me masturbaba para dormirme. Él llego a la medianoche. El día que volaba de regreso a los Estados Unidos debido a la muerte de mi madre, tuve relaciones sexuales sin protección anticonceptiva con el sacerdote - un hombre al que había resistido por mucho tiempo. Una vez en el avión pensé, "Gracias, Dios mío, por sacarme de allí, porque no sé decir que no a los hombres."

Mientras estuve en los Estados Unidos, solicité ayuda para manejar mi ira. Se me envió a un programa de pacientes no internados. De entrada, sabía que tenía que ser completamente honesta. Cuando me preguntaron si era sexualmente activa, tuve que admitir que sí. Cuando la terapeuta dijo, "Según parece que fuiste compulsiva," repentinamente sentí una esperanza, que tal vez hubiera ayuda para mí.

Allí fue donde conocí acerca del programa de doce pasos y que asistí a mi primera reunión de Adictos Sexuales Anónimos. Era un grupo de mujeres. Dos mujeres ya me habían llevado el mensaje de ASA antes de la reunión. Me platicaron sus historias y compartí por qué pensaba que era adicta al sexo. Una de las mujeres se ofreció a ser mi madrina provisional y yo acepté. No estaba trabajando en ese momento, así que leía el material del programa durante el día, escribía un diario, empecé a sentir mis sentimientos, e iba a tratamiento como paciente no internada por la noche. Aprendí que los límites eran para protegerme, no para no meterme en problemas. La mayoría de mis actitudes rígidas y negativas empezaron a cambiar con la terapia de grupo, los comentarios de mi terapeuta, mi padrino de ASA, y mi grupo de ASA. "Si quieres lo que tenemos, necesitas estar dispuesta a hacer todo lo que sea necesario" me inspiró a abandonar la idea de "nunca puedo cambiar." Mi padrino me dijo que fuera delicada conmigo misma, que permitiera que funcionara el programa. El sentimiento de aceptación total de mi grupo de ASA era nuevo y reafirmante para mí. Nunca utilizaron frases de "debes hacer esto." Ofrecieron solamente su experiencia con los problemas a mano.

Había acordado con mi terapeuta que mi conducta primordial era no tener relaciones sexuales con ningún hombre o mujer. Hice un compromiso de no ponerme en contacto con mis antiguas parejas, de romper cartas y fotografías viejas de ellos y de deshacerme de los regalos que recibí de parte de ellos. En otras palabras, había de romper todos los lazos. Fue doloroso, pero mi actuación con ellos había sido aun más dolorosa.

En mis reuniones de ASA vi la serenidad que estas mujeres tenían; escuché sus historias y quería esa misma paz también. Me di cuenta de que no tenía ningún control sobre mis pensamientos sexuales compulsivos—simplemente llegaban a la mente. Le pedí a mi Poder Superior que los alejara de mí. Le pedí con insistencia, y dentro de los dos primeros años de recuperación, se aminoraron. Cada vez que llegaban, solamente decía, "Dios mío, no puedo controlar estos pensamientos, me los tienes que quitar."

Cambié de padrino después de dos años porque la mía tenía demasiados compromisos y me solicitó que me encontrara otra. La admiré por cuidar de sus propias necesidades. Fue durante este tiempo que también cambié mi ministerio. Regresé a la escuela y me convertí en terapeuta física. Para poder realizar mi nuevo trabajo, hice otro cambio geográfico. Cuando empecé a asistir a reuniones mixtas, me di cuenta de que sentía mucho temor. Empecé a tener recuerdos involuntarios de que sufrí de abuso sexual de niña. Pudo haber habido sólo otra mujer en esas reuniones, pero mi Poder Superior utilizó a los hombres de ese grupo para sanarme. Algunos de ellos habían sido padres que habían cometido incesto.

Un centro local de rehabilitación nos solicitó que formáramos una reunión de ASA en el hospital. Me ofrecí para hacer esto junto con otro hombre. Fue en una de sus reuniones que empecé a sanar, cuando un padre que había cometido incesto describió como estaba tratando de reparar el daño con su hija. Empecé a llorar, porque era como si mi propio padre hablara. Mi padre tenía diez años de muerto entonces.

Desde un principio, el servicio ha sido una herramienta fuerte de recuperación para mí. Venir a reuniones un poco más temprano, ayudar a preparar el salón, hacerme cargo de la literatura, ser un servidor de confianza, hacer la presentación de un paso en nuestras reuniones, ser una madrina—todo esto era sencillo de hacer. Asistí a las reuniones del inter-grupo y a las convenciones nacionales durante los cinco primeros años. Parecía como si recibiera más de lo que daba. Establecer los salones de meditación con un énfasis en los sentimientos fue mi regalo al programa. Nadie sabía que era monja; tenía el anonimato. Pero en 1997, sentí el llamado de compartir mi historia y lo hice en una convención internacional. Para esa época tenía once años de sobriedad de mis conductas primordiales y dos años de mi lucha contra la masturbación.

Solía masturbarme hasta llegar al dolor. Cuando el deseo de hacerlo surgía, intentaba pensar para alejarlo o hacer otras cosas, pero luego pensaba, "Ni modo, no lo puedo detener, así que vale más que ceda y termine con esto." En la recuperación la petición constante a mi Poder Superior para que me ayudara fue lo que me sirvió para elegir no masturbarme cuando surgiera el pensamiento. Ahora, inclusive el deseo ha desaparecido.

La honestidad fue otra herramienta que necesitaba utilizar. Me sorprendió lo deshonesta que era conmigo misma durante mi adicción activa. Cuando me di cuenta de eso, empecé a pedir a diario la gracia de la honestidad, aceptación y entrega. Eso sigue siendo mi oración hasta la fecha. La mentira era pareja de la falta de honestidad, por que tenía que cubrir mi vida secreta. Esta debilidad mía aun se manifiesta de vez en cuando.

Después de que regresé de África, sentí un gran deseo de regresar allá. Después de dos años de haber egresado de la escuela donde estudié para terapeuta física, regresé. Fue un reto estar lejos de ASA, y estar de regreso en el mismo lugar donde había actuado. Acababa de cumplir dos años de trabajo de sobreviviente de incesto cuando supe que necesitaba regresar a los Estados Unidos. Estaba deprimida y me sentía como un fracaso. Entré en una comunidad de terapia durante once meses. Dos años después solicité regresar a África y me dijeron que "No." ¡Me sentí desolada! En terapia descubrí que mi motivación de regresar a África procedía de la niña de diez años en mi interior. Pensaba que yo era la responsable de mi incesto y que tenía que retribuírselo a Dios. Un misionario africano visitó mi escuela cuando yo era niña, y él hizo énfasis en lo difícil que es la vida allá. Allí fue donde se originó mi deseo de ir a África. Cuando me di cuenta de esto a los sesenta años de edad, sentí como si me hubieran quitado un gran peso de encima. Por primera vez escogí lo que quería hacer con una nueva libertad. Sigo siendo monja, y soy un agradecido adicto sexual en recuperación.

9.

LIBRE EN PRISIÓN

Soy un agradecido adicto sexual en recuperación que cumple actualmente una condena de cinco a diez años de prisión por Conducta Sexual Criminal. Así es que, ¿por qué terminé en prisión? Conforme reflexiono acerca de mi pasado, me doy cuenta de que he estado trabajando hacia este fin toda mi vida. Igual que la mayoría de los delincuentes sexuales, se me abusó sexualmente de mí cuando era niño. Fue entonces que hice mis primeros experimentos sexuales con niños de mi propia edad. A los trece años de edad estaba obsesionado con las relaciones sexuales y me hice compulsivo. La masturbación se convirtió en una rutina diaria, en ocasiones hasta cuatro veces al día. Sólo estar cerca de las niñas de mi propia edad o mayores me dio una erección. Esto siempre me dio vergüenza, resultando en sentimientos de culpa y vergüenza. Desde mi infancia tuve la impresión de que las relaciones sexuales eran sucias y malas. Como siempre estaba pensando en ellas, siempre me sentí sucio y malo. Para evitar tener erecciones aumenté la masturbación, pero también me sentía culpable por eso.

También desarrollé un grave problema con las drogas y el alcohol. Descubrí que si estaba lo suficientemente drogado o borracho no actuaba tanto, o por lo menos no tenía los sentimientos negativos que acompañaban a la actuación. No fue si no hasta que llegué a prisión que aprendí que el cerebro produce una sensación de satisfacción química con las relaciones sexuales como la que tiene la persona que usa heroína. Todo lo que hicieron las drogas fue hacer más lenta mi actuación hasta que aumentó mi tolerancia a las drogas. Y después ya no eran suficientes.

A los veinte años de edad estaba completamente fuera de control. Tenía relaciones sexuales cuando se presentaba la oportunidad, y las drogas y el alcohol no sólo adormecían la culpa y la vergüenza, sino que me ayudaban a conseguir parejas sexuales.

Instintivamente busqué la religión en un intento desesperado de volver a tomar el control de mi vida. Me inscribí en un seminario y fui capaz de abstenerme de todo menos de la masturbación. Racionalicé que todo lo que necesitaba era una esposa para tener una fuente constante de relaciones sexuales. Terminé mis estudios en el seminario y me desempeñé como ministro por un corto tiempo. Mi adicción todavía estaba conmigo. Me di cuenta de que Dios no iba a ser mi co-dependiente, así es que abandoné la iglesia antes de que actuara de alguna forma.

Aproximadamente un año después le hice tocamientos a la hija de un amigo y se me denunció inmediatamente a la policía. Se me condenó a un año de prisión en la cárcel del condado. Mi esposa se divorció de mí y se mudó de la ciudad con mi hijo sin dejar dicho a donde iba. Cuando se me liberó me inscribí a un grupo de terapia para delincuentes sexuales. Como tenía temor de verme peor de lo que ya me veía (como si hubiera algo que fuera peor que haber sido declarado culpable como pederasta), les seguí el juego. Me mencionaron el grupo de ASA, pero de ninguna forma iba yo a admitir que tenía un problema. Después de todo, solamente me habían pescado una vez—no era un adicto. Después de dieciocho meses de terapia se me dio de alta de la libertad condicional.

Encontré a otra buena mujer con quien casarme, así que pensé que teniéndola a ella, junto con el alcohol y las drogas, quería decir que yo estaba bien. El temor de que ser encarcelado evitó que actuara. Me seguía masturbando casi diariamente, aunque tenía relaciones sexuales casi a diario, y a menudo en más de una ocasión al día.

Siete años después, a pesar del consumo de drogas, del alcohol, de tener relaciones sexuales aceptables, la religión, y la terapia, y a pesar de haber pasado un año en una celda de la cárcel, les hice tocamientos a las dos hijas de un conocido. Por ese tiempo me encontré a un amigo que asistía a un programa de doce pasos por su adicción. Me dijo donde podía encontrar una dirección para ponerme en contacto con ASA, quien, a su vez, se pondría en contacto con alguien de mi área para que me ayudara. Allí es donde conocí a mi padrino. Él compartió su experiencia, fortaleza, y esperanza conmigo. En los noventa y cinco días entre que se me denunció y se me condenó a prisión asistí a tres reuniones por semana.

Mis amigos de ASA me dieron el apoyo moral y valor para soportar el venir a la prisión. En la prisión lo único más bajo que un pederasta es un soplón, y los soplones son golpeados y en ocasiones hasta son matados. En mi estado existen seis prisiones con este nivel de seguridad. El 85% de su población son delincuentes sexuales. Muchos de estos hombres no pueden ver en dónde pudieran tener problemas con las relaciones sexuales. En cuanto a mí, soy un agradecido adicto sexual que en recuperación gracias a un Poder Superior amoroso y ASA. Aun me encuentro en una prisión física pero estoy libre de una prisión mucho peor. Algún día lo físico igualará a lo espiritual y mental. Sigo recuperándome un día a la vez.

10.

ANORÉXICO SEXUAL

Nací en Alemania en 1942, durante la Segunda Guerra Mundial. Como vivía cerca de Frankfurt, los bombardeos deben haber causado un gran impacto en mí. Creo que el miedo y el terror constante de mi madre durante su embarazo y después de dar a luz me afectaron de una forma importante sin que yo tuviera recuerdos ni consciencia de ello.

Mi papá era seductor y mi mamá rígida y fría, y tendía a enfurruñarse. De vez en cuando ella mencionaba cuán repugnante le resultaban las relaciones sexuales. Al mismo tiempo estaba preocupada por ellas, leyendo revistas baratas como los periódicos sensacionalistas y disgustándose por la porquería que estaba sucediendo en el mundo. Se hablaba de prostitutas, y después me di cuenta de que era un mundo conocido para mi padre hasta que murió a la edad de ochenta y dos años.

Tengo pocos recuerdos de mi infancia, principalmente recuerdos felices de los días de fiesta y vacaciones. Parece que he reprimido la mayoría de los recuerdos tristes y traumatizantes; los sucesos se han ido, los sentimientos aun están conmigo. Recuerdo algunas golpizas con una vara, y en una ocasión me golpearon durante largo rato porque no cedía. Recibía más castigos por ser "obstinada."

Mi primera menstruación fue a los diez años de edad durante el campamento de verano. Tenía miedo de morir de cáncer, ya que no podía explicar la sangre de ninguna otra manera. Una monja en el campamento me preguntó si quería tener hijos y cuando le dije que sí, me contestó que sangraría cada mes de allí en adelante. No tenía ni idea de lo que quería decir todo esto. Se les informó a mi padres, pero ellos decidieron no visitarme, y nadie me dijo nada más acerca de la menstruación, ni siquiera mi mamá.

Rara vez dormía sola. O compartía una cama sencilla con mi hermana o dormía con mis padres en su cama. Esto continuó hasta que tuve aproximadamente dieciocho años de edad. No me daba cuenta de que esto no era normal, puesto que era la única forma de vida que conocía. No recuerdo haber tenido ningún sentimiento sexual. En una ocasión mi padre trató de tocarme sexualmente cuando estábamos en la cama. Le alejé su mano y me quedé rígida durante horas, y no me atrevía a moverme o a alejarme.

Pensaba que mi hermana, seis años mayor que yo, era bonita y popular con los muchachos, mientras que yo me percibía a mí misma como fea, demasiado convencional, y no sexual. Mi hermana empezó a tener problemas mentales a los dieciséis años. Pasó un tiempo en una institución mental recibiendo terapia de electrochoques. Muchos años después leí de su diario las páginas más desgarradoras donde revelaba su dolor y desesperación. Se suicidó a los veintiocho años de edad y se llevó a su bebé de dos meses con ella. Durante muchos años, mi hermana fue el centro de atención de mi familia. Me sentí descuidada, rechazada, y celosa. Al mismo tiempo me sentía culpa y vergüenza por no sentir más empatía con ella y mis padres. Me tomó más de veinte años para que yo pudiera llorar su muerte y empezar a lamentarla.

Cuando tenía catorce años de edad, empecé a tener problemas físicos: calambres abdominales intensos, y en algunas ocasiones llegué a desmayarme. Estos calambres continuaron hasta hace dos años cuando me di cuenta de que estos dolores se relacionaban al terror que sentía por la posibilidad de tener relaciones sexuales. Luché con ese problema durante cuarenta y cuatro años.

Conformé fui creciendo, experimenté más reacciones negativas a todo lo sexual. Mis encuentros sexuales con mi novio (futuro esposo) fueron acompañados por una ansiedad intensa que en algunas ocasiones llegó a la hiperventilación, al punto de que mi cuerpo se sentía completamente rígido. La única parte de mi cuerpo que podía mover era mi cabeza, y podía hablar. Estas experiencias nos llenaban de temor tanto a mi esposo como a mí.

Empecé a salir de vez en cuando con mi futuro esposo desde que tenía diecisiete años. Nos casamos seis años después. Durante los siguientes treinta años actué como víctima, sin saber que tengo opciones. El temor a las relaciones sexuales, aversión a las relaciones sexuales, sentimientos de obligación, fingir, peleando para evitar las relaciones sexuales—tenía todos estos sentimientos y conductas sin estar consciente de lo que realmente estaba sucediendo conmigo. Poco tiempo después del nacimiento de nuestro segundo hijo empecé a ir a terapia debido a la depresión y la furia. Me avergüenzo de la cantidad de terapia que tuve, un total de veintidós años de ver psiquiatras, consejeros, y terapia de grupo. Estoy segura, sin embargo, que sí fue de beneficio y me llevó a la recuperación.

Empecé a comer de manera compulsiva hace catorce años, lo cual me trajo a un programa de doce pasos y empezó mi viaje a la recuperación. De allí se me condujo a diferentes confraternidades que trataban con la codependencia y el incesto. Estoy segura de que todas estas pasaderas en el camino fueron de beneficio y eran parte de mi recorrido, pero a la vez era un proceso sumamente lento y doloroso.

Hice consciencia de la naturaleza de mi problema aproximadamente siete años después. Estábamos de vacaciones, y mi esposo dormía la siesta en la cabaña en una montaña mientras yo me sentaba afuera en un sillón. No podía disfrutar nada. Me sentía hipnotizada por la puerta, esperando que él saliera y preocupándome que quisiera hacer el amor. Lo observaba todo el tiempo intentando averiguar qué quería y cuando. De repente me caí en la cuenta. "No estoy viviendo," pensé. "Me encuentro en una cárcel horrible que yo misma he creado." Más tarde estaba de pie en la cocina peleando con mi esposo cuando se me acercó por detrás y me dio un abrazo sexual, y no pude más y le grité, "¡Basta!" Se quedó atónito. Al fin le dejé escapar la verdad acerca de las conductas que me habían molestado durante años.

La reacción de mi esposo fue tan increíblemente dolorosa para mí que pensé que no podía manejarla. Se calló y no me habló durante varios días. Esto era insoportable, junto con mi temor de rechazo y mi falta de conocimiento de que yo tuviera opciones. Acudimos a consultar a varios consejeros y terapia de pareja. Nada funcionó en realidad. Algo faltaba en mi recuperación.

Hace dos años y medio una amiga me sugirió que asistiera a Adictos Sexuales Anónimos después que compartí con ella mis temores sexuales. Esto fue el principio del proceso para la curación y un alivio enorme. Siempre tuve amigos con quienes compartir mis sentimientos, pero a nadie tan íntimo o con la suficiente confianza para hablar de las relaciones sexuales. Existía todo un mundo de sentimientos aterradores y perturbadores atrapados en mi interior. Por primera ocasión pude platicar acerca de eso, llorar, reír, y compartir mis temores, mi terror. El alivio es enorme. Asisto a dos o tres reuniones de ASA a la semana.

Leí un libro acerca de la "anorexia sexual" y sabía que estaban hablando de mí. Me sentí en terreno conocido cuando leí ese libro; me reflejaba en casi todo y por primera ocasión en mi vida me vi describir. Mi confusión acerca de lo qué ocurría se terminó.

Reparé el daño a mi esposo y me hice responsable de mi parte. Siempre creí que si mi pareja no necesitase tener tantas relaciones sexuales yo estaría bien. Ahora me doy cuenta de que para mí es compulsivo evitar las relaciones sexuales. Estos son los sentimientos con los que lucho: tener celos, ser posesiva, querer controlar todo, sospechar de todos, temor a la traición, temor al abandono, ansiedad, furia, culpabilidad, vergüenza y temor a ser rechazada.

Solía lanzar directas a mi esposo y golpearlo. Él inmediatamente me detenía las manos y se acababa eso. En unas cuantas ocasiones posteriores él me regresó el golpe. Fue nuestro secreto durante treinta años. Nunca lo comentamos. La vergüenza para ambos era insoportable. Al fin tuve el valor de comentarlo en una reunión de ASA. Ahora lo tratamos abiertamente y no han vuelto a surgir incidentes en más de un año y medio.

Un consejero me hizo ver que yo me desligo mucho. Yo ni siquiera sabía a qué se refería y me percaté lentamente de cómo me iba, me "perdía." Creo que debo de haber apagado cualquier sentimiento sexual desde que inicié la pubertad. Apagué completamente esa área de mi consciencia hasta ahora. No me quiero sentir sexual o excitada. Me parece algo atemorizante, no seguro. Tengo temores de que se me castigue, se me viole o se me mate si me dejo ir y me siento sexual. Mi cuerpo se pone rígido, mi pecho se siente pesado, me duele la cabeza, y estoy a punto de vomitar. Mi temor y mi asco son así de grande.

Mi adicción se centra en mi pensamiento obsesivo. Para alguien que odia las relaciones sexuales, me paso mucho tiempo teniendo obsesiones acerca de ellas. Dan vueltas y vueltas en mi cabeza. Al llevar a cabo el programa me he vuelto consciente de que mis sentimientos son una parte de mí. Si aprendo a incluirlos, a todos ellos, entonces no necesito gastar tanta energía reprimiendo la parte sexual de mí. Toda mi vida hice menos a los demás y en realidad era yo. Necesito aceptarme como un ser sexual—una idea aterradora. ¿Seguiría estando a salvo? ¿Cómo me protegería a mí misma? Entiendo que reprimí mi sexualidad para protegerme cuando era niña y adolescente. Tuve que hacer eso para sobrevivir. Funcionó entonces, pero ¿funciona ahora? ¿Todavía necesito esa protección o puedo sentirme sexual y segura? Sí, puedo sentirme sexual y segura. Me siento inquieta acerca de lo que aprenderé pero a la vez estoy llena de esperanzas.

Mis deficiencias incluyen los celos, ser posesiva y sospechar de todos. Avanzo al hacerme responsable de estas deficiencias. Son parte de mi adicción, me encuentro impotente ante ellas y mi vida es ingobernable. Es fácil para mí admitir que mi vida es ingobernable. Siempre lo fue. El Segundo y el Tercer Paso me llenan de esperanza y me muestran el camino hacia la recuperación.

Disfruto llevar a cabo los pasos. Llevar a cabo el Cuarto Paso y después compartir el Quinto Paso con mi padrino fue una experiencia para sanar. Sigo haciendo inventarios y compartiéndolos. Sigo llevando los pasos de ASA. Este programa me da esperanza, amor y compasión—compasión por otros y por mí misma.

Nunca "terminaré" con mi recuperación. Al dejar a un lado el papel de víctima asumo la responsabilidad de mis acciones. También disminuye la rabia y el maltrato físico hacia mi pareja. Estar consciente de mí misma me permite tomar decisiones conscientes para mi propio beneficio, y me encuentro menos en un modo reactivo. Estoy desarrollando una compasión por aquellos que sufren, como lo hice yo, de la enfermedad de la adicción sexual. Agradezco haber encontrado a ASA y valoro la confraternidad. Sigo creciendo y cambiando un día a la vez.

11.

AÚN CRECIÉNDOSE ESPIRITUALMENTE

Tengo pocos recuerdos de mi infancia. Lo que sí recuerdo es sentirme solo y sentir que era menos que los otros niños. Y mi sentí incómodamente íntimo a mi mamá. Creo que siempre quería una niña. Cada vez que nacía uno de mis hermanos pequeños ella expresaba una desilusión tremenda.

En una ocasión, cuando tenía como doce años, se me pidió que cuidara a los hijos de los vecinos que vivían atrás de mi casa. Una vez que salieron para pasar la noche fuera, recuerdo haber hurgado entre los cajones en busca de ropa interior femenina, sintiendo emoción y temor. Tal vez ese fue mi primer secreto.

Aproximadamente al mismo tiempo hice tocamientos a una niña unos cuantos años menor que yo. Detrás de una cochera, mientras la distraía de manera ingeniosa con mi conversación, le toqué sus genitales. Una vez más, sentí la emoción y el temor. Mi adicción sexual empezaba a desarrollarse.

Después empecé a pasar los fines de semana con una muchacha que yo conocía. Dormíamos en la misma cama y yo trataba de tocarla sin que se despertara, metiéndome bajo las cobijas para ver qué alcanzaba a ver. La madre de esta amiga era una alcohólica. En ocasiones llegaba tarde a casa y se dormía completamente desnuda en su cama. Su habitación quedaba de paso al baño, así que me pasaba la noche yendo y viniendo al baño para poder ir a ver a la madre.

En una ocasión una muchacha estaba de visita en mi casa y tuvo que usar el baño. Atisbé por la ventana desde la terraza pero ella me vio y comenzó a gritar. Sentí más vergüenza y emoción.

Por el mismo tiempo conocí a una muchacha y una noche mientras la visitaba en su casa la estaba masturbando cuando llegaron sus padres a su casa. Tuve que salirme por la ventana y brinqué al automóvil de mi amigo (me estaba esperando). Me sentí lleno de adrenalina y listo para explotar con emoción.

En la universidad conocí a la mujer que se convirtió en mi esposa. Mi primo la había traído a una fiesta e inmediatamente la deseé con lujuria.

Pasamos toda la noche bailando e hice una promesa de pasar mucho más tiempo con ella.

Le hablaba de forma compulsiva, manejaba desde mi escuela al otro lado de la ciudad para recogerla en su escuela, le compraba regalos y trataba de ganar el afecto de sus padres. Empezamos a acariciarnos antes de los exámenes porque yo quería medicarme con una experiencia sexual.

Una amiga de la familia iba a quedarse sola en su casa y sus padres y los míos estuvieron de acuerdo en que me quedara con ella para protegerla. Ellos confiaban en mí. Le sugerí a la muchacha que ella dormiría mejor si se tomaba algo. Esta fue mi primera experiencia en drogar a alguien para tener relaciones sexuales. Abusé sexualmente de ella mientras dormía.

Mi enfermedad casi nunca descansaba. Mi novia tenía primas gemelas y tuve relaciones sexuales con una de ellas. Después nos enviamos cartas apasionadas por algún tiempo.

Me gradué de la universidad, me casé con mi novia y conseguí un trabajo que a la larga terminó siendo mi escondite. Era mi fuente de actuación, de poder, rencor, y acciones deshonestas, y mi afirmación de quien era yo. Fue en donde tuve una aventura amorosa fuera del matrimonio, mi lugar para ir después de que había estado con prostitutas y un lugar donde asignar características sexuales y tratar como objetos sexuales a los solicitantes de empleo y mis subordinados. Esto duró mucho tiempo. Me convertí en un adicto sin límites. Sentía que mis placeres eran bien ganados y merecidos y que era demasiado astuto para que me pescaran.

Mi esposa se embarazó poco tiempo después de que nos casamos. Ambos estábamos emocionados y orgullosos. Una de sus primas gemelas vino a visitarnos y se quedó la noche. Dormí en la cama con mi esposa embarazada por un lado y por el otro le hacía tocamientos a su prima.

Nació nuestro primer hijo y dos años después nuestra hija. Mi lujuria por las mujeres vecinas creció. Mi satisfacción con las relaciones sexuales normales fue remplazada por un deseo por lo que yo consideraba relaciones sexuales más interesantes. Mi esposa y yo nos distanciamos sexualmente.

Tuve relaciones sexuales con una niñera joven y aun siento vergüenza cuando recuerdo que mi hijo de seis años entró a la habitación y nos vio. Yo no tenía control. El placer pesaba más que las consecuencias. Conforme creció nuestra hija yo trataba como objetos sexuales a sus amigas que nos visitaban.

Más tarde mi esposa y yo fuimos a un encuentro para matrimonios. El fin de semana estuvo lleno de sentimientos y tristezas. Escribimos cartas el uno al otro y después la leyó cada quien en silencio y lloramos juntos. Se sintió espiritual. Tal vez fue un inicio. Sin embargo, mi enfermedad seguía avanzando.

Recuerdo un viaje a otro estado, manejando la vagoneta con mi esposa sentada junto a mí y yo estirando mi brazo para tocar la pierna de mi hija en plena vista de mi hijo menor. Una noche le dije a mi esposa que tenía sentimientos sexuales hacia nuestra hija. Debo haber estado buscando ayuda con desesperación, pero no estaba dispuesto a solicitarla directamente.

Me subía al ático para atisbar entre las ventilas y espacios de los abanicos para ver a mi hija cuando se desvestía. Abría con llaves las puertas del baño y atisbaba cuando se estaba bañando. Taladré agujeros desde el armario a su cuarto para poder verla. La tocaba de forma inapropiada.

Cuando empezó a salir en citas con muchachos yo tenía reglas estrictas sobre la hora de llegada, y en una ocasión en que llegó demasiado tarde le grité. Le dije que no quería que estos jóvenes la dejaran embarazada. En realidad estaba fuera de control con celos.

Nuestro hijo mayor se enredó con las drogas y mi esposa y yo iniciamos un programa sobre el abuso de drogas para padres. Se nos dio a conocer los Doce Pasos, el padrinazgo, la honestidad rigurosa y otros principios del programa. Me involucré por completo, presidiendo reuniones, recaudando fondos y hasta asesorando a otras personas. Pero mi actuación estaba por tocar fondo.

Un día mi hija lloró en la escuela y le dijo a su maestra que su padre le había hecho tocamientos y había besado su seno la noche anterior. En realidad esto era lo más lejos a donde me había llevado mi adicción, y ella ya había tenido suficiente. La escuela le llamó a mi esposa, mi esposa recogió a nuestra hija y regresaron a casa esa noche con un ayudante del sheriff. Mi esposa entró a nuestra habitación, se sentó junto a mí y me dijo, "Sé lo que has estado haciendo y más vale que consigas ayuda."

Todo se oscureció dentro de mí. No podía decir una palabra y se me fueron todos mis pensamientos. Este fue el peor y mejor momento de mi vida. Recuerdo haberme puesto zapatillas y una bata de baño, bajar las escaleras, buscar en las páginas amarillas del directorio telefónico y hablar a un número sin costo de abuso sexual de menores. Lloré y confesé lo que había hecho y me dieron una cita a la mañana siguiente para ver a un consejero.

Yo sabía que no tenía ningún control. Y necesitaba saber esto, si iba a tener una oportunidad de mejorarme. No puse nada en duda. Cuando se me dijo que estuviera en una cierta dirección a una cierta hora allí estuve. Cuando me presenté no retuve nada, contándole a cualquier persona que me quisiera escuchar lo que había hecho. Ahora veo que no tenía límites. Sin embargo me funcionó en ese momento. Necesitaba que se me retirara toda pretensión de ego y control.

Mi esposa y yo nos reunimos con un terapeuta. Después nos reunimos con mi hija y se me dijo una cosa muy importante. Yo tenía que aceptar toda la responsabilidad por lo que pasó, aun cuando yo quisiera creer que mi hija había participado por su propia voluntad. Estuve de acuerdo en aceptar esta responsabilidad. Y eso fue muy importante para mí.

Mi esposa y yo decidimos tratar de quedarnos juntos. Regresé al programa de adicciones que habíamos encontrado para mi hijo, aunque me retiré de cualquier puesto de liderazgo. Dios fue bondadoso conmigo. Yo necesitaba ayuda. Todavía pasarían tres años antes de que me llegara a Adictos Sexuales Anónimos, pero me rodearon los milagros.

Decidí compartir mi experiencia con un consejero. Yo lloré, ella lloró, nos abrazamos y después me dijo que quería que conociera a un amigo suyo. Nos reunimos al día siguiente en un café y él me platicó acerca de una reunión de cuatro o cinco personas que él tenía en su oficina una vez a la semana. Leían de un libro sobre la adicción sexual. Este hombre compartió su historia sexual conmigo. Tardé en tener confianza, pero asistí cada semana a las reuniones en su oficina y también lo veía en muchas reuniones de doce pasos, en donde me guardaba un lugar.

Las cosas en casa estaban un poco tensas. Empecé a recibir muchas llamadas telefónicas de otros adictos y mi esposa se sintió omitida y enfadada. En una o dos ocasiones me escribió notas muy enojadas en donde me decía que ya había acabado y no lo soportaba más. Yo leía estas notas y sentía terror de ser abandonado.

Le llamé a mi terapeuta y el me dijo que no hiciera nada. ¿Acaso estaba bromeando? Así que me senté en el sofá, envuelto en una cobija, llorando y con escalofríos. Y después continuaba como antes, asistía a las reuniones y recibía llamadas y hacía lo que fuera necesario para mantenerme con vida. Mi camino estaba claro. Hacer llamadas, leer el material de recuperación, asistir a cualquier tipo de reuniones de doce pasos, ir a terapia, retiros, talleres.

En eso escuché hablar acerca de ASA. Asistí a mi primera reunión en 1987. Me sentí como en casa. Compartí mi historia esa noche y la persona sentada a mi lado, un miembro de reciente ingreso, me dijo después que nunca pensó escuchar a otra persona compartir lo mismo por lo que había pasado él. En ese entonces supe que era la intención de Dios que yo compartiera mi historia para ayudar a otros.

Después otro adicto me dijo que yo pertenecía allí y me agradó escuchar eso. ¿Qué raro, verdad? ¿Quién quisiera pertenecer en una reunión de adictos sexuales? Pero estar con otras personas, saber que no estaba solo, que me aceptaban a pesar de lo que había hecho y ver a estas personas reír y bromear, me hizo saber que me guiaba un Poder mayor a mí mismo.

Conseguí un padrino. Él tenía algo que yo quería y eso era el humor. Me pidió que lo llamara a diario durante treinta días y que leyera tres páginas al día en el Libro Grande de AA. Al final de los treinta días me dijo que pocos habían mantenido el compromiso como lo había hecho yo. Poco a poco pude encontrar un poco de humor en mi interior.

La reunión a la que asistía una vez por semana se dividió en dos y muy pronto tuvimos opciones. Poco a poco empezaban a llegar más personas y con ellas diferentes variaciones de la adicción. Las listas telefónicas crecieron y aumentó la intimidad. Usábamos el Libro Grande de AA y simplemente reemplazábamos la palabra "alcohol" con "relaciones sexuales" o "conducta sexual adictiva." Nosotros sabíamos a lo que nos referíamos.

El plan de Dios es perfecto. Me refiero a sus mensajeros como ángeles. Y he conocido a tantos de ellos. Los Doce Pasos se convirtieron en un tema continuo en las reuniones y empezaron a penetrar mi resistencia. Durante años había escuchado que hasta que limpiara las ruinas de mi pasado sería muy probable que repitiera mi conducta. Al fin escribí mi Cuarto Paso y lloré todo el camino a casa de mi padrino para terminar mi Quinto Paso. Para mí funcionó deshacerme de mi vergüenza al compartirla. También tuve que divorciarme de mi madre en papel, bajo la guía de mi terapeuta. Lo entrelazado de nuestra relación tenía que terminar. Yo tenía que madurar.

Conforme di todos estos pasos llenos de riesgos tenía un lugar en donde compartirlos y en ocasiones otra persona se beneficiaba de ellos. A menudo yo me beneficiaba de lo que compartían los demás. Así es que en la recuperación me quedé con sentimientos. Sentimientos sobre los cuales ya no podía actuar. La oración, escribir y el poder del grupo eran mi fuente de fortaleza cuando pensaba que moriría de los sentimientos. Y al aprender a decir lo que pensaba y sentía, me empecé a sentir bien de tenerlos.

Sucedió algo curioso en el camino. Alguien en verdad pensó que yo tenía algo que él quería y me solicitó que fuera su padrino. Sí, Dios es realmente generoso. Y hoy, muchos años después, celebro diez años de abstinencia, un día a la vez.

Elaboré mis tres círculos y los perfeccioné con la ayuda de mi padrino más reciente. Llevo a cabo mi programa como si mi vida dependiera de ello, aun hoy. Algunos dicen que trabajo demasiado. Pero sigo en la abstinencia y siento que si doy mi noventa y ocho por ciento, Dios hará el resto. Y Dios lo ha hecho.

Me encanta ASA. Mis mejores amigos pertenecen a la confraternidad, hombres y mujeres. Ahora tengo relaciones cariñosas e íntimas con otras personas. Puedo tener una relación con mi esposa como nunca antes la tuve. Y con mis hijos también. Porque estoy en el presente y sin secretos.

Estoy llevando a cabo el Noveno Paso, aun creciendo espiritualmente. Mi lista de reparaciones es larga y estoy dispuesto a hacerlas. Mi vida es mucho más rica ahora que nunca antes y la familia nunca volverá a ser la misma, GRACIAS A DIOS.

12.

CONSECUENCIAS TRÁGICAS, GRANDES RECOMPENSAS

Soy un adicto sexual en recuperación. Me he presentado así durante los últimos once años, desde que mi primer padrino me aconsejó que fuera delicado conmigo mismo y que reconociera mi primer paso hacia la recuperación como el inicio de mi viaje, sin importar qué tan difícil haya sido el camino desde que tomé ese primer paso indeciso.

Como muchos de los adictos sexuales, mi historia comienza con una historia de maltrato. Primero mi madre me utilizó para satisfacer su necesidad de tener una hija ignorando mi verdadero género y tratándome como su hija. Aun dice que me trató así porque yo así lo quería, un ejemplo clásico de culpar a la víctima. Esta también fue la primera instancia en donde percibí las necesidades de otros como si fueran de mayor importancia que las mías e hice todo, incluyendo sacrificarme a mí mismo, para satisfacer esas necesidades. Después, a los once años de edad, caí en el mismo patrón con mi hermano mayor, que prometía educación sexual a cambio de obediencia sexual. Su maltrato continuó hasta que lo detuve a los veintiún años.

Mucho antes que esto, aprendí que había muchas otras personas fuera de mi familia que me darían amor y aceptación a cambio de que yo satisficiera sus necesidades sexuales. Nunca se me ocurrió que yo pudiera ser amado por ser yo mismo, creyendo que no podía ser amado a menos de que sacrificara mi ser completo y me doblegara a los deseos de cualquiera que lo solicitara.

Es imposible decir cuando terminó mi historia de abuso sexual y empezó mi adicción. A lo largo de los años, aprendí a intercambiar favores sexuales por la aceptación a bares gay, luego en librerías, en parques en donde encontraba parejas sexuales, baños públicos y finalmente de personas que practicaban la prostitución. Inclusive tuve relaciones sexuales con otros parientes y amigos y vecinos, pensando que finalmente obtenía amor verdadero porque conocía a estas personas, más que ser personas totalmente extrañas. Pero mi uso de personas que practicaban la prostitución y la prostitución de mí mismo, se convirtió en el punto más bajo de mi historia de actuación.

Cuando buscaba encontrar personas vendiéndose a sí mismas en una tienda de pornografía se me arrestó por prostitución y tuve que pagar tres mil dólares en honorarios de abogados para poder llegar a un acuerdo con la fiscalía para salvar mi carrera. No obstante, no pude detenerme, hasta inclusive regresar al mismo sitio. Al contratar personas que practicaban la prostitución, sentía que podía controlar la situación y tenía un mayor control. Sin embargo encontré que le pagaba a personas que practicaban la prostitución y después no lograba que ellas hicieran lo que yo quería que hicieran, al contrario, me revertía a mi antiguo patrón de satisfacer las necesidades suyas en lugar de las mías.

Arriesgué mi vida una y otra vez, se me robó y golpeó, gasté demasiado dinero, inclusive tuve que terminar unas vacaciones antes de tiempo porque había gastado todo mi dinero en personas que practicaban la prostitución. Combinaba esto con el alcohol y las drogas y me encontré a mí mismo despertando de pérdidas de conocimiento sin saber dónde estaba o cómo había llegado allí.

Finalmente se me hospitalizó debido a la depresión después de una fuerte paliza y un robo en un campamento para indigentes, sin recuerdos de cómo sucedió. Después, mientras estaba en el hospital, solicité que revisaran mis heridas de la paliza. El doctor me dijo sin rodeos que probablemente tuviera SIDA y extrajo sangre para una prueba. Cuando se me dio los resultados unas semanas más tarde, éstos eran positivos al SIDA. Afortunadamente, encontré a un doctor que me explicó que no tenía SIDA, sino que era VIH positivo. Tuve que soportar estas noticias desoladoras solo, así como había soportado los detalles de mi arresto anterior solo, por qué no tenía un grupo de apoyo que me ayudara a manejarlo. La única forma que sabía de manejar sentimientos de esta magnitud era caer en la actuación, lo cual, triste es decirlo, continué haciendo durante el transcurso de los siguientes años. Aunque intenté practicar las relaciones sexuales con protección anticonceptiva, no siempre pude contenerme de caer en la actuación cuando no tenía un condón disponible. Nunca sabré a cuantos más infecté, porque mis parejas siempre fueron anónimas. Como no mostraba ningún síntoma, me convencí a mí mismo que debí haber dado un positivo falso, pero siempre permanecía una duda insistente.

Me realicé exámenes tres años después y me dejó pasmado recibir una segunda prueba con resultados positivos. Profundamente conmocionado, tuve que afrontar el hecho de que había infectado a otras personas. Me abrumaba la culpa. ¡Yo era una persona bondadosa! ¿Cómo pude haber actuado de manera tan insensible?

A través de lo que ahora creo fue la intervención de Dios, se me había transferido a una ciudad donde hay servicios para el SIDA, una buena recuperación y reuniones de ASA y una conexión fortuita con una monja católica, con quién estaba estudiando para convertirme al catolicismo. Como me encontraba ocupado intensamente en este estudio y en mi búsqueda espiritual, no podía reconciliar mi conducta sexual con mi sentido de valores creciente. Me sentí abatido sobre este asunto aparentemente sin solución y busqué ayuda en una agencia de servicios de SIDA, donde les informé que pensaba suicidarme.

Se me asignó a un consejero, y le dije que en caso de que yo decidiera vivir, las únicas dos posibles vías de tratamiento que podía aceptar como ayuda sería ya sea terapia de aversión para matar mi apetito sexual, o terapia sexual con una pareja sustituta que me ayudaría a aprender a disfrutar del sexo. Afortunadamente para mí, me sonrió y sugirió que asistiera a las reuniones de Adictos Sexuales Anónimos. Inmediatamente supe que tenía la razón. ¡Era un adicto sexual! Eso me explicaba por qué no podía detenerme, ni siquiera cuando quería y tenía razón para detenerme. Aun así, tenía miedo cuando fui a mi primera reunión y vi a través de las ventanas a más de cincuenta personas en el interior. ¡Estaban riéndose y se veían felices! ¿No sabían qué tan terrible y trágico era ser un adicto sexual?

La primera reunión fue un aspecto borroso. No recuerdo nada de ella a excepción de que al final me asombré de ver que las personas se abrazaban unas a otras y hablaban de cuanto se amaban. ¡Todo se veía tan falso! ¿Cómo podían realmente interesarse tanto si supuestamente ni siquiera estaban teniendo relaciones sexuales unos con otros? Estaba totalmente confundido y desconcertado.

Después de varias reuniones, salí en viaje de negocios a otra ciudad donde sucedió algo extraño. Antes que nada, no actué, lo cual nunca había sucedido antes en un congreso. Pero sucedió un milagro aun mayor. En mis estudios católicos, aprendí a rezar una novena, la cual es una oración que se dice cada día durante nueve días por una necesidad en especial. En el noveno día se recibe respuesta y siguen nueve días de oraciones de gratitud por la respuesta. Decidí pedir en mi primera novena poder sanar física, espiritual, y emocionalmente. ¡No tiene sentido pedir un milagro pequeño! En el anochecer del noveno día de la novena, tuve un sueño. En este sueño estaba en una cama de hospital, cuando una figura de blanco se aproximó. Me molesté y le pregunté a la figura, "¿qué deseas?" Una voz suave contestó, "Te estoy sanando." Sentí una sensación instantánea de consuelo, con el conocimiento de que ya estaba sanado y que el proceso para sanar había empezado aun antes de que yo lo pidiera. Al despertar, me di cuenta de que había recibido la respuesta a mi novena en el noveno día tal como se había prometido.

Los once años después de este inicio de mi viaje a la recuperación han sido asombrosos y llenos de altas y bajas. De manera negativa, me hice adicto al trabajo y casi me morí a causa de esa conducta, la cual ahora me doy cuenta es parte de la continuación del problema de una falta de identidad que había alimentado a mi adicción sexual. También desarrollé SIDA y tuve que jubilarme y comenzar a recibir fondos por mi incapacidad. Luché con la sobriedad sexual durante muchos años. Me alejé cada vez más de mi familia y sufrí años de soledad.

Cada una de estas cosas me ha traído una bendición igual a mi vida. Mi adicción al trabajo me permitió buscar tratamiento mientras internado en un hospital, durante el cual también obtuve tratamiento sobre mi historia de abuso sexual y adicción sexual, así como mi depresión. Mi jubilación me ha dado la oportunidad de vivir sin trabajar y de recibir un ingreso para mantenerme, mientras que me da tiempo de reparar el daño que le hice a la comunidad con mi actuación. Mi soledad terminó cuando conocí, me enamoré y me casé con una pareja magnífica, lo que me llevó a manejar los asuntos de relaciones de una forma diferente.

Durante todos estos altibajos, tuve una gran bendición. Al contrario de todo lo que tuve que lidiar a solas con mi arresto y mi diagnóstico inicial de HIV, he tenido el apoyo bondadoso de la confraternidad de ASA. Nunca tengo que volver a vivir una gran alegría o sufrir grandes tristezas solo. Por fin comprendí que no tenía que entregarme a mí mismo, mi identidad, mi sexualidad o mi dinero para lograr el amor y la aceptación que había buscado durante tantos años, de muchas formas dolorosas y que me dejaban aislado. Mi Poder Superior funciona para mí a través de aquellos con quienes me ha rodeado. Mientras vivo un día a la vez, estoy muy agradecido porque, cuando mi vida termine, no tendré que tomar ese paso final solo tampoco, ya que mi Poder Superior estará allí para recibirme del abrazo amoroso de mis amigos en la recuperación, mi familia verdadera.

13.

ESTO ES LO QUE SÍ FUNCIONA

La mejor forma de describir mi adicción sexual activa es que era como agua que baja por una colina. Mis conductas siempre parecían tomar el camino de la menor resistencia. Hubo momentos en que mi forma principal de actuar era con prostitutas de la calle. En otras ocasiones hubo librerías para adultos y líneas telefónicas de grupos de adultos. Exhibiciones indecorosas, clubes de *swingers,* anuncios personales, y el Internet eran todos parte del alcance de mi adicción sexual adictiva. Generalmente era una combinación de estas conductas. Si andaba corto de dinero, llegaba en mi automóvil y me exhibía ante las prostitutas o ante una pobre mujer en el automóvil a mi lado. Si tenía restricciones de tiempo hacía un viaje rápido a la librería para adultos. Si tenía el día libre podía actuar tres o cuatro veces. Actuaba la mayoría de las veces, si tenía la oportunidad. Hasta ahora no sé por qué nunca se me arrestó.

Mis conductas del círculo interior son cualquier acto sexual fuera de mi matrimonio, exhibiciones indecorosas, voyeurismo, relaciones sexuales por teléfono y el sexo cibernético. El primer punto en la lista incluye muchas conductas.

Existen algunas acciones que yo identifico como conductas del círculo medio, tales como coquetear y pasear con toda intención por negocios de explotación sexual y áreas donde se congregan las prostitutas. Estas conductas del círculo medio tienden a darme una euforia a pequeña escala sin el peligro y la descarga de adrenalina de la actuación. Cuando participo en dichas conductas lo comparto con mi padrino o lo menciono en una reunión. El noventa por ciento del tiempo en que participo en conductas del círculo medio es porque estoy enojado sobre algo, se me lastimó mi ego, o me tengo lástima a mí mismo. Al trabajar en esto con mi padrino o algún otro miembro del programa llego al fondo de lo que en realidad me está molestando y deja el camino libre a una vida sana. Estos límites, mis círculos interior y medio, tratan con mis conductas y no mis pensamientos. Si yo colocara mis pensamientos dentro de los límites me estaría augurando un fracaso.

Con el paso de los años mi adicción sexual se agravó porque requería de conductas más escandalosas y de mayor riesgo para darme la euforia que yo buscaba. Para cuando alcancé la sobriedad en ASA a la edad de treinta y cuatro años ya había tenido relaciones sexuales con más personas de las que podía contar, había actuado con cientos de prostitutas, había perdido oportunidades de carrera y había gastado más de cincuenta mil dólares debido a mi adicción sexual. Además de esto, dejé una estela de muchas mujeres lastimadas, tiempo lejos de mis hijos y de mi matrimonio y había perdido productividad en el trabajo.

Yo llevaba quince años de sobriedad del alcohol cuando me uní a Adictos Sexuales Anónimos. Había participado activamente en una confraternidad de doce pasos, había llevado a cabo los pasos muchas veces, había hecho trabajo de servicio, había asistido con regularidad a las reuniones, había tenido un padrino, y había patrocinado gente. Pero mi doble vida de la adicción sexual me estaba acabando lentamente.

La última ocasión en que actué fue hace dos años y medio. Le dije a mi esposa que iba a una ferretería. Me fui a un "spa/salón de masaje" y caí en la actuación. En el camino a casa tomé la decisión de unirme a un programa de doce pasos para la adicción sexual. Busqué en el Internet y ASA fue el primero en aparecer. Tres días después asistí a mi primera reunión. Para el final de la reunión sabía que me encontraba en el lugar indicado. No era lo que compartían las personas, sino la forma en qué lo hacían. Yo sabía que estaba con personas que tenían la seria intención de mejorarse.

La vergüenza y la culpa no tuvieron nada que ver con mi decisión de recuperarme de mi adicción sexual. No estaba pensando en las personas a las que yo había lastimado, ni siquiera de cómo me lastimaba a mí mismo. Tomé la decisión para recuperarme porque me sentía como un ratón en un laberinto, enfrascado en un círculo vicioso. Tuve que admitir al fin que era adicto a prácticas sexuales peligrosas y compulsivas.

Desde que me uní a ASA, no he practicado mis conductas del círculo medio. La recuperación en ASA ha sido sencilla, pero también es lo más difícil que he tenido que hacer. Estoy en contacto con mi padrino cuando menos dos veces por semana. También asisto a la misma reunión de ASA cada semana, llueva o truene. Me mantengo activo en el inter-grupo local y he sido padrino de muchos hombres. He llevado a cabo tres Primeros Pasos formales; el último me llevó dos reuniones de noventa minutos cada una en terminar. Mi programa no es perfecto de ninguna manera, pero lentamente avanzo para mejorar y me he mantenido dentro de mis límites, aunque en ocasiones dejo que mis pies toquen el borde.

Así como mi adicción activa era progresiva, también mi recuperación activa es progresiva. Soy un mejor esposo, padre, empleado, amigo y ciudadano de la comunidad. Me cuido bien física, mental, y espiritualmente.

Aunque no soy miembro de ninguna organización religiosa estoy en un camino espiritual en donde tengo un contacto consciente de Dios. Como miembro de ASA, soy igual a todos los demás miembros, sin importar la educación, estatus social y duración de la abstinencia. La persona que acaba de entrar por la puerta es tan miembro como el hombre o mujer que lleva más de una década de sobriedad sexual.

Si usted es nuevo en esta confraternidad, espero que usted siga adelante con el programa. Encontrará que una vida sin la actuación es sin lugar a dudas una mejor vida. Si yo puedo hacer esto, usted también puede. Asista a las reuniones, aun después de que "se mejore." Confíe en Dios, deseche lo que no le sirva y ayude a los demás. Eso es lo que me ha funcionado a mí. En mi punto de vista, ASA se trata de conocer unas herramientas metafísicas simples, conectarse a un Poder Superior de forma diaria y vivir una vida libre de la adicción. Estas son cosas que no podemos aprender al leer libros. La mejor forma de recuperarnos es hacerlo.

14.

REPARAR EL DAÑO EN VIDA

Cuando tenía como cuatro años de edad mi hermano, siete años mayor que yo, me inició a las relaciones sexuales. Me gustaba la atención que me brindaba. Siguió experimentando con mi cuerpo hasta que tenía yo catorce años. Empecé a masturbarme inmediatamente después de mi iniciación a las relaciones sexuales, pero sentía ansiedad de que mi pediatra se diera cuenta. Intenté detenerme, pero no pude. Recuerdo masturbarme en primaria, pensando que mi escritorio me escondía. También me masturbaba viendo la televisión en compañía de mi familia. Simplemente decía que tenía frío y me empalmaba cobijas para que nadie viera lo que estaba haciendo. En el jardín de la infancia empecé a exhibirme ante los niños - nuevamente, me gustó la atención.

Pasé mi adolescencia teniendo relaciones sexuales con otros adolescentes y hombres - adultos que en muchas ocasiones me doblaban la edad y uno que era cuatro veces mayor que yo. Me sentía fea y tonta y a mis compañeros de escuela no les caía bien. Me di cuenta de que podía recibir la aprobación y aceptación de los hombres si era sexual con ellos. Aunque empecé a asistir a terapia cuando cursaba el segundo de secundaria e intenté controlarme, seguí teniendo relaciones sexuales, sola y con otras personas, y odiándome por ello. No tenía límites y era tan indiscreta sexualmente que mi mejor amiga solicitó mis servicios para "quitarle la virginidad" a su hermano menor como un favor a él. Mi promiscuidad era vista por mis compañeros con una complacencia que me enferma ahora. Intenté mantenerlo como un secreto de mis padres.

Empecé a ver a un hombre de veintisiete años cuando yo tenía quince. Previamente había tenido relaciones sexuales con una docena de hombres, pero estar con este hombre me alejó de mis amigas, casi destruyó a mi familia y casi me orilló al suicidio. Me golpeó y me engañó. Me violó en una ocasión cuando estaba demasiado adolorida para tener coito, y en una ocasión inmediatamente después de un aborto. Intenté dejarlo pero no pude, así que dejé de comer durante un mes. Nadie en el trabajo, casa o escuela parecía darse cuenta de mi dramática pérdida de peso y me sentí sola y atemorizada. No se qué poder finalmente rompió mi adicción de cuatro años a él, pero un día sentí como si me hubiera despertado de un trance y lo abandoné. Desafortunadamente, para entonces ya me había hecho adicta al control de mi peso. Terminé la preparatoria con un promedio de 6 y sin planes para mi futuro.

Viví mi década de los veinte con una serie de trabajos de baja paga y una multitud de relaciones que me explotaban. Cada vez me odiaba más a mí misma, y un novio considerado me llevó a una clínica para pacientes no internados que estaba afiliada con el hospital universitario en donde yo trabajaba. Se me admitió inmediatamente al ala de psiquiatría para una evaluación, lo cual resultaba incómodo, ya que yo trabajaba allí. Cuando se me dio de alta aumentó mi adicción. Estaba viviendo en una vida extraña y de dos polos opuestos, gastando todo mi ingreso discrecional en terapia y todo mi tiempo discrecional teniendo relaciones sexuales con extraños, amigos, compañeros de trabajo e inclusive con mi ginecólogo. Tuve relaciones sexuales en lugares públicos, me exhibí en el trabajo, en un parque nacional, en bares y en una ocasión en la banqueta de la ciudad durante Halloween. Consumía drogas de la calle para ampliar la intensidad de la actuación. Aunque estuve hospitalizada cuatro veces más por motivo de la depresión e intento de suicidio, no me había dado cuenta de que había sufrido de abuso sexual de niña y nadie preguntó. Cuando le pregunté a mi psiquiatra qué pensaba acerca de mis conductas sexuales extremas, me dijo que solo era yo "hipersexual."

Al final de mi década de los veinte, me casé con un hombre con quien no quería tener relaciones sexuales. Ya que no había atracción física, me sentía a salvo con él, pero traté de controlar cada aspecto de nuestras vidas juntas. Rápidamente tuvimos un bebé y después dejamos por completo de ser sexuales entre nosotros. Mi uso de la fantasía y la masturbación escalaron al punto de hacerme daño; desarrollé una tendonitis severa en mi muñeca e ignoraba las necesidades de mi pequeño bebé. Se me inyectó cortisona pero seguí actuando conmigo misma.

Mi adicción escaló aun más cuando deje a mi esposo por un vecino "guapo." Afortunadamente, ese hombre exigió que yo reconociera que haber tenido relaciones sexuales con mi hermano era abusivo para mí. Me uní a un programa de doce pasos para sobrevivientes de incesto, rompí el cordon de mi negación y reconocí que de niña había sufrido de abuso sexual en muchas ocasiones. Me di cuenta de que mi familia había actuado de forma sexual inapropiada y que mi abuelo había tenido múltiples aventuras amorosas. Llevé a cabo los ocho primeros pasos de la recuperación y dejé de odiarme. Sin embargo, mi vecino explotaba mi adicción sexual y la utilizaba para controlarme. Mi mayor remordimiento es cuanto descuidé a mi hijo mientras estaba enredada con este hombre. Estaba más enferma que nunca, a pesar de que había estado en terapia durante veinte años.

Después de años de rompimientos dolorosos, seguidos por reconciliaciones sumamente sexuales, mi vecino casualmente anunció que yo era un adicto sexual. El momento en que escuché las palabras "adicto sexual," supe que había encontrado la parte faltante del rompecabezas de mi locura. Busqué a Adictos Sexuales Anónimos en el directorio, llamé y tuve que dejar mi número telefónico para que se me llamara para saber en dónde se llevaban a cabo las reuniones. Esperar la llamada me pareció una eternidad.

Cuando asistí a mi primera reunión, supe que había llegado a casa. Durante treinta años me había sentido diferente, con fallas, rara y sin esperanzas. Aquí había un salón lleno de gente, gente buena, que eran adictos al sexo, así como yo. Me sentí abrumada con la esperanza y lloré como nunca me había atrevido antes.

Quisiera decir que todo fue feliz para siempre, pero no puedo. Lo que puedo decir es que mi vida mejoró de una forma constante, con algunos serios topes en mi camino. La abstención de las relaciones sexuales fue terrible para mí, y viendo retrospectivamente, me di cuenta de que me había masturbado o había tenido relaciones sexuales con alguien durante cada una de las noches de las dos últimas décadas. Ahora no podía dormir, me sentía como si trajera gripe. Me dolía cada articulación. Estaba irritable, olvidadiza y llorona. Asistí a cada reunión que teníamos (solamente dos a la semana), conseguí un padrino, escribí mis tres círculos y empecé a leer todo lo que podía encontrar sobre la adicción sexual y la recuperación. Los primeros seis meses fueron intensos y dolorosos, pero también de mucha ayuda y llenos de júbilo. Tenía amigos en la recuperación y terminé mi relación con el vecino.

Después de ocho meses dentro del programa violé una regla del círculo medio y le conté a un hombre casado, que no estaba en ASA, acerca de mi adicción. En menos de veinticuatro horas tuvimos sexo. Aunque él tenía un "matrimonio abierto," lo que yo había hecho pertenecía a mi círculo interior y estaba tan enojada conmigo misma que me torné suicida y dejé de comer. Mi gran esperanza para la recuperación estalló con mi recaída y me sumí en la desesperación. Durante aproximadamente un año tuve una recaída con este hombre, asistí a reuniones, perdí varios padrinos, fui a terapia, bajé y subí de peso y de alguna forma no perdí mi pésimo trabajo. Estaba sumamente deprimida y atemorizada de que los Doce Pasos no fueran a funcionar para mí. La mayoría de los hombres en el programa no comprendían el papel que jugó el elemento de la relación en mi adicción y se frustraban con mi recaída. En esa época era la única mujer que asistía a las reuniones de forma regular en nuestra ciudad. Pero yo seguí asistiendo a las reuniones porque era el único lugar del mundo donde me sentía a salvo. Aun cuando los hombres en el grupo pudieran no haberme comprendido totalmente, me escuchaban cuando yo compartía y estaba aprendiendo a amarlos a ellos y a mí misma también.

Mi pareja de actuación abandonó a su esposa y nuestra relación ahora cumplía con los requisitos de la sobriedad: relaciones sexuales con una pareja monógama y formal. Se convirtió en mi novio. Tuvimos tantas relaciones sexuales sanas como no sanas mientras yo aprendía lentamente a fijar límites. Todavía luchaba con la masturbación y la moví hacia adentro y fuera de mis círculos en varias ocasiones. Seguí asistiendo a las reuniones.

Un suceso decisivo en mi recuperación tuvo lugar entonces. De la desesperación de encontrar padrinos, cinco hombres y yo formamos un "grupo de co-padrinos." Nos reuníamos una vez a la semana para leer nuestro programa de pasos, salíamos a cenar y asistíamos todos a la reunión. Con el apoyo de mi grupo de co-padrinos presenté mi Primer Paso a la confraternidad, cuatro años después de haberme unido a ASA. Durante mi preparación para mi Primer Paso tuve un despertar espiritual que me transformó, y en verdad sentí la presencia física y bondadosa de Dios en mi vida. Recién motivada, impacientemente seguí con el grupo de co-padrinos llevando a cabo los Pasos Segundo, Tercero, Cuarto y Quinto. Estaba sobria sexualmente, volviéndome más sana emocionalmente, y asistía a la universidad. Había alegrías y risas y esperanza en mi vida, reemplazando la desolación y la aversión.

Después descubrí que mi novio me había estado engañando con tres mujeres diferentes durante años. Mi vida se derrumbó. Me torné suicida nuevamente. Quería dejar de vivir, creyendo que había fallado en la recuperación. Desarrollé un caso agudo de síndrome de estrés post traumático, dejé de comer durante semanas y llegué al límite de ser psicótica.

Creo que los miembros de mi grupo de co-padrinos y otras personas dentro de la confraternidad salvaron mi vida en esta ocasión. Quería morir y me sentía incapaz de seguir adelante. Me cuidaron, llevándome a sus hogares a dormir porque me sentía demasiado al borde del suicidio para estar sola.

Asistí a dos reuniones de doce pasos al día durante siete semanas. No trataba establecer un nuevo record de asistencias. Simplemente no toleraba estar sola y estaba demasiado enferma para ir al trabajo. Fui a un centro de rehabilitación para pacientes externos para recibir un programa intensivo de terapia. Fue allí donde acepté de una forma sin riesgo mi ira acerca de haber sufrido abuso sexual, de ser una adicta y haber sido engañada. Pero cuando salí del centro, manejé hacia el desierto sola, queriendo suicidarme porque todavía me sentía desdichada por la pena. En desesperación me paré a la mitad de un desierto montañoso enorme y supliqué la ayuda de Dios. En ese momento entregué por completo mi vida al cuidado de Dios, como no lo había podido hacer antes.

Cuando llegué a casa empecé a tomar medicamento anti-psicótico para mejorar. Empecé a intentar vivir la voluntad de Dios, no la mía. Seguí con dos reuniones diarias y participé en un programa de terapia de cuatro meses que me enseñó habilidades prácticas para la vida. Me di cuenta de que había pasado mucho tiempo en la fantasía y la masturbación, que no había desarrollado técnicas sanas para manejar las presiones normales de la vida. Seguí con mi grupo de co-padrinos, volviendo a llevar a cabo del Primer al Quinto Paso. Aunque descubrir la infidelidad de mi novio me pareció catastrófico, fue a través de esa experiencia que aprendí la verdadera compasión, para mí misma y para otros. Estaba aprendiendo a dejar de estar en control y dejar de estar en lo cierto. Estaba convirtiéndome en una madre amorosa con mi hijo. Recurría a Dios para recibir ayuda.

Mi novio regresó para tratar de reparar los daños que cometió. Todavía estaba enamorada de mi novio a pesar de lo que él había hecho y fui capaz de perdonarlo, aunque el perdón tardó años. Permitirle regresar a mi vida causó inicialmente mucho conflicto con mis amigos y mi familia que me habían apoyado durante nuestro rompimiento. Algunos sentían que yo actuaba al estar con él. Afortunadamente, seguí haciendo oración, reuniéndome con mi grupo de co-padrinos y llevando a cabo los pasos. Me tomó tiempo pero finalmente me di cuenta de que me había estado escondiendo de la confraternidad en general y reuniéndome sólo con mi grupo de co-padrinos porque yo también me sentía en conflicto por haberme reconciliado con el hombre que estaba por convertirse en mí esposo. Seguí luchando con una depresión persistente que yo temía haberme causada por estar con él.

Con el tiempo regresé a involucrarme de tiempo completo en ASA. Conseguí un nuevo padrino, fui a la Convención Internacional, me casé y volví a llevar a cabo los primeros siete pasos. Con el Cuarto y Quinto Paso me di cuenta de que había estado deprimida desde mi temprana infancia. Al usar el Sexto y Séptimo Paso pude ver a la depresión como un defecto de carácter (o como lo prefiero llamar, "conducta no efectiva") y pedirle a Dios que me la quite. Con la ayuda de Dios, rara vez estoy deprimida ahora y tengo un arsenal de herramientas para combatir la depresión si ésta se presenta. Perdoné a los miembros de ASA que me juzgaron, dándome cuenta de que yo también me había juzgado y los había arrastrado hacia mi vergüenza. Ahora estoy en medio de llevar formalmente a cabo por completo el Octavo y Noveno Paso.

He reparado los daños a mis padres por lo que ocasioné con la relación de mi novio de veintisiete años de edad. Les dije cuanto sentía haber intentado suicidarme en su casa. Aunque les he reparado los daños en vida a ellos cuidando de la madre de mi padre durante cinco años, decir las palabras para disculparme acerca de ciertos sucesos específicos me ha cambiado para siempre. Ya no tengo miedo de hacer o de admitir errores. He hecho varias reparaciones de daños formales y he descubierto que cada una es una experiencia liberadora. Aunque todavía no he terminado el Octavo y el Noveno Paso, diariamente llevo a cabo el Décimo Paso.

Mi odio a mí misma se ha desvanecido por completo. Mis padres y yo estamos más unidos que nunca y estoy muy agradecida de haber llevado a cabo esto cuando ellos todavía están vivos. Mi hijo y yo estamos tan unidos como un joven de dieciséis años de edad y su madre deben estar. Tengo buenos límites. Adoro a mi esposo. Compartimos una práctica espiritual y tenemos la mejor relación intima que yo haya tenido jamás. Mi peso está estable. Tengo amigos cariñosos y gozo de buena salud. Y a través de la gracia de Dios, regresaré a terminar mis estudios universitarios.

Manifiesto mi agradecimiento a ASA al trabajar con otras personas. Patrocino a varias personas. Formé una reunión y soy su secretaria. Soy voluntaria del inter-grupo local y estoy realizando servicio con la vinculación nacional. Hago estas cosas porque le debo mi vida a este programa.

Antes de conocer a Adictos Sexuales Anónimos pensé que yo era un error, sola en el mundo. Aquí en ASA encontré las respuestas que no había podido encontrar. Estoy agradecida de ser un adicto sexual en recuperación.

15.

CHOQUE DE DOS MUNDOS

Crecí en una familia de clase media en un pequeño pueblo en el medio oeste de los Estados Unidos. Teníamos un negocio familiar, una buena casa, participábamos en la iglesia y desde afuera parecíamos ser una familia ideal. Aprendí desde temprana edad a proteger y promover esa imagen pública. Esta fue la primera instancia en que desarrollé dos mundos distintos que posteriormente se convertirían en una gran parte de mi adicción sexual. Como verá, detrás de las puertas cerradas había un alcoholismo desenfrenado, maltrato verbal y emocional, muchas lágrimas y mucha desdicha. Pero esto nunca debe verlo el mundo exterior.

Fui el quinto de seis hijos. Los cuatro primeros eran mucho mayores que yo y eran ya adolescentes cuando yo era niño. Ellos les causaban todos los problemas típicos de la adolescencia a mis padres. Conforme aumentó la tensión por la disfunción de la familia, pronto aprendí mi papel en la familia: yo era el chistoso. Cuando se empezaban a alzar las voces o escalaba el conflicto, yo corría a romper la tensión contando un chiste, haciendo una broma, parándome de cabeza – cualquier cosa que distrajera de lo que estaba sucediendo a mí alrededor. También aprendí a adormecer mis emociones. Por naturaleza era un niño muy emocional. Pero pronto aprendí que la ira no se toleraba en mi casa, con excepción de la de mi padre. Las lágrimas se reservaban solamente para mi madre. Y solamente se permitía compartir "sentimientos felices" con los demás. "Estoy bien," con una sonrisa falsa se convirtió en mi lema.

Descubrí la masturbación por accidente un día cuando tenía once años. ¡Qué sensación tan maravillosa! ¡Qué distracción tan increíble de la tensión y disfunción en nuestra casa! Rápidamente se convirtió en una compulsión para mí, cada día, muchas veces al día, al punto de dejarme adolorido.

Después de un tiempo le mostré esta actividad recién encontrada a un amigo mío e iniciamos una mutua exploración. Nada demasiado en serio, nada con demasiada frecuencia. Ahora que contemplo el pasado, probablemente fue una exploración normal de niños. Pero lo que sí recuerdo ahora es que yo estaba mucho más interesado y excitado sexualmente por esto que él.

Una cosa en común durante mi adicción es que me aburría con rapidez de cualquier actividad que yo escogía. Necesitaba más estimulación; con el tiempo necesité un mayor riesgo. Así que después de la masturbación compulsiva empecé con la pornografía. Aunque nunca lo tuvimos en casa, los papás de los niños a quien cuidaba tenían guardado pornografía, así que era fácil para mí usarla. En ocasiones robaba algunas de la farmacia local. Cuando esto ya no me ofrecía suficiente estimulación empecé a masturbarme en lugares en donde había un ligero riesgo de que me atraparan. Recuerdo que me masturbaba en una sala de cine oscura con un abrigo sobre mi regazo o en el asiento trasero del carro mientras alguien más iba manejando. Recuerdo una ocasión en que me masturbé en el balcón del decimosegundo piso de un hotel, medio esperando que alguien me viera. Todo esto ocurrió cuando yo era apenas un adolescente.

Cuando era un adolescente mayor tuve una relación seria con una muchacha de mi salón. Esta relación pronto se convirtió en una relación sexual. No había mucho intercambio en nuestra relación sexual. En realidad solamente era otra forma de masturbación para mí. Ambos éramos católicos y creíamos que las relaciones sexuales fuera del matrimonio eran un pecado. Pasamos por un patrón de mucha actividad sexual para sentirnos abrumados por la culpa y dejarlo por un tiempo y después regresar otra vez a mucha actividad sexual, regresar a la culpa y darle vuelta otra vez. Llegué a asociar las relaciones sexuales cómo sinónimo de la culpa y la vergüenza.

Poco después de la preparatoria esta novia se embarazó y nos casamos. Yo tenía dieciocho años entonces y acababa de cumplir los diecinueve cuando nació nuestra hija. Ambos éramos muy jóvenes y no éramos lo suficientemente maduros para estar casados. Nos divorciamos después de solamente un año y obtuve la patria potestad de mi hija. Tenía diecinueve años y era el padre soltero de una niña de dieciocho meses. ¡Fue necesario que creciera muy aprisa!

Ahora que contemplo el pasado me doy cuenta de que casi todas mis fantasías de masturbación eran sobre los hombres. Es raro que nunca me preguntara si pudiera yo ser homosexual. La homosexualidad simplemente no era aceptada por mi religión, mi pueblo pequeño y mi familia, así que yo ni siquiera me podía preguntar esto. Yo sólo sabía que sentirme atraído por las mujeres era hacer lo correcto.

Una vez durante ese matrimonio reciente tuve una experiencia homosexual. Encontré una librería de adultos en el pueblo en donde cursaba la universidad. Era ingenuo y no sabía entonces que las personas se reunían allí para tener encuentros sexuales. Entré a la cabina y estaba viendo un video gay para adultos por primera vez. Fue sumamente estimulante para mí. Después un caballero mayor me ofreció darme sexo oral y yo se lo permití. Huí de ese edificio lleno de vergüenza, temor y asco. El olor de aquella pequeña cabina permaneció conmigo por semanas. Manejé más de cien millas esa noche tratando de entender la experiencia. Al fin fui a casa y me metí a la regadera por más de una hora. Estaba tan lleno de vergüenza. No podía creer que yo hubiera hecho algo tan horrible. Estaba seguro en ese momento que yo no podía ser gay. Después de todo, lo hubiera disfrutado y no hubiera sentido tanto rechazo. El asco duró unas cuantas semanas y después lentamente regresaron las fantasías acerca de los hombres. No regresé a ningún lugar como ese por mucho tiempo. Pero el recuerdo y la fantasía permanecieron.

Con el tiempo me gradué de la universidad, conseguí un buen trabajo y me volví a casar. Mi trabajo a menudo me mantenía alejado de mi casa. Mi adicción avanzó hasta incluir las librerías para adultos y los clubes de desnudistas así como un consumo fuerte del alcohol. Un día iba manejando a casa de mis viajes cuando me detuve en un área de descanso en la carretera. Empecé a leer el grafitti en las paredes del baño. Ahora bien, estoy seguro que todas esas cosas han estado escritas allí toda mi vida, pero yo simplemente no le había prestado atención antes. En esta ocasión las sugerencias de las relaciones sexuales entre hombres me parecieron muy estimulantes. No podía sacar de mi mente esos pensamientos. Durante el siguiente año me encontré en los baños leyendo las paredes, teniendo fantasías, manejando de área de descanso a área de descanso, masturbándome en el camino. En ocasiones me exhibía a los vehículos que eran más altos que el mío o a los ciclistas que podían ver hacía dentro de mi automóvil.

Lo curioso es que durante este período en realidad yo no actué con las personas en las áreas de descanso o las librerías para adultos. Yo deseaba hacerlo. Sabía que allí estaban. Pero estaba demasiado asustado. Descubrí que no es en realidad el alivio sexual lo que es la "droga" en sí para mí, sino el pasatiempo de buscar. Obtenía una sensación de satisfacción enorme de salir en busca de parejas sexuales y de imaginarme las posibilidades, más que de la actividad sexual en sí.

Un día cuando me encontraba en un viaje de negocios crucé la línea de salir en busca de parejas sexuales a actuar con alguien más. Ni siquiera sé como nos juntamos. Me encontraba muy borracho para cuando un grupo de nosotros fue a un bar esa noche. Lo último que recuerdo es haber comprado una ronda de bebidas para todo el grupo. Nadie las quería, así que me tomé uno a uno ocho vasos de tequila. No recuerdo mucho después de eso. Salí de mi pérdida del conocimiento en mi habitación del hotel en medio de tener relaciones sexuales con un hombre muy musculoso que estaba inhalando algún tipo de droga. Todavía estaba yo borracho, pero sumamente aterrorizado. No sabía quien era esta persona o cómo terminamos juntos. Tampoco había sido expuesto mucho a las drogas. Lo saqué de la habitación con el mayor tacto posible tan rápidamente como pude. Estoy seguro que no dormí en absoluto el resto de la noche.

En ese punto sentí que mi vida estaba fuera de control y pensé que conocía la razón —el alcoholismo. Mi bebida estaba fuera de control. Tenía altos valores morales y estaba muy seguro de que si no tuviera el alcohol en mi vida mis valores no me permitirían continuar con mis actividades sexuales ilícitas. Empecé a asistir a reuniones por mi alcoholismo y he permanecido sobrio desde entonces. Pero en cuanto a mi actuación sexual se refiere me esperaba una gran sorpresa.

Los dos siguientes años fueron un infierno para mí. Todo el tiempo y la energía que yo dividía entre mi actuación y mi alcoholismo ahora lo dedicaba exclusivamente a mi adicción sexual. Empecé a actuar con hombres en las áreas de descanso, librerías para adultos, parques y otros lugares públicos. Pasé más horas cada semana en busca de parejas sexuales que lo que me pudiera imaginar. Cada vez que actuaba me llenaba al instante de vergüenza y remordimiento. ¡Corría a casa con mi familia y me prometía a mí mismo que NUNCA volvería a hacer esto otra vez! Al día siguiente, me encontraba en la misma situación.

Recuerdo una ocasión en que salí en busca de parejas sexuales toda la noche, y me quedé dormido al volante y metí el automóvil de mi esposa a una ciénega. Los recuerdos de los que más me arrepiento tienen que ver con mis hijos y mi esposa—tal como salirme de la habitación del motel a media noche para tener relaciones sexuales con un extraño en una librería para adultos y regresar a la cama con mi esposa como si nada hubiera sucedido. El recuerdo más doloroso de todos es cuando salí de una librería para adultos en donde había dejado a mis dos hijos pequeños dormidos en el asiento de atrás de mi automóvil a media noche. Se habían despertado y me andaban buscando. Mi hija me vio y me gritó "papi" y unos adictos de la librería que les habían estado tratando de ayudar dijeron con sarcasmo, "¿De veras crees que es tu papa?," – Ese fue un punto tan bajo en mi vida. En todos los demás aspectos yo era la personificación de la responsabilidad. ¡Vean que tan bajo me había hecho caer mi adicción!

El resto de mi vida se veía bastante normal de afuera para dentro. En realidad yo tenía dos mundos distintos. Uno era la parte oscura secreta de mi vida que era la adicción sexual. Nadie sabía acerca de esta persona. La mantuve bien escondida. El otro mundo era uno del padre y esposo fiel, un hombre que participaba en su iglesia y su comunidad. Tenía un gran trabajo en donde me iba bien. Eramos dueños de un hogar hermoso cercano a un lago. Parecíamos la familia ideal. Pero por dentro, las cosas no eran tan ideales. Mi esposa creía que algo andaba mal. Sabía que algo andaba mal. Solamente que no sabía qué podía ser y sus preguntas cayeron en oídos sordos.

En todos los aspectos de mi vida era una persona sumamente honesta. Recuerdo haberme regresado diez millas a una tienda por que por accidente me había llevado la pluma que había utilizado para escribir un cheque. Me enorgullecía en decirle al cajero de una tienda que me había dado demasiado cambio. Era impecable en mis tratos de negocios. La honestidad era sumamente importante para mí. Me rodeaba de gente que era honesta y directa. Creía en el fondo de mi corazón que yo era una persona honesta hasta la médula.

Sin embargo, cuando se trataba de mi adicción sexual era tan lejos de ser honesto como se puede ser. Nadie se puede pasar tanto tiempo en busca de parejas sexuales sin tener que recurrir a mentiras acerca de dónde andaba. Tuve más llantas ponchadas, problemas con el automóvil, amigos en crisis, etc., de lo que se pudieran imaginar. Entre más se agravaba mi adicción sexual más mentiras tenía que inventar. Me pasé tiempo en que debía estar trabajando o en convenciones en mi actuación. Gasté dinero en desnudistas y lo reporté en mis gastos como comidas de negocios. Cuando se trataba de mi adicción mi integridad no existía. Llegó al punto en que no recordaba qué mentira le había dicho a quien y tenía que ser muy ágil para cubrir cualquier discrepancia. Esto ocurría básicamente con mi esposa que a menudo se preguntaba si estaba perdiendo la memoria.

Hice malabares casi perfectos con estos dos mundos por un largo tiempo. Mi único objetivo en la vida era que estos dos mundos nunca se juntaran. Pero me costó mucho a mí en lo personal. Sufrí de depresión y ataques de ansiedad. Vivía mi vida en un temor constante. Temía que fuera arrestado y que mi esposa y mis hijos fueran humillados públicamente. Temía que pudiera perder a mi familia, que muriera de SIDA, que alguien me golpeara en estos lugares de actuación pública. Y después lo que menos pensaba empezó a ocurrir. Mis mundos empezaron a chocar. Recibí una llamada telefónica en el trabajo de alguien con quien había actuado. Alguien que conocía me vio salir de una librería para adultos. Mi único objetivo durante años había sido mantener a estos dos mundos separados y ahora me sentía completamente fuera de control.

El temor de humillar a mis hijos como resultado de mi adicción era uno de los más fuertes. Hasta ese punto en mi vida en realidad nunca había considerado suicidarme, aun en el peor de los tiempos. Pero ahora empezaba a parecerme la opción más lógica. Después de todo, ¿no sería mucho más compasivo que mis hijos perdieran a su padre a la muerte y no que lo arrestaran y que mi nombre saliera en todos los periódicos? (Tenía un puesto importante y estaba seguro que mi arresto sería noticia.) ¿O no sería más compasivo que yo me matara y no que tuvieran un padre en prisión o muriéndose de una muerte lenta y agonizante de SIDA? Tomé una decisión en ese entonces de suicidarme. Había intentado una y otra vez detener mi actuación y sabía para entonces que no tenía esperanzas. Me prometía a mí mismo cada vez que nunca, jamás, volvería a hacer esto otra vez. Pero siempre regresaba al día siguiente. El suicidio parecía la única respuesta lógica que quedaba.

Hasta este punto nunca le había dicho a nadie de mis problemas sexuales. Era un secreto sucio y oscuro que mantenía enterrado dentro de mí. En un momento de desesperación recordé a una consejera que había visto muchos años antes a la que posiblemente, quizá, le podía contar esto. Decidí que antes de matarme le contaría a esta persona, por si hubiera una pequeña oportunidad de recibir ayuda. Llamé y concerté una cita.

Cuando me reuní con ella no tenía nada que perder, así que le conté toda la historia. Era la primera ocasión en que escuchaba estas palabras en voz alta y fue bastante espantoso y doloroso. Se paró de su silla, se me acercó y me dio un abrazo, el cual yo necesitaba bastante. Me dijo que había muchas personas como yo, y le dio un nombre—adicción sexual—y me refirió con otro consejero especializado en esta enfermedad. El otro consejero me dio a conocer a Adictos Sexuales Anónimos. Algunas personas asisten a varias reuniones para decidir si en realidad son adictos sexuales o no. Yo no fui una de esas personas. Desde el primer momento en que escuché a alguien contar su historia en una reunión, ¡lo supe! Conforme cada persona contaba su historia me convencí completamente. Me sentí como en casa. Era un gran consuelo saber que no era el único. Hasta me causó ira a mí que hubiera mantenido mi secreto por tanto tiempo, cuando había ayuda y comprensión disponibles.

A través de la ayuda de mi grupo, mis compañeros adictos sexuales y mi Poder Superior, fui capaz de dejar de salir en busca de parejas sexuales y detener mi actuación. Pude deshacerme de la vergüenza y el remordimiento que habían formado una gran parte de mi vida hasta ese punto. Pude entenderme a mí mismo como un ser humano sexual más que considerar a la sexualidad como un secreto sucio. No puedo decir que la recuperación ha sido perfecta. Ha habido varios tropiezos por el camino. El mayor fue cuando el Internet se hizo tan popular y descubrí cómo buscar parejas sexuales en la carretera electrónica. Pero hoy estoy bien y mi vida, como un todo, es mil veces mejor que el día en que llegué a ASA.

El mayor don que me dio la recuperación fue la honestidad. Hoy ya no vivo en mis dos mundos distintos. Lentamente he podido juntarlos en uno solo. He podido detener las mentiras y el engaño. No tengo que cubrir mi rastro o tratar de recordar qué historia le conté a quien. Esto me ha dado una libertad que nunca consideré posible.

Otro don que me ha brindado la recuperación es la oportunidad de explorar mi sexualidad. He tenido estas fantasías toda mi vida pero nunca me permití la oportunidad de preguntarme acerca de mi orientación sexual. En la recuperación, sin estar en la actuación, tuve la oportunidad de explorar estos sentimientos. Fui capaz de utilizar palabras como "bisexual" y "gay" sin avergonzarme. Al fin vine a comprender que en realidad sí soy un hombre gay. Pasé siete de los once años en que estuve casado en terapia de parejas tratando de solucionar una multitud de problemas misteriosos. La verdad es que no eran problemas reales, ni eran misteriosos. Yo era un hombre gay tratando de vivir una vida en donde mi interior nunca sería igual a las acciones que estaba representando. Ese conflicto me estaba matando y tuve que dejarlo ir. Les confesé la verdad a mi esposa e hijos. Nos separamos y con el tiempo nos divorciamos.

Inicié un nuevo despertar que es parecido al de los adolescentes. Aun después de la actuación de todos estos años no sabía en realidad lo que se sentía estar con un hombre. Si, me pasé períodos de diez minutos de rodillas en las áreas de descanso. Pero eso no me enseñó nada acerca de la intimidad con un hombre. Aprendí lo que se siente besar, abrazar, mimar, tocar, orar y compartirme completamente con otro hombre. Me sentí integrado como persona por primera vez.

Les tengo que decir que llevo ocho años en mi recuperación y soy más feliz de lo que nunca antes había sido en mi vida. Todavía tengo conflictos personales. Las cosas no siempre marchan como yo quisiera. Pero hoy vivo una vida honesta y mi interior es igual a mi exterior. Mi recuperación y la confraternidad de los hombres y mujeres de ASA me han dado el mayor regalo que se puedan imaginar—¡mi vida!

16.

OTRA PUERTA SE ABRE

Cuando pienso de donde vengo, no puedo sentir más que alivio. Sin embargo, al mismo tiempo en que las nubes de tormenta todavía se asoman en el horizonte, hay un tornado asesino en el siguiente condado y un huracán incipiente en el Pacífico de mi mente. Tomo en brazos a mi bebé de seis meses y me maravillo ante lo mucho que ha crecido y cambiado. ¿Dónde empieza la adicción? ¿Está en los genes o de haber recibido maltratos en los años formativos? Mi bebé ya está aprendiendo formas sanas de consolarse a sí misma. Tratamos de brindarle la oportunidad de arrullarse para dormirse por sí misma. Hay una línea muy estrecha entre amar y asfixiar, entre la independencia y el abandono. Pero como miembro sobrio y en recuperación de Adictos Sexuales Anónimos, puedo caminar esta línea. Sin mi abstinencia y recuperación, estaría hecho pedazos por el tornado y aventado por los aires del huracán. El éxito de mi recuperación determina la calidad de mi vida.

Mi enfermedad avanzó a través de los años desde incidentes aislados de mucha excitación sexual en situaciones inapropiadas, junto con masturbarme cada semana, hasta salir en busca de parejas sexuales, acoso, la manipulación de víctimas y la masturbación con fantasías obsesivas tres veces al día.

Tuve mi primera experiencia fuerte y llena de adrenalina con las relaciones sexuales cuando tenía como doce años. Mi amigo y yo, de vacaciones con nuestras familias, estábamos en la alberca del hotel. Habíamos conocido a una niña de trece años que nos trataba de manera amistosa pero atrevida. Empezamos a perseguirnos y en una ocasión me jaló del traje de baño. Una vez que hizo eso, mi amigo y yo sentimos que nos había autorizado para hacer lo mismo. Cuando me empecé a masturbar un año después, regresé a este recuerdo, agregándole y reacomodando la escena de cualquier forma que trajera el mayor placer sexual. Todo lo que sabía era que el recrear esa escena en mi mente durante la masturbación "funcionaba" muy bien.

Otra experiencia formativa también ilustra la recompensa poderosa y la ausencia de consideración hacia los demás que se habrían de convertir en una forma de vida destructiva para mí. Vimos una película en una clase cuando cursaba el primer año de secundaria. Cuando se apagaron las luces, me recargué en mi silla y golpeé a la niña tímida que se sentaba justo atrás de mí. Parecía no importarle o darse cuenta. Puse mi mano en su rodilla y la dejé allí. Se veía nerviosa pero no reaccionó. A lo largo de la película de treinta minutos, mi mano permaneció en su pierna. Mi corazón latía fuertemente durante el tiempo que duró la experiencia, pero la niña jamás empujó mi mano. Simplemente se veía muy asustada como para decir algo. Esta experiencia se imprimió en mi mente para siempre y me refería a él en muchas ocasiones en la fantasía. Quemó un camino en mi mente, cuerpo y espíritu que está abierto y es receptivo a conductas sexuales inapropiadas. Había creado la droga del adicto sexual y había aprendido a tener acceso a ella a través de la actuación.

Platico la siguiente historia para ilustrar el inicio de mi tendencia a llevar una doble vida en cuanto a las relaciones y la sexualidad. Para cuando llegué a primer año de secundaria mi padre estaba en un estado de demencia alcohólica peligrosa y físicamente violente durante muchos días a la semana. Los temores normales y las inseguridades de cualquier varón en la adolescencia estaban surgiendo, pero en ese momento no tuve a dónde recurrir. El hogar, un refugio seguro para la mayoría de las personas, a menudo era el lugar más espantoso en el mundo para mí. Como resultado, creo que mis temores normales de asociarme con el sexo opuesto se complicaron. Ya había tenido una novia durante todo el año escolar del sexto grado. Era la niña más bonita de la escuela y yo era el muchacho más popular y deportista. Me sentía seguro de mí mismo y era extrovertido. Me sentía como un verdadero "Amo del Universo."

Esto terminó de manera abrupta cuando cursaba el primer año de secundaria, justo al mismo tiempo que recobró fuerza el alcoholismo y la enfermedad espiritual y mental de mi papá. De ser un muchacho extrovertido y seguro de once años de edad me convertí en un adolescente de doce años tímido, acomplejado y atemorizado. Mi novia rompió conmigo durante el verano y estaba solo, un alumno de primer año de secundaria siendo acechado por alumnos abusivos de segundo año que buscaban a alguien a quien golpear. El temor, la soledad y los complejos fueron mis compañeros constantes. Además de eso, me enfermé de mononucleosis y tuve muy pocas energías durante casi todo el año.

Durante este tiempo alguien me dijo que yo le gustaba a una muchacha popular y muy bonita que cursaba el segundo año de secundaria y que me pondrían en contacto con ella en un baile. Estaba emocionado y atemorizado al mismo tiempo. Fui con la esperanza de reunir el suficiente valor para invitarla a bailar. Cuando llegué allí encontré que casi no tenía el valor para entrar, y cuando la ví, me congelé. Apenas la podía mirar directamente, mucho menos invitarla a bailar. Nunca hablé con ella esa noche. Simplemente me senté desanimado en mi silla, sin poderme mover, atemorizado por una muchacha bonita. Cuando abandoné el baile, me maldije a mí mismo, me regañé a mí mismo por haber ser débil y haber tenido miedo. Fue una experiencia dolorosa e hizo mucho para desanimar mi búsqueda de relaciones sociales y sexuales sanas.

Para cuando cumplí dieciséis años mis padres se habían divorciado, mi papá se había ido de la casa y quedé libre para hacer prácticamente cualquier cosa que quisiera. Empecé a traer muchachas a casa de la escuela durante la hora de comida o de las fiestas o de cualquier parte. Tuve relaciones sexuales con estas muchachas básicamente para satisfacer mi ego. Nunca había dejado de masturbarme. A lo largo de los siguientes años entre preparatoria y mi graduación de la universidad, mi adicción al alcohol y las drogas fue lo que me impulsaba y mi actuación sexual se disfrazaba como "hacer lo que hacen los muchachos." Después de recuperar la sobriedad en un programa de doce pasos en 1987, mi adicción sexual aumentó a pesar de mis esfuerzos de recuperación. Fue entonces cuando empecé a revertirme a las conductas de mi infancia, las cuales tendrían graves consecuencias.

Apenas habían pasado seis meses después de que empecé un trabajo como entrenador de un equipo, cuando accidentalmente "descubrí" la puerta abierta de los vestidores. Utilizaba un cuarto para guardar equipo deportivo adjunto a los vestidores para cambiarme de ropa para poder ir de dar clases como maestro substituto a entrenar al equipo. Había estado utilizando este mismo cuarto durante varios meses, pero por alguna razón ese día fue diferente. Era soltero y estaba sólo y aburrido, así que quizás la actuación presentaba una oportunidad de algo de emoción. Sé que en el Día de San Valentín de 1989 escuché entrar a las muchachas a los vestidores y golpear las puertas de los casilleros y pasó por mi mente la idea de probar la puerta que daba hacia donde se cambiaban las muchachas. En ese momento pareció una buena idea. Ahora sé que era la personificación de la locura, una locura que casi destruye mis sueños de progresar en mi carrera.

Muchos adictos sexuales conocen la sensación de la descarga de adrenalina que viene con realizar una actividad de alto nivel de peligro por primera vez. Supongo que aun una persona que no es adicta sexual habría echado un vistazo. Pero para mí, ese vistazo me lanzó a una serie de conductas cada vez más peligrosas y que violaban los valores. En pocas semanas me salía a mitad de la práctica para atisbar por "La Puerta." Me sentía culpable de estar descuidando tan abiertamente mis obligaciones y recuerdo haberme sentido agradecido en la ocasión en que mi mejor jugadora me pidió que le lanzara una cubeta de pelotas justo cuando me iba a "escapar" nuevamente. En realidad disfrutaba trabajar con esta muchacha, así que me fue posible dar la vuelta y dejar sola La Puerta. En algunas ocasiones veía a las nadadoras dirigiéndose a las regaderas y eso se convirtió en un gran disparador porque sabía que ellas se desvestirían por completo, proporcionándole a mi adicción una descarga poderosa de adrenalina. Estuve tan fuera de control que les tendí una trampa a mis jugadoras y traté de atisbar mientras se cambiaban. Sabía que estaba violando una confianza básica, pero enfrentado con la recompensa adictiva no me importaba. Un día estaba echando atisbos a menos de cuatro pies de donde se estaban vistiendo las nadadoras, cuando me tomé un descanso porque tenía que ir al baño. Cuando regresé, el piso estaba mojado donde yo había estado sólo unos minutos antes. Una nadadora había venido a encender las regaderas y no me encontró solo porque yo había abandonado ese lugar unos minutos antes. Ojala pudiera decir que casi ser descubierto detuvo mi conducta, pero no lo hizo.

La Puerta fue lo que ayudó a llevarme a la recuperación. Para entonces había estado sobrio del alcohol durante años y sabía que sólo estamos tan "enfermos como nuestros secretos," así que había confiado mis pecados a mi padrino. Al principio le causaba gracia y hasta envidia, pero cuando continué empezó a vaticinar el desastre y trató de que utilizara los pasos para detener la conducta. Intenté, y estuve bien unos días, pero después fallé. Al fin compartí lo que estaba haciendo en una reunión cerrada de hombres. Un tipo se me acercó después de la reunión y sugirió tres cosas: que tuviera cuidado con quien compartía esto, que tratara de asistir a las reuniones de los doce pasos que manejaban la adicción sexual, y que desechara la llave que me daba acceso a La Puerta. La tercera sugerencia definitivamente era buena idea, pero al principio sólo podía pensar en las razones por las que no debía desecharla. Finalmente, cuando el dolor, la culpa y el temor se volvieron intolerables, estaba dispuesto a aceptar sus sugerencias. Encontré una manera de vestirme en otra parte y empecé a asistir a otra confraternidad que hablaba sobre la adicción sexual. La importancia de mantener una mente abierta se volvió muy clara. Cuando las personas sugieren algo, muchos de nosotros utilizamos nuestras mentes adictas para racionalizar por qué no funciona. El principio de mantener una mente abierta me pide que considere con cuidado todo los recursos y que intente algunas sugerencias, aun si estas parecen difíciles o si no creo que puedan ayudar. Le doy gracias a Dios que fui capaz de aplicar correctamente los principios de los pasos para cuando menos entrar a un programa "S" y alejarme de La Puerta.

Con el tiempo perdí mi acreditación como maestro como resultado de mi conducta sexual dañina dentro del salón de clases. En ese entonces sabía que estaba en problemas y había hecho la transición a ASA varios años antes. Me reportaba con mi padrino diariamente antes y después del trabajo. Hablaba con amigos que también luchaban por recuperarse de la adicción sexual. Hacía oración y meditaba durante quince minutos diarios, hacía ejercicio y trataba de vivir una vida sana y espiritual.

A pesar de estos esfuerzos, y de saber de las casi ciertas consecuencias, no pude detenerme de hacer de una alumna mi víctima. Ese día pensé que me sentía bien, a excepción de un ligero sentimiento de irritación. Me encontraba caminando entre los alumnos dentro del salón, anotando los nombres de los alumnos para un proyecto. Había aprendido que necesitaba regular tanto mi proximidad a las alumnas como mi perspectiva visual, porque echar vistazos al busto de las muchachas había sido un disparador para mí.

No solicitaba el apoyo de las alumnas para el proyecto con la intención de poder estar en esta posición. Más bien, no pude reconocerlo como la posibilidad de colocarme en una posición vulnerable en relación a mi adicción sexual. También estaba enojado y preocupado en ese entonces porque la clase no estaba saliendo bien y algunas alumnas se estaban rebelando en contra de la tarea. Cuando iba a anotar el nombre de una alumna en la segunda fila, le entregué el cuaderno, y pude ver sus senos desde mi postura arriba de ella. Sabía que intentar ver más estaba absolutamente en contra de mis límites y de mi sobriedad, pero la tentación y el anhelo que sentí eran muy poderosos como para resistirlos. Sabía por mi experiencia pasada que andar de mirón con mis alumnas era de mucho riesgo para mí y podía llevar a una conducta peor, pero en ese momento me fue fácil empujar a un lado ese pensamiento sabio a favor de la descarga de adrenalina que producía la actuación.

Este es el tipo de locura que desafía toda lógica y sentido común. Tenía una carrera por la que había trabajado durante ocho años. Tenía un trabajo seguro y una esposa amorosa que tenía casi un mes de embarazo de nuestro primer hijo. Estábamos bien económicamente sin ninguna dificultad evidente. Aun así estaba dispuesto a arriesgarlo para echar un vistazo adentro de la blusa de una adolescente. En otros aspectos de mi vida era responsable y hasta solícito. Pagaba todas mis cuentas a tiempo. Pagaba mis impuestos y hacía un esfuerzo consciente por vivir en el principio de honestidad rigurosa. Nunca tuve una aventura amorosa. Me ofrecí para ayudar a mi comunidad y participaba en ayudar a los alumnos “en riesgo” en la escuela. La ironía es evidente, pero el punto importante aquí es que en la mayoría de mis actividades era responsable y honesto, con un deseo profundo de ser útil. Aun así realizaba conductas que para la mayoría de las personas no había dificultad en controlar y la cual es contraria a todos los esfuerzos positivos que había venido haciendo.

Como resultado de mis acciones enfrente cargos de tocamientos, pagué miles de dólares en abogados, perdí mi acreditación como maestro y una referencia de trabajo excelente, y me encuentro ahora, un año después, percibiendo un tercio de mi ingreso anterior sin prestaciones por enfermedad o médicas. Pero estas consecuencias son menores en comparación al daño que he causado a otras personas. Ya había previsto estas consecuencias. Tenía un gran conocimiento de mi adicción. Aun así no pudo detenerme de actuar.

Me he dado cuenta de que mi adicción sexual es extremadamente poderosa. No puedo recuperar yo solo mi sano juicio, así que mi recuperación y mi vida dependen de una combinación de entrega, pasos difíciles y gracia. Dios me guía en mi vida si lo busco. Estoy rodeado de las bendiciones de Dios en todos los momentos de mi vida. Si puedo detenerme un poco y abrir mi mente y mi corazón lo suficiente, veré esas bendiciones. Puedo tener acceso a Dios a través de un sinnúmero de formas: llamadas telefónicas, hacer ejercicio, hacer oraciones sinceras, meditación y reflexiones, tener contacto con otras personas y la naturaleza, escuchar con mi corazón en las reuniones, sentir las emociones, enfrentar valientemente las terapias de largo plazo, cuidando y queriéndome a mí mismo con duchas, baños, aceites y agua corriente, meciendo a mi bebé, compartiendo con mis amigos, abrazando a mi esposa, acariciando a mis gatos, y llevando a cabo los Doce Pasos con mis padrinos. Puedo renovarme cuando sea capaz de ver el mundo a través de los ojos de los demás, admitir mis faltas, aceptar consejos, o dejar ir algo que no era mío para empezar. Necesito fijar límites y trabajar en mantener la disponibilidad para fijar esos límites. Los ejercicios de respiración me ayudan a perder el anhelo sexual. La redacción reflexiva, creativa y con un propósito también me ayuda mucho. Cuando veo mis propios defectos, en lugar de sólo culpar a los demás o racionalizar, con frecuencia me devuelven al estado sano de mente y espíritu. Ninguno de estos esfuerzos de recuperación, tal cómo se detallan en los doce Pasos y Tradiciones y en otra literatura de ASA, funcionan todo el tiempo. Tengo que aplicarlos continuamente para que pueda vivir feliz, alegre y libre de mi obsesión de actuar sexualmente.

He encontrado unas herramientas nuevas que parecen ayudar. Sé que para mí un programa exitoso debe tener un enfoque multifacético: físico (mi cuerpo), mental (mi pensamiento), emocional (mis sentimientos), psicológico (mi psique), social (mis relaciones), y espiritual, el cual creo que abarca una combinación de todas las anteriores. Estoy tomando medicamentos antidepresivos bajo la recomendación de mi terapeuta. Tratar mi depresión no garantiza mi abstinencia, pero ayuda a evitar que muchos pensamientos e imágenes se fijen y se conviertan en anhelo y locura. Estoy en una terapia de grupo específicamente para adictos sexuales. Tengo un padrino adicional. Ahora tengo un padrino que considero mi padrino espiritual y amigo íntimo. Me reúno con él una vez a la semana para comer juntos. El otro padrino me guía a través de los pasos de manera rigurosa. Estamos a la mitad del Quinto Paso y estoy practicando el hábito diario de pedirle a Dios que retire mis temores y tratando de ver a las personas que me dañan como heridos espiritualmente. Creo que esta ayudando.

Patrocino a dos adictos sexuales en recuperación, con algo de miedo, porque mi propia abstinencia continua ha sido muy endeble. Trato de limitarme solamente a compartir mi experiencia, fortaleza, y esperanza, y leer la literatura de ASA juntos para que sea una experiencia de aprendizaje para ambos.

Espero haber compartido mi historia de una forma que pueda ser de ayuda a otras personas que sufren de la adicción sexual. Doy gracias a Dios por la recuperación en ASA y una oportunidad de vivir nuevamente.

17.

FIN AL AISLAMIENTO

Llevé a cabo los Doce Pasos siete años antes de llegar a ASA. Admití mi impotencia ante el alcohol, tuve una experiencia espiritual y se me devolvió la vida. Tres años después estudiaba en la universidad de mi ciudad natal en Inglaterra y descubrí las caricaturas pornográficas en el Internet. En varias ocasiones me pasé horas viendo estas caricaturas en las computadoras de la universidad, entre más raras y más abusivas contuvieran mejor. Un año después me mudé a Londres y viví en un departamento que compartía con otros muchachos en donde había una computadora en la habitación de enfrente. A pesar de que ésta ubicación carecía de privacidad me quedé varias noches en que trabajaba al día siguiente buscando y viendo pornografía durante horas y horas.

Mi uso del Internet se volvió más compulsivo cuando me mudé a los Estados Unidos, en donde tenía yo mi propio departamento y computadora portátil y en donde la pornografía muy explícita de muchos tipos estaba disponible con facilidad. También descubrí los grupos de noticias del Internet en donde el material de sadomasoquismo y de vestir como el sexo opuesto estaban disponibles con facilidad, los salones de Chat de "sexo cibernético" y tiendas de artículos sexuales. Me pasaba las noches enteras viendo pornografía impresa y en el Internet y participando en sexo cibernético. También experimenté con la masturbación auto-abusiva, tal como la auto-asfixia. Me daba vergüenza cuando iba al trabajo pensar en las imágenes que había estado viendo y las cosas que había estado haciendo, pero al mismo tiempo ansiaba encerrarme en mi habitación y vivir en mi mundo de fantasía.

Aun asistía a reuniones por mi alcoholismo y trataba de llevar a cabo los Doce Pasos pero sabía que estaba retrocediendo espiritual, física y emocionalmente. Esperaba que con hacer oración y llevar a cabo mi programa mi Poder Superior retirara mi lujuria, la cual consideraba yo un defecto de carácter, o cuando menos me permitiría estar preparado para que se me retirara. Pero mi actuación se estaba agravando en lugar de mejorar y me alarmé de como la pornografía que yo estaba viendo era cada vez más extrema. Al principio de cada semana me prometía a mí mismo que me controlaría un poco más, pero para el final de la semana ya me había defraudado a mí mismo.

Con el tiempo mi padrino dijo que yo estaba tan fuera de control que necesitaba ayuda externa, ya sea de terapia o de una confraternidad como Adictos Sexuales Anónimos. Para entonces ya me había regresado a vivir a Inglaterra. Ordené toda la literatura de ASA y casi todos los casettes de la página de Internet de ASA. Me di cuenta de que necesitaba admitir que era tan impotente ante la pornografía y el ambiente de relaciones sexuales por Internet como ante el alcohol.

Tuve la suerte de que se me presentara a otro adicto sexual que buscaba la recuperación. Compartí la literatura con él y formamos un grupo de ASA. Muy pronto, llego un tercer miembro y luego un cuarto. A través de mi grupo de base llevo a cabo los pasos y el servicio. Esto es fundamental para mi sobriedad sexual. Desde el día en que admití que mi impotencia y mi ingobernabilidad, y coloqué mi problema en las manos de mi Poder Superior me he mantenido sobrio sexualmente. Esto fue hace casi dos años.

Mi uso de pornografía muy explícita era completamente compulsivo. No me imagino que me hubiera podido resistir a ella por mi propia cuenta. Sin embargo, al admitir que yo nunca iba a poder resistirme y al utilizar los pasos, se me ha hecho fácil no actuar. No ha sido difícil. Es asombroso estar protegido de una compulsión tan fuerte. Demuestra el poder de este programa.

Mi imagen de las mujeres cambió conforme me mantuve sexualmente sobrio y empecé a salir en citas y a sentirme como parte del mundo normal de hombres y mujeres. Dejé de sentirme aislado del mundo de las familias y de las relaciones. Ya no sentía asco de mí mismo por lo que estaba viendo en el Internet y ya no me sentía con tanta vergüenza para ser parte del mundo sexual normal. Con el tiempo conocí a una mujer e iniciamos una relación formal que constantemente me enseña más acerca de mí mismo. Soy capaz nuevamente de crecer espiritualmente, crecer sexualmente y crecer como la pareja de otra persona. Soy más feliz y más estable de lo que nunca antes había sido.

18.

MUCHOS OBSTÁCULOS QUE SALTAR

Mi padre pasaba sus fines de semana en un garaje con sus herramientas eléctricas y una botella de vodka. Se quejaba tanto de su trabajo que yo pensaba que sus cambios de humor y ataques de cólera se debían a eso. El temor pronto llegó a ser una gran parte de mi infancia. Temía la furia de mi padre. También le temía a mis compañeros de clase en la escuela y a mis maestros. Tenía temor a todo, incluyendo a Dios. Pensaban que la depresión que padecía era simplemente "timidez." Todo lo que sabía del amor era que tenía algo que ver con que mi Papá le gritara a Mamá, y con el control. Nunca se comentaba acerca de la sexualidad en mi familia. Había una inquietud no comentada acerca de ver la desnudez de los demás, aunque fuera parcial. Sin embargo, mi madre sentía que era importante someter a mi hermano, a mi hermana y a mí a minuciosas y frecuentes lavadas de nuestros genitales e inspecciones ocasionales de nuestros anos a la hora de dormir con lámparas buscando parásitos.

Tan pronto como pude, escapé dentro de la fantasía, empezando con los niños en mi clase del jardín de la infancia con los que tenía miedo jugar. Me sentía llena de júbilo cuando podía hacer de ellos mis amigos "imaginarios," pensando que en realidad yo no era lo suficientemente buena para ellos. La televisión también se convirtió en una gran fuente de escape para mí. Disfrutaba del control que tenía sobre lo que podía experimentar con mi imaginación debido a que me sentía tan fea, tímida e indigna de la atención masculina.

Un día en la escuela descubrí que al trepar por las cuerdas del gimnasio lograba tener una sensación muy buena. Cuando bajaron las cuerdas, me di cuenta de que podía lograr el mismo resultado subiendo a un palo en el equipo gimnástico en el patio. Así que seguí yendo al gimnasio o al patio cada vez que podía. Había descubierto la masturbación. Los únicos orgasmos que llegué a tener sucedieron al masturbarme de esta manera, o durante mis sueños. Nada más funcionaba. Más tarde, empezaron a introducirse pensamientos agresivos en mis fantasías. Combinaba trepar las cuerdas o palos con pensamientos de prácticas sexuales sadomasoquistas de la privación de la capacidad de movimiento y de la agresividad. Trataba de iniciar juegos con algunas de mis amigas que incluían el rapto y las prácticas sexuales sadomasoquistas de privación de la capacidad de movimiento.

A los dieciséis años tuve mi primer encuentro sexual, con un muchacho cinco años mayor que yo. Nunca pasó más allá de juegos pre-coitales. También me emborrachó por primera vez. Descubrí la atracción entre el sexo y el alcohol. El alcohol bajaba todas mis defensas y me daba el valor y el entusiasmo que necesitaba para ir en busca de hombres. No sabía que quería decir "estar enamorada." Pensaba que tenía algo que ver con la "sensación de satisfacción." Si conocía a un muchacho que me parecía lo suficientemente atractivo, que podía satisfacer mis fantasías sexuales, a quien le gustaba emborracharse, y que estaba dispuesto a gastar dinero en mi, él era el ideal. Puesto que ningún hombre nunca estuvo cerca de cumplir estos requisitos, empecé a desquitar mi furia con Dios, de la forma en que yo lo entendía en ese entonces, culpándolo de traerme tales "perdedores."

Para cuando llegué a la universidad, pasaba casi cada fin de semana en bares ligando con extraños y teniendo relaciones sexuales con ellos. No parecía importar donde lo hiciéramos. Generalmente era en su casa, pero frecuentemente era en un automóvil o en el bosque cercano. No recuerdo a ningún tipo que estuviera dispuesto a pagar por una habitación de hotel. Si no estaba buscando en los bares, iba a fiestas o visitaba a mi hermana en su universidad en busca de parejas sexuales. Mi gimnasio era otro lugar posible para ligar con hombres. También lo era mi universidad, donde actué con un maestro. La mañana siguiente a la actuación, siempre me sentía avergonzada, culpable y despreciable. Pero al día siguiente estaba lista para empezar a buscar otra vez, viviendo en la ilusión falsa de que finalmente encontraría al "hombre ideal." Algo de la sensación de satisfacción que recibía de estas experiencias era del poder y del falso sentido de auto-estima que recibía al seducir y encantar a muchos hombres. Recordaba cómo me sentía rechazada cuando era más joven, y de alguna manera esto lo compensaba, hasta la siguiente mañana cuando me volvía a sentir rechazada.

Para entonces mis fantasías incluían la violación. Mis preferencias sadomasoquistas me eran vergonzosas y bochornosas, así que nunca las solicitaba abiertamente. Cuando veía a un hombre, sólo veía un objeto. Nunca lo vi como un ser espiritual. Tampoco me importaba lo que él sintiera emocionalmente (aunque a veces fingía hacerlo). Todos eran criaturas egoístas para mí. Todas las cosas que era incapaz de dar, las necesitaba de ellos.

De vez en cuando tenía "novios." Este era alguien con quien estaba durante más de una noche. Utilizaba pastillas anticonceptivas y cigarrillos, lo cual mantenía delgada mi figura. Siempre quería ser la mujer más atractiva en mis círculos sociales. Los celos eran parte de mi obsesión. Una obsesión celosa por un compañero de trabajo duró diez años.

Después de una aventura amorosa con un alumno en la universidad de mi hermana, contraje una enfermedad de transmisión sexual. Dañó algunos nervios e hizo doloroso tener relaciones sexuales. Pasé años de angustia y gasté cientos de dólares acudiendo de doctor a doctor tratando de curarlo. Nada funcionó. Creí que finalmente había recibido el castigo máximo por mis pecados. Seguramente Dios estaba enojado conmigo. A pesar de esto y del hecho que nunca aprendí a tener un orgasmo con una pareja, no me detuvo de la actuación. Descubrí que si sólo dejaba pasar tiempo entre las ocasiones en que tenía coito, el dolor era tolerable. El suicidio se convirtió en una tentación frecuente.

Empecé a salir con un hombre que trabajaba conmigo y con el tiempo nos casamos. Tomábamos juntos y me compraba regalos. Esto me impresionaba; pero pasé por la abstención sexual durante mi matrimonio con él. No sólo no cumplió con mis expectativas tan imposibles, sino que con el tiempo dejó de tener relaciones sexuales conmigo por completo por un lapso de casi cinco años. Estaba atemorizada con la idea de serle infiel o de terminar la relación porque pensaba que eso significaba que yo merecía recibir el mismo trato, y Dios me castigaría. Me aferré a la esperanza de que todavía lo podía cambiar.

Detrás de todo esto, creía que la verdadera fuente de mi desgracia era un Dios que era despiadado, frío y abusivo. Por algún acto de gracia, un día en que me encontré completamente confundida, me entregué por desesperación al Poder Superior poco convincente e inútil que yo pensaba que El era. No tenía a donde más recurrir. Poco tiempo después, me encontraba en una reunión de doce pasos. Finalmente se me ocurrió que el alcohol podía ser el problema. Empecé a asistir de manera regular. Mis oportunidades para recuperar mi matrimonio y vida sexual parecían estar dentro de mi alcance. Empecé a sentirme físicamente bien en menos de un mes de haber alcanzado la sobriedad. Pero varios meses después mi hermano se suicidó y fui yo quien lo encontró. Poco después de eso, mi esposo y yo nos separamos y nos divorciamos. Mi obsesión con las relaciones sexuales tomaron una nueva dimensión. Como había modificado mi concepto de un Poder Superior, me convencí que la voluntad de Dios para mi era encontrar al hombre ideal para que mis fantasías se hicieran realidad.

El fondo en mi adicción sexual se dio después de conocer a un hombre en un grupo de meditación al cual había empezado a asistir. No pasó mucho tiempo antes de que el abrazar se convirtiera en un juego pre-coital, y el juego pre-coital se convirtiera en coito, y después lo estaba enviando a la ferretería a comprar "aditamentos." Convertimos su habitación en una cámara de tortura sexual. Mis fantasías finalmente estaban siendo satisfechas. Mi pareja parecía estar dispuesto y deseoso de intentar cualquier cosa. Fue entonces que la obsesión se apoderó de mí. El alcohol nunca me había dado esa sensación de satisfacción que las relaciones sexuales con este hombre me estaban proporcionando. Cualquier relación verdadera que hubiera tenido yo con el Dios de mi entendimiento en ese momento había desaparecido. La obsesión sexual había llegado a ser mi Poder Superior. Esto es lo que yo pensaba que siempre había querido. Perdí el deseo por todo lo demás. Cualquier cosa que se interpusiera entre mi "droga" y yo me enfurecía. Mi trabajo empezó a sufrir. Se volvió intolerable. Me abrumaba una paranoia celosa de que mi pareja viera a otras mujeres y me obsesioné con probar que me estaba engañando. Después de estar con él en la noche, me iba a trabajar sintiéndome con una cruda. Esto finalmente me dio la respuesta. Ya no podía negar más que estaba tocando otro fondo.

Corrí nuevamente a las reuniones. Llevé a cabo el Cuarto Paso con un padrino que claramente me reveló mi adicción sexual y la de relación de pareja. Me involucré en el servicio. Mi padrino fijó un límite de no salir durante un año, el cual seguí, aunque todo el tiempo seguí teniendo fantasías acerca de los hombres. Gradualmente empecé a ver un lado de los hombres que nunca había visto antes, y que había una parte de mí que tenía necesidades espirituales que nunca habían sido satisfechas. Me atraían las personas por su profundidad y su honestidad más que por su apariencia física. Mi necesidad de coquetear estaba despareciendo. Era como si los impulsos físicos y la enfermedad emocional que había sufrido a través de mi vida eclipsaban el profundo deseo que tenía de relacionarme con las personas en un nivel espiritual, haciendo que me apresurara a tener relaciones sexuales demasiado pronto. Cuando me di cuenta de esto por primera vez, se apoderó de mí una profunda tristeza. No sólo me había negado a mí misma mis necesidades cuando estaba creciendo, sino que me había negado la oportunidad de conocer a Dios. Esta nueva forma de relacionarme con los hombres me permitía ver a los hombres por lo que ellos son realmente, no solamente como objetos sexuales. Y a través de esta experiencia, estaba desarrollando una nueva relación con Dios y conmigo misma por primera vez.

En este nuevo punto de mi recuperación, me di cuenta de que ya no me sentía sola. Sentía que mi vida era rica y plena. ¿Por qué entonces tenía fantasías todavía? Estaban tan presentes en mi mente como estuvieron desde el principio. Amenazaban constantemente con destruir las relaciones nuevas y sanas que estaba formando. Mis primeros tropezones ocurrieron aproximadamente dos años después de regresar a las reuniones de doce pasos. Actué con cuatro amigos diferentes. Cada vez empezó como un simple juego y forcejeo. Algunos amigos sugirieron que necesitaba honrar mis impulsos físicos y que tal vez ya estaba lo suficientemente sana para tener relaciones sexuales normales. Perdí a cuatro de estos amigos después de tratar de ser sexual con ellos y sentí que estaba recayendo en mi pensamiento obsesivo. Mis fantasías no disminuyeron como resultado. Me di cuenta de que mi interés en Dios empezó a apagarse. Lo sentía como un vacío.

No pensé en buscar ayuda de un programa de recuperación de la adicción sexual hasta el Día de Acción de Gracias de 1997. Un amigo sugirió que lo que necesitaba eran más relaciones sexuales, pero de alguna forma yo sabía que lo que realmente necesitaba era platicar con otro adicto sexual. Había escuchado de algunos programas de doce pasos para la adicción sexual y decidí intentar uno. Volví a sentir esa sensación maravillosa de esperanza cuando me senté en mi primera reunión "S." Allí había personas que hablaban mis pensamientos, luchaban contra los mismos demonios y entendían completamente mis frustraciones. Nadie trató de convencerme de que tuviera relaciones sexuales. En lugar de eso, me aconsejaron que decidiera en una conducta primordial para mi abstinencia. Yo sabía que esto era algo que mi Poder Superior me revelaría. Claramente me reveló que necesitaba mantener la conducta primordial de abstinencia y de no masturbación que ya había tratado de seguir en la recuperación. Necesitaba seguir llevando a cabo los Doce Pasos y mantener el celibato, para que me pudiera relacionar con las personas de una forma más sana.

A unos meses de haber iniciado el programa, me mudé de estado y empecé a asistir a las reuniones de Adictos Sexuales Anónimos. Ahora cuento con un grupo de base y un padrino que me mantiene enfocada en los pasos. Han pasado varios años desde que he actuado bajo mis conductas primordiales. La fantasía todavía me acosa de vez en cuando, pero ha disminuido a través de los años. Y con la ayuda del programa ya no actúo las fantasías.

Ha habido muchos obstáculos que salvar durante todos los años de mi recuperación. Algunos episodios graves de depresión me llevaron a pensamientos de suicidio otra vez. Una de esas ocasiones me llevó a un hospital mental durante varias semanas. Algunos años después de que mi padre logró la sobriedad, sufrió un infarto que lo debilitó. Aprendí mucho de él al ver sus esfuerzos y fui testigo de algunos verdaderos milagros. Pudimos reparar los daños uno al otro antes de que él muriera. Descubrí que mi entendimiento de mi Poder Superior ha crecido en especial por lo que he aprendido de mis sufrimientos. Mi relación con Dios y conmigo misma es primero, y entonces mi relación con las otras personas. Pero las tres trabajan en conjunto para fortalecerse unas a otras.

Hoy elijo la abstinencia. En ASA he aprendido que puedo decidir a seguir cualquier camino que sea el correcto para mí en lo espiritual. "Elegir" nunca fue una opción para mí en el pasado. Aunque Dios finalmente contestó una vieja oración, y recientemente me dio la opción de volverme a casar, fui capaz de hacer una elección sana por primera vez en mi vida y declinar con gratitud. En su lugar he escogido un matrimonio conmigo misma y con mi Poder Superior y la intimidad que encuentro en las amistades. Este no es un camino fácil. Aprender a tener una relación sana con Dios, conmigo misma y con otras personas requiere tanto trabajo como un matrimonio. También tengo que mantener en orden mis cosas y hago oración de manera constante para recibir la ayuda de Dios. Llevar a cabo los pasos es la clave.

A menudo tengo que hacer oración a Dios para que no permita que mi adicción arruine una gran amistad. La recuperación también significa estar dispuesta a soltar cuando sea necesario y fijar algunos límites. Puede tomarme el resto de mi vida aprender esto, pero estoy dispuesta. Si en alguna parte de mi trayecto queda claro que mi camino espiritual debe incluir una relación sexual nuevamente, tengo la libertad de elegir eso, pero siempre pido que primero se haga la voluntad que mi Poder Superior tiene para mí. Luego actúo por intuición. Y lo que he descubierto es que Dios no avergüenza y no espera perfección de mi. Él verdaderamente se ha convertido en mi mejor amigo con el paso de los años. Creo que solamente espera que yo pueda seguir creciendo en mi confianza en él.

Estoy agradecida a ASA por ayudarme a aceptar mi adicción sexual, por proporcionarme la confraternidad que necesito y por mantenerme enfocada en los pasos y en mi sobriedad.

19.

UNA FUENTE SUPERIOR

Yo no quería decir las palabras. No quería asistir a las reuniones. Era adicto a las relaciones sexuales por teléfono pero tenía la seguridad de que podía solucionar el problema acudiendo a consultar con un psicólogo. Esto era un asunto privado que yo podía manejar en privado. Yo tenía conocimiento de los programas de doce pasos debido a que seis años atrás había asistido a una confraternidad que trataba sobre la adicción a las drogas y había tenido éxito en dejar de fumar marihuana. Pero ser un marihuano tenía un cierto atractivo—estaba de moda—y fui capaz de admitir esa adicción en frente de un grupo de extraños. Las relaciones sexuales eran algo distinto. Era desagradable pensar en comentar mis hábitos sexuales con alguien que no fuera un confidente a sueldo.

Las reuniones de doce pasos me habían inspirado. Asistí durante varios años y nunca tuve tropezones. Me gustaba la sinceridad y la franqueza sensata de los participantes. Hice amistades y esperaba el momento de compartir historias. La solidaridad del grupo me ayudó mucho. Me comprometí y, desde mi primera reunión, he cumplido con mi compromiso de no tomar o consumir drogas. Mi obsesión con la marihuana se acabó. Pero nunca conseguí un padrino ni llevé a cabo los pasos. Fui capaz de alcanzar la sobriedad sin llevar a cabo un programa espiritual riguroso. Después de mi tercer año dejé de asistir a las reuniones.

Las relaciones sexuales eran otra cosa. Como adulto, las relaciones sexuales habían sido una cuestión a tratar desde que convencí a mi esposa de que tuviéramos un matrimonio abierto. Nuestro acuerdo era que podíamos salir en citas, incluso hasta tener aventuras amorosas. A pesar de que nuestra relación sexual siempre había sido uno de los aspectos más fuertes y emocionantes de nuestro matrimonio, yo me sentía inquieto. La liberación gay estaba de moda y yo la quería explorar. Me volví loco. Durante cinco años tuve relaciones sexuales tanto con hombres como con mujeres. No tomaba en serio el hecho de que mi tío había abusado sexualmente de mí cuando era un adolescente. Durante este "período abierto," cuando yo abusé sexualmente de mi sobrino, no vi la relación con mi propia historia. No estaba consciente de haber violando algún límite. Ignoré el dolor y confusión que le estaba causando a mi sobrino. No quería ver, no quería pensar en las consecuencias catastróficas de mis acciones. No me permití a mí mismo sentir el daño.

Mientras tanto, mis encuentros sexuales desenfrenados aumentaron en número. Mi única guía era el placer físico. En ciertas noches, parecía que la ciudad me llamaba—la fragancia del aire, las luces festivas, la acción en los clubes—y toda la resistencia se derrumbaba. Yo quería lo que quería. Y lo quería cada vez más. Cuando un asesor me advirtió que estaba tomando serios riesgos, causando un grave daño, y que de hecho me encontraba a punto de perder a mi esposa e hijos, sus palabras me impresionaron y me asustaron. Juré dejar todos los encuentros extramaritales.

Y lo hice. No tuve relaciones sexuales persona a persona fuera de mi matrimonio en la década de los 80, pero sí me masturbé con mayor frecuencia y sí compré pornografía y sí viví con lujuria – lujuria por los hombres, lujuria por las mujeres—aun mientras la relación sexual con mi esposa se mantuvo bastante buena. Retrospectivamente, veo que casi cada encuentro sexual había sido impulsado por las drogas. El vínculo entre las relaciones sexuales y las drogas fue algo que di por sentado y nunca cuestioné.

A mediados de la década de los 80 estaba tan confundido que asistí a psicoanálisis pensando que me podía dejar ver claro y por lo menos ayudarme a dejar de fumar marihuana. No hizo ninguna de las dos cosas. Iba cuatro días a la semana, a menudo discutía con el analista tradicional de la escuela de Freud por qué tenía que estar acostado en el diván mientras que él presidía sobre mí desde su silla de respaldo alto. Ponía en duda la relación jerárquica entre el terapeuta y el paciente. Me preguntaba si estaba enfocado en mis problemas reales. Después de quince meses dejé la terapia. A principios de 1990 llegué a la conclusión de que no podía dejar la marihuana por mi propia cuenta. A pesar de que mi carrera avanzaba bien y mi matrimonio estaba intacto, sentía que la droga me desgastaba y me sobre-estimulaba. Después de asistir a varias reuniones alcancé a vislumbrar el corazón espiritual del programa pero me detuve antes de hacerlo mío. Había alcanzado la sobriedad, y la sobriedad era suficiente. ¿Qué más había que hacer? Mis hábitos sexuales, mi masturbación excesiva y mi coqueteo con la pornografía no era, según mi racionalización, lo peor que había en el mundo.

A finales de mi tercer año de sobriedad de la marihuana descubrí las relaciones sexuales por teléfono. Escuchaba la voz de mi madre de alguna parte de mi remota infancia que decía, "Apaga una adicción y observa como se enciende otra." Las relaciones sexuales por teléfono se encendieron como lumbre. Su anonimato, su disponibilidad, su variedad—todo acerca de las relaciones sexuales por teléfono conspiraba en mi contra para atraparme y tenerme en sus garras. Esta claramente era mi "droga preferida." Aunque yo estaba estupefacto por su poder y las grandes cantidades de dinero que gastaba en darme gusto, no estaba preparado aun para verla como una adicción. Era simplemente algo que hacía en exceso.

Me masturbaba mientras compartía fantasías habladas con otros hombres por teléfono. Las fantasías y la representación de roles se hicieron más extravagantes. Entre más lo hacía, más quería yo hacerlo. Se estaba apoderando progresivamente de mi vida. En cualquier momento en que mi esposa me dejaba solo en la casa yo estaba al teléfono.

Delante de un terapeuta que consultábamos mi esposa y yo, admití mi problema y comenté que era algo que quería tratar con un terapeuta por mi cuenta. Encontré ese terapeuta y sigo trabajando con él todavía. Me escuchó comentar mi relación turbulenta con las relaciones sexuales por teléfono. Le platiqué lo enojada que estaba mi esposa, lo enojado que estaba yo conmigo mismo y cómo todas estas cosas me confundían. Le comenté que alguien me había sugerido un grupo de doce pasos enfocado sobre este tema pero que yo no quería eso. Él no discutió. Estaba contento con solo escucharme.

Me tardé más de un año. Nuestras discusiones invariablemente regresaban a las relaciones sexuales por teléfono. Era capaz de dejarlo por cortos períodos de tiempo—dos semanas por aquí, tres semanas por allá. Pero luego volvía a empezar otra vez y no estaba contento con eso. Lo estaba haciendo cuando yo no lo quería hacer. Actuaba impulsivamente y, con el tiempo, con imprudencia, jugando con la idea de tener un encuentro con los hombres que conocía por teléfono. También estaba viviendo en la lujuria, hostigándome con preguntas acerca de mi identidad sexual. ¿Era hetero, homo o bi? ¿Y cómo podía escapar de este estado de deseo y confusión permanente?

Mi terapeuta y yo tratamos con las formas en que mis voces internas minaban mi sentido de valor propio. Lentamente empecé a aislar e identificar esas voces, a arrancarles sus máscaras y múltiples disfraces, a ver las formas en que los mensajes negativos—agresiones auto-destructivas y brutales—estaban integradas a mi sistema emocional. Aun continúa la tarea de comprender esas voces despiadadas.

A pesar de toda esta buena terapia mi adicción no cedió. Las relaciones sexuales por teléfono continuaban como una obsesión y una fuente de conflicto. Me encantaba; lo odiaba; lo quería dejar de hacer; no podía dejar de hacerlo. Las promesas de dejarlo fueron rotas una y otra vez. El acto en sí, marcar los números telefónicos, buscar parejas sexuales en las conexiones telefónicas, encontrar a alguien que fingiera ser mi pareja, se había convertido en un ritual altamente cargado que no podía resistir.

"No es nada que quiera comentar delante de extraños," le seguía diciendo a mi terapeuta. "Es algo que quiero tratar aquí."

Mi terapeuta me dejó ir por mi camino. Pero un día me dijo, "El secreto sólo sirve para impulsar obsesiones." Sus palabras me impresionaron. No quería considerar su sabiduría, pero las palabras no se alejaban. Mi adicción, nacida del secreto, se mantenía envuelta en el secreto. Confesarla ante un terapeuta no cambió eso. Mi esposa supuso que yo había dejado la adicción pero no lo hice. Fuera de la oficina de mi terapeuta, nadie sabía de cómo mi preocupación con las relaciones sexuales por teléfono regían mi psique.

Lo racionalicé: No tocaba físicamente a nadie más que a mí mismo; no podía contraer SIDA; podía pagar las cuentas telefónicas; existían adicciones mucho peores; no lastimaba a nadie. Ésta última racionalización es la que sonaba más hueca. Yo sabía que me estaba lastimando a mí mismo. Pensé en mi vida espiritual y me sentí sofocado y estancado. Sonriendo y suspirando al mismo tiempo recordé una línea de una película , "¿Estamos avanzando o estamos estacionados?- Sabía que no avanzaba." Supe lo que tenía que hacer.

Sin embargo, antes de hacerlo, me pasé el día de Yom Kippur, el día más santo de los días santos judíos, el día reservado para el arrepentimiento de los pecados, dándome gusto en una orgía de relaciones sexuales por teléfono toda la tarde, mientras mi esposa estaba en la sinagoga. Al día siguiente llamé a información y solicité el número de los grupos de recuperación sexual. El primer número que me dieron fue el de ASA. Cuando mis dedos marcaban el número pensé en todas las ocasiones en que marqué los números para buscar relaciones sexuales por teléfono. Al día siguiente asistí a una reunión, nervioso y enojado y no del todo convencido de que tuviera las agallas para hacerlo.

Lo hice. En mi primera reunión tragué saliva y dije que era un adicto sexual. Me preocupó que las demás personas que se encontraban allí fueran personas raras de la escoria de la sociedad. Me sorprendió y animó ver que eran parecidos a mí. La reunión no estuvo tan mal como me temía. Y unos cuantos días después regresé. Escuché con mayor atención. Me gustó lo que oí. La honestidad inspiraba y era valiente. La honestidad me hizo decir cosas en público que nunca antes había dicho. Seguí regresando. Me conmovieron las historias que escuchaba. Mi terapeuta sugirió que había encontrado mi adicción principal. Estuve de acuerdo con él.

Cuando mi trabajo exigió que viajara en la fase inicial de mi recuperación llevé conmigo unos números telefónicos para llamarles a las personas en el programa desde mi soledad en las habitaciones del hotel. Las llamadas hicieron la diferencia. No actué. Cuando tuve un buen entendimiento del concepto de los Tres Círculos decidí colocar no sólo las relaciones extramaritales en mi círculo interior sino también la masturbación. Después de todo, las relaciones sexuales por teléfono, la conducta que destruía mi espíritu era una forma de masturbación. No quería correr el riesgo de contraer enfermedades. Quería serenidad y recuperación.

Conseguí un padrino. Eso no fue fácil para mí. No me gusta la autoridad. Me resisto a que me digan qué hacer. Prefiero dar consejos que seguirlos. Me gusta asumir el papel de estadista mayor. El hecho de que mi padrino era menor que yo fue un problema. Pero fue uno de los primeros en ofrecerme apoyo, una de las personas a las que llamaba cuando estaba fuera de la ciudad. Me llamaba la atención su seriedad y su devoción al programa. Era de buen corazón y entusiasta y sediento de recuperación—para otras personas así como para él mismo. Fue generoso con su tiempo y estricto en su enfoque. Al principio me resistía seguirlo. Quería ser el que mandara. Como muchos adictos, yo quería dirigir y controlar mi propia recuperación. Conforme yo discutía, el hablaba acerca de la belleza de la entrega.

Discutí con Dios. Discutí acerca del concepto de Dios. Estas eran viejas discusiones, rancias discusiones, pero discusiones que seguían atormentándome y dañaban mi programa. Sin embargo, eran discusiones necesarias que necesitaban resolverse y decirse en voz alta en las reuniones. En las reuniones yo también tenía que decir lo que le había hecho a mi sobrino. Después de varios meses las discusiones empezaron a desaparecer. Admití que mi vida espiritual había sido un desorden ingobernable. Reconocí la necesidad de un Poder mayor a mí mismo para que me liberara de la prisión de mi adicción. Me entregué. Todo el tiempo traté de recordar el principio primordial de mi programa—abstenerse; no actuar sin importar qué suceda.

Siguiendo el ejemplo de mi padrino decidí abordar mi recuperación de forma agresiva. Formé un grupo para intercambiar comentarios. Asistir a muchas reuniones se convirtió en un hábito. Compartí. Hice compromisos. Llamé a los otros adictos y los animé a que me llamaran. Forjé amistades. Inicié la práctica de la meditación y oración matutinas. Me esforcé por comprender el propósito y plan original del programa. Busqué conocer la fuente de su inspiración.

Por milagro, empecé a dejar mi obsesión. Ya no estaba en un estado perpetuo de lujuria. El tema de mi identidad sexual dejó de ser una ardiente pregunta. Era más paciente con mi esposa y estaba disponible emocionalmente como nunca antes. Nuestra relación física se hizo más feliz y más sana. Mi esposa accedió a asistir a un grupo de parejas en donde el único requisito es que un miembro de la pareja se defina a sí mismo como un adicto sexual. El grupo no siempre ha sido fácil. La ira y el rencor todavía persisten, pero el foro es abierto y honesto y, sobre todo, el secreto se sabe. Hay algo liberador acerca de estar sentado en un salón anunciándoles a los demás, mientras mi esposa está a mi lado, que yo soy un adicto sexual. Es vital para mí que mi esposa, el amor de mi vida, sea una parte de mi recuperación.

Todas las herramientas ayudan. Hablo con mi padrino casi a diario. Al principio no quería parecer tan necesitado. Ahora me preocupo menos por mi imagen y más por mi abstinencia. Me permito asistir a cuantas reuniones yo desee. También me permito expresar mi entusiasmo y amor por la confraternidad. Las reuniones me brindan una conexión profunda y satisfactoria con otras personas, recordándome de las conexiones emocionales que busqué pero nunca encontré en las relaciones sexuales por teléfono.

Veo mi recuperación como nada más ni nada menos que mi vida diaria. Escuchar con mayor atención a los demás es parte de mi recuperación. Escribir esta historia es parte de mi recuperación. Cuando me encontraba en las profundidades de mi adicción mi mente estaba confundida. Mi espíritu estaba en mal estado. La abstinencia me ha bendecido con un grado de lucidez y hasta una medida de paz. La paz me ha permitido ver lo que en realidad quiero y necesito. En mis oraciones matutinas pido que mi guía sea la bondad, no la aprensión y el temor. La semana pasada mi esposa y yo compramos plantas iguales y las colocamos afuera de la puerta de mi oficina. En las mañanas temprano me llaman la atención las plantas. Con sus hojas levantadas hacía el cielo como brazos abiertos las plantas absorben los rayos del sol de una fuente superior. Reciben el calor necesario para crecer. Yo busco esa misma fuente, ese mismo calor.

20.

ENTREGARSE DOS VECES

Mi primer recuerdo de la actuación es a los seis años de edad. Recuerdo haber orinado en botellas para enterrarlas bajo la casa. Para cuando tenía ocho años obtenía una descarga de adrenalina revisando los cajones de la ropa interior de mi mamá o mi abuela para tocarlos u olerlos. Cuando tenía diez años actúe con el adolescente de enfrente. Solamente actuamos una vez, pero me siguió buscando y yo seguía queriendo que fuera mi amigo durante meses.

A los doce años mi adicción se empezó a desarrollar. No creo que haya sido una coincidencia que eso fue cuando nos mudamos de la casa de mis abuelos a una propia. Me trepaba por la ventana de mi habitación y me paraba en la pared para ver a las señoras vecinas desvestirse. Este es mi primer recuerdo de la descarga de adrenalina que llegué a conocer tan bien. Para cuando tenía trece años iba al establo local y me gozaba al acercarme a las vacas para jalarles las ubres. A los catorce tenía las paredes de mi habitación cubiertas con desplegados de pornografía. Todavía me pregunto por qué mis padres lo permitieron, pero recuerdo que cuando tuve problemas en la escuela el castigo consistió en que tuve que retirar toda la pornografía de las paredes.

A los quince años tuve relaciones sexuales por primera vez. Todavía recuerdo que mi orgasmo duró diez minutos. Claro que no duró eso. Pensé que había encontrado la respuesta a la vida. Procedí a tener relaciones sexuales con tantas parejas y tantas veces como me fue posible. Busqué en su mayoría mujeres poco deseables porque creía que las mujeres bonitas no tenían relaciones sexuales. Estuve obsesionado con las relaciones sexuales desde los quince años hasta los veintidós. Encontraba mujeres que estaban dispuestas a tener relaciones sexuales con varias parejas, y juntaba a mi círculo de amigos íntimos para ese propósito. Me sentía muy importante al hacer esto. Ahora entiendo acerca de mi propia autoestima y de sentirme "aislado." Recuerdo que en varias ocasiones mi papá tuvo que contestar llamadas de padres furiosos cuyas hijas estaban embarazadas. Cuando tenía veinte años me arrestaron por exhibicionismo. Estaba borracho en un estacionamiento y salí de mi automóvil, oriné y luego me exhibí a las muchachas del automóvil al lado del mío.

A los veintiuno me arrestaron por estupro estatutario, es decir, por tener relaciones sexuales con una menor de edad. La muchacha tenía como quince años. Por este tiempo una de mis parejas de actuación con la que actuaba de forma medio regular se embarazó. La manipulé para que diera el bebé en adopción con la intención de alejarme de ella. Bueno, pues la adicción me jaló otra vez hacía ella y se embarazó una vez más. En esta ocasión era demasiado fuerte el sentimiento de culpa—nos casamos. Por muy disfuncional que fuera el matrimonio le doy gracias a Dios por él, porque probablemente eso me salvó la vida.

En ese tiempo hice lo que ahora conozco como un cambio de adicción. El trabajo y el dinero llegaron a ser mi obsesión. En los quince años siguientes actué solamente en una ocasión fuera de mi matrimonio. Sin embargo, sacrificaba mis valores, mi respeto a mí mismo y mi dignidad para tener relaciones sexuales con mi esposa. Era muy controlador y tiránico en el matrimonio—que Dios bendiga a mi ex-esposa. El único poder verdadero que ella tenía eran las relaciones sexuales, así que la lucha por el poder era lo normal.

En este tiempo la familia se empezó a desintegrar y el dolor volvió a regresar. Aunque mi problema con el alcohol siempre estuvo en el trasfondo, ahora tomaba con exceso. (Estoy sobrio ahora—gracias a Dios y a los Pasos). Ya estaba harto de mi trabajo—el alcohol no era suficiente—así que tuve relaciones sexuales con mi primera prostituta. La sensación fue estimulante. Al fin era libre. Ya no estaba atrapado en una lucha por el poder con mi esposa sobre las relaciones sexuales. En menos de seis meses estaba actuando dos veces por semana. En un año serían cuatro veces a la semana.

Fueron cinco años sin interrupción, de los cuales actué todos los días en los dos últimos años. Tuve relaciones sexuales sin protección anticonceptiva con más de cuatrocientas prostitutas callejeras – generalmente en mi automóvil, ocasionalmente en un motel, y siempre como resultado del salir en busca de parejas sexuales.

Algunas de las consecuencias de mi actuación fueron que destrocé mi automóvil en dos ocasiones persiguiendo prostitutas, contraje ladillas o piojos púbicos, como se le llaman comúnmente, como en diez ocasiones, tuve gonorrea en dos ocasiones y clamydia en una. Recuerdo que llevé las ladillas a casa y se la transmití a mi esposa y la convencí, que la culpa era suya. Cuando le transmití gonorrea, lo hice pasar por una infección leve y le llamé a su ginecólogo y lo convencí de que dejaría de hacer lo que estaba haciendo si le ocultaría la verdad a mi esposa en esta ocasión. De alguna forma lo hizo.

Pero cuando contraje clamydia me descubrieron. Admití que había tenido relaciones sexuales con varias prostitutas, y el matrimonio se acabó. Terminé perdiendo el matrimonio y la relación con mis hijos. Después vino el divorcio. Las pérdidas monetarias fueron descomunales.

Continuó la locura. Todas estas cosas sólo me limitaron un poco en mi actuación. Intenté todo lo que pude para controlarla y disfrutar una poquita de actuación. Algunas de las cosas eran jurar no volver a la actuación, actuar solamente los fines de semana, actuar solamente los martes y jueves, solamente con prostitutas de amplios pechos, solamente con prostitutas de cabello rubio, etc.

No funcionó nada. Acudí a un terapeuta y actuaba antes de la sesión. En ocasiones actuaba después. Esto duró aproximadamente un mes. Me puse en contacto con otro programa de doce pasos que trataba con la adicción sexual y asistí a varias reuniones. Supe que su programa no funcionaría para mí.

Pensé que estaba perdido. Mi despertar espiritual llegó un día en que me levanté y me sentí fuerte y decidí no actuar ese día. Para las cinco de la tarde llegué a casa una vez más y me di cuenta de que lo había vuelto a hacer. Me metí a la regadera y tenía ganas de quitarme la primera capa de piel con un cepillo de alambre. Salí de la regadera llorando y me arrodillé y dije la única oración que me quedaba, "O Dios, Ayúdame."

No pasó nada inmediatamente. Como una semana más tarde, después de una reunión de los doce pasos, fui a tomar un café con un amigo. Le conté lo que estaba haciendo. Me contó lo que él había hecho. Me platicó acerca de un montón de tipos del otro lado de la ciudad que se llamban a sí mismos adictos sexuales y si yo quería ir, él iría conmigo. Pasó aproximadamente una semana y le llamé y fuimos a la reunion.

Me he juntado con estos tipos desde hace seis años. Por la gracia de un Dios bondadoso y mi grupo de ASA, no he actuado en mi círculo interior durante cuatro años y medio. Eso es verdaderamente un milagro. Puedo decir que ASA me salvó la vida. Cuando llegué aquí, estaba desamparado. Yo sabía que iba a morir de SIDA. El primer año y medio fueron difíciles para mí. Los siete primeros meses no lograba reunir más de unos cuantos días de sobriedad. Después recibí la gracia suficiente para reunir ocho meses de sobriedad. Después tuve un tropiezo y actué durante tres meses. No podía lograr regresar a las reuniones—demasiada vergüenza, humillación, y orgullo. Le doy gracias a Dios que regresé al programa el 9 de junio de 1989. Tuve otro tropiezo el 10; regresé a la reunión el 11 y mantengo mi sobriedad hasta la fecha.

Por este tiempo, hice el descubrimiento más importante que he hecho hasta la fecha. Descubrí que si solicitaba la ayuda de Dios para mantenerme sobrio en la mañana, me reportaba por teléfono con otro adicto a medio día y asistía a una reunión de ASA esa noche, yo no actuaba. Dios me otorgó la disponibilidad de llevar esto a cabo por un poco más de un año. Ahora es la base de mi recuperación.

En realidad mi abstinencia requirió entregarme dos veces. Tuve que entregar mi enfermedad a Dios y después entregarme a ASA. Mi acuerdo con Dios hoy es simple – él se encarga de la abstinencia; yo me encargo de las reuniones, del teléfono y de pedir ayuda. En cierta forma, yo usé la voluntad de una manera indebida por mucho tiempo. Tratar de no actuar solamente con la fuerza de voluntad nunca funcionó. Pero lo que sí puedo hacer es usar mi fuerza de voluntad para asistir a las reuniones, levantar el teléfono, y pedir la ayuda de Dios.

Hace casi dos años se me liberó de mi obsesión de actuar. No creo que haya sido una coincidencia que esto sucedió a mediación de mi Noveno Paso. Me encantan los resultados de aplicar los Doce Pasos en mi vida, porque entre más lo hago, mejor se vuelve mi vida.

Hoy tengo sueños que se están volviendo realidad. Me mudé hace poco al área de la playa—algo con lo que había soñado por unos cuantos años ya. Antes de esto, tuve la oportunidad de vivir solo por primera vez, y la experiencia fue maravillosa. Tuve la oportunidad de amueblar mi departamento de arriba a abajo. Me estoy conociendo como soy como persona y estoy haciendo lo necesario para tener una casa bonita.

Ahora tengo una relación formal con una mujer maravillosa. Nunca supe que podía tener una persona en mi vida que era bondadosa, cariñosa, comprensiva, que nutre y apoya. Nunca supe que yo tenía estas mismas cosas dentro de mí para brindárselas a otra persona. Tengo todo esto hoy.

He recibido muchas bendiciones en la recuperación. Asisto a las reuniones aproximadamente dos veces por semana y las disfruto mucho. En ocasiones hasta aprendo algo. Cambié mi situación en el trabajo. Me di cuenta de que lo que había elegido como carrera no era apropiado. Dejé de hacer ese trabajo. Todavía no se qué voy a hacer cuando crezca, pero disfruto esa búsqueda. Hay abundancia en mi vida hoy—hasta algo de dinero en el banco también. ASA salvó mi vida y le estoy eternamente agradecido. Cuando llegué al programa me encontraba en un estado mental y físico desesperado—con una adicción crónica. Si este programa puede funcionar para mí, puede funcionar para cualquiera. Siga regresando. Dios los bendiga.

21.

FUERA DE LOS ESTACIONAMIENTOS

Yo empecé tarde con mi adicción sexual. Sin embargo, una vez que empecé recuperé terreno fácilmente.

No me gusta pasar mucho tiempo pensando en mis padres o en como crecí. Sí les puedo decir que crecí en un barrio de clase obrera en la costa este de los Estados Unidos. Mi madre era una alcohólica mezquina y abusiva cuya enfermedad se agravó con los años hasta que al fin la mató. Habíamos tenido una relación hasta cierto punto íntima, y después su alcoholismo creó una brecha en nuestra relación. Mi padre, que tuvo varios trabajos distintos como obrero cuando yo era chico, casi nunca tomaba pero tenía serios problemas con la ira. Él me atemorizaba. Más tarde en mi vida me pasé mucho tiempo tratando que mi padre, en la persona de los hombres que se le parecían, me quisiera.

Realmente anhelaba la atención de los hombres. Recuerdo que cuando tenía como seis años mi familia fue a Niagara Falls. Un hombre que se encontraba parado junto a mi empezó a platicar conmigo. En un momento dado mi madre me dijo que tuviera cuidado de no acercarme demasiado al barandal, porque ¿qué pasaría si me cayera? El hombre dijo, “Me saltaría a sacarte.” Ese tipo de manifestaciones de afecto de un hombre mayor me eran extrañas por completo, y aun lo recuerdo hasta este día.

Uno de los recuerdos más felices de mi infancia es el de un vecino que vivía en el callejón de enfrente que me tomó bajo su protección. Era un consumado jugador de ajedrez y me llevaba a sus competencias los sábados por las tardes. Yo deseaba una mayor cercanía física con él y al mismo tiempo era feliz de obtener la atención que recibía de este hombre mayor a quien admiraba y respetaba.

Cuando era niño aprendí el voyeurismo de los anuncios de los catálogos de las tiendas. En la preparatoria fui el administrador de uno de los equipos de deportes de nuestra escuela y pronto descubrí que la posición me daba la oportunidad de atisbar a los muchachos del equipo cuando se bañaban en las regaderas, bajo el pretexto de entregarles sus toallas. Pude haber dejado las toallas afuera sin problema para que ellos solos las recogieran.

Más que nada me atraían varios de los maestros de deportes y siempre andaba en busca de excusas para entrar a la oficina en donde se cambiaban de ropa y se bañaban; la recompensa a mis esfuerzos era pescar a uno o a otro desnudo.

Yo fui una persona solitaria durante todos los años que cursé la preparatoria y sabía muy poco acerca de las relaciones sexuales. A pesar de que se me acusó varias veces de estarme masturbando en el baño la verdad es que yo no sabía qué era eso o cómo se hacía. Aprendí hasta que llegué a la universidad en 1969 y escuché a mis amigos hablar acerca de eso. Y aun entonces no podía creer que lo que estos muchachos estaban describiendo pudiera ser cierto porque se oía tan poco digno. Lo intenté hasta que estuve en mi penúltimo año de la universidad. Me gustó inmediatamente. Para entonces ya me había cambiado de dormitorio y me masturbaba en la litera de arriba varias veces al día. Mi compañero de cuarto, que tiene que haber sabido de mis actividades, nunca dijo ni una sola palabra, así que yo creía que ni él ni nadie en el dormitorio sabían lo que estaba haciendo.

Con el paso del tiempo me volví un poco más discreto acerca de mi masturbación y mi adicción pasó a una fase medio-latente hasta el quinto año de mis estudios de postgrado, que también fue cuando me declaré gay. Estaba trabajando en mi tesis y no tenía un horario establecido, daba clases dos horas al día, tres veces por semana. Así que trabajaba en mi tesis "todo el día" y después consideraba que mi recompensa era salir a los bares por la noche. Como no tenía un automóvil me llevaba algo de tiempo caminar para llegar hasta los bares y después obviamente me llevaba tiempo caminar de regreso, así que a menudo llegaba a casa hasta después de las cuatro de la madrugada o más tarde, lo que quería decir que me iba a levantar hasta que fuera ya tarde en el día. Así que en realidad no estaba trabajando en mi tesis tanto como me había convencido a mí mismo que lo estaba haciendo.

Por lo tanto, no terminé mi tesis a tiempo y se me acabó mi trabajo de maestro en la universidad. Así que tomé un trabajo de maestro de tiempo completo en una universidad en otro estado. Aun así solamente tenía que trabajar tres días a la semana. No tardé mucho en descubrir los lugares de actuación y fue durante este tiempo cuando empecé a tener relaciones sexuales con hombres de una forma semi-regular. Caminaba al lugar de actuación a unas cuantas millas de distancia y ligaba con un hombre que me traería de vuelta a casa. Teníamos relaciones sexuales y después salía corriendo por la puerta. Muchos de estos tipos les habían dicho a sus esposas que iban a comprar mandado o algo parecido, así qué, entre eso y la vergüenza que me imagino que sentían, no había tiempo de intercambiar saludos antes o después de haber tenido relaciones sexuales. También empecé a asistir a una iglesia local los domingos y también los miércoles por las noches; había una familia que iba por mí y me recogía para llevarme a la iglesia, y yo participaba en la rutina de familia cuando estaba con ellos. Así que estaba llevando una verdadera doble vida.

Mi momento más vergonzoso ese año sucedió después de que al fin me compré un automóvil. Manejé hasta el lugar local para actuar y ligué a un hombre que resultó ser alumno de la universidad en donde yo daba clases. Quería que le diera sexo oral; no lo hice, aunque la vergüenza era casi tan grande como si lo hubiera hecho.

Mi trabajo en esta universidad duró solamente un año. Pudo haber durado más tiempo puesto que todavía había una vacante que yo pude haber ocupado. Pero no me pidieron que me quedara. Siempre tuve la sospecha que varios alumnos me habían visto acudir al bar de homosexuales y que se le había ido a contárselo al rector de la universidad, que también era un ministro para una iglesia conservadora de la ciudad.

En el otoño de 1979 regresé a la ciudad en donde había cursado mi postgrado, con mi tesis aun sin terminar. Conseguí un trabajo de tiempo completo y por las noches estaba más interesado en ir a los bares que en trabajar en mi tesis. Con el tiempo descubrí una ciudad mucho más grande en el mismo estado en donde pensé que las oportunidades de actuación eran mucho mayores, así que me mudé a esa ciudad.

Mi actuación aumentó por un tiempo, igual que mi bebida, y después pasé lentamente a otra fase semi-latente. Llegó el punto en que solamente iba a los bares una vez por semana. El resto del tiempo me aislaba de los demás. Grababa las telenovelas matutinas y me pasaba las noches viéndolas. Sentía que los personajes de estas novelas eran mis amigos, por lo que no necesitaba amigos de carne y hueso. Mientras tanto mi adicción se estaba fortaleciendo, como pronto iba a descubrir.

En la década de los 70, antes de que tuviera un automóvil, los radios CB estuvieron de moda por un tiempo. Parecía que cada automóvil tenía uno. Para 1985 cuando instalé un radio CB a mi automóvil, habían regresado a ser casi exclusivamente para los conductores de camiones de carga.

A mediados de 1986 salí de la ciudad durante el fin de semana para visitar la ciudad en donde solía vivir. Todavía tenía muchos amigos allí e iba ocasionalmente de visita. Manejando de regreso tenía mi radio CB encendido y como a treinta millas de mi casa escuché a un conductor de un camión de carga solicitando alguien con quien tener relaciones sexuales. Le contesté inmediatamente y quedamos de vernos en el área de descanso en dónde se encontraba él. Esa fue la primera ocasión en que me metí a la cabina de un camión. Además de que el conductor obviamente era un hombre de clase obrera, me llamó "cuate," lo cual me dio el sentido de aprobación que siempre anhelaba. Sentí que este hombre me aceptaba, y por supuesto, yo había anhelado toda mi vida que me aceptara un hombre varonil de clase obrera.

Tuvimos relaciones sexuales, y por el resto de esa noche y todo el día siguiente yo andaba en las nubes. Sentía que al fin había encontrado lo que siempre había querido. Mi radio CB se convirtió en mi propio juguete personal, y en cualquier momento en que estuviera hambriento, enojado, solo (eso era uno de los grandes) o cansado, sin mencionar un sinfín de otras cosas, andaba yo en mi automóvil, sólo que ahora era yo el cazador. Tuve un buen porcentaje de éxito, y aunque tuve que soportar bastante maltrato verbal, me imaginaba que era parte de lo mismo. Me despertaba a media noche, pensaba que tenía que ir al paradero de camiones o área de descanso aun cuando no tenía ganas de hacerlo, por si me fuera a perder de algo, y después me quedaba afuera todo el resto de la noche, apenas arrastrándome para llegar a tiempo al trabajo al día siguiente.

Una noche, después de casi un año de esto, un conductor de camión que me escuchó en la radio se puso de acuerdo con la policía, sirvió de señuelo y me pescó la policía. Me avergonzaron y me humillaron, me preguntaron si tenía SIDA, se rieron de mí, y me pusieron en la parte trasera de su patrulla policíaca. Por alguna razón decidieron no llevarme a la delegación de policía, y en lugar de eso me advirtieron que si me volvían a encontrar por aquí otra vez iría a prisión. Cuando me volví a subir a mi automóvil y lo encendí la radio CB automáticamente se prendió. Aunque había estado con la policía unos diez o quince minutos el conductor que había servido de señuelo estaba todavía en la radio riéndose del hecho de que había ayudado a pescar a un marica. Este fue sin duda el episodio más vergonzoso de mi vida. Y todo lo que aprendí de esto fue que tenía que cambiar mi modo de operación.

Por este mismo tiempo me encontré un libro cuyo título me hizo pensar si acaso yo tuviese un problema con la adicción sexual. Después de un tiempo llamé al número de Adictos Sexuales Anónimos que se encontraba en el directorio telefónico y el hombre que me devolvió la llamada me preguntó que si yo era un adicto sexual. Le contesté que no sabía y me recomendó un libro que debería leer. Una vez que lo terminara de leer, si creía que era un adicto sexual, entonces le debía volver a llamar. Leí el libro y no había nada ahí acerca de los conductores de camiones, por lo que consideré que no debía ser un adicto sexual. Seis meses después las cosas se habían puestos tan malas que decidí volver a llamar a la línea telefónica de emergencia. En esta ocasión dije que sí, yo era un adicto sexual, y el hombre con el que hablé me dio las horas y dónde se reunían dos reuniones.

Mientras tanto una de las nuevas formas que descubrí para encontrar conductores de camiones era poner anuncios personales. Con el tiempo me junté con un hombre que vivía como a cuarenta millas de mi casa. Fui a su casa lleno de emoción y usé todo mi repertorio sexual con este hombre, tratando de atraparlo. Cuando terminamos y no mostró interés en juntarse nuevamente conmigo me sentí deshecho. Fue en ese entonces que decidí que más valía que asistiera a una reunion. Esto fue en abril de 1991.

Permanecí en ASA por unos cuantos meses y las cosas marcharon bien hasta que llevé a cabo un Primer Paso formal ante el grupo. Todos en el grupo aplaudieron cuando terminé, menos un hombre—y por supuesto él fue en quien centré mi atención. Este hombre se me acercó después de la reunión y me dijo que no hablamos de nuestros padres en las reuniones, además de otras cosas que me desanimaron. Creyendo en la evaluación de este hombre de que yo no era un adicto sexual y no pertenecía allí, me alejé de ASA por aproximadamente un año.

Durante ese año mi vida se volvió mucho peor. En una ocasión ligué con un hombre en el paradero de camiones y lo llevé a casa conmigo. Después de una noche de relaciones sexuales, yo me había convencido de que íbamos a estar juntos para siempre. Me dejó unos días después mientras me encontraba en el trabajo y se llevó aproximadamente seiscientos dólares de mis objetos personales con él. En realidad me sentí violado por este robo. Mi respuesta, después de pasar un sábado reponiendo todo lo que se había llevado, fue regresar al paradero de camiones, mientras me decía, "Esto es todo lo que tengo; tiene que funcionar, a fuerza tiene que funcionar." Fui más indiscreto que de costumbre esa noche y me detuvo un policía mientras buscaba parejas sexuales en el estacionamiento. Mentí acerca de por qué me encontraba allí, e investigó mis datos por computadora pero no encontró nada. Así que me dejó ir y manejé las aproximadamente cincuenta millas de regreso a casa. Esto era el colmo. Todo el camino hacía allá me había estado repitiendo a mí mismo, "Esto tiene que funcionar," y ahora me decía, "Esto tiene que parar." Aunque no lo reconocí entonces, de muchas formas ese hombre con quien ligué me hizo el favor más grande que se me ha hecho en mi vida.

La siguiente noche regresé a la reunión de ASA en donde había llevado a cabo mi Primer Paso un año antes. Estoy convencido de que no hay coincidencias—el hombre que me había agredido tanto el año anterior estaba llevando a cabo su Primer Paso. No sólo eso, pero llegué unos minutos tarde y justo cuando entré ¡él estaba hablando de sus padres! Así que pensé que aquí era en donde debía estar. Sin embargo, sí admito que me tomó un buen tiempo dejar de lado ese rencor.

Unas semanas después un hombre se ofreció a ser mi padrino y llevamos a cabo los pasos restantes. Empecé a participar en ASA y dejé de ser tan retraído. Por varios años consecutivos invité a mi casa en el Día de Acción de Gracias y Navidad a aquellos miembros de ASA que decidían pasar las vacaciones con otros adictos sexuales en recuperación.

Había llevado a cabo mis pasos y las cosas marchaban bastante bien, de hecho mucho mejor de lo que habían marchado por mucho tiempo. Hasta recuerdo el día en que me subí a mi automóvil para manejar a un paradero de camiones y me di la vuelta y regresé a casa después de decidir en el camino que en realidad no quería hacer eso. Aun así, había llegado hasta un cierto punto en mi recuperación y parecía no poder avanzar más allá de ese punto. Estaría bien durante la semana, y ya tarde el viernes y el sábado en la noche iba a este bar para conductores de camiones, me tomaba unas cuantas cervezas y en ocasiones ligaba con un conductor o me ligaban conmigo. La mayoría de estos hombres tenían habitaciones en el hotel en donde se encontraba el bar. Casi todos estos encuentros terminaron sin incidentes, aunque en un par de ocasiones después de terminar el coito el hombre se enojó y hasta amenazó con ponerse violento. Recuerdo en especial a un hombre que me acusó de haberlo tenido en la "mira," y me dijo mientras me vestía rápidamente que él tenía experiencia militar en hacer que la gente "desapareciera." Se fue hacía el cuarto trasero para recoger una herramienta con la cual llevar a cabo su amenaza. No supe si estaba mintiendo y no tenía planes de esperarme para saberlo. De alguna manera no perdí la cabeza, me puse mis zapatos y me salí de allí, contestándole a su, "No te vayas, todavía no acabamos," con un "Buenas noches" cortés pero aterrado, mientras salía corriendo por la puerta. Obviamente se disparaban tremendamente los problemas de este hombre y de los otros que me amenazaron, pero no me hubiera servido de consuelo si yo hubiera terminado en el hospital o en la morgue.

Sin embargo, no me di por vencido con ASA, y de hecho asistí a mi primera convención en mayo de 1995. Había hecho reservaciones de avión de manera que volaría a casa el lunes temprano por la mañana, por lo que me perdería el último orador y la ceremonia de clausura. Sin embargo, me divertí tanto todo el fin de semana que le llamé a la aerolínea el domingo por la noche y pospuse mi reservación del avión. Desde entonces no me he perdido una convención, y he participado en la planeación de dos de ellas. Aun así, los recuerdos de esa primera convención son muy especiales para mí.

Un par de meses después un miembro de ASA me sugirió que buscara ayuda para mi problema del alcohol, después de que yo compartí que me había emborrachado durante el fin de semana del Día del Trabajo. Así que también empecé a asistir a reuniones de doce pasos por mi problema con el alcohol. Empecé a tomar en el bar de los conductores de camiones de carga solamente refrescos y descubrí que ya no me podía acercar a los hombres para solicitar relaciones sexuales. Hasta ese momento no me había dado cuenta qué tan ingobernable era mi vida debido al alcohol.

Durante los siguientes años me pasé mucho tiempo trabajando con hombres en rehabilitaciones del alcohol y drogas. Como muchos de estos lugares cerraban tarde, me daba algo que hacer por las noches cuando tenía mucho tiempo libre, tiempo en el que de lo contrario hubiera pasado en ese bar tomando refrescos. En ocasiones todavía frecuentaba ese bar, y aunque ya no actuaba ahí, Dios se encargó de hacer por mí lo que yo no pude hacer por mí mismo—en menos de un par de años la gerencia del hotel decidió cerrar el bar.

Obviamente no podía hacer yo reparaciones directas a los muchos conductores de camiones de carga a quien yo lastimé durante años. Así que Dios intervino en mi corazón para que participara en un ministerio para conductores de camiones de carga en uno de los paraderos de camiones locales, lo cual desempeñé por aproximadamente cuatro años.

Permanezco muy activo en el servicio de ASA, especialmente en las áreas de literatura y vinculación con prisiones.

Creo que la mayor recompensa que he recibido de ASA y en general de le recuperación de doce pasos, fue aprender que yo tenía más que ofrecer a las demás personas que mi repertorio sexual. He regresado a hacer algunas de las cosas que me interesaban antes de que mi adicción sexual se apoderara de mí. Sigo pasando tiempo cultivándome, meditando, orando y dando de lo que he recibido. Tengo cincuenta y dos años ahora; cuando era más joven me preguntaba si todavía iba a estar sentado en los bares cuando tuviera 70 años, o si la policía me iba a encontrar un día con un disparo en la cabeza en el estacionamiento de algún paradero de camiones. Me da gusto decir que mi vida es mejor ahora de lo que había sido antes y que ASA fue el catalizador que me inició en un viaje de realización plena.

22.

MANTENERSE EN EL CAMINO

Soy un adicto sexual desde hace dieciséis años, quince de los cuales he estado casada con el hombre con el que aun estoy. Me uní a ASA porque mi vida se había vuelto completamente ingobernable. Aunque corrí el riesgo de distanciar a mis hijos, de contraer SIDA, y de perder a mi esposo seguí con la actuación sexual. Mi actuación constaba en entregarme sexual y emocionalmente a cualquiera que mostrara un interés en mí. No tenía límites.

Ahora me doy cuenta de que mi adicción surge de lo que pasé cuando era niña. Fui victima de incesto por mi padre desde que nací hasta los doce años de edad. Siento que nunca tuve una sexualidad sana. El incesto era una violación de mi sexualidad, de mi ser. Perdí de vista mis límites sexuales cuando se violaron una y otra vez. Mi amor inocente e incondicional de niña hacia mi padre me hizo confundir el amor con las relaciones sexuales. Solamente sentía que me podían querer si me deseaban sexualmente. Tenía que ser una buena pareja sexual o de lo contrario me rechazarían y me abandonarían. Crecí y viví con una vergüenza que alimentó mi adicción sexual, lo cual creaba más vergüenza.

Ir a ASA fue un punto decisivo en mi vida. Llevar a cabo los Doce Pasos, escuchar a los miembros de mi grupo compartir sus experiencias, y consultar con ellos cuando necesitaba ayuda me dio mucha fortaleza y dirección. Después de que dejé las conductas de actuación pude definir y adoptar lo que son en realidad mis valores personales. Esto es algo de lo que aprendí:

Antes: Las necesidades de los demás eran más importantes, aun si violaban las mías.

Ahora: Tengo derecho de establecer mis propios límites y de mantenerme dentro de ellos.

Antes: Tenía que ser sexual para que le agradara a otras personas; era el precio que había que pagar.

Ahora: Mi sexualidad me pertenece. Puedo decirle "No" a cualquiera que intente cruzar mis límites.

Antes: Busqué parejas sexuales para sentirme bien acerca de mí misma, aunque fuera de manera temporal, pero después solamente me sentía avergonzada y que no valía nada.

Ahora: Me valoro como persona, elevando mi autoestima al afirmar mis fortalezas y teniendo compasión de mí mismo.

Antes: Aunque deseaba estar casada no podía ser fiel. Tenía una adicción sexual y estaba fuera de control.

Ahora: Con el amor que le tengo a mi esposo deseo cumplir con mi compromiso matrimonial y sobre todo, deseo mantener una relación monógama.

Antes: Era una mentirosa compulsiva, una experta en engañar a los demás. Necesitaba proteger mi adicción a toda costa. Hasta me engañé a mí misma.

Ahora: Deseo ser honesta en todos los aspectos de mi vida, con los demás y especialmente conmigo misma.

Antes: La adicción sexual era mi Poder Superior. No pensé que pudiera vivir sin ella.

Ahora: Siento que no puedo tener una sexualidad sana si no soy espiritual. Saber que Dios (mi Poder Superior) está pendiente de mí marca la diferencia.

Creo que siempre sabía lo que eran mis valores, pero como adicto racionalicé mis valores para proteger mi adicción sexual. Seguir mis valores personales me permite ser sexual, pero de una forma sana y de autoafirmación.

Aunque uno de mis valores es mantener una relación monógama con mi esposo, eso no significa que mi sexualidad será naturalmente sana como yo deseo que sea. Necesito recordar ciertas cosas:

Cuando sienta que sale la niña lastimada y necesitada que existe dentro de mí (la que creció sin un padre que estaba presente emocionalmente y prodigaba cuidados, la que confunde el amor con las relaciones sexuales) necesito cuidarla. Mi instinto natural me dice que lo haga a través de medios sexuales. Cuando me sienta así, necesito identificarlo y decirle a mi esposo en voz alta, "No me siento sexual ahora. Sólo necesito tu cercanía, que me abraces y saber que me quieres exactamente como soy." Solía dar por sentado que él debía saber cómo me sentía, aun cuando en ocasiones ni yo misma lo sabía. Entonces cuando teníamos relaciones sexuales, aunque las disfrutaba, terminaría llorando y no tenía la menor idea de por qué.

No me permito tener fantasías acerca de otras personas cuando estoy teniendo relaciones sexuales con mi esposo. Las fantasías eran una conducta de actuación dentro de mi matrimonio. Para mí las fantasías aumentan mi sexualidad poco sana.

Por ahora la masturbación no es parte de mi vida a menos que la comparta con mi pareja. La masturbación ocupaba una gran parte en mi adicción sexual. Hasta que conozca mejor por qué era una compulsión para mi la he eliminado.

En ocasiones identifico una cierta caricia en un tiempo dado con las caricias sexuales de mi padre. Es peligroso que yo permanezca en esta situación—son como recuerdos involuntarios. Necesito centrarme dándome cuenta de cuál es el tiempo presente y con quién estoy.

Antes de la recuperación mis sentimientos después de las relaciones sexuales eran totalmente diferentes de lo que son ahora. Aunque la actuación se sentía placentera, como un "sentimiento de satisfacción," después me sentía aislada y sola. Tenía ataques de vergüenza y entraba en depresión hasta el próximo "remedio." Ahora siento una conexión verdadera dentro de mí misma. Siento mucho amor por mi esposo antes, durante y después de tener relaciones sexuales con él. Decido tener relaciones sexuales por deseo, no porque tengo una necesidad apremiante. Mi autoestima crece después de que nos unimos e intercambiamos como seres sexuales.

Estoy segura que voy por el camino correcto hacia una sexualidad sana. No siempre tengo las respuestas, pero hablar con mi grupo de ASA me ayuda a mantenerme siempre por el camino correcto. Necesito compartir los problemas que tengo y cómo mi avance ha afectado mi vida y a mi familia. Es de gran utilidad para mí recibir los comentarios de los otros adictos sexuales. Estoy segura que no me van a juzgar porque todos compartimos un objetivo en común: alcanzar una sexualidad más sana.

23.

CRECERSE

Nunca pensé que había algo malo en mi obsesión con las relaciones sexuales. Como adolescente me deleitaba en los sueños y fantasías de tener encuentros con personas a las que conocía. Encontrar un montón de revistas pornográficas en el buró de mi padre causó que mi locura aumentara—sentía que era tan malo, tan moralmente equivocado, y sin embargo disfrutaba tanto ver ese material ilícito. A los doce años conseguí una entrega de periódicos temprano por la mañana y aprovechaba la oportunidad para tener fantasías, exhibirme y para masturbarme afuera. Por supuesto, siempre existía las posibilidad aterradora de que me pescaran, pero de alguna forma las posibilidad de que me humillaran solamente me hacía más atrevido.

La masturbación pronto se convirtió en una forma de vida para mí. Aunque temía que me pescaran, tomé riesgos cada vez mayores. Tomar riesgos me hacía sentir que estaba vivo y esto me inducía a tomar aun más riesgos. A los catorce años tuve un encuentro con otro muchacho cuando me quedé a dormir en casa de un amigo. Me angustió pensar que pude haber contraído el SIDA, pero tenía demasiado miedo para hacerme una prueba del SIDA. Mi temor alimentaba mi ciclo adictivo de la actuación como una forma para sentirme a salvo y protegido.

Hacía el final de la preparatoria tuve mi primera relación con una muchacha. Era una muchacha maravillosa y no sabía absolutamente nada acerca de la sexualidad. Aproveché la oportunidad de "educarla" de todas las formas que yo conocía. Me aferraba a la idea de que sería virgen cuando me casara, pero consideraba que la virginidad se aplicaba solamente en el contexto más estricto. Mientras no se consumara el coito yo seguía siendo virgen. Así que durante dos años y medio presioné a mi novia de la preparatoria a hacer más y más de lo que ella no quería hacer. Yo tenía un apetito voraz—estaba dispuesto a tomar riesgos que la atemorizaban a ella, tales como tener encuentros en la escuela. Y después de un rato decidí que no había problema en complementar mi relación física con fantasías de otras mujeres, aunque me sintiera culpable por eso. No me pareció que fueran un problema ninguno de los asuntos de intimidad presentes en nuestra relación. Creía que éramos la pareja de los cuentos de hadas. Pero cuando la mujer de mis sueños me dejó sin explicaciones poco tiempo después de entrar a la universidad tuve que reconsiderar mi visión de la vida. Estaba convencido de que yo era una buena persona y no me podía imaginar por qué me había dejado mi novia. "¡Ella se lo pierde!," pensé.

Mi primer encuentro sexual en la universidad fue un encuentro de una sola ocasión con alguien que ni siquiera me atraía. Después me concentré en el recién descubierto mundo de la pornografía que había encontrado en el Internet. Como tenía una conexión de alta velocidad en mi habitación, era capaz de explorar miles de fotos, historias y películas pornográficas. Para hacer las historias más interesantes, las bajaba del Internet y utilizaba mi computadora para cambiar los nombres por aquellos de las personas que yo conocía. Buscaba fotos que me recordaran a mis amigos, y mis gustos pronto progresaron de pornografía no tan explícita a pornografía muy explícita. Ocasionalmente, me encontraba fotos de personas que definitivamente eran menores de edad, pero no podía dejar de mirar. Después de cada sesión de pornografía en mi computadora, borraba obsesivamente cada archivo, escondía toda la evidencia y me decía a mí mismo que no me volvería a degradar otra vez.

Conforme seguí mis estudios universitarios, avancé en el consejo estudiantil. Fui presidente de la organización estudiantil más grande en el plantel, con frecuencia hablaba en público, y me codeaba con los administradores de la universidad. Terminé dos licenciaturas y se me propuso para una beca importante. Mi alma mater me designó como graduado sobresaliente y ofreció un banquete en mi honor.

Al mismo tiempo estaba ganando fama de otro tipo. Tuve una serie de relaciones con mujeres que fueron vicepresidentas bajo mi presidencia o eran miembros de mis comités ejecutivos. Pasaba rápidamente por las relaciones, siempre esperando encontrar un amor verdadero y nunca encontrando nada que me satisficiera. Con cada relación presionaba para obtener una intimidad sexual con mayor rapidez y con mayor fuerza. Empecé a tener relaciones sexuales con una mujer por la que en realidad no sentía nada. Me emocionaba estar con alguien que haría lo que fuera por complacerme. Tuvimos relaciones sexuales de forma regular y sin protección anticonceptiva. Temía que se fuera a embarazar y yo tendría que casarme con ella; sin embargo no me podía contener. Como no podía resolver mis sentimientos, intenté establecer una relación con ella. Ahora que contemplo el pasado, creo que ella en realidad me quería. Yo ignoraba cómo se sentía ella, y me concentré en mi propia actuación.

Igual que todas las ocasiones anteriores, mi fantasía no me llenaba en la realidad. Pronto perdí el interés y constantemente pensé en serle infiel. Mi obsesión con la pornografía creció. Tuve serios problemas con la depresión y ansiedad y busqué ayuda de un terapeuta y de medicamentos para la ansiedad. Sin embargo, nunca platiqué acerca de las relaciones sexuales con mi terapeuta. Ni siquiera las consideré nunca como parte del problema.

Me enamoré de otra mujer cuando aun seguía con mi novia y estaba en terapia. Sentí una conexión emocional con ella. Decidí que esta persona era alguien con quien me quería casar. En este tiempo fue cuando las cosas empezaron a salir terriblemente mal. No quería lastimar, obligar ni presionar a mi nueva novia a que tuviéramos relaciones sexuales. En realidad la amaba y en realidad creía que me estaba portando como un caballero. Fue muy firme acerca de no querer tener relaciones sexuales antes del matrimonio y cada vez que lo platicábamos yo accedía de todo corazón a esperar. Sin embargo, aun así la manipulé y obligué a tener relaciones sexuales conmigo. Apliqué una fuerte y constante presión psicológica y emocional a mi amada, haciendo a un lado sus límites y rompiendo sus muros de resistencia con una rapidez asombrosa. Inmediatamente después de acordar no presionarla, la presionaba y después accedía resuelto a no hacerlo nunca más. No pasaba mucho tiempo antes de que la obligara a tener relaciones sexuales conmigo.

Siempre pensé que las personas que tenían problemas con las relaciones sexuales eran "personas malas." Había algo psicológicamente mal en ellas. Particularmente los criminales sexuales - ¡Esos sí que eran un grupo de personas mezquinas! Siempre pensé que cualquiera con inteligencia y circunstancias decentes, como yo, podía evitar dichos problemas. Yo ni siquiera tenía infracciones de tránsito. Definitivamente no era capaz de cometer un crimen. Pero recuerdo claramente el fin de semana que me pasé buscando en el Internet las definiciones de violación. No pude encontrar una sola definición que mis actos no cumplieran. Me sentí aterrorizado de que se me fuera a denunciar, que fuera humillado públicamente y encarcelado. Todavía no me hacía pruebas de enfermedades de transmisión sexual de mis relaciones previas. Por la gracia de Dios mi novia no me denunció. De hecho, me dijo que aun me amaba y que sabía que había esperanzas para mí. Decidimos casarnos y le prometí que jamás me volvería a comportar de esa forma.

Un poco tiempo después la obligué a tener relaciones sexuales otra vez, seguido de más promesas y manipulación. Parecía que nada de lo que yo hiciera podía romper el ciclo. Vivía una vida regida por las relaciones sexuales. En los lugares públicos miraba embobado a cada mujer que se cruzaba en mi camino. Intenté atisbar en las ventanas de otras personas y me pasé muchas horas al día con la pornografía. En la habitación había obligado y manipulado a mis novias a hacer cosas que ellas no querían hacer. Nunca estaba satisfecho. No sabía si era portador de enfermedades y es posible que le haya transmitido el VIH a mi prometida. Pensé en suicidarme. Al fin, estaba preparado para admitir que necesitaba ayuda.

Alrededor de este tiempo mi prometida y yo nos mudamos al otro extremo del país para iniciar nuestras nuevas vidas. Mientras planeábamos nuestra boda vivimos con los padres de mi novia y yo conseguí un buen trabajo. Una mañana mientras leía el periódico en el desayuno mi prometida me enseñó un anuncio de Adictos Sexuales Anónimos. En este punto yo estaba dispuesto a intentar cualquier cosa y decidí asistir a la reunion.

Desde el momento en que entré por la puerta de mi primera reunion, mi vida cambió. Temblé durante la mayor parte de mi primer reunion, esperando que me juzgara un salón repleto de personas que daban miedo. Pero casi de inmediato nació la esperanza en mi corazón en donde nunca lo esperé. ¡Aquí había un salón lleno de gentes como yo, que no sólo se estaban recuperando, sino que estaban viviendo vidas felices! Cuando salí de mi primera reunion, tuve una sensación de paz que tiene que haber venido de Dios. Sabía que iba a ser un camino difícil pero que de alguna forma iba a funcionar.

Asistí a tres reuniones antes de regresar al otro extremo del país para mi boda y luna de miel. Después de regresar de la luna de miel misteriosamente dejé de asistir a las reuniones. Por alguna razón pensé que conocer acerca de la solución era todo lo que necesitaba. Aproximadamente un mes después casi tuve una actuación y regresé para quedarme en el programa, convencido que era yo verdaderamente impotente. Mi primer punto a tratar en Adictos Sexuales Anónimos fue Dios. Siempre fui un ateo arrogante, creyendo que era demasiado inteligente para aceptar la realidad de alguien más. Creía que la fe era una buena cosa para aquellos de una mente inferior que aceptaban lo que alguien más les decía como la verdad absoluta. Trataba con desdén a la religión como uno de los problemas más grandes del mundo y a Dios como un mito para los débiles. Sin embargo, mis compañeros de ASA reconocían que su recuperación se la debían a un Poder Superior, así que estuve dispuesto a dejar que Dios rigiera mi vida.

A los pocos meses logré una sobriedad inesperada y feliz. Aunque todavía pensaba en la actuación, mi deseo de actuar sobre esos impulsos ya no regía mi vida. Ahora estaba convencido de que un milagro me estaba liberando de mi compulsión de actuar, por lo que deseaba aprender lo más que pudiera acerca de mi Poder Superior. El iceberg de mi arrogancia y mi desprecio empezó a romperse y a derretirse conforme llegué a creer que yo no era el centro del universo. Más bien, soy una pequeña parte de la gloriosa creación de Dios, que está aquí para hacer la voluntad de Dios y ayudar a los demás.

Conforme estuve dispuesto a tener una mayor fe mi recompensa fue tener numerosas bendiciones. Encontré que el tiempo que dedico al crecimiento espiritual no es una pérdida de tiempo. Participo activamente en una iglesia en donde aprendo de los hombres y las mujeres de fe cómo incluir a Dios en todos los aspectos de mi vida. Conforme más aspectos de mi vida van tomando su lugar he venido a depender en Dios para que me guíe. Nunca me ha quedado mal.

La experiencia espiritual que me transformó tocó todos los aspectos de mi ser. Me siento contento en donde estoy y con quien soy. Siento que en realidad me conozco a mí mismo. Las emociones son una parte importante de mi vida actualmente. Me ayudan a comprenderme a mí mismo y mi relación con el mundo. Cuando siento vergüenza es probable que me haya dañado a mí mismo y realizo un inventario. Cuando siento ira necesito manejar mis rencores. Cuando siento temor, hago oración. Cuando siento gratitud, sé que estoy llevando a cabo bien mi programa.

Me doy cuenta de que puedo escuchar y aprender de las otras personas hoy y busco el contacto con personas en recuperación cuando me es posible. Lo mejor de todo es que hoy considero mi vida y experiencia como un don. Mi pasado, por horrible que sea, es una herramienta que puedo utilizar para ayudar a otros con problemas semejantes. Ayudar a otras personas es la mayor alegría de mi vida y si me concentro en ser agradecido y servicial, Dios me puede utilizar de formas maravillosas.

Hoy tengo más de dieciocho meses de sobriedad. Mi obsesión con la actuación sigue menguando. Mi avance en los pasos en ocasiones ha sido lento, en otras rápido, pero siempre al paso justo que yo puedo manejar. Trabajar con un padrino me ayudó a contener mi arrogancia y egoísmo. He hecho reparaciones por mi pasado y me apoyo en Dios para el presente, aprendiendo siempre a no temer el futuro. He estado aprendiendo a cantar y reír, amar y llorar. Paso a paso, día a día, crezco.

24.

UN NUEVO PASADO

Mis conductas sexuales adictivas comenzaron a una edad muy temprana. Un primo mayor abusó sexualmente de mí durante casi toda mi infancia, así como otros familiares, mientras mi madre negaba haber oído el llanto de su hijo. Un hombre del barrio me obligó a participar en la prostitución masculina a una edad temprana, y posteriormente, al principio de mi adolescencia, también mi jefe en el restaurante en donde trabajaba, con el que accedí a tener relaciones sexuales para que pudiera conservar mi trabajo. Me confundí mucho y me hice desconfiado de las personas en mi edad adulta temprana y me odiaba a mí mismo y al mundo también. Después me encontré en conflicto con pensamientos de incesto y a fin de cuentas actué sobre esos pensamientos al convertir en victimas a mis propios hijos.

El temor a que se me arrestara y tuviera que enfrentar las consecuencias a la larga me llevó a consultar con un asesor que era un adicto en recuperación él mismo, que me llevó a ASA. Al principio me mostré reacio porque no quería revelar mis conductas a un grupo de personas. Cuando estuve sentado y escuché a todos hablar empecé a sentir cómo si no estuviera solo. Los miembros del grupo me abrazaron y me dieron las gracias por estar allí. Esto ayudó para que me empezara a abrir y hablara sobre mi propio problema.

En toda mi vida nunca sentí que pertenecía en alguna parte, hasta que entré a ASA. Por primera vez sentí que tenía un hogar y una familia que me apoyaba, me comprendía y me permitía deshacerme de toda mi vergüenza. Realmente fue un don de un Poder Superior del que me escondí durante muchos años porque no quería hacerme notar debido a mi vergüenza. Entre más hablaba, mejor me sentía. Al llevar a cabo los pasos lentamente en un taller empecé a comprender la recompensa de hacerme responsable de mis acciones.

Compartir el Quinto Paso con otro ser humano fue una cosa sumamente difícil de hacer para mí. Sin embargo, llevar a cabo ese paso retiró todos los secretos y redujo enormemente el poder de mis compulsiones sexuales. Para cuando llevé a cabo el Noveno Paso me empecé a sentir como un ser humano, en lugar de sentirme completamente despreciable. Para mí existe un gran poder en reparar el daño a alguien a quien yo he lastimado, y continúo haciéndolo con el trabajo de mi Décimo Paso. Con el paso del tiempo hasta me podía ver en el espejo sin sentir la necesidad de voltearme con asco.

Conforme contemplé mi pasado, me abrumó la pena y el dolor, pensando en el daño que yo soporté y el daño que yo causé posteriormente en mi vida. Han pasado casi diez años desde que entré a mi primera reunión de ASA. Me doy cuenta de que ahora tengo un nuevo pasado y que es uno bueno.

Estuve tan consumido con las relaciones sexuales, inseguridades, celos y rencores durante tantos años que no podía manejar nada en mi vida—ni el trabajo, ni mis finanzas e inclusive ni mi matrimonio. Siempre tuve temor de morir solo. Ya no tengo ese temor porque sé que estoy en los corazones de mis hermanos y hermanas en ASA. Les doy las gracias a todos ustedes por eso.

Mi vida no es de ninguna forma perfecta, pero las herramientas que he recibido de nuestro programa me dan la confianza y valor para alcanzar las metas que no pensé que fueran posibles. Mis éxitos incluyen iniciar y continuar con mi propio negocio, permitirme tener tranquilidad aun en los tiempos más difíciles, y poder acercarme y compartir mis experiencias con otros adictos que sufren que apenas inician este programa para sí mismos. Aprendo tanto de los miembros de reciente ingreso, así como de los de mayor tiempo con su sabiduría. Es un viaje continuo en mi vida. No puedo decir suficientes cosas buenas de ASA. Le doy gracias a mi Poder Superior y a la confraternidad de ASA por ayudar a guiarme en direcciones mucho más sanas "un día a la vez."

25.

DE LA LOCURA A LA SERENIDAD

Crecí en un hogar disfuncional. Mi padre era un alcohólico y mi madre era una enferma mental. Ella tenía múltiples personalidades, cada una con sus propios problemas. No se me permitía tener ningún sentimiento ni expresarlo tampoco. Me parecía a mí que mi mamá era la única a la que se le permitía tener sentimientos, y la mayoría de ellos eran de furia. Nos maltrataba física y emocionalmente.

No recuerdo nunca no haber sido sexual. Mi primer recuerdo es de relaciones sexuales con mi padre. Eso se detuvo cuando yo tenía nueve años, cuando él dejó de beber e inició un tratamiento. Cuando mi papá solía tomar, entraba a mi habitación por las noches cuando llegaba del trabajo y tenía relaciones sexuales conmigo. Me dijo que era mi trabajo por que mi mamá no quería hacerlo.

También durante este tiempo yo trataba de consolar a mi madre porque mi padre andaba fuera bebiendo. Rechazaba mis esfuerzos por consolarla y cuando trataba de obtener un afecto físico de ella, me hacía a un lado. Aprendí a muy corta edad que lo único para lo que yo servía era para las relaciones sexuales.

Aprendí a manipular, y a su vez abusaron sexualmente de mí los muchachos del barrio, mis hermanos, primos, niñeras, tíos y extraños, hombres y mujeres. Después yo abusé de otros.

Cuando inicié el jardín de la infancia quedé prendada de las muchachas mucho mayores que yo. Me enojaba si no me prestaban atención o no se sentaban junto a mí. Esto dio inicio a la conexión en mi mente entre mi propio valor y si yo les agradaba a las personas o no. Si no me prestaban atención me pasaba a la siguiente obsesión.

En primer año de primaria quedé prendada por primera vez de un niño. Pensé que le gustaba porque me golpeaba y me jalaba del cabello. La obsesión con este muchacho continuó hasta entrada mi adolescencia. Durante esos años me volví muy celosa de cualquier atención que él le prestara a otras niñas. Sentía como si él me perteneciera. Creía que las mujeres no servían para nada y no se les debía tener confianza.

Para cuando tenía nueve años ya había tenido mi primera desintoxicación por haber bebido con mi padre. No entendía lo que estaba sucediendo y lo mantuvieron en secreto después de que me llevaron al doctor para ver qué me pasaba. Estaba pasando por el síndrome de la abstención como resultado de que mi padre había logrado la sobriedad del alcohol. No tardé mucho en conseguir tragos por mi cuenta y después encontré otro remedio llamado pornografía. Me sentaba en mi habitación por horas hojeando las revistas, perdida en otro mundo. Encontré nuevas formas de ser sexual y aventurera con los muchachos y me sentía con experiencia cuando tenía relaciones sexuales con adultos.

Para cuando tenía trece años ya estaba enredada con las drogas, principalmente con la marihuana y las anfetaminas. Probé todo con lo que entraba en contacto, ya fuera relaciones sexuales o drogas. Mi mamá también me enseñó cómo usar las pastillas de dietas y los diuréticos, aunque no tenía un problema con el peso. Me obsesioné sobre la forma en que lucía, siempre pensando sobre cómo me verían los demás cuando tuviéramos relaciones sexuales. Esto se convirtió en años de ingestión excesiva de alimentos para después vomitarlos.

Ese verano me violó un extraño y me dejó por muerta en una zanja en las afueras de la ciudad en donde yo vivía. Esta fue la primera ocasión en que intenté escaparme de mi casa. Me sentía tan desdichada y solo quería irme. No contaba con un verdadero plan. Casi ni dormí por un mes. Seguía pensando que él regresaría para matarme. Esta experiencia me orilló hacia un lado oscuro de la vida. Le temía a todo y a todos. Lo único que me consolaba eran los tragos y las drogas. No pasó mucho tiempo para que volviera a ser sexual y en esta ocasión me sentí muy poderosa. Sentí que había conquistado mis demonios. Me aislé más de las mujeres y no quería tener nada que ver con ellas. Usé a todos los muchachos como objetos sexuales. Tenía relaciones sexuales en los baños, automóviles, afuera—en cualquier lugar en donde podía hacerlo.

Un año de vivir así me llevó a otra experiencia horrenda a los catorce. Había estado viendo a este muchacho por cierto tiempo y verdaderamente le sentía una conexión. Me pidió que fuera su novia. Yo estaba eufórica. Nos íbamos a su casa todos los días después de clases y teníamos relaciones sexuales y bebíamos y nos drogábamos. El tenía experiencia sexual y yo no me sentía como un monstruo cuando estaba con él. Un día fuimos a su casa y ahí estaba el hombre que me había violado un año antes. Me lo presentó como su hermanastro. También había unos cuantos otros tipos con él. El hermanastro se jactó de haberme poseído, y mi novio se enfureció con celos y abandonó la casa, dejándome allí adentro. Su hermanastro me ofreció una bebida y me dijo que me relajara y que me divirtiera. Me estaba asustando, pero estaba demasiado paralizada para irme. Se me volvió a violar esa noche.

Seguí por mi camino de autodestrucción, teniendo relaciones sexuales con todos los muchachos con los que tenía contacto y usando todas las drogas que podía encontrar. Tenía relaciones sexuales con gente para obtener drogas y alcohol porque decidí que robarle dinero de mi padre a media noche era llegaba a ser demasiado arriesgado. A través de los años el dinero en su billetera era cada vez menos, así que creo que se dio cuenta. Nunca dijo nada.

En todo este tiempo mi mamá intentaba descubrir qué era lo que me pasaba. Yo era irritable y dormía demasiado. Ella decidió que leer mi diario era una forma apropiada de obtener respuestas. Después de esta traición, me llené de cólera. Me llevó inmediatamente a consultar a un terapeuta. Este fue el inicio de terapia por muchos años, y más mentiras y manipulaciones para evitar el dolor.

Cuando tenía dieciséis años encontré un nuevo novio. Me llevó a un mundo de relaciones sexuales que nunca imaginé, iniciándome en las prácticas sexuales sadomasoquistas de privación de la capacidad de movimiento, bestialidad, orgías y cocaína. No tardó mucho en que empezara el maltrato, y me golpeaba por cualquier cosa que hiciera o no hiciera. Él podía ser amoroso y bondadoso una noche y la siguiente noche me golpeaba por tener relaciones sexuales con otras personas. Luchaba por mantenerme a raya, y yo luchaba por mantenerme drogada y no sentir nada. Estaba llevando tres vidas distintas. Me pasaba toda la noche fuera de la casa y me emborrachaba y me drogaba y tenía relaciones sexuales. Llegaba a casa justo a tiempo para que pareciera como si había estado allí toda la noche, y me preparaba para asistir a la escuela. Fingía con los muchachos de la escuela que era como ellos y al mismo tiempo seguía teniendo relaciones sexuales con muchachos de allí. Tenía que consumir drogas para mantenerme despierta y beber para dormirme. Pero me sentía con poder porque podía hacer frente a todo esto.

Por este tiempo también me estaba enamorando de una muchacha de la escuela. Ella quería ser mi mejor amiga, y yo me sentía en la cima del mundo. Nunca había habido una muchacha que hubiera querido ser mi mejor amiga. Yo sabía que ella tenía relaciones con hombres y mujeres pero no la quería ver de esa forma. Mantuvimos una amistad que estaba llena de obsesión de mi parte. Yo tenía que verla a diario y pasar tiempo con ella. Ella quería que yo dejara de beber y consumir drogas, y le conté acerca del tipo de relaciones sexuales que estaba teniendo. Se horrorizó que permitiera que me hiciera la gente esas cosas. La hice jurar que lo mantendría en secreto pero tenía miedo de que hablara. Cuando se mudó, me sentí desolada.

Después me empecé a derrumbar. Dejó de importarme tanto si me pescaban. Había entrado a una realidad distinta. En algunas noches ni siquiera iba a casa. Mis padres empezaron a llamar a la policía y la vida parecía un infierno. Al fin se hartaron y me arrastraron a que recibiera tratamiento. Me quedé atónita. Todavía no acababa. Mi mamá me empezó a confrontar con todo lo que le había robado a ella, incluyendo sus anillos de matrimonio. Mentí con toda la barba. No le podía admitir que robé todas esas cosas para poder conseguir drogas. El tratamiento fue un fracaso. Aunque mi mamá estaba harta de mí, no podía soportar ver a otro miembro de la familia bajo tratamiento. Me llevó a casa después de la confrontación inicial.

Pasó otro año y fue lo mismo – más bebida, más droga y más relaciones sexuales. No era suficiente para mí. Aun asistía con un terapeuta, y me dijo que ya no me podía consultar porque me drogaba antes de mis sesiones y ni siquiera podía hablar con coherencia. Me dijo que ya no podía verme matarme a mí misma, y me retó a que dejara la bebida y las drogas. Le dije que lo intentaría. Nunca había intentado hacer eso antes.

No lo pude hacer. Al fin un día me habló el director de mi escuela y me dijo que estaba harto de suspenderme por beber y consumir drogas, y que sabía que yo les vendía drogas a otros muchachos de la escuela. Yo sabía que el final estaba cerca y me sentía desesperada. ¿Qué iba a hacer? No podía dejarlo. Ya había intentado eso.

Como a los seis meses después yo decidí que ya era suficiente. Mi tolerancia había bajado y me estaba enfermando constantemente. Ahora creo que mi Poder Superior intervino y me dio la fortaleza para hacer lo que tenía que hacer. Hablé con mi terapeuta acerca de entrar a rehabilitación, puesto que no podía dejarlo por mi cuenta. Me animó pero me dijo que yo tenía que hacer la llamada y darle seguimiento. Nunca había tenido que hacer una cosa tan madura antes.

Hice la llamada y me encontré en el hospital en unos cuantos días. Me fui de mi última juerga el día que me gradué de la preparatoria, y entré a rehabilitación al día siguiente. Los síntomas de la abstención eran muy dolorosos, pero los soporté y me prometí a mí misma que recordaría lo que sentía para que nunca lo tuviera que volver a repetir.

Una de las reglas del tratamiento era que no podíamos tener relaciones sexuales en las instalaciones, y que era causa de baja de la rehabilitación. Pensé que era una regla estúpida, así que lo hice de todas formas. Hacía que se me visitara de fuera y tenía relaciones sexuales con ellos.

En un momento dado hablé con mi asesor acerca de la posibilidad de que yo tuviera una adicción sexual. Sentía que me moría sin las relaciones sexuales y que haría cualquier cosa para obtenerlas. Me dijo, "Aquí no manejamos eso." Con el tiempo me descubrieron por tener una conducta sexualmente inapropiada con un paciente con enfermedad mental de otra sala, y yo me sentía justificada y discutí con el personal. Me dijeron que era una advertencia y que valía más que no lo volviera a hacer o que estaba fuera de la rehabilitación. No dejé de hacerlo. Sentía que si iba a dejar los tragos y las drogas, por lo menos necesitaría tener relaciones sexuales. ¿Cómo esperaban que no tuviera tener relaciones sexuales?

Mientras estaba en rehabilitación monté cólera durante una sesión de grupo. Me encerraron y me torné suicida. Después sugirieron que me quedara por otros seis meses. Yo dije, "¡Ni pensarlo!" No quería enfrentar estos sentimientos que habían aparecido. Me sentía demasiado vulnerable y una vez más buscaba una salida. Le llamé a mi mamá para que me recogiera de allí. Ya no quería estar allí. Ella no estaba muy segura, pero fue por mí como quiera. Yo tenía muchas excusas: el centro de rehabilitación no cumplió lo que prometió; ya no podía aprender nada más; solo eran una bola de idiotas. Cuando me trajo a casa mi mamá me informó que uno de mis amigos con los que solía parrandear se había suicidado. Estaba desolada. Pensé que podía usar esto como excusa para consumir drogas otra vez, pero en lugar de eso decidí no hacerlo ese día.

Después de unas semanas llegué a aceptar que necesitaba asistir a reuniones de doce pasos para mi adicción a las drogas. Las personas de la reunión me dieron la bienvenida y pude identificarme con sus historias aunque yo era la menor en ese salón. Empecé a darme cuenta de que mi Poder Superior me ayudaría si tan sólo se lo pidiera.

Por supuesto que no tardé mucho en encontrar con quien tener relaciones sexuales. Yo no creía que hubiera un problema con eso. Además, todavía estaba luchando con no tener relaciones sexuales con mi ex-novio. Aun me golpeaba y quería que consumiera drogas con él. Le dije que ya no quería drogarme o tener relaciones sexuales con él. No estuvo contento con esto, y a mi me angustió.

Intenté suicidarme después de nueve meses limpia y sobria. Un par de mis amigos sobrios me encontraron en mi departamento con mis brazos cortados y me llevaron de inmediato al hospital. El personal dijo que yo era una amenaza para mí misma y no me dejaron salir. Conseguí un terapeuta inmediatamente y tuve la oportunidad de compartir con sinceridad acerca de mí misma. Sin mentiras, sin manipulaciones. Ella fue muy positiva, diciéndome que me hubiera vuelto loca si no hubiera usado mis adicciones para sobrellevar mi vida.

Fue en este momento que conocí a mi primera novia. Éramos solamente amigas y ella estaba limpia y sobria. Un día me preguntó que si había tenido relaciones sexuales con mujeres. Le contesté que si, pero nada serio. Me confió que ella era una lesbiana. Solamente le dije que estaba bien y no sentí nada acerca de eso. Pero después de pasar algo de tiempo con ella empecé a sentir una atracción física. Le conté a ella acerca de la atracción y actuamos. Estaba muy emocionada con esta experiencia porque en realidad sentí algo que nunca había sentido antes. Le tenía un cariño de verdad. Se me acercó con la idea que tuviéramos una relación monógama, y dudé antes de decir que si. Le dije que nunca había estado en una relación monógama antes. Me dijo que nunca volvería a tener relaciones sexuales conmigo si yo no accedía a la relación monógama. Algo se rompió dentro de mi cuando escuché eso. Así que accedí.

En menos de un mes, me fue infiel y así inició un calvario lleno de dolor, mentiras, manipulación, y maltrato verbal que duró tres años. Terminábamos nuestra relación y yo quedaba deshecha. Nos volvíamos a juntar después de que me confesaba todo, y empezábamos otra vez. En ocasiones me quería matar para escapar del dolor. No me podía sobreponer al sentimiento de traición. Con el tiempo, después de que ambas estábamos hartas, seguimos adelante con nuestras vidas. Las dos acabábamos de terminar la universidad, y era tiempo de iniciar nuestras nuevas vidas.

Me mudé de ciudad constantemente, a distintos trabajos, y distintas parejas sexuales. No podía sostener un trabajo porque estaba muy preocupada pensando en las relaciones sexuales. Siempre intentaba establecer relaciones con mujeres como una forma de detener mi conducta. Pensaba que si encontraba la mujer ideal, sería feliz.

A los cinco años de estar limpia y sobria, perdí un trabajo en donde trabajaba con adolescentes porque tenía relaciones sexuales con un traficante de drogas que fue a las instalaciones mientras me encontraba trabajando. Esto fue un verdadero fondo para mí en mi sobriedad. Había dejado de asistir a las reuniones, y no tenía amigos sobrios en la ciudad en donde vivía. Estaba teniendo relaciones sexuales con todos los que vivían en mi barrio. Empecé a ir a bares para heterosexuales para ligar mujeres. Ellas estaban ebrias y se me hacía fácil aprovecharme de ellas. Cuando se resistían las violaba. Esta era una experiencia tan fuerte que yo no le veía nada de malo, hasta que se me pasaba lo drogado. Y entonces me horrorizaba. Pensaba que había acabado con mi ira, sólo para descubrir que lo estaba descargando de otra forma.

Me sentí aliviada cuando encontré una novia porque pensaba que eso detendría mi conducta. Me mudé con ella en menos de una semana y descubrí que ella tenía sus propias adicciones, así como enfermedades de transmisión sexual. Yo me masturbaba de forma compulsiva y decidí que necesitaba ir a consultar a mi terapeuta nuevamente. Cuando le platiqué a mi terapeuta acerca de mi compulsión, me miró como si yo viniera de otro planeta. Me dijo que no había problema con que me masturbara. Ella no entendía que yo lo hacía hasta sentir dolor. En este momento, quise llamar al número de ASA que encontré en el directorio telefónico. La persona con la que hablé me dijo que necesitaba pasar por un proceso de entrevistas antes de que pudiera asistir a una reunion. Inmediatamente me dio pánico, porque pensé que tenía que contar todas las cosas horribles que había hecho en mi vida, o no me ayudarían. No llegué a ASA en esa ocasión.

Si encontré una novia que era lo suficiente co-dependiente para estar conmigo, pero no quiso tener relaciones sexuales conmigo si yo no iba a estar presente. Tenía una idea general acerca de la adicción sexual, y no quería ser parte de eso. Pensé que al fin había encontrado a la persona con la que pasaría el resto de mi vida. Después de tres años, le pedí que me dejara tener relaciones sexuales fuera de nuestra relación. Le dije que la amaba y que no la iba a dejar, pero que yo necesitaba satisfacer mis necesidades sexuales. Ella no accedía a eso, pero después de un tiempo me preguntó si yo pensaría en agregar a una tercera persona a nuestra relación de pareja. Al principio me negué, porque sabía que era demasiado celosa para que eso funcionara. Pero no tardé mucho en convencerme a mí misma. Ella obtendría algunas cosas que yo no le podía dar, y yo obtendría relaciones sexuales de una persona distinta. Teníamos a alguien en mente; ella accedió cunado le preguntamos, e iniciamos lo que llamamos una "relación tripartita sana." Era divertido y emocionante, y yo pensé que era exactamente lo que yo quería, hasta que caímos en la realidad.

Me puse muy celosa, y empecé a sentir algo por esta mujer. Empezamos a pasar mucho tiempo juntos, y todo lo que quería era a ella. Esto fue doloroso para todos. Le dije que si ella no me quería, me iba a alejar de todo esto. Ella decidió que me quería solo a mí, y así inició un torbellino de locura. Un mes de vivir con ella, y estaba deprimida otra vez. No había encontrado una nueva forma de vida. Solamente me había metido en otro lío. Ella era muy posesiva y me maltrataba verbalmente. Dejé de ver a todos mis amigos y de asistir a las reuniones de doce pasos porque ella era tan insegura. Pensé que con el tiempo confiaría en mí, pero debido a cómo nos conocimos, ella daba por sentado que yo le haría lo mismo a ella.

Como a tres años de haber iniciado la relación, descubrí que tenía herpes. Me convertí en una anoréxica sexual, y desquitaba mi furia golpeándola y pateándola. Había alcanzado otro nivel de mi condición humana que yo no sabía que existiera. La estaba maltratando físicamente a ella y me sentía con justificación. Después de cinco años, me dijo que me iba a dejar si no dejaba de golpearla. Se prendió un foco en mi cabeza y me solté llorando. No podía creer en el monstruo en que me había convertido. ¿Quién era yo? ¿Qué estaba haciendo? Le dije que necesitaba regresar a las reuniones de doce pasos, o iba a consumir drogas. Fue otra llamada de atención de mi Poder Superior.

Otra cosa que me pidió mi terapeuta fue que yo fuera al médico para someterme a un examen entero y a todos los análisis de enfermedades de trasmisión sexual. Fue entonces que yo me enteré de que yo tuve el VIH. No traté esto bien, y entré en un largo período de abnegación hasta recientemente. La rabia siguió creciendo dentro de mí.

Regresé a terapia y hablé honestamente acerca de las violaciones que había cometido y el maltrato verbal y físico que le había causado a la gente durante tantos años. La terapeuta me dio inmediatamente el teléfono de ASA, e hice la llamada. También me refirió a un centro de rehabilitación para delincuentes sexuales. No me complació mucho esta idea, pero acudí.

Empecé a asistir a las reuniones de Adictos Sexuales Anónimos, y aunque parecía el lugar indicado, encontré muchas razones para sentirme diferente. La mayoría de las mujeres hablaban de la adicción al amor y a la obsesión romántica. No pensaba que me pudiera identificar con eso. Estaba teniendo relaciones sexuales con prostitutas por ese entonces y llevando a casa a las desnudistas de los clubes. También frecuentaba las tiendas de pornografía para ligar a extraños. Había regresado al ambiente de prácticas sexuales sadomasoquistas de privación de la capacidad de movimiento y había iniciado la actuación con asfixia. También me estaba mutilando como una forma de obtener una sensación de satisfacción sexual con las personas.

Una vez más, me encontré llevando estas tres vidas distintas: asistiendo a rehabilitación para delincuentes sexuales, asistiendo a reuniones, yendo a bares y clubes, saliendo en busca de parejas sexuales y terapia y trabajo. Actué con gente en los baños de mi trabajo y se me sorprendió teniendo relaciones sexuales por teléfono y viendo pornografía. Tuve una crisis nerviosa y solicité un permiso para ausentarme en el trabajo. La vergüenza me estaba devorando. Aquí me encontraba, limpia y sobria por trece años, y sentía la locura.

Durante mi permiso en el trabajo por enfermedad, decidí que intentaría dejar algunas de las conductas que era obvio que me estaban matando. Pero no dejaría la pornografía. Sin embargo nunca fue suficiente. Siempre terminaba regresando a los bares en busca de mujeres que estuvieran ebrias para tener relaciones sexuales con ellas. Esto sucedió durante unos dos años. Mi primer padrino de ASA dejó de trabajar conmigo porque no lo intentaba con suficientes ganas. Sentí que ese fue el rechazo máximo. Y ella era lesbiana. La furia rugió y me dio un pretexto para continuar con mis conductas. Por ese mismo tiempo mi terapeuta se negó a que siguiera consultando con ella porque yo había amenazado atacarla sexualmente.

En eso conocí a otra mujer. Acababa de salir del hospital de una cirugía para que me retiraran un órgano por los años de ingestión excesiva de alimentos para después vomitarlos, y fue un gran apoyo mientras estuve internada. Pero mi ira no tardó mucho en salir a la superficie, y en medio de tener relaciones sexuales, me enfurecí y la lastimé. No me detuve cuando ella me dijo que no, y eso la asustó. Después le dije que no iba a funcionar porque obviamente yo no estaba bien como para estar en una relación. No le gustó esa respuesta, así que seguimos y simplemente le fui infiel como a tantas otras.

Ligué con otra mujer en un bar. En esta ocasión dije que solamente quería salir en citas, sin tener relaciones sexuales. Llegar a conocernos. Establecer una amistad sana y luego una relación. Eso duró aproximadamente un mes y después estaba haciendo lo que yo sabía hacer. La rabia surgió, y la lastimé mientras teníamos relaciones sexuales.

Ella quería que controlara mi adicción sexual y que la dejara de lastimar. Dijo que me amaba y quería establecer una vida y una familia junta. Después, la volví a violar y otro foco se me prendió en la cabeza cuando vi el horror en su rostro. En ese momento supe que había llegado al borde del precipicio. Sí actué por unas cuantas semanas después de eso, pero fue sin vida y doloroso—pornografía, masturbación compulsiva, salir en busca de parejas sexuales. Nada estaba funcionando. Estaba cansada de las consecuencias: enfermedades, infecciones, policías, el sistema legal, pérdidas económicas, pérdida de amigos, hogares, familia, terapeutas. Ya había tenido suficiente. Era impotente ante esta cosa, y mi vida era ingobernable. Mi Poder Superior había intervenido una vez más. En esta ocasión presté atención.

Regresé a la rehabilitación para delincuentes sexuales y me lo tomé en serio esta vez. Empecé a llevar a cabo los Doce Pasos de Adictos Sexuales Anónimos. Conseguí un padrino. Empecé a ir a más reuniones, y me inicié en el trabajo de servicio. Algo mayor a mí mismo me iba a salvar de esta locura.

Al principio fue muy difícil. Mi padrino me recordaba que yo estaba en el período de abstención. Eso me ayudó mucho. Sabía que a la larga iba a terminar este sentimiento de locura. Me tomé dos meses sin tener ninguna relación sexual, ni conmigo ni con nadie. Mi mente se aclaró, y podía ver la diferencia en mí misma. Ya no andaba en busca de relaciones sexuales, sintiendo la anticipación o manipulando a alguien para que sucediera. Sin intrigas, sin juegos. Empecé a sentirme viva y asistía a una o dos reuniones por día. Deseaba mantenerme sobria sexualmente, pasara lo que pasara. Tenía un deseo de estar viva y libre, y eso me dio la fortaleza y el valor para continuar. En realidad había entregado esta cosa a mi Poder Superior.

Cuando decidí salir en citas, supe que tenía que preparar un plan de acción. Lo que funcionó para mí entonces y aun funciona para mi es ser sexual solamente con mujeres por las cuales siento un verdadero cariño y respeto. Soy honesta acerca de quién soy y lo que para mí significa una sexualidad sana. Si eso no le satisface a la otra persona, no es una opción. Además, necesito estar presente en todo momento durante las relaciones sexuales. Si no, necesito detenerme. Esto ha eliminado los sentimientos de furia que surgían por tener rencores o temor. Tuve que analizar muy bien mis defectos de carácter y cómo me permitieron continuar en este camino de auto-destrucción en el pasado, y tuve que desear que se me retiraran.

Como resultado de llevar a cabo estas conductas sexuales sanas, me siento mejor acerca de mí misma y tengo una mayor compasión por otra gente. Todavía estoy aprendiendo acerca de la intimidad, pero eso va a ser un camino largo que recorrer. Estoy dispuesta a hacer esto cuando mi Poder Superior así lo disponga, no cuando yo quiera. Si intento apurar el proceso, mi enfermedad se disparará. Por la gracia de mi Poder Superior, he podido alejarme de los lugares resbaladizos y distanciarme de las situaciones resbaladizas. Esto se ha vuelto más fácil conforme pasa el tiempo, puesto que ocupo un mayor tiempo ahora haciendo cosas relacionadas a la recuperación.

A través de los Doce Pasos de Adictos Sexuales Anónimos, se me ha brindado el don de la compasión hacia mí misma y para otros. He tenido la oportunidad de reparar el daño a las personas a las que dañé, algo que nunca pensé que tendría el suficiente valor de hacer. He tenido que escribir cartas a aquellas personas con las que no puedo estar en contacto, pero sé que estoy dispuesta a pedirle a mi Poder Superior que me de la fortaleza para hacer lo que tenga que hacer para rectificar cualquiera de esas situaciones.

Sigo yendo a cuatro a ocho reuniones por semana, y esto me mantiene preparada para hacer un inventario diario de mis pensamientos y conductas. He cambiado la forma en que interactúo con las personas. No son mi próxima droga ni la solución a mis problemas. Acepto la responsabilidad por lo que hago y digo. No soy perfecta ni lo quisiera ser. Es una gran bendición no tener que escapar de mis sentimientos.

He aceptado que tengo el SIDA. El médico cree que lo cogí en el año 1986 cuando tenía 18 años. En vez de usar esto como justificación de actuar, uso los pasos y las herramientas para terminar cada día sobrio.

No estaría aquí sin mi Poder Superior. En realidad creo eso. He aprendido a tomarme el tiempo para mí, y a hablar con mi Poder Superior todos los días. Esto no ha sido tan difícil, porque en el fondo siempre he sabido que mi Poder Superior quiere que yo viva. Yo era la que quería morir. Eso ha cambiado ahora. Perdí el deseo de auto-destruirme al hacer un ritual de oración y meditación.

No puedo hacer esto sola por mi cuenta. Eso es lo que me condujo a los problemas. El aislamiento y la creencia que yo era superior a todos me llevó a tocar fondo en esta adicción. El trabajo de servicio es una forma de canalizar mi energía de una forma sana. Me alejo de mi egoísmo al apadrinar a alguien, realizar trabajo de servicio en las reuniones, y al estar disponible de todas las formas posibles para el adicto que aun sufre. Ahora puedo hacer la voluntad de mi Poder Superior, no la mía. Esta es una libertad que no puedo explicar. Siento que ha sucedido un milagro.

Los lemas, las herramientas y las llamadas telefónicas diarias y correos electrónicos de las otras mujeres de la confraternidad me mantienen siguiendo adelante. Por la gracia de mi Poder Superior, me he mantenido sobria sexualmente de mis conductas primordiales de actuación durante treinta meses. Me ha llevado cinco años de entrar a los salones de Adictos Sexuales Anónimos para llegar a este lugar de serenidad y libertad del temor y la furia. Sin este programa no se en donde estaría. No quiere averiguarlo, así que voy a seguir regresando, un día a la vez.

26.

LA ABSTINENCIA ES LA BASE

Caí fuertemente en la adicción sexual activa. Mi egocentrismo y falta de límites contribuyeron a que yo abusara sexualmente de un número de personas incapacitadas mentalmente, hiciera contacto sexual no solicitado en lugares públicos concurridos, y practicara el voyeurismo. Mi historia también incluye el utilizar pornografía, manosear animales, una obsesión profunda por asignarles características de objeto a las mujeres y su ropa, y ser sexual fuera de una relación formal. Además, sepulté mi espíritu con fantasías y masturbaciones frecuentes y compulsivas.

No he actuado dentro de mi círculo interior desde diciembre de 1997, cuando definí mis Tres Círculos con un padrino. Mi padrino estaba sobrio y profundamente involucrado con ASA, y había llevado a cabo los Doce Pasos. Empezamos a llevarlos a cabo juntos de manera inmediata. Confié en mi padrino como nunca había confiado en alguien antes; creo que no tenía opción. El tenía muchas cosas que yo quería además de la sobriedad: respeto, autoestima, amigos, el valor de ser honesto con otros, y la disponibilidad de ayudar a otros adictos sexuales.

Me dijo desde el principio que utilizara los recursos del programa, en especial que hablara con otros adictos sexuales. Me aconsejó que estableciera una amplia red de contactos, y de alguna forma se me dio la disponibilidad de marcar los muchos números telefónicos que escribía después de las reuniones. Me formé el hábito de llamar a las personas a diario, así que si realmente necesitaba hacer una llamada para preservar mi sano juicio o mi sobriedad, el camino estaba listo.

Mi camino dentro de ASA no ha estado lleno de crisis, y creo que eso se debe a las lecciones que me enseñaron acerca de anteponer la sobriedad a todo lo demás y de hacer del programa una parte regular de cada día. ASA me enseño a empezar con una apertura pequeña hacia la posibilidad de un Poder Superior, y esa apertura creció en el transcurso de las semanas y de meses. Durante un tiempo solamente permití entrar a Dios en ciertas partes de mi vida, pero aprendí con el transcurso del tiempo que el cuidado de Dios puede aplicarse a cada aspecto de mi vida. Ahora, conforme hago un contacto consciente en la oración, busco abrirme completamente a mi Poder Superior.

Llevé a cabo los Doce Pasos, y los he vuelto a empezar. El Cuarto Paso fue una pieza muy importante del trabajo. Debido a mis temores, me había convertido en una persona desconfiada, rígida en su juicio y amargada, siempre mirando las fallas de los demás. Ahora no soy capaz de sentir esa ira sin automáticamente voltear a verme a mí mismo. Mi fe en el cuidado de Dios me permite abrirme de esa forma.

No sé como voy a reparar por completo los daños sexuales que he causado. Siento que he hecho un inicio al mantenerme en la sobriedad, diciendo mi verdad a los otros adictos sexuales, realizando trabajo de servicio en los distintos niveles, y ofreciendo mi tiempo tanto dentro del programa como dentro de la comunidad. Tengo fe en que manteniéndome en los pasos y haciendo oración para recibir guía, se me muestra cual es la mejor forma de reparar los daños causados por mis conductas antiguas.

Desde que llegué a ASA, cada varios meses, me asalta un sentimiento de desesperación acerca de los límites que he traspasado en mi adicción, y he gastado muchas energías tratando de descifrar como es posible que yo pueda considerar que estoy bien. En los primeros días cuando compartía acerca de esta desesperación con mi padrino, me respondía suavemente, "Cuidado con sentir que eres el único. No inventaste esas conductas, aunque sí eres responsable de ellas. No creo que hayas tenido otra opción en ese momento, por tu enfermedad. Por ahora, lo más importante es mantenerte sobrio un día a la vez. Con el tiempo llegarás al Noveno Paso, y se te enseñarán a hacer la mejor reparación posible."

Ahora veo que necesito entregar mi desesperación a Dios. Es demasiado grande para que yo lo solucione solo. Me entrego cuando estoy de rodillas, pidiendo ser aliviado de esta carga por el día de hoy para poder ver y hacer mejor la voluntad de Dios y así ayudar a los demás.

El concepto y lo práctico del círculo medio me ha sido de gran ayuda. Me enseñaron que no es un lugar para pasar el tiempo; más bien es una especie de red de protección. Creo que si soy malintencionado en relación a mi círculo medio, mi habilidad de permanecer fuera de mi círculo interior se erosiona. Las redes de protección son para caer a ellas, no para lanzarse a ellas.

Mi pareja y yo tenemos una relación monógama formal. Ella sabe todo acerca de mi pasado, y conoce de la importancia de mi programa. Las relaciones sexuales están muy lejos de ser la parte central de nuestra relación, pero hablamos con frecuencia acerca de ello, ya que ambos estamos comprometidos al crecimiento y a la salud. Poder expresar mis vergüenzas, temores, y deseos relacionados a las relaciones sexuales ha sido muy liberador. Ya no se encuentran ocultas las relaciones sexuales en mi vida. Aunque hay áreas de mi sexualidad en las cuales espero crecer—puedo desconectarme en ocasiones, o concentrarme en el orgasmo más que en la intimidad—el hecho de que mi pareja y yo practicamos la comunicación honesta y abierta me ayuda a estar en paz. También he entregado la masturbación y la fantasía deliberada, un día a la vez. He causado mucho daño con ellos y no me parece que estoy sufriendo sin ellos.

Las cosas son verdaderamente diferentes ahora. Un día típico en mi vida ahora no se parece en nada a uno de mi vida antigua. Siento que me he separado de la persona que solía ser. Ahora tengo una base y un camino que seguir, donde antes de llegar a Adictos Sexuales Anónimos me encontraba en modo de supervivencia o por lo menos de reacción. Ahora de forma diaria dedico tiempo a la meditación, a hacer oración, y realizar llamadas a los amigos del programa. Tengo un padrino a quien le cuento la verdad, y en quien dependo para recibir guía. En realidad no recuerdo haberme hecho responsable de esa manera en mi vida antigua.

Ahora tengo fe. Me concentro en entregarle a Dios las muchas cosas que no puedo manejar por mí mismo. De alguna manera he recibido la disponibilidad para verme a mí mismo y de prestar atención cuando siento dolor para poderme entregar. Para mi los Doce Pasos son las lecciones que no aprendí en mi infancia, cosas sencillas tales como: darme cuenta de que el mundo no gira alrededor de mí; que hay algo más sabio y poderoso que mi voluntad; saber cuando darme por vencido cuando se me derrota; hacerme responsable de mis deficiencias y de hacer acopio de mi humildad para ser honesto acerca de ellas; reparar el daño de la mejor forma que pueda; trabajar continuamente en mi propio crecimiento; y ser de servicio a los demás, particularmente a otras personas como yo.

En mi experiencia, la recuperación no funciona sin un padrino, sin una honestidad profunda, o sin la disponibilidad de acercarse a otros adictos sexuales en recuperación. Mi sentimiento de libertad, de mí mismo, mi esperanza, mi alegría—todo se basa en mi abstinencia de las conductas del círculo interior. Sin mi sobriedad, pierdo todo eso. Yo creo que, un día a la vez, nunca tengo que actuar nuevamente. Cuando le pido ayuda a Dios, y estoy dispuesto a hacer mi pequeña parte, la ayuda está allí. Es un consuelo saber que no lo tengo que llevar a cabo yo sólo.

27.

SACERDOTE SIN CONTROL

En mi historia de "actuación" y en la vergüenza, culpa, pena y humillación que lo acompañan he encontrado consuelo en la realidad del amor que Dios me tiene en las profundidades de mi adicción sexual.

Me empecé a masturbar cuando cursaba el primer año en una preparatoria católica. Muchos de mis compañeros se jactaban de hacerlo y en varias ocasiones lo hicimos todos juntos. Era divertido y agradable. También era en secreto. Me empecé a masturbar más a menudo y para cuando me gradué de la preparatoria lo hacía un mínimo de cuatro veces al día.

Cuando descubrí que las revistas pornográficas y los vibradores aumentaban el placer me empecé a masturbar con mayor frecuencia. Hasta colgué los desplegados de las revistas en la pared de mi habitación. Mis padres se reían de mí. No tenía importancia para ellos pero yo anhelaba cualquier cosa que me llevara a un clímax más intenso.

También fue alrededor de este tiempo que descubrí mi atracción hacia los hombres. Cuando cursaba mi último año en preparatoria me sentía inferior a los otros alumnos. Pero aun negaba mi orientación sexual. También empecé a encapricharme con ciertos tipos. Pensé que estaba enamorado, pero no lo estaba. Era más que lujuria, ya que la obsesión con otra persona estaba devorando todo mi ser. Los sentimientos intensos de celos y querer poseerlo dominaban mi existencia. Me sumía en la lástima hacia mí mismo y exageraba los problemas para poder manipular al objeto de mi capricho para que me prestara una mayor atención. Primero fue el vecino de al lado, y después cuando eso se me pasó, fue uno de sus amigos, y después cundo eso se me pasó, fue alguien más, y así en adelante. Era una adicción a estar enamorado y era un ciclo que parecía no tener fin.

Durante el tiempo que cursé la universidad me seguí masturbando, usando pornografía, bares de desnudistas, baños públicos, vestidores, revistas, cualquier cosa que yo pudiera usar para obtener suficiente estímulo visual para complacerme sexualmente. Fue durante estos años que un primo me inició a los videos clasificación X, del tipo para los heterosexuales. Me excitaban intensamente. Había ocasiones en que me masturbaba viendo uno de estos videos en el cuarto de estar de la casa, con mis padres y sus invitados a solo siete pasos de distancia en otro cuarto. Era adicto a las relaciones sexuales y no lo sabía. Corría el riesgo de que se me descubriera y no me importaba. Llegaba tarde al trabajo, a la escuela, y a otras cosas porque necesitaba masturbarme antes. Nadie sabía. Pensé que podía llevar dos vidas y que nadie se enteraría. Pero no me podía alejar de mí mismo y de la confusión interna que estaba sufriendo.

Seguí con mis hábitos mientras cursaba mis estudios en el seminario y en los primeros años de mi sacerdocio. No tenía videos en el seminario pero tenía 130 hombres a quienes mirar tontamente. También me encapriché con dos seminaristas diferentes. Era miserable. Yo estaba sufriendo, y subiendo de peso. Pensé que quería amor genital. Pensé que quería que se me tocara y abrazara. ¡Pero también quería mantener el celibato! Era un conflicto tremendo.

A los cuatro años de haberme ordenado sacerdote estaba viendo un catálogo de videos y me di cuenta de que en la última hoja había anuncios para videos gay pornográficos. Ordené uno. Cuando inserté el video en la videocasetera y ví a dos tipos teniendo relaciones sexuales, sentí una descarga de adrenalina como nunca antes había sentido. Desde ese día ordené más y más de estos videos. Siempre quería más videos. Hasta ordené que se los enviara a la iglesia en donde me habían asignado. No me importaba el riesgo de que me descubrieran. Quería lograr el mismo nivel e intensidad del primer orgasmo que tuve cuando los usé por primera vez, pero todo fue en vano. Nunca volvió a suceder; sin embargo yo me sentía impulsado a seguir intentando.

Por este tiempo, a los treinta y seis años de edad, finalmente me reconocí a mí mismo que yo era gay, y se lo conté a algunas personas. Estos hombres eran sacerdotes. Yo no sabía lo que era ser gay, así que me dejé influenciar por ellos. Me iniciaron a los bares para gays y a los clubes de desnudistas para gays, en donde podía tocar a los desnudistas por un dólar. Ésto también se volvió una obsesión para mí. Lo único que evitaba que yo fuera todas las noches era que vivía a cuatro horas de distancia de allí. Pero los recuerdos de esas noches que pasé en los clubes me servían de estímulo para masturbarme. Iba en una caída vertiginosa hacía abajo, llevando una doble vida, intentando mantenerlas separadas. Estaba llegando al límite en mis tarjetas de crédito y no me importaba.

En eso un sacerdote que estaba de visita accidentalmente descubrió mi colección de videos gay. Sin que yo lo supiera acudió con mi obispo con la información. El obispo consultó con unos profesionales de salud mental. Un domingo por la tarde llegaron a mi puerta dos obispos y un sacerdote. Me informaron que sabían de la existencia de los videos e insistieron en que me presentara a una evaluación psicológica de diez días, lo cual hice de inmediato. Después de la evaluación se me dijo que tenía una sexualidad sin integrar, un trastorno leve de la personalidad, y que era un adicto sexual. Si deseaba ayuda, sería necesario internarme en unas instalaciones psiquiátricas para sacerdotes para rehabilitarme.

Accedí, pero solo para salvar mi sacerdocio. No creía que yo fuera un adicto sexual. Yo no estaba teniendo relaciones sexuales con nadie; solamente me masturbaba viendo videos gay pornográficos. ¡Vaya cosa! Esto se conoce como negación. (NEGACIÓN = Ni siquiera me doy cuenta de que estoy mintiendo) (DENIAL por sus siglas en inglés).

Cuando llegué a la rehabilitación se me dijo que no me debía masturbar en absoluto. Pensé, "No hay problema." Conforme pasaron los días y semanas, sentí que mi auto-control y fuerza de voluntad se deshacían. Aprendí que estaba fuera de control. Si iba a dejar de hacerlo, necesitaba ayuda.

Así inició mi relación con Adictos Sexuales Anónimos y otras confraternidades de doce pasos. Asistí a noventa reuniones en noventa días. Aprendí que era impotente ante mi adicción; los deseos eran demasiado fuertes. Pero a través de las historias y la confraternidad de ASA recibí la fortaleza y esperanza de otros que también estaban luchando como yo. También recibí ayuda externa para mi depresión y trastorno de la personalidad.

Las reuniones de ASA se han convertido en una fuente de fortaleza y alegría para mí. Además de conocer nuevos amigos y otros adictos en recuperación, he obtenido una mayor serenidad de lo que nunca me hubiera imaginado. Este año celebré ocho años de recuperación en ASA y catorce de sacerdocio. He aprendido a confiar en mi Poder Superior, mi padrino, y ASA, lo que me brinda la libertad de mi enfermedad un día a la vez.

28.

LLEVAR A CABO EL PROGRAMA

He pertenecido a ASA durante más de cuatro años y actualmente tengo tres años y medio de sobriedad. Mi programa de recuperación se ha desarrollado; empezó con una reducción de daños. Esto significa que primero trabajé para eliminar las conductas obviamente destructivas de mi vida. Me uní a ASA porque mi vida se había vuelto ingobernable. Mi actuación causó una condición aguda de agorafobia (básicamente son ataques intensos de vergüenza). Estos ataques me forzaron a estar virtualmente encerrado dentro de mi casa por casi quince meses.

Necesito empezar por responsabilizarme del hecho de que soy un sobreviviente del incesto. Sufrí de un abuso sexual prolongado y un abandono profundo, y creo que estas dos cosas fueron las fuerzas que me impulsaron a convertirme en un adicto sexual. Fui víctima del incesto por parte de mis tres hermanastras mayores a través del exhibicionismo y mucho contacto sexual.

Mi actuación sexual empezó a la edad de diecisiete años cuando me di cuenta de que tenía el control de mi cuerpo. Hasta ese momento pensaba que solamente mis hermanastras tenían control sobre mi sexualidad. Mis conductas de actuación inmediatamente estuvieron fuera de control; exhibiéndome, relaciones sexuales anónimas de una ocasión, voyeurismo, relaciones instantáneas, y pornografía. Estaba impotente ante todos los aspectos del ciclo adictivo en mi vida. Estaba en la desesperación más miserable hasta que encontré a ASA.

Mi primer año en ASA se concentró en establecer una sobriedad sexual básica. Desde entonces me he concentrado en utilizar mis valores personales como una guía a la sexualidad sana. Mis valores sinceros me han enseñado estas cosas: 1.) Puedo decir que "No" a mí mismo y a otras personas; ya no me involucro con parejas que son irrespetuosas. Ahora veo las "señales de advertencia" que antes fingía que no existían. 2.) Para que la sexualidad sea sana para mí, no puede tener cualidades anónimas, ya sea en una fantasía o en la realidad. 3.) Como un hombre soltero en ASA, puedo ser sexual conmigo mismo de forma apropiada. 4.) Necesito esperar hasta que una relación esté firmemente establecida y sea segura antes de tener coito. He puesto un límite de esperar un mínimo de seis meses. 5.) Realmente quiero una relación íntima. Quiero inocencia, paseos, besos y películas. Quiero tener una relación en donde realmente nos caigamos bien y compartamos valores e intereses semejantes. Quiero una relación que nutra, que no nos avergüence y esté basada en la espiritualidad.

En la recuperación he buscado la sexualidad sana al salir en citas. He conocido a mujeres ya sea en la universidad o a través de los anuncios personales. Al salir en citas por lo general no revelo que soy un adicto sexual en recuperación. En una de las ocasiones sí revelé esta información, pero sólo porque intimamos y quería ser honesto antes de que tuviéramos relaciones sexuales. Esa relación duró casi un año y la sexualidad dentro de la relación no fue adictiva. La separación fue básicamente amistosa y fue una relación sexual más sana que otras que había tenido en el pasado.

Conforme he seguido saliendo en citas, me doy cuenta de cómo han disminuido mi vergüenza y los niveles de temor. Cuando salía en citas antes estaba a la caza. Inmediatamente presionaba para que tuviéramos relaciones sexuales. Salir en citas siempre era muy tenso para mí porque me sentía avergonzado acerca de mis motivos. Tenía temor que se pudieran rechazar mis avances y me sentía avergonzado de que pudiera ser sexual con un extraño. Ahora salgo en citas y no tengo temor de lo que voy a hacer con la otra persona. Sé que no tendré relaciones sexuales con una persona la primera vez que salga en una cita. No soy tan vulnerable como lo era en el pasado. Ahora considero positiva la experiencia de salir en citas. Me concentro en hacerle saber a la persona quien soy. También interactúo con la persona, tratando de medir si disfruto estar con ella. Siento que salir en citas no es peligroso porque tengo límites.

Trabajo en eliminar los peligros posibles a mi salud sexual al consultar con mi padrino antes de tomar una decisión importante. También comparto mucho de mi proceso con los miembros de mi grupo y busco sus aportaciones. Hacer estas cosas me mantiene pensando claramente.

Para poder ser sano sexualmente, necesito recordar ciertas cosas: 1.) Necesito ser más abierto con mi sexualidad en lugar de retroceder de ella, porque es mucho más fácil retroceder de ella. 2.) Soy un ser sexual, y no todo es un tropiezo. 3.) No lo haré a la perfección. Es razonable esperar que cometa errores. 4.) Retrocederé de una relación cuando no se sienta buena y segura. He terminado, y estoy preparado para terminar en el futuro, relaciones que no son lo que realmente estoy buscando. Además, conscientemente fijo límites a las conductas en una relación cuando me he vuelto más sexual de lo que me siente cómodo.

La sexualidad es una parte de mí, y merezco disfrutarla. Literalmente me doy permiso para ser sexual de formas que sean positivas para mí, de formas que no me alejen de mí mismo o de mi Poder Superior. En ciertos momentos es un dilema ser sexual porque puedo sentirme como una persona completamente despreciable. Aun así, mi sexualidad es más sana que nunca, lo cual es un completo tributo al programa.

Una sexualidad sana para mi incluye saborear los momentos de la salud sexual de mi pasado. Cuando tenía trece años de edad y me encontraba en mi primera relación estable, hubo una noche en particular que representa la sexualidad sana para mí. Caminaba con mi novia de regreso a casa bajo una lluvia cálida. Era mi amiga y yo pensaba que era muy bonita. Durante el trayecto nos detuvimos en el camino bajo una lámpara de la calle; allí nos besamos y nos abrazamos mientras la lluvia nos golpeaba cada vez con mayor fuerza. Fue realmente bello sentir que la lluvia me tocaba y verla caer del cielo en la noche a través de la luz tenue. Recuerdo haberla abrazado, acariciar su rostro, y sentir el roce de su cabello húmedo en mi rostro y cuello. Recuerdo haber sentido que se me quería cuando ella me abrazaba y me besaba. Había algo dulce, majestuoso y natural en lo que sucedió esa noche. Me sentí conectado, valorado y vivo físicamente. Pensar en esa noche me trae recuerdos maravillosos y esperanza. Esa experiencia fue muy sexual, sana e inocente. Veo esta experiencia como un recordatorio que las relaciones sexuales pueden ser muy positivas en mi vida. Sirve como un punto de referencia, guiándome a una sexualidad amorosa y que nutre.

Requirió un salto espiritual para que yo comenzara a disfrutar del sexo nuevamente, ya sea solo o dentro de una relación. Tengo límites positivos en relación a ser sexualmente sano. Por elección, no soy sexual a diario. Soy sexual cuando me siento razonablemente feliz y centrado. Dentro de una relación formal, soy sexual con mi pareja al estar presente, lo cual significa que pienso solamente en esa persona y en mí. Tampoco rebajo a mi pareja a sólo un cuerpo.

Al comentar la masturbación en mi programa, necesito explicar que a donde llegué es el resultado de un gran dilema en busca de lucidez. Lentamente desarrollé un indicador para discernir lo sano de la adicción. Conforme me recuperaba, abandoné mis conductas primarias de actuación, pero en la recuperación inicial me permitía a mí mismo el uso ocasional de la "memoria eufórica"—masturbándome a experiencias pasadas de actuación. Dentro de poco dejé de hacer esto, puesto que sabía en mi interior que esto no era realmente una sobriedad de calidad. En la recuperación inicial, me masturbaba de otras formas que ahora veo que no son sanas. Veía a mujeres a lo largo del día y en algunas ocasiones me permitía imaginarme que tenía relaciones sexuales con ellas cuando me masturbaba más tarde. Sabía que esto no era lo correcto para mí porque me sentía pésimo emocionalmente.

Me sentía enojado porque los miembros más "antiguos" dentro de mi grupo no me daban todas las respuestas acerca de la masturbación. Algunos de los miembros más "antiguos" parecían decir que la masturbación con fantasías de alguien distinta a sus cónyuges era un tropiezo. Otros parecían decir que la fantasía con límites sanos nos puede enriquecer. Me dejaron para que decidiera honestamente por mí mismo (con la ayuda de mi padrino) qué opciones funcionaban para mí. Expliqué como me masturbaba y como me sentía después de hacerlo. Mis sentimientos de vergüenza nacieron de no respetar mi necesidad natural de tener límites interpersonales. En el pasado pensaba que no había nada de malo con tener fantasías al azar acerca de extraños o de personas a quienes conocía. Acepto que es natural para mí sentir una atracción sexual por las personas que veo, pero mis valores demuestran que no es natural para mí pensar acerca de ellas para lograr la sensación de satisfacción sexual mientras me masturbo.

Lo que también me ayudó a alejarme de utilizar fantasías acerca de otras personas fue el hecho que parecía no ser diferente de utilizar una revista pornográfica. No sentía este tipo de relaciones sexuales como íntimo de ninguna manera—se sentía anónimo. Mi corazón y mi Poder Superior me enseñaron que la expresión sexual en mi vida necesitaba ser amorosa e íntima. Conforme aumentó mi nivel de consciencia, también se hizo más claro mi programa.

La masturbación en mi programa actual suena algo técnico, pero mi dilema me forzó a lograr tal claridad porque requirió tanto esfuerzo deshacerme de mi negación y encontrar conductas que estaban dentro de mis valores.

Cuando decido ser sexual a solas, actúo sexualmente en dos formas que se sienten sanas para mí. Para ambas me centro a mí mismo leyendo mi programa por escrito. Tomo una decisión consciente de ser sexual.

Fantasía monógama: Tengo fantasías acerca de una pareja anterior a quien quería y me caía bien. De esta forma no niego mi sexualidad pero tampoco abro la puerta a revisar a las mujeres, para no caer en recordarlas después en mi mente en la fantasía negativa. Con una fantasía monógama me concentro en una imagen de ser sexual con una pareja en una forma amorosa.

Masturbación por sensación: Esto involucra tocarme a mí mismo de una forma que se sienta placentero. Continuamente me pregunto y me contesto, "¿Cómo se siente esto?" Me oriento a mí mismo hacia mi sensación en lugar de mis fetiches adictivos. Cuando entra a mi mente un "parloteo de adicto" negativo, lo reconozco y lo dejo ir, reorientándome a la sensación.

Creo que en el pasado escapé a mi intimidad personal utilizando la fantasía—manteniéndome concentrado fuera de mí mismo. Ahora me oriento a mí mismo, sabiendo que mi sexualidad está dentro de mí. Sobrellevo la aprensión inicial de tocarme a mí mismo enfrentando mis temores, no orientándome a los objetos externos.

Después de ser sexual en una forma sana, me siento conectado, orgulloso, con aceptación propia, satisfecho, cariñoso, humilde, a salvo, satisfecho, y agradecido.

Sería un descuido si no mencionara que mi recuperación es más plena que nunca antes. La base de esta mejoría es el enfoque que he puesto en mejorar la calidad de mi recuperación. He tomado riesgos al salir en citas, y han merecido la pena. He aumentado mis interacciones sociales. Una de las formas en que he hecho esto es jugando el voleibol con un grupo de una iglesia. Jugar voleibol ha sido una experiencia alegre y sensual. Mi alma y espíritu se alimentan al acercarme a otros y vivir de esta forma. La salud para mi es una experiencia integral, lo cual significa que necesito prestar atención a los diferentes aspectos de la vida.

29.

UN NUEVO VIAJE

Creo que en mi estado natural soy una criatura sexual—que nuestra sexualidad es un don y que es una parte de lo que nos hace estar completos. Me siento bien cuando se mueve mi cuerpo—bailando, haciendo ejercicio, todo movimiento físico es algo bueno para mí. Creo que una parte de honrarme a mí mismo es reconocer mi naturaleza sexual como una parte de todo mi ser, y que tiene la posibilidad de brindarme alegría a mi vida. Mi viaje implica volver a conectar mi espiritualidad con mi sexualidad.

Aprendí a una corta edad que una buena forma de atraer la atención que anhelaba y que me hacía sentir con poder era comportarme de manera seductora. Para cuando tenía dieciocho años tenía plena confianza en mis habilidades para manipular al sexo opuesto y se me hacía un juego. Pensaba en mí misma como muy independiente y no "necesitaba" ningún hombre en particular de la forma en que definitivamente "necesito" a mi familia y amigos. Ahora creo que este era un mecanismo de defensa porque no me sentía protegida.

Recuerdo cuando era niña varias ocasiones de abuso sexual por un miembro de mi familia, y encuentros sexuales con otros hombres. También tengo la sospecha de que puede haber otras ocasiones que he "bloqueado," o tal vez fue que había mucha energía sexual en los adultos a mi alrededor. Empecé a masturbarme antes de tener recuerdos, y me castigaron mis padres por esto y mi hermano y hermana se burlaron de mí. Recuerdo haber pensado, "Cuando tenga diez años ni siquiera me acordaré de haber hecho esto," solo para que llegaran y se fueran los diez años con el mismo secreto vergonzoso aun existiendo.

Cuando tuve suficiente edad para ser niñera, hurgaba entre los cajones buscando ropa interior y literatura de contenido sexual. En ocasiones fingía estar enferma para que me pudiera quedar sola en casa para masturbarme. Empecé a usar distintos objetos para masturbarme y empecé a exhibirme por las ventanas de nuestra casa.

En mis años de adolescente empecé la actuación con relaciones sexuales, drogas y alcohol. Una noche cuando tenía quince años hice una oración a Dios y le dije que "me daba de baja," mientras que elegía conscientemente vivir "la vida loca." Mi relación con Dios era demasiado incongruente con mi vida imprudente de ese entonces para seguir teniendo las dos.

La "relación" que más me emocionaba era una en la que un muchacho un par de años mayor que yo me usaba descaradamente. Era evidente que me excitaba que se me usara emocional y sexualmente. Actuaba de una manera al parecer contradictoria—necesitaba respeto y protección pero actuaba demasiado atrevida e independiente. Ahora veo que esto obstaculizaba una verdadera intimidad en mis relaciones.

En la universidad encontré a otras muchachas "locas" y juntas salimos en busca de la máxima descarga de adrenalina. Parecía que yo siempre andaba en busca de algún tipo de sensación sexual mejor, mayor o alternativa. Había noches cuando estuve en la cama llena de vergüenza y remordimientos, pero también hubo experiencias felices y sanas durante esos años. Pasaba entre mis gemelas "buena" y "malvada" para cubrir las necesidades de ambos lados de mi personalidad.

Empecé a trabajar a los veinte años como desnudista los fines de semana. ¡Esa sí que era una doble vida! Tenía mi trabajo en mi especialidad durante la semana, y los fines de semana tenía lo que era la experiencia más satisfactoria que había tenido—exhibirme ante un salón repleto de hombres me satisfacía de una forma que nada más lo había hecho. Bailé por más de un año pero con el tiempo era demasiado agotador, y estaba deprimida por toda la bebida y el consumo de drogas que había. Necesitaba un estilo de vida más sano.

Ahora que contemplo mi vida, puedo ver claramente cómo había establecido una doble vida. Fui una persona sobresaliente. Trabajaba con tesón y jugaba igual. Necesitaba del éxito en otros aspectos de mi vida para equilibrar mi "lado oscuro." Aunque aprendí a equilibrar mis dos vidas, me preguntaba por qué era tan diferente de mis amigas, especialmente en como se relacionaban con los hombres. En muy raras ocasiones tuve una relación sexual exclusiva, y cuando sí lo tuve no fui capaz de serle fiel a una sola pareja. Me sentía mal acerca de no ser honesta, así que por lo general evitaba cualquier insinuación de una relación formal. Al mantenerme alejada era capaz de cuidar mi independencia y proteger a mis "novios" de mis infidelidades.

Pensé que nunca sería capaz de serle fiel a una persona. Ni siquiera pensaba mucho en el matrimonio, pero cuando cumplí veintinueve años conocí a mi futuro esposo y todo parecía estar bien. Durante los primero años, cuando estaba teniendo a mis hijos, estuve casi sin conductas adictivas, y de hecho no tuve ningún sentimiento de querer actuar en forma sexual. Mi cuerpo estaba pasando por muchos cambios, y mi tiempo y mis emociones estaban ocupados con mis hijos. Era lo más feliz que había sido, pero mi esposo y yo no nos sentíamos unidos. Cada vez fui menos capaz de sentirme sexual hacía él y utilizaba el alcohol cuando estábamos juntos para aliviar mi incomodidad. Acepté mi falta de interés como parte de la vida de casados hasta que conocí a alguien que disparó mi adicción sexual.

Mi vida se empezó a derrumbar en todas formas. Cuando mi adicción sexual volvió a iniciar, también regresé al abuso del alcohol. Mi esposo pronto descubrió que yo tenía una relación sexual con otra persona y yo descubrí que él tenía un problema con la cocaína. Con el tiempo empecé a utilizar cocaína con mi esposo, con la esperanza que utilizar drogas satisfacería mi necesidad de una sensación de satisfacción intensa y me mantendría alejada de problemas de infidelidad.

Con el tiempo me di cuenta de que mi mayor problema no era la actuación sino tener fantasías constantes acerca de la actuación, al grado que me distraía completamente de mi trabajo, mis hijos y mi matrimonio. No podía dormir bien y perdí mi apetito. Tenía los síntomas clásicos de una drogadicta. Pronto me involucré con otro hombre y me hice adicta a nuestras comunicaciones por correo electrónico. Podía estar sentada en frente de mi computadora totalmente drogada sin que nadie se percatara de lo que estaba sucediendo. Esta forma de actuación caía dentro de mi necesidad de por vida de guardar secretos que tenía.

Mi vida se volvía cada vez más ingobernable con el mayor consumo de alcohol y drogas. Consumir drogas mientras era una madre era completamente inaceptable para mí, pero no lo podía dejar de hacer. Al fin me di cuenta de que no había forma de que yo pudiera recuperar el control de cualquier parte de mi vida sin dejar el alcohol y las drogas, y empecé a asistir a reuniones de doce pasos por el alcohol y las drogas. Sin embargo, en ese tiempo no tenía ningún interés en dejar mis conductas sexuales adictivas. De hecho yo no sabía que eran una adicción. Pensaba que con alejarme del alcohol y las drogas solucionaría mis otros problemas pero solo resultó ser el paso necesario para que yo pudiera ver que tenía una adicción a la fantasía sexual.

A los seis meses de sobriedad mi esposo entró a rehabilitación por su abuso del alcohol y la cocaína. Durante su tratamiento estuve involucrada en su recuperación, y fue allí en donde por primera vez estuve completamente consciente de qué tan fuerte era mi adicción sexual. Empecé a ver que todas las cosas que la cocaína le hacía era lo que me pasaba cuando "usaba" la fantasía sexual. Cuando tenía preguntas críticas acerca de su adicción me preguntaba a mí misma," ¿Existe alguna forma en que yo hago lo mismo con mi preocupación con la fantasía sexual?" La respuesta generalmente era que sí. Tenía que tener mi tiempo privado lejos de mi familia para que pudiera tener mis fantasías en paz. Me irritaba cuando mis hijos "interrumpían" mis fantasías. Al fin pude ver lo completamente obsesionada que estaba con obtener la sensación de satisfacción a través de la fantasía sexual. Era como si yo llevara una dosis de cocaína en mi cuerpo que podía activar inmediatamente y en silencio.

No pude encontrar una reunión de Adictos Sexuales Anónimos para mujeres que se reuniera durante el día en mi área, así que formé una. Esta reunión resultó ser la herramienta más importante de mi recuperación. En esta pequeña reunión recibo el apoyo y ánimo que necesito para enfrentar los problemas de mi adicción. Otra herramienta que me ayudó a encontrarle sentido a mi adicción fue mantener un diario personal. Creo que fue importante anotar los "pros" y "contras" de algunas de mis conductas de actuación. Pude reconocer por qué mi adicción era tan "astuta, desconcertante y poderosa."

Al fin pude reconocer que mi actuación era una forma de tratar de hacer que se me viera. Solía llamar a esa parte de mí "mi malvada gemela," pero ahora la veo más bien como una niña hambrienta. Tuve que darme cuenta de que necesitaba alimentar a la niña hambrienta, no negar su existencia. La única forma que ella conocía para sentir que se la veía era a través de ser sexual.

Con mi relación recién creada con Dios y las herramientas del programa pude reconocer el dolor y pérdida de lo que sucedió y no sucedió en mi infancia. Durante este período de pesar parecía que lloraba cada vez que me quedaba sola. Pero este llanto era bueno; fue el momento decisivo. Aceptar el dolor, sentirlo, y dejarlo ir fue lo que me permitió sentir la serenidad y paz que brinda el programa.

Es una sensación liberadora no tener relaciones en mi vida que necesitan ser controladas o escondidas. No necesito preocuparme por encubrir nada, y esto me deja libre para estar "en el momento." Soy capaz de estar viva otra vez en mis relaciones primarias—me siento como una "mami" de verdad para mis hijos.

Ahora sé que tener aventuras amorosas o hasta tener relaciones que se sientan como aventuras amorosas es peligroso para mí y me lastima. No vale la pena sacrificar mi sobriedad o hacer que mi pareja se sienta inseguro por ellas. Todavía lucho por saber tener intimidad en mi matrimonio. También intento encontrar maneras seguras y sanas de abrirme a los demás, para sentir que me ven. Trato de encontrar formas de que se me conozca que apoyan a todo mi ser, incluyendo a mi espiritualidad.

30.

TIEMPO PARA CRECERSE

Las relaciones sexuales para mi eran, y todavía pueden ser, un narcótico. La excitación sexual adictiva producía químicos dentro de mi mente tan fuerte que el alcohol y las drogas palidecen en comparación. ¡Qué efecto tan sorprendente era la "descarga de adrenalina" de una nueva experiencia sexual!

Durante la mayor parte de mi vida, recibí con agrado la excitación y el efecto semejante a la morfina de estos químicos. Eso es, hasta que una combinación de alcohol, drogas y la adicción sexual destruyó mi vida.

De joven empecé a leer y ver pornografía y la repetía constantemente en mi mente. Conforme pasó el tiempo, tuve aventuras amorosas y acumulé una biblioteca pornográfica. Mi experiencia es que la adicción sexual es una enfermedad progresiva, siempre exigiéndome subir el nivel de la excitación.

Buscaba el peligro y la excitación, buscando a prostitutas en lugares peligrosos y en una ocasión me visitó un esposo furioso con un arma en su bolsillo. Violé a una mujer joven con la cual había salido en una cita—en realidad era pariente de mi familia de origen. Para mí aun es muy difícil darme cuenta y admitir todo esto.

Conforme aumentaron mi sentimiento de vergüenza y las consecuencias de mi conducta, decidí dejar todo atrás y mudarme a otro estado. Abandoné a mi esposa, hijos, trabajo, amigos y todo lo demás que valoraba y amaba. No hubo nada de restaurar estas pérdidas en esta nueva vida. Ni siquiera podía hacer nuevos amigos. No lograba el éxito en el trabajo nuevo. El alcohol, las drogas, y aun la adicción sexual no funcionaban ya. Visitar bares de desnudistas y asistir a funciones de películas pornográficas me dejaban sintiéndome desesperadamente solo y raro. Las relaciones sexuales se convirtieron en una preocupación constante. En ocasiones no podía sacarlas de mi mente aun cuando algo importante exigía mi atención. Desarrollé una fuerte homofobia—un temor de que yo fuera homosexual—el cual me atemorizaba y estaba siempre presente en mi conciencia. La vida se volvió en puro dolor.

Ahora sé que crecer en mi familia fue una experiencia confusa y desorientadora. Hay suficiente testimonio directo para que yo crea que tanto mi padre como su padre eran adictos sexuales. Hasta donde comenzó esto, nadie lo puede precisar. Una esperanza de recuperación surgió cuando mi esposa llamó ya avanzada una noche mientras todavía estaba yo en mi "huida geográfica" para decirme de una terapia a la que podíamos asistir como familia. Regresé a casa para encontrar que estábamos inscritos en un programa de dependencia química orientado a familias. Aunque el programa, junto con las reuniones de los doce pasos para mi alcoholismo, ayudó en algo, la adicción sexual nunca aflojó sus garras.

Constantemente confundía las relaciones sexuales con el amor, y me imaginaba a mí mismo como una persona que simplemente amaba a las personas de una forma noble y desinteresada. No aceptaba la realidad de que explotaba a las demás personas y de mis acciones verdaderamente egoístas. Era cuestión de ignorar la dimensión espiritual del amor. Recuerdo haber pensado en una ocasión durante la rehabilitación: "Pueden hacer que deje el alcohol y las drogas, pero nunca harán que deje de tener relaciones sexuales." Mi esposa y yo nos divorciamos al poco tiempo de haber dejado el programa de rehabilitación.

Pasé los cinco siguientes años recuperándome de mi adicción al alcohol y las drogas, pero cayendo frecuentemente en un "pequeño mundo asqueroso." Por esto quiero decir que mi mente contiene un modelo del mundo. Todos nosotros tenemos dicho modelo, pero una parte de ese modelo para mí está completamente fuera de la realidad. En este modelo, las intenciones de las mujeres hacia mí, aun en las situaciones más inocentes, eran sexuales. Las imágenes del pasado me atormentan o me excitan. Me imagino que los encuentros sexuales anteriores aun pueden tener algo de significado, o siento vergüenza al recordarlos. Las imágenes sexualmente excitantes de la televisión, por ejemplo, despiertan todo el poder de una adicción de toda la vida. Todo esto puede suceder de forma completamente automática, y con mayor rapidez de lo que pueda yo dar "entre" en mi computadora. El acceso a este mundo en mi vida puede ser una respuesta habitual/compulsiva a la presión, felicidad, temores, decepciones, viajes, fallas automotrices, o a la gripe común.

Caí cada vez más vertiginosamente en una separación de la realidad. Se actuaban las fantasías en secreto cuando mis parejas sexuales y yo intentábamos aventuras peligrosas. Pero como dice la canción, "no puedo recibir satisfacción."

Me llegó la redención durante un viaje a acampar. Un amigo extraordinariamente valiente me confrontó. El enfrentamiento, como dice William Blake, es la amistad verdadera. Aunque me resistía, como lo harían muchos de los adictos sexuales ante lo que ella decía, al final ví la verdad. Me dijo que necesitaba resolver mi adicción sexual. Esto, claro está, como todo lo demás en la vida, es más fácil decirlo que hacerlo.

La memoria de mi primera reunión de ASA todavía esta clara en mi mente. Me sentí tan bien al final de la reunion, que al retirarme, levanté ambos brazos sobre mi cabeza en la señal universal de victoria. Lentamente empecé a reconocer el "pequeño mundo asqueroso." No les diré que llevé a cabo un programa perfecto, o que los demonios de mi mente no me afectan ya. Como dicen, la adicción es astuta, desconcertante y poderosa. Este es un programa de un día a la vez.

Antes de unirme a ASA había decidido descubrir si en realidad yo era gay, a pesar de tener relaciones sexuales compulsivas con mujeres. Así que, después de conocer a un hombre gay y hablar con dos consejeros, tuvimos relaciones sexuales. Todavía estaba confundido. A través de los años, me he dado cuenta de que realmente soy bisexual, que puedo amar tanto a hombres como a mujeres física y espiritualmente. Sin embargo, el hecho es que solamente puedo estar en una relación formal de tiempo completo. Elijo tener esta relación con una mujer.

Esto no quiere decir que mi bisexualidad no se expresa de otras formas. Soy capaz de estar conectado físicamente con otros hombres, y mujeres, a través de abrazos y deportes, y me aseguro de esta conexión. Y amo a estas personas de una forma espiritual también.

Mientras he estado en ASA, desarrollé algunas modificaciones que me permitieran estar conectado a mi adicción aunque no actuara de forma adictiva. Esto me permitió decirme a mí mismo que me estaba recuperando mientras todavía recibía algunos beneficios de la adicción, o así lo suponía yo. Así que aunque parecía y sonaba bastante bien, el pequeño mundo asqueroso en mi mente se encontraba completamente intacto. Podía, como decimos, sacar a pasear al león, imaginando situaciones sexuales y racionalizarlo como algo que hace la gente normal. Empecé a deliberar la razón precisa que tengo para querer lograr la sobriedad sexual. Después de todo, ¿es tan mala la adicción sexual? Teniendo cuidado, tal vez pueda ser controlado. Tal vez pueda llevarse completamente en secreto, pues la mayor parte está en mi mente, fuera de la observación externa.

¡Que ilusión tan falsa! Mi experiencia es que no hay nada que controle esta enfermedad. Las cosas simplemente pueden degenerarse de mal en peor. Además, los científicos de hoy creen que la cosa mas compleja que ha sido descubierta hasta la fecha en el universo es la mente humana. Me parece que lo que sigue es que este sistema poderoso de información descubrirá, dado un tiempo, los secretos que retienen otras mentes. Ahora doy por sentado que las personas que me conocen, saben la verdad acerca de mi, ya sea que lo reconozcan o no.

Se me había olvidado uno de los lemas famosos de los doce pasos:

Honesto, Abierto, y Dispuesto (HOW por sus siglas en inglés). Necesitaba estar completamente dispuesto y honesto si quería una recuperación duradera. Más allá de una decisión de dejar de lastimar y utilizar a las personas, me parece infrahumano que yo entregue mi voluntad y mi vida al cuidado de la adicción, de actuar de forma compulsiva, de no ser capaz de elegir, y de permanecer encadenado en un pasado absurdo.

Para mí, simplemente permitir que Dios se encargue de mi adicción no es suficiente, porque puedo tener una obsesión sexual en mi mente, y no tengo que planificar nada más, ir a una librería, concertar una cita con alguien, o cualquier otra cosa. Simplemente puedo brincar a ese lugar en mi mente.

El Dios de mi entendimiento exige que tome acción. Simplemente presentarme ya no era suficiente. Era tiempo para crecer, de poner mis pies en la tierra y ya no ser una víctima. Una vez más, es más fácil decirlo que hacerlo. Pero este es un programa de progreso, no de perfección, y las cosas, de manera sorprendente, tienden a salir bien.

Uno de los momentos en que más sané en mi recuperación se dio cuando le dije a una mujer a quien estaba viendo que era adicto sexual. Para mi completa sorpresa, ella lloró. Nunca había sentido tal compasión, aceptación y amor. Ahora estamos casados y tenemos una hija maravillosa. Le debo mucho a los amigos, a llevar a cabo de forma activa los Doce Pasos, a tener un padrino de ASA, y a hablar con el y otros miembros de ASA.

Así como en mi adicción la calidad de mi vida se deterioró de ser un niño idealista a una persona de la que no podía estar orgulloso, así ha mejorado gradualmente en la recuperación. Ahora puedo dar y recibir amor, tener retos, tener amigos en quien puedo confiar, tener ideales, y, lo mejor de todo, sentirme una persona integrada y completa en mi persona.

31.

ROMPER EL SILENCIO

Empecé a actuar sexualmente a los cinco años de edad. Era sexual conmigo misma en una forma dañina y adictiva y mis conductas de actuación era raras y sobrepasaban los límites de lo que la mayoría de las personas consideran como juegos sexuales de niños. Estaba aterrada de que se descubriera mi secreto así que tenía mucho cuidado de no lastimarme de manera que se pudiera detectar o que requiriera atención médica. Aunque no lo comprendería ni reconocería por muchos años mi conducta de actuación tenía tres componentes reveladores que lo colocaban dentro del dominio de la adicción profunda. Tenía una característica de fetiche. Lo acompañaban fantasías violentas y dañinas. Y más tarde en mi vida, aun cuando yo quise dejarlo, no lo pude hacer.

Hice y rompí muchas promesas a Dios acerca de detener estas conductas porque algo dentro de mí estaba sediento de recuperación. En mi corazón siempre supe que había algo muy equivocado con lo que yo estaba haciendo, pero me sentía atrapada sin esperanzas en una mentalidad de niña, acompañada de un grado inconmensurable de vergüenza. Aunque tenía miedo que de alguna forma había adquirido lo que percibía ser la perversión sexual de la familia, me consolé con pensar en que de alguna forma yo era diferente. Después de todo, mi conducta era muy privada y solitaria, mientras la de ellos estaba de manifiesto y requería la actuación con múltiples parejas sexuales. Aun así, en mi corazón yo sabía que lo que estaba haciendo no era correcto.

Creo que fue mi profunda vergüenza la que alimentó mi necesidad de buscar a Dios y algún tipo de espiritualidad a la edad de siete u ocho años. Conforme fue aumentando mi comprensión de la Biblia me afectó profundamente darme cuenta de que tendría que dejar mis conductas sexuales enfermizas si quería vivir de acuerdo a los principios bíblicos y tener una relación con Dios conforme fuera llegando a entenderlo. Desarrollé un síntoma exterior demasiado auto-destructivo y agotador que se convirtió en el reflejo del odio que sentía hacia mí misma y de las oleadas internas continuas de culpa y vergüenza que me envolvían. Me mordía las uñas y cutículas hasta que sentía tanto dolor que casi no podía usar mis manos. Definitivamente era adicta a hacerme daño a mí misma.

Como adolescente, entré a una depresión crónica y hasta con tendencias suicidas y me sentía atrapada sin esperanzas en una mortaja casi insoportable de aislamiento y silencio. Mis padres de alguna forma se dieron cuenta de la gravedad de mi depresión. Me llevaron a consultar con un doctor amigo suyo que parece haber sido un psicólogo adelantado a su época. Intentó hacer que yo soltara mi secreto celosamente guardado con unas preguntas muy perspicaces. ¿No era feliz en casa? ¿Sentía una culpa excesiva, igual que la mayoría de los jóvenes, acerca de las prácticas de masturbación? Él había sido amigo de mis padres durante años. El silencio de la familia reinó y evitó que yo le dijera la verdad acerca de mi vida privada o la de mi familia, puesto que esto hubiera sido una traición imperdonable. Así es que aunque una parte de mí quería confiar en él, mentí acerca de las circunstancias familiares y negué que tuviera algún problema sexual.

Desde entonces he estado atrapada en un dilema tremendo entre mi adicción y mi relación con Dios. Me casé a los diecisiete años y al fin obtuve un alivio de este dilema. Así que racionalicé que simplemente era una persona con altas necesidades sexuales que iba a encontrar consuelo en la seguridad de una relación formal. Creía que mi dilema al fin había terminado y tuve fantasías acerca de que nunca volvería a ser un problema. Y aunque me mantuve alejada de la conducta sexual compulsiva durante la mayor parte de ese tiempo, volví a recordar con dolor su presencia desconcertante en una ocasión en que mi esposo y yo acordamos mantener el celibato. Cuando teníamos dos años de casados mi esposo sugirió que evitáramos las relaciones sexuales durante mi embarazo. La obsesión constante que sufrí durante esta privación impuesta me recordó bruscamente que mi adicción no se había alejado.

Mi esposo inicialmente se había sentido atraído por mi aparente forma de ser extrovertida y mi independencia. Pero mis prácticas adictivas y el sistema familiar que las fomentó dejó un enorme vacío en donde debieron estar las habilidades para ser una buena madre. Seguía sintiéndome suicida y sumamente deprimida. Estos venenos amargos maltrataban nuestra relación y me privaba a mí de entregar todo mi ser a mi matrimonio. Idealicé a mi esposo haciéndolo a él demasiado grande y a mi demasiado pequeña. Claro que estaba ciega a sus adicciones y su disfunción. Yo no tenía idea de que abnegadamente tratando de ser todo lo que él quería que yo fuera y permitiéndole a él no responsabilizarse de nada a la larga me costaría mi hogar y mi familia.

Después de diecisiete años de cumplir todas sus necesidades y caprichos me horroricé de saber que tenía una relación con otra mujer. Una separación de tres años marcada por sus repetidas súplicas de que le diera más tiempo y sus promesas de que regresaría a casa terminó cuando al fin logré reunir la suficiente entereza para darle el ultimátum que nos llevó al divorcio. Huelga decir que mi adicción volvió con toda su furia. Estaba horrorizada por mi incapacidad de controlar mi conducta a pesar de mis valores religiosos, mi temor de poner en riesgo mi relación con Dios, o el dolor intenso que mi ambiente prevaleciente de odio a mí misma creaba.

Una forma en la que esta locura ha hecho que mi vida sea ingobernable es mi incapacidad de creer que Dios me vaya a querer o a recompensarme por nada. Aunque creo profundamente en sus promesas bíblicas de amor bondadoso y perdón, encontraba imposible dejar entrar el amor de Dios. Y aun ahora lloro y le suplico que me enseñe a comprender que El me apoyará también. Mi disfunción y vergüenza y mi creencia de toda la vida de que yo soy mala de alguna forma tomaban precedencia y negaba mi fe.

Mis conductas de actuación escalaron, y estaba fuera de control. Había hecho el compromiso de mantener mi secreto guardado para siempre. No obstante, mi profundo sentido de vergüenza y su impacto en mis relaciones me llevó a buscar terapia en 1978. Para mi desgracia me topé con una terapeuta novata que no imponía límites profesionales ni comprendía la adicción sexual. Así que terminé sintiéndome más sola y desesperada que antes. Como se concentró en lo que ella consideraba los males de los mandatos religiosos, intentó confirmar y fomentar las prácticas masturbatorias, fallando completamente en detectar mi compulsión y la violación de mis valores. El camino para sanar se oscureció por otros diez años. Lo guardé todo, decidiendo que tendría que librar la batalla en mi campo espiritual. Sentía demasiada vergüenza para confiarle a alguien una realidad tan vulnerable. Le prometí a Dios una y otra vez que hablaría con alguien acerca de mi conducta si no la podía dejar por mi cuenta, y cuando al fin me di cuenta de que no la podía dejar por mi cuenta, empecé a ver con quien podía hablar acerca de todo esto.

Tal vez mi primer contacto con la gracia sobre este tema llegó cuando encontré a una terapeuta perspicaz que había estado ella misma en varios programas de doce pasos. Me llevó con delicadeza, con amor, y con paciencia a un viaje hacia mi vida interna y me llevó al centro de mi vergüenza. Aunque me había prometido a mí misma que nunca le iba a confiar mis secretos a otra terapeuta, pronto me di cuenta de que esta mujer perspicaz nunca me daría permiso de violar mis valores y que se le podía confiar este tipo de vulnerabilidad. Cuando estaba hablando con ella acerca de mi propio temor de que mi hija pudiera quedar atrapada en su propia adicción, me explicó que cuando un padre tiene una compulsión secreta o adicción se pueden presentar ciertas cosas en sus vidas externas que invitan y hasta crean la necesidad para que existan las adicciones en sus hijos. Y después me dijo algo que me dobló y me llevó a la puerta de ASA. Ella dijo, "Si deseas ayudar a tu hija con su adicción, lo mejor que puedes hacer es empezar a trabajar en la tuya." Esto en realidad me impactó porque haría lo que fuera para ayudar a mi hija a tener una vida mejor, más feliz y menos solitaria. Y aunque yo me resistí, supliqué y juré que nunca iría a ASA, que yo no pertenecía allí, que mi vida no era ingobernable ni estaba fuera de control, accedí en pensar acerca de su firme recomendación de que yo asistiera a una sola reunion.

Así que cuando ella se fue de vacaciones decidí que intentaría parecer de mente abierta e iba a asistir a sólo una reunión para probar de una vez para siempre que yo no pertenecía allí. Sin embargo, cuando llegué al grupo, me impresionó profundamente la calidad y bondad de las personas a las que conocí y la profundidad de su compromiso al proceso de recuperación. Me sentí obligada a regresar para aprender más acerca de lo que era la adición sexual. Y poco tiempo después, las preguntas de evaluación de la adicción sexual me ayudaron a comprender que yo estaba en un apuro. Se derrumbaron todas mis barreras externas cuando yo decidí romper el silencio y hablar específicamente acerca de estas conductas en terapia. Me sentí destrozada por los dolorosos recuerdos y el sentimiento posterior de culpa y vergüenza que esas declaraciones precipitaron. ¡No se por qué me imaginé que romper un silencio de cuarenta años no causaría ningún dolor! Pero pronto llegué a comprender que mi adicción secreta me había costado mucho en mi auto-respeto, sensación de paz y espiritualidad.

En los primeros días en que asistí a las reuniones de los grupos conservaba una actitud de cuestionamiento. Sentía que había llevado a cabo los pasos en mi religión y que en realidad no los necesitaba. De cualquier forma, tenía que admitir que no había logrado un éxito rotundo de mi sobriedad o de mi sano juicio por mi cuenta. Así que de mala gana decidí experimentar con ellos, incluyendo aquellos que yo creía que ya había hecho en mi religión. Ya hace dos años y medio que estoy en el grupo y sería poco decir que he aprendido una lección inconmensurable como resultado de haber asistido. He aprendido que no estoy sola y que otras personas se han sentido lo mismo que yo. Nunca he sentido que pertenecía en cualquier sitio y he tenido que luchar con esa sensación de aislamiento cada vez que asisto a una reunion. Pero he encontrado indicios de gracia y pequeñas dosis de serenidad. He encontrado comprensión y paciencia. Encontré un padrino que me ha dado mucho apoyo y bondad pero me ayuda a seguir conquistando nuevos retos en el programa. Y con todos estos recursos he empezado a derrumbar los casi impenetrables muros de la vergüenza, el asilamiento y el silencio. Empiezo a tener un sentido de pertenencia y valor.

Me he mantenido sobria de esas conductas dañinas durante aproximadamente dos años. Pero ahora deseo y trabajo por lograr un tipo de sobriedad mucho más estricta. En terapia empecé a examinar las causas de mi adicción y me di cuenta para horror mío de que crecí en una familia que practicaba el incesto y en donde la mayoría de sus miembros participaban de la actuación. No sé cómo no se me ocurrió o no lo ví antes. Casi todos los hijos en mi familia manifestaron conductas de actuación graves y trastornos anormales de la infancia. Nunca entendí el perfil de una familia en donde se practicaba el incesto o la compulsión de repetirlo hasta que llegué a terapia con mis propias heridas.

Aunque mi deseo de complacer a mi terapeuta fue lo que me hizo dejar atrás mi vergüenza para asistir a mi primera reunión de ASA, mi sed de recuperación, el apoyo bondadoso, y el sanar me motiva a quedarme. Hasta que me divorcié, mi vida externa se consideraba presentable y aun hoy muy pocas personas de mi mundo exterior sabrán o se imaginarán de los problemas que he tenido. Aun así, me doy cuenta de que mi vida interna ha sido completamente ingobernable y que me enfrentado con la decisión máxima que todo adicto debe enfrentar—la elección entre la recuperación o la muerte. Deseo la recuperación con todo mi corazón. Deseo poder sentir el amor de Dios y aprender a quererme a mí misma. Tengo que aprender que no lo puedo hacer a la perfección—que es progreso, no perfección, y que es una lucha formidable. Pero existe una cosa que es distinta ahora. Ya no tengo que fingir y no tengo que intentar hacerlo sola. Gracias a Dios que existe ASA y este grupo maravilloso que me ha ayudado a romper el silencio y el muro del aislamiento bajo el cual he vivido la mayor parte de mi vida.

32.

LA PAZ DE LA RECUPERACIÓN

Cuando ví la lista de temas sugeridos para las historias personales, pensé que podía, tal vez debiera, escribir sobre todos ellos. Mi narcisismo me dijo que no solamente estaba calificado para escribir mi historia, sino para cubrir todos los temas dentro del alcance de cualquier proceso de recuperación. Empecé mi trayecto en ASA en el otoño de 1989, así que tenia que admitir que no podía escribir acerca de los primeros años de ASA. ¡Qué golpe a mi ego!

Se me diagnosticó como un "pederasta narcisista" con probable "dependencia de sustancias químicas" antes de que empezara mi recuperación. Me sentí indignado que se me clasificara como un pederasta. Me enojé con esos cinco profesionales que me habían estigmatizado, sin importar que yo admitiera ser autor de incesto, habiendo abusado sexualmente de las tres hijas dentro del seno familiar, dos por matrimonio y una por sangre. Pero, pensaba, eso había sucedido casi veinte años antes, definitivamente nada que me marcara en este momento. Y qué si tomaba un poco de alcohol de vez en cuando—¿no lo hacían todos? ¿No había sido ésta una parte normal de mi vida con muchas de las personas con las que crecí, y no prevalecía ésto aun en mi círculo de amigos?

Llevaba a cabo un romance tórrido fuera del matrimonio en esa fecha, solamente uno más de varios a lo largo de mis entonces sesenta años. No me interesaba en ceder a las sugerencias de los consejeros, amigos o familia, a pesar de la amenaza de mi esposa de abandonar el matrimonio. Tampoco me importaba el bienestar de la familia de la mujer con quien sostenía la aventura. No me interesaba hacer nada de cualquier forma más que la mía. ¿Acaso yo era poco razonable? Claro que no—¡yo quería lo que quería y lo quería de inmediato! Y sentía que tenía derecho a ello.

Alrededor de esta época se puso de manifiesto otra conducta sexual aberrante que yo negué totalmente que tuviera algún problema con ella, diciendo que solamente estaba un poco "tomadito" en ese momento. Estaba desinhibido debido al alcohol, una excusa que había utilizado durante años para cubrir cualquier conducta inapropiada que tuviera. Estaba tocando un instrumento musical en mi casa, en presencia de tres parejas, cantando canciones de mi propia autoría—desnudo. En realidad no quería pensar acerca de ese aspecto de mi conducta.

Mi primer contacto con el mundo de la recuperación fue con una directora de un centro de rehabilitación cercano que llevaba a cabo su propia recuperación de la adicción alcohólica y sexual. Parecía que le importaba y comprendía. Estaba preparado pero temeroso, mientras ella me refería a otro profesional.

Ellos hablaron con franqueza. Sugirieron que fuera a un centro de rehabilitación que trataba la "adicción sexual." También sugirieron que fuera a ver a un hombre conocido solamente como "Ray," de un grupo de recuperación cercano. El fue mi primer contacto con ASA. Como mi compañía aseguradora no cubría el tratamiento en ese centro de rehabilitación, se me pidió que participara en un programa de dependencia de sustancias químicas en el cual el director modificaría el programa para incluir mis problemas sexuales junto con la parte de la bebida (lo que yo como quiera creía que no era problema). Y así empecé.

Me negué a dejar mi empleo que estaba a 150 millas de mi casa, lo cual significaba que continuaría en el mismo pueblo, en el mismo ambiente que antes, con la mujer de mi aventura. Su esposo, que también iniciaba él un programa de sobriedad, vio con malos ojos bien nuestra conducta. También mi esposa, y me abandonó.

Mi amante no dejó su hogar, pero empezó un programa de maestría en un pueblo cercano a donde yo asistía a las reuniones semanales de ASA, un viaje redondo de doscientas millas. Los dos nos negábamos a abandonar nuestras conductas y nos veíamos por lo menos una vez a la semana, a pesar de las advertencias de los consejeros y de los amigos, aun cuando cada quien participaba en su propio programa de recuperación. Digo "participábamos" ya que había muy poco de "llevar a cabo el programa" como lo define ASA.

Después de que se me llevó el mensaje de ASA, practiqué en mi mente cómo respondería en mi primera reunión de ASA. Era casi una recitación, perfeccionada intelectualmente como la mayoría de mis mentiras, y sin mucho sentimiento. Dejé sin mencionar la parte de "exposición." Manejé la cuestión del incesto como si hubiese sido hace mucho tiempo, olvidado ya, un problema ya resuelto. También tenia una "adicción religiosa" que evitaba que yo obtuviera tratamiento para mis asuntos actuales y pasados tan serios—había una forma mas fácil y ya había dado con ella.

Mi consejero también manejaba un programa de recuperación respaldado por la iglesia, completo con libros, cintas y videos. Como manejaba cuatrocientas millas a la semana para la rehabilitación, asistir a ASA y a otras reuniones, había suficiente tiempo para escuchar estos recursos auditivos. Los libros ayudaron con mi sentimiento de soledad. Comprendía la recuperación en mi mente, cambiando mi conducta al grado que evitaba mi círculo interior, a excepción de la aventura. Y esa relación también tenía problemas. Continuamos con la terapia en conjunto, sin tener un destino definido, para la terapia o para nuestro futuro, juntos o por separado.

Terminé mi Quinto Paso en los cinco primeros meses. También aun estaba en el programa de dependencia de sustancias químicas. Ahora veo la forma tan superficial con la que llevé a cabo estos primeros pasos. Había mucho en mi diario pero muy poco en mi interior.

Era un "co-padrino" junto con otro miembro de ASA, el de mayor antigüedad en el grupo. El llevaba dentro del programa unos siete meses más que yo. Chocábamos en las reuniones de servicio—sobre asuntos de "conciencia de grupo," en ocasiones sobre la recuperación en general. Retrospectivamente, ambos teníamos algo que ofrecer; los dos teníamos problemas con el control. Durante todo el tiempo que estuve en recuperación, nunca tuve éxito como padrino. Tomó mucho tiempo descubrir los problemas implacables de control y los temores subyacentes de los que surgieron.

Mi nueva pareja y yo nos divorciamos de nuestros conyugues respectivos en 1991. Todavía no había logrado la recuperación real, a pesar de un infarto al corazón ya avanzado el año. Evitaba las conductas del círculo interior. Por supuesto, la mejor manera de evitar violar las conductas del círculo interior es no poner ciertas conductas en el círculo interior. Esta relación aun no formal no se encontraba en mi círculo interior. Si debió haber estado ahora es solo una conjetura.

Hasta cierto grado sí practiqué el servicio dentro de mi grupo de base y ese grupo me eligió para ser su delegado en la convención de ASA en 1992. Allí se me eligió para una posición de servidor de confianza como "Miembro del Consejo de la Organización Nacional de Servicio." Ya había algunos problemas en relación a la administración de la oficina NSO y de otras cuestiones importantes. Como era un fanático del control y sin muchos límites, procedí a resolver los problemas de la misma forma en que lo hacía en el mundo corporativo. Mi conducta fue menos que admirable. Estas acciones exigieron que posteriormente hiciera reparaciones a aquellos que dañé durante este período. Sané muy poco, tuve mucha amargura, ira, frustración y tristeza. Afortunadamente los esfuerzos de mis compañeros servidores de confianza trascendían mis conductas y cumplían con los asuntos del día.

Mientras estaba en otra ciudad, se me invitó a un grupo de ASA donde el compartir era lo más profundo, más honesto y más sabio que yo haya visto o en el que yo haya participado. Ví y sentí una intensidad de lo más conmovedor y visceral de mi vida. Sabía que nunca había estado así antes. El estilo de mi proceso de recuperación fue de aislamiento, y no podría sobrevivir a este tipo de participación. ¿En dónde había estado yo durante los cuatro últimos años? Gracias a mi Poder Superior estaba consciente de las limitaciones de mi programa. Pero había llevado a cabo algo del trabajo de recuperación; había dado algo de servicio; reconocía la necesidad de un compromiso de por vida al proceso de recuperaron. No era como si yo no pudiera aprender de mis experiencias. El próximo cambio de ciudad me colocaría a 375 millas de cualquier grupo de ASA.

Asistí a las reuniones de un programa "S" diferente cuando llegamos por primera vez a nuestro nuevo hogar. Ocasionalmente un miembro de ASA de alguna otra comunidad pasaría para una visita personal, pero no había nadie que quisiera ser miembro de un grupo local. Con un valor renovado, decidí formar una reunión de ASA. Realicé una entrevista anónima con un reportero del diario local. Instalé una línea telefónica especial para contestar preguntas. Adquirí un apartado postal. Un nuevo grupo se agregaría a la confraternidad. Crecimos.

En algunas ocasiones parece que perdemos a tantos miembros como ganamos. La base de miembros que permanece, sin embargo, parece reconocer todo lo que comprende el proceso de doce pasos y son concienzudos en mantener funcionando el grupo. Perdimos nuestros lugares para llevar a cabo las reuniones y tuvimos que encontrar nuevos sitios. Las referencias por parte de la comunidad de terapeutas son pocas y espaciadas. Seguimos buscando para atraer y no para hacer promociones. ¿Paciencia? Es algo que es difícil encontrar, pero está en gran demanda. Todas estas cosas son buenas lecciones para aquellos de nosotros como yo, con problemas de control.

Durante todo este tiempo, mi vida personal, como la conocí en años pasados, estaba cambiando. En algunos aspectos, estaba terminando. Cada uno de mis hijos había soportado su propio dolor, llevando vidas que recibían poca orientación de su padre adicto. Tenían razones innumerables para el desprecio, la ira, la tristeza, y la frustración. No solamente los perdí a todos ellos durante un tiempo, sino también a mis nietos y bisnietos. Descubrí que toda la recuperación que pensé que tenía no hizo nada para mejorar esas relaciones. Simplemente renovó el concepto de interferir en sus vidas, que era lo normal para mí durante su infancia y vida adulta. En realidad, no estaba lo suficientemente bien para pensar siquiera que me podía introducir nuevamente a sus vidas. Lo mismo era verdad para mi familia de origen, incluso mis hermanastros y sus familias. Los días de campo en familia de cada año, con las personas jóvenes presentes, ya no eran parte de mi vida. Yo fui visto como la causa de la separación, y conforme se iban conociendo las cuestiones de mi vida, nadie estaba ansioso de tenerme cerca de cualquier progenie, en particular de las niñas.

Todavía no soy una persona paciente. Aunque soy un hombre que envejece rápidamente, el tiempo nunca se mantiene a la par de mis demandas.

La negación es negación es negación, ya sea de una obstinación consciente o una ceguera voluntaria. Los defectos de carácter que aun me acosan son primero del ser. Mi adicción, que tiene muchas caras y cuyas conductas tienen vínculos complicados, surgen por la ira convertida en cólera, los desacuerdos en odio, las heridas en resentimiento, la auto aceptación a sentir que tengo derecho, y el verdadero ser en fracaso miserable. En mi grandiosidad había un pequeña cantidad de éxito mundano, cegándome, no a quien era como ser humano, sino a lo que me había convertido, desde la infancia a la edad adulta. Ahora mi narcisismo parece haber sido tan destructivo como mi pederastia para mi recuperación. Ni siquiera tenía una idea de lo que habría de manejar en los seis a siete primeros años de recuperación. Tampoco podía reconocer el verdadero trauma para aquellos que habían sido parte de mi vida, sobre todo para mis víctimas, mis hijos.

Llevé a cabo los Pasos de ASA varias veces. Pero nunca me ví a mí mismo tan claramente hasta que tuve que lidiar con el "ser" que había tomado mi lugar como humano. Qué pequeño es mi éxito hasta que pueda hacer los cambios en mis creencias y en las conductas que resultan de él. La empatía puede ser solamente una palabra, pero hasta que viva el significado del término no puedo mantener que los derechos de la humanidad son tan importantes como los míos. Aun forcejeo con los pensamientos de lujuria, pero durante menos tiempo y con menor frecuencia. Tengo problemas de límites y entro de forma inapropiada a la vida de los demás, y permito que hagan lo mismo. Todavía discuto sobre cuestiones inconsecuentes. Tengo problemas en recibir críticas constructivas, especialmente cuando claramente estoy equivocado. Pero sí pasé del Noveno Paso y sé que no me detuve el suficiente tiempo la primera vez para darle el suficiente significado para lograr una recuperación progresiva. Al llevarlo a cabo una y otra vez y tener un honesto Décimo Paso a su lado, he encontrado una nueva esperanza al poder reparar daños por estos pecados y admitir inmediatamente cuando sigo errando.

Existen tantas fuerzas que me han dado experiencia, fortaleza, y esperanza. El tiempo mismo, tan difícil como es sobrellevarlo, es necesario para la transformación. Y conforme pasó el tiempo, fui ayudado por las personas en recuperación, dentro de ASA y otras confraternidades de doce pasos, que estaban dispuestos a tolerarme a través de mis tiempos difíciles.

La separación de mi familia se aminora en algo por el regreso de algunos cuantos. No tengo nada que ver con eso, aunque intenté forzar todos los problemas y todas las personas, como lo hice en el pasado. Fue esta separación, gracias a mi Poder Superior, que finalmente me convenció que no estaba en control. Estoy agradecido por lo que tengo y por lo que no tengo. No puedo manejar todo y no soy buen juez de cuánto puedo manejar. Además de lo que he aprendido de mis compañeros en ASA y de otros grupos en recuperación, he encontrado sabiduría en las vidas de las personas fuera de la comunidad en recuperación. No lo podía ver desde donde me encontraba cuando empecé este proceso de recuperación. No podía subordinarme a mí mismo a creer que otras personas tenían los mismos derechos que yo tenía. Tengo apoyo por doquier. Finalmente he tenido un ligero despertar para darme cuenta de esto.

Mi concepción de un Poder Superior para mi vida ha cambiado enormemente. Mis temores son mínimos, la vida no me asusta y la muerte aun menos. Los años luz que separan al universo no son menos complicados que los componentes de la vida misma y hay algunas cosas acerca de mí que no puedo saber. ¿Es ésta la paz de la recuperación que sobrepasa la comprensión humana?

33.

VOCACIÓN EN LA VIDA

Edad 11 años: Mi papá me entrega un libro que explica lo que le va a suceder a mi cuerpo tan pronto alcance la pubertad. El libro lo explica bien y no utiliza ni la vergüenza o el temor como lo hacen algunos libros. Mis padres no acostumbran usar la vergüenza y el temor. Se aman uno al otro y me aman a mí y desean que yo sea un adulto sano cuando crezca.

El libro me enseña una nueva palabra: masturbación. Decido intentarlo. Poco tiempo después me estoy pasando horas todos los días haciéndolo. Empiezo a sentir temor por eso. No es porque crea que esté mal hacerlo, pero no puedo dejar de hacerlo ni limitar la frecuencia con que lo hago. En ocasiones lo hago con tanta frecuencia que me lastimo y aun así no puedo dejar de hacerlo.

Edad 13 años: Me paso dos o más horas a la vez en el baño, haciendo que los demás miembros de mi familia se disgusten. Finalmente mi mamá me dice que tengo que encontrar otro lugar para masturbarme. Hasta utiliza la palabra. Estoy tan avergonzado. Se me obliga a mover mis rutinas de masturbación a mi habitación. Tengo fantasías acerca de realizar actos sexuales con otros muchachos y en ocasiones escribo historias vulgares sobre ellos.

Edad 14 años: Estoy escribiendo historias aun más largas ahora. Tengo todo un archivo de ellas escondidas en mi habitación y también conservo una lista de todos los nombres de las personas sobre las que me gusta tener fantasías para que cuando tenga ganas de masturbarme pueda seleccionar un nombre de la lista. También encontré una forma de espiar a las personas en el baño del segundo piso de nuestra casa. Los puedo ver y masturbarme mientras salen de la regadera y no saben que yo estoy allí. Es más emocionante que sólo masturbarme.

Me da temor que casi todas mis fantasías son sobre muchachos. Solía pensar que solamente era una etapa pero ahora me doy cuento que no lo es. Le pido a Dios que me ayude a dejar de pensar en los otros muchachos de esta forma. No funciona eso. Así que hago un trato con Dios: por cada fantasía que tenga sobre un hombre lo voy a compensar teniendo una sobre una muchacha.

Edad 15 años: No funciona mi trato con Dios. Finalmente dejo de luchar contra el hecho de que soy gay. No me gusta pero en mi corazón sé que es algo que no puedo cambiar. Quisiera tener a alguien con quien platicar acerca de esto pero tengo miedo. Estoy seguro que mis amigos me rechazarían y que se me daría una paliza en la escuela. Mi familia aun me amaría pero sé que estarían muy decepcionados. Decido simplemente mantenerlo en secreto para siempre.

Edad 16 años: Aun paso mucho de mi tiempo fabricando fantasías. En ocasiones cambio mi ruta entre clases en la escuela para poder seguir a un muchacho en los pasillos y tomar fotos mentales de su cuerpo. En ocasiones salgo con mi cámara y tomo fotos de verdad de muchachos en lugares públicos y mantengo esa colección separada de mis otras fotos.

Empiezo a sostener conversaciones acerca de las relaciones sexuales con una amiga. Ella tiene las mismas creencias que yo sobre la libertad sexual. Con el tiempo me hace una proposición sexual y tenemos relaciones sexuales. Ella no me atrae pero tengo curiosidad acerca de todo esto y quiero perder mi virginidad lo más pronto posible. Después empieza a quejarse que no le presto suficiente atención. Fue lastimada por esta experiencia.

En una ocasión en un baño público veo entrar a un muchacho más joven que yo a uno de los cubículos. Entro al cubículo contiguo, me subo arriba del inodoro y me asomo por encima de la pared para verlo. El muchacho levanta los ojos y me ve, se asusta y sale corriendo a contarle a su padre, el cual me enfrenta enojado. Invento una excusa y actúo en son de disculpa y me deja ir. Estoy aterrado por lo que he hecho.

Unas semanas más tarde entro a un baño en un centro comercial y ahí se encuentra un señor de edad media que me dice, "Hola." Por alguna razón detecto que me está viendo de la misma forma en que yo veo a los muchachos guapos. Terminamos teniendo relaciones sexuales allí mismo en el baño. Ahora tengo mucho más miedo. Las relaciones sexuales tienen un poder sobre mí que cada vez es más amenazador. Intento consolar mis temores retrayéndome en mi mundo de fantasía. Soy una persona solitaria, taciturna e irritable.

Edad 17 años: Ahora puedo ver que mis sentimientos sexuales están conectados a mis necesidades emocionales, las cuales son más importantes para mí. Deseo tener una cercanía con alguien. No estoy tan interesado ahora en lograr tener relaciones sexuales. Solo deseo encontrar a alguien del cual me pueda enamorar. Hago amistad con muchos muchachos, pero sin importar la cercanía que logro con alguien, nunca es suficiente.

Edad 18 años: Estoy obsesionado con este muchacho al que conozco desde hace varios años. Sueño con él todas las noches y los días. Coloco fotos de él en mi pared y escribo poesías acerca de él. Una noche me invita a dormir en su casa. Compartimos varias cervezas, nos desvelamos platicando y terminamos teniendo un encuentro sexual. Aunque yo lo deseaba más que nada en realidad no quería que sucediera porque sabía que lo iba a asustar y que probablemente esto terminaría con nuestra amistad. Ahora finge que nunca pasó y actúa como si no me quiere ver para nada. Caigo en una depresión.

Edad 19 años: Finalmente me admito a mí mismo que tengo un problema aunque no sé como llamarlo. Siempre parece centrarse en que me obsesiono tanto con alguien que no soy capaz de funcionar. Los muchachos de mis fantasías generalmente son menores que yo, lo que significa que muchas de mis fantasías son ilegales. No quiero considerarme a mí mismo como un monstruo pero no sé de qué otra forma llamarme a mí mismo.

Edad 21 años: Conozco a un muchacho que por el cual pierdo la cabeza. Me siento eufórico cuando estamos juntos. Ignoro las señales de alerta que debí haber aprendido cuando cursaba la preparatoria. No importa qué tanta cercanía tengamos, parece que siempre deseo más. Eso me asusta.

Caigo en una depresión otra vez. Abandono uno de los programas de mi carrera universitaria y llego muy cerca de dejar la universidad por completo. En esta ocasión busco asesoramiento. Le cuento al asesor todo y termino recomendado para una evaluación psicosexual minuciosa. La evaluación me cataloga como una "persona seriamente trastornada" y recomienda que yo inicie tanto una terapia como una atención psiquiátrica. Esas palabras se sienten muy duras para alguien a quien la mayoría de las personas consideran como un inocente muchacho de la iglesia. Sin embargo, de alguna manera siento un alivio al escuchar el diagnóstico porque significa que alguien me está tomando en serio y que tal vez al fin pueda cambiar lo que está mal conmigo.

Veo al psiquiatra cada semana. Ella habla acerca de temas como el crecimiento y el control y recomienda antidepresivos, los cuales me niego a usar. Mientras tanto también consulto a un terapeuta sexual que es muy estricto conmigo. El trabaja en su mayoría con personas que han cometido crímenes serios y piensa que yo también he hecho eso y sólo tengo miedo de admitirlo. Trata de conseguir que yo admita que he hecho cosas que nunca he hecho. Le digo la verdad pero no me cree. Siento como si se me hubiera violado. Como quiera hago lo mejor que puedo para llevar a cabo su programa durante un tiempo, pero a la larga me retiro, sintiendo un mezcla extraña de culpa y alivio.

Edad 23 años: Estoy exhausto de la fantasía y el aislamiento. Medico mi soledad y frustración cada vez más teniendo encuentros sexuales anónimos con hombres. También hice esto cuando cursaba la universidad pero no tanto como lo hago ahora. Actúo con hombres en todo tipo de lugares. Conozco todos los baños públicos de la ciudad. Me paso horas en los parques, aun a altas horas de la noche cuando están cerrados. Manejo largas distancias a las áreas de descanso y paso horas allí.

En ocasiones siento venir el impulso durante varios días; en otras sale de repente cuando voy de camino al supermercado. De ese punto en adelante hay un patrón típico a mi locura. Solía intentar resistirme pero ya ni siquiera hago el intento. Paso horas en la búsqueda midiendo y siendo medido por extraños, midiendo el lugar, siempre alerta a la presencia de la policía. Al fin me decido con quien actuar. Las relaciones sexuales en sí mismas nunca son placenteras pero me imagino que no es por eso que en realidad estoy allí. Me encanta la búsqueda. Parece que nunca es suficiente.

Y luego acabamos y nunca estoy satisfecho. Me siento mareado, como si acabara de despertar de un trance y a menudo sólo tengo un vago recuerdo de cómo fue que llegué hasta allí. Recuerdo que salí de la casa a las cuatro a hacer un recado y ahora de repente son las once de la noche, está oscuro y frío, y estoy en un área de descanso en otra ciudad. Tengo un extraño anhelo de comer chocolate y me harto de comerlo en la tienda más cercana. Y después me voy a casa y me desplomo por lo exhausto que estoy, física y mentalmente, jurando que nunca lo volveré a hacer.

Edad 24 años: Conozco a alguien que en realidad me atrae cuando ando en busca de parejas sexuales en los baños del centro comercial local. Yo también le atraigo a él. Intercambiamos números telefónicos y empezamos a salir juntos. Él tiene veinte años y es muy inseguro de sí mismo y me ve como una especie de figura paternal. Por alguna razón que no entiendo resiento esto. Al fin ya no lo puedo soportar, así que termino con él.

Mi estilo de vida sigue su ritmo acelerado. Descubro las relaciones sexuales por teléfono. Empiezo a incurrir en cuentas telefónicas enormes y no puedo dejar de hacerlo. En ocasiones cuando siento el impulso de tener relaciones sexuales por teléfono prefiero salir a actuar en el parque más cercano para ahorrar dinero. Soy un cliente asiduo en varias librerías para adultos y espectáculos de desnudistas. Ligo con hombres en la calle, en la piscina, en el transporte colectivo municipal. Voy a los apartamentos de extraños y me subo a sus automóviles. Voy al aeropuerto y busco parejas sexuales allí aunque yo no vaya a salir de viaje. Tengo varios roces con la policía pero en realidad nunca me pescan ni me importa tampoco. No tengo mucho que perder.

Edad 25 años: Algo me deja un rayo de esperanza en mí. Un amigo que vive en otra ciudad viene a visitarme y pasamos una semana maravillosa juntos. Me enamoro perdidamente de él aunque sé que el es heterosexual y no hay ninguna oportunidad de que ocurra algo romántico entre nosotros. Pero después de que regresa a su casa y me sobrepongo a mi pena, empiezo a pensar que tal vez yo pueda conocer a alguien así que sea gay y que podemos tener una relación amorosa. Después de todo me divertí más simplemente pasando el tiempo con este amigo que con cualquiera de mis numerosos encuentros sexuales. Decido que lo que necesito es una relación con alguien a quien yo ame—alguien a quien yo ame tanto que ni siquiera voy a tener la tentación de echar todo a perder siéndole infiel.

Edad 27 años: Compro una computadora y me inicio en el mundo de los salones de chat y mensajes instantáneos. Me doy cuenta de que mucha gente utiliza el Internet para conocer parejas sexuales, pero para mí esto parece ser demasiado trabajo para encontrar algo que está tan cerca como el parque más próximo. Publico un mensaje para ver si existen otros hombres gay en mi área a quienes les interese cultivar una relación a largo plazo "a la antigua": siendo amigos primeros, salir en citas, etc. Recibo un diluvio de respuestas. Inicio una correspondencia sana con otros hombres gay. Empiezo a reunirme con hombres para comer y no para tener relaciones sexuales. Me asombra que todo esto esté sucediendo y tomando en cuenta mi historia de anhelar solamente relaciones disfuncionales o imposibles, me sorprende lo emocionado que estoy por todo esto. Siento que al fin me ha sonreído la suerte. Pronto conoceré al hombre de mis sueños y se me liberará de la esclavitud de mis obsesiones y conducta compulsiva.

Para el final del verano tengo mi primer novio formal.

Edad 29 años: Llevamos juntos dos años. No he ido en busca de parejas sexuales a un parque o área de descanso ni he asistido a un espectáculo de desnudistas o librería para adultos ni he tenido relaciones sexuales por teléfono en todo ese tiempo. Me paso mucho tiempo bajando pornografía del Internet pero pienso que estoy bastante bien.

Edad 30 años: Ya vivimos juntos. Nuestra relación es de amor pero nuestra vida sexual está muerta, y creo saber por qué. Yo tenía demasiadas relaciones sexuales del tipo equivocado anteriormente, y ví a esta relación como una forma de evitar las relaciones sexuales.

Me estoy volviendo cada vez más atrevido con la pornografía que bajo del Internet. Estoy seguro que mucha de la pornografía es ilegal. Eso no me agrada pero me digo a mí mismo que por lo menos no estoy pagando por ella, así que no estoy ayudando a fomentarla. La guardo en un disco. En ocasiones me asusto tanto por lo que se encuentra en este disco que borro todos los archivos. Y después vuelvo a coleccionarlo otra vez.

Edad 31 años: Me envicio en las relaciones sexuales cibernéticas, pasando horas en línea y creando personajes y fantasías complejas. Se me olvida comer. Me enojo los días en que mi pareja se encuentra en casa en mis días de descanso porque es más difícil que yo actúe. Si él esta fuera todo el día, yo nunca salgo de la casa. Ignoro las llamadas telefónicas y los compromisos. En algunas ocasiones me levanto en medio de la noche para actuar mientras él duerme. En otras me levanto temprano en la mañana para hacerlo antes de ir al trabajo. Me fijo límites pero nunca los cumplo. Esto sucede durante meses.

En poco tiempo afecta mi salud. En un momento de lucidez me doy cuenta de que tengo que dejar las relaciones sexuales cibernéticas por completo. Borro todos los programas relacionados con esto de mi computadora y me paso un día escribiendo un "obituario" detallado para los personajes y el mundo de fantasía que he creado. Hago un esfuerzo consciente por ocuparme en los pasatiempos que había estado descuidando. Me voy de vacaciones con mi pareja y empiezo a sentir que puedo volver a respirar.

Como a las dos semanas vuelvo a caer. Otra vez estoy en el mismo lugar en donde estaba antes.

Edad 32 años: Sigo intentando dejar las relaciones sexuales cibernéticas. Lo logro por una semana si tengo suerte, y luego vuelvo a fracasar. Me asusto porque estoy tomando mayores riesgos. Lo empiezo a hacer sin el software del anonimato. Empiezo a tener relaciones sexuales por teléfono con personas que conozco en línea, lo cual significa que les estoy dando mi número telefónico.

Estoy sintiendo una vergüenza más profunda que antes. Y ahora si tengo algo que perder: un nuevo trabajo que adoro. Pienso que mi pareja se quedaría conmigo aun si se me arrestara y saliera a relucir mi nombre, pero perdería mi trabajo. Siento que es mi vocación en la vida, y no quiero hacer otra cosa. En cada ocasión en que participo en una conducta de riesgo me pregunto si ahora es cuando se me va a pescar, y si desaparecerá en el aire todo por lo que he trabajado tanto para lograr. Estoy bajo una presión tremenda y lo peor de todo es que la única forma que conozco para aliviar la presión es escapar a mi mundo de fantasía sexual, lo cual me lleva otra vez a las conductas que ocasionan la presión.

Edad 33 años: Estoy desesperado por dejar de actuar; sin embargo no sé hacer otra cosa. En ocasiones casi deseo que se me pescara para que todo saliera a relucir y pudiera al fin conseguir ayuda. Pero tendría que pagar un precio tan alto que no estoy seguro que aun quisiera ayuda.

Empiezo a consultar con un asesor y soy capaz de pasar tres semanas sin actuación—un nuevo record para mí. Pero me da temor contarle al asesor mucho de lo que en realidad sucede conmigo. Irónicamente el lugar "seguro" para buscar ayuda es en el Internet. En poco tiempo descubro la página web de Adictos Sexuales Anónimos.

Siempre había pensado que los grupos de doce pasos eran para personas con problemas más serios que los míos y temía que no se me tomara en serio si asistiera a una reunion. Así que asisto a una reunión en línea y platico con alguien acerca de mis dudas. Me anima a que participe y me explica que el único requisito para ser miembro es el deseo de detener la conducta sexual adictiva—¡no era necesario que la persona hubiera tenido cierto tipo de conductas o hubiera sufrido ciertas consecuencias para pertenecer! También contesto las doce preguntas de la sección "¿Eres adicto sexual?," de la página web de ASA y descubro, con asombro mío, que once de los doce factores son ciertos para mi.

Poco tiempo después de eso, asisto a mi primera reunión de ASA. Desde el momento en que entro por la puerta me doy cuenta de que aquí es donde debo estar. Asisto a otra reunion. Empiezo a asistir con regularidad y socializo con las personas del grupo. Le pido a alguien que sea mi padrino. Con su ayuda defino lo que es "sobriedad sexual" para mí y empiezo a llevar a cabo el Primer Paso.

Dos meses después termino mi Primer Paso y lo leo ante el grupo. Toda la experiencia es asombrosa. Siento una conexión muy fuerte con las demás personas en el salón. Nunca había tenido ese tipo de apoyo. Lo mejor de todo es que no siento como si tuviera que esconder quien soy yo. Solía definir "seguro" en términos de que no se me pescara o que no se revelaran mis secretos. Ahora me junto con personas que conocen mis secretos y es el lugar más seguro de todos en los que he estado.

Edad 34 años: Soy miembro de ASA desde hace siete meses y me he mantenido sexualmente sobrio desde mi primera reunion. Nunca había tenido un juicio tan sano en toda mi vida. Asisto a las reuniones con regularidad y socializo con los miembros del grupo. Asisto al retiro local de ASA y funjo como secretario de una de las reuniones locales.

"Empiezo a todo vapor" cuando me uno a ASA porque esta generalmente es mi actitud cuando inicio algo nuevo. Pero al hacer esto me veo forzado a confrontar la fuente de muchos de mis problemas: trato de mantener el control, de jugar a ser Dios. Lo he podido hacer durante años en muchos de los aspectos de mi vida, y estoy seguro que para muchas personas mi vida parece bien equilibrada y controlada. Mi recuperación no depende de mi habilidad de convencerlos de lo contrario. Sí depende de mi habilidad de seguir el lema "Sé fiel a ti mismo," y de tomar en serio el Primer Paso. No importa que tan bien limpie mi casa o ajuste las cuentas o me desempeñe en mi trabajo, no soy el que manda a fin de cuentas. Llevar a cabo los Doce Pasos no es un proyecto, como obtener un título universitario, remodelar una casa o inclusive escribir esta historia. Llevar a cabo los pasos es un estilo de vida y una vocación en la vida. Es posible que tenga un principio definido, pero nunca se acaba. Cuando trato apresurarlo, pierdo de vista por completo el objetivo.

"Un día a la vez" nunca ha sido mi actitud ante la vida y nunca he querido admitir mi impotencia ante nada. Siempre he tendido a confiar en mí mismo; sin embargo eso nunca me ayudó en nada. De hecho, agravó las cosas.

Siempre pude proyectar una ilusión de control hacia mí mismo y a los demás y justificaba cada acción diciendo, "¡Claro, lo que hice estuvo mal, pero por lo menos tuve cuidado de no hacer esto y el otro!" Aun al final, cuando buscaba ayuda en línea, definí mi problema como una adicción a la computadora, más que considerar mis actividades en línea como lo último en una larga serie de conductas que todas eran síntomas de la misma adicción sexual.

En realidad nunca creí mucho en un Poder Superior. Pero conforme llevo a cabo el Segundo Paso, finalmente empiezo a creer que lo único que me puede ayudar a recuperar mi sano juicio es Dios. Mi reto ahora es no llevar a cabo los pasos tan rápido como pueda o intentar exagerar algún tipo de "currículum de ASA" imaginario con buenas obras y servicio. Mi reto es llevar a cabo el programa, un día a la vez, y buscar una relación con mi Poder Superior.

Ahora sé que necesito a Dios en mi vida más que cualquier otra cosa. Pero es todo lo que sé. Aun siento temor de la religión. Todavía no tengo ningún tipo de rituales o prácticas espirituales establecidas en mi vida. Pero poco a poco me vuelvo capaz de llevar a cabo el trabajo de hoy y dejo lo demás en las manos de Dios. Siento la presencia de Dios en mi vida cuando asisto a las reuniones de ASA. Tengo toda la vida para poner en práctica los pasos en mi vida, y la única forma de hacer eso es un día a la vez.

Existen momentos cuando tengo una tentación muy fuerte de regresar a mis conductas anteriores de actuación. Todavía tengo la tentación de tener relaciones sexuales por teléfono o cibernéticas, o tener un encuentro anónimo fácil en algún lugar con un extraño. También aun estoy propenso a la adicción de amar, obsesionándome con que alguien me quiera y pensando que eso solucionará mis problemas y hará más plena mi vida. Aunque mis conductas de actuación siempre me causaron más problemas que los que resolvieron, a menudo eran el único mecanismo de defensa que tenía para toda mi presión, soledad, temor, e ira. Los patrones de conducta que se desarrollaron a través de más de dos décadas no van a desaparecer solamente por arte de magia. Pero cada vez que asisto a una reunion, las historias que se comparten me recuerdan de por qué necesito estar aquí y por qué necesito—y quiero—seguir llevando a cabo el programa.

Aun no sé en qué consiste una vida sexual sana, pero tengo la bendición de una pareja que me quiere y me apoya en mi proceso de recuperación, y confío en que con la ayuda de Dios podremos navegar en estas aguas juntos y llegar a un mejor lugar. La esperanza que siento ahora es real. Apenas estoy conociendo a Dios, pero siento la presencia de Dios en el grupo, y veo los milagros que Dios ha hecho para mí y para los adictos en recuperación a mí alrededor. Estoy asombrado.

34.

AHORA ELLA TIENE UNA ESPERANZA

Hace casi cinco años, empecé mi camino a la recuperación y para curación. Tuve una juerga de fin de semana y me sentía sin esperanzas y desesperada. Pensaba que si solamente perdía el exceso de peso, atraería a los hombres. Una compañera de trabajo me llevó a un programa de doce pasos donde podía resolver las cuestiones de comida y de peso. Lentamente empecé a ser honesta conmigo misma—estaba atemorizada de los hombres, las relaciones sexuales y la intimidad. Fui con un terapeuta para entrar a un programa de trastornos alimenticios. Cuando escuchó acerca del incesto y del abuso sexual de mi pasado, me refirió a un terapeuta que se especializaba en incesto.

La razón por la cual platico esta parte de mi historia es que mi trastorno alimenticio, el incesto/abuso sexual y mi adicción sexual están muy entrelazados. Seguí yendo a las reuniones y sanando del abuso sexual, pero no tenía mucha recuperaron física (bajar de peso) en mi programa y seguía sintiéndome frustrada por esto. Sabía que parte del problema era que tenía temores de lo que significaba bajar de peso. En mi mente, bajar de peso significaba que ya no podría tener mi muro de protección de los hombres. También significaba que necesitaría ser sexual y tenía mucho miedo de eso.

También tenía mucho dolor sobre ciertas conductas y elementos en mi vida. Una vez más estaba obsesionada con un compañero de trabajo que no estaba disponible. Constantemente les asignaba características sexuales a las personas. Leía varias novelas románticas a la semana y me masturbaba de manera compulsiva. Finalmente, hace dos años, se me llevó el mensaje de ASA. Aunque era extremadamente doloroso, empecé a definir mis conductas primordiales e hice contratos para abstenerme de estas conductas.

Recibí un ascenso en mi trabajo y ya no tuve que enfrentar a mi compañero a diario. En efecto, mi atracción y obsesión subsiguiente con un compañero en mi nuevo departamento fue aun mayor. Cuatro meses después, este compañero se fue a una nueva compañía y di un respiro de alivio. Un par de meses después, esta misma persona me llamó de su nueva compañía y me pidió que trabajara para él con un aumento de sueldo enorme. La oferta fue muy tentadora—no solamente por el dinero, sino también por la parte de mí que estaba obsesionada con este hombre. También parecía ser la forma de librarme de mis resentimientos en relación a mi sueldo que tenia con mis patrones actuales. Después de mucho sufrir, mi instinto me decía que tratara de negociar con mis patrones. Pedí varias cosas y les di un tiempo específico para que respondieran a mi petición. Esto fue un verdadero ejemplo de entregármelo a mi Poder Superior, ya que no pensé que ellos responderían. Tenía que confiar que mi Poder Superior estaba cuidando de mi vida.

¡Y tuvo éxito! Este fue el punto decisivo de mi recuperación. Pude haber elegido ir a trabajar a un lugar adictivo. O me podía quedar en donde estaba, pedir lo que quería y liberarme de los resentimientos. Todavía doy gracias a mi Poder Superior por este milagro. Recientemente, seguía luchando con algunas obsesiones mentales acerca de estos mismos compañeros de trabajo, así que limpié mi hogar y mi oficina de cualquier objeto que había recibido de parte de ellos. Esta limpieza mental y emocional me ayudó en verdad.

Seguí negociando conmigo misma que la masturbación estaba bien y podía ser parte de mi programa. Pero empecé a ver cómo para mí la masturbación estaba ligada al odio a mí misma, así que hice un contrato para abstenerme de la masturbación por un tiempo. En lugar de masturbarme, leía libros espirituales/de inspiración y sentía que esto me enriquecía.

Cuanto más tiempo me abstenía de la novelas y de la masturbación, más me daba cuenta de que mis conductas de actuación y de "actuar dentro de mí misma" evitaban que tuviera una conexión conmigo misma, con mi Poder Superior, y con otras personas. Era fácil ver cómo mis conductas de actuación me dañaban, pero he luchado con las conductas de "actuar dentro de mí misma, ya que éstas han sido un muro de protección por mucho tiempo. Para mí, "actuar dentro de mí misma" se trata de conductas en donde no expreso mi sexualidad para nada. Esto incluye no verme o valorarme a mí misma como una mujer atractiva, no tomar el riesgo de salir en citas y no desafiar las viejas creencias que me mantienen asustada de expresar mi sexualidad de una forma sana.

Me tomó mucho tiempo empezar a sentirme bien acerca de mí misma como mujer. Cuando era pequeña, recuerdo que quería ser un niño, ya que veía que mis hermanos tenían poder y no sufrían tanto de abuso sexual. No estoy segura cuándo iniciaron las conductas de "actuar dentro de mí misma," pero con seguridad estuvieron conmigo durante mi adolescencia. Siempre me sentía aislada y sola, especialmente porque crecí en una granja. Descubrí que trabajar, ya fuera en la granja o en un bar y restaurante, era más seguro que tener una vida social. Rara vez iba a bailes, que eran los eventos donde las personas socializaban. Los bailes eran un lugar para beber, emborracharse y ser sexuales. Sentía que si no atrapaba el interés de alguien para el final de la velada, era un fracaso. Estos sentimientos de vergüenza dañaron mi autoestima casi inexistente.

Otra parte de "actuar dentro de mí misma" es el hecho de que realmente no he salido en ninguna cita con nadie. Todavía tengo algo de vergüenza por esto, pero sé que no estaba lista para salir en una cita hasta hace poco. Mientras tanto, he conocido mucha información acerca de lo traumático que fue mi infancia. También sé que si hubiera salido y encontrado a alguien, probablemente no hubiera sido una relación sana.

Aunque todavía no estoy cómoda en muchas situaciones sociales, he avanzado mucho. He aprendido a socializar, divertirme y tomar riesgos en situaciones sociales. Algunas veces todavía se siente más seguro trabajar que estar en situaciones sociales. Todavía no me siento cómoda en bailes y en bares, ya que hay muchas cosas turbias sexualmente allí para mí. Confío que esto cambiará conforme continúa mi recuperación.

Algunas cosas que he estado haciendo para expresar y enriquecer mi sexualidad de una forma sana incluyen: recibir masajes, asistir a clases de yoga de forma regular, estar junto con mujeres en recuperación, portar ropa que se sienta maravillosa, hacer ejercicio, y hacer cosas divertidas de forma regular.

Mi objetivo es tratarme a mí misma como trataría a un amante. Recientemente he estado experimentando con la masturbación. Necesito ser honesta conmigo misma acerca de que si me siento compulsiva o con odio hacia mí misma. No está claro siempre, pero me siento mucho más limpia acerca de ella.

Estoy en proceso de hacer un cambio que se siente como otro punto decisivo en mi recuperación. Me estoy mudando a mi propio apartamento. He aprendido a vivir con una compañera de cuarto y tener una relación cercana, y ahora es tiempo que aprenda a vivir sola.

Una cosa en que realmente quiero hacer énfasis es que el nivel de vergüenza que cargo ha bajado de una forma dramática. No me daba cuenta antes de que me pudiera sentir de una forma distinta. Ahora hay ocasiones en que estoy verdaderamente contenta. Estoy empezando a perseguir sueños que tuve de niña. Me estoy dando cuenta de que merezco las cosas buenas que ofrece la vida. Ahora tengo una esperanza. Tengo las herramientas para cambiar. Y estoy aprendiendo que es bueno expresar mi sexualidad de una forma apropiada.

35.

EL CAMINO A LA RECONCILIACIÓN

He tenido problemas en mis relaciones con mujeres la mayor parte de mi vida, empezando con mi madre. Su característica menos favorable era su carácter explosivo, un rasgo que yo llegué a compartir. Aunque ahora sé que ella siempre me quería, era difícil para mí como niño discernirlo en medio de algunos de sus diatribas. Mi autoestima fue muy frágil mientras crecía.

Ahora que contemplo mi vida, la primera adicción que puedo identificar es chuparme el pulgar. Me chupé el dedo hasta que tuve trece años. Esto muestra un patrón adictivo típico. Cuando mi madre me pescaba chupándome el dedo, a menudo se ponía furiosa y gritaba, "Sácate el dedo de la boca," y en ocasiones agregaba, "¡Me enojas tanto!" Me iba a esconder solo por alguna parte en donde encontraba consuelo en volver a chuparme el dedo. Yo buscaba consuelo en algún objeto, y actuaba mi ira contra mi madre, un ciclo que también estuvo de manifiesto en mi adicción sexual posterior.

Una de las razones por la que me casé tan joven como lo hice fue que sentía que si no me casaba con mi prometida, ninguna otra mujer tendría un interés en mí. Nunca consideré serle infiel a mi esposa. Pero la mayoría de los matrimonios tienden a desarrollar problemas, y el nuestro no fue la excepción. Ahora me doy cuenta de que yo era un candidato ideal para la infidelidad debido a que mis sentimientos de rechazo intensificados por el dolor de las experiencias de mi infancia. Además, parecía que algunas mujeres sí me encontraban divertido y atractivo, y empecé a ser infiel. Seguí haciéndolo, por temporadas, durante veinte años. En la mente, menosprecié la importancia de mi conducta. Después de todo, solamente conseguía mujeres en dos o tres ocasiones al año. Sin embargo, en el transcurso de veinte años eso daba entre cuarenta y sesenta mujeres. Y conforme transcurrió el tiempo, me volví menos exigente y menos cuidadoso en la forma en que conseguía a las mujeres.

En mi relación con Dios, que mantenía yo alejada de todos modos, a menudo encontraba una forma de racionalizar lo apropiado de mis acciones. Conforme pasó el tiempo, mi vida espiritual empezó a crecer. Participé más en la iglesia. Formé parte del consejo directivo y participé en un movimiento de renovación laico. Llegué a ser un lector laico, daba pláticas, enseñaba clases de catequesis para adultos, e intentaba servir a Dios y compartir un mensaje de amor con otros. Pero mi enfermedad se entrometía con la autenticidad de mi viaje espiritual. Seguía siendo muy difícil para mí relacionarme con las mujeres. En realidad quería dejar de ser infiel pero encontré que no podía hacerlo. No podía dejarlo por mi propia cuenta. Necesitaba entregarme a Dios para poder obtener ayuda. Cuando Dios trabaja con personas difíciles, en ocasiones nos da un fuerte golpe en la cabeza. Eso es exactamente lo que me pasó a mí.

Yo era doctor y trabajaba principalmente en un hospital. Todas mis aventuras amorosas fueron con personal de oficina o del hospital quienes, aunque no estuvieran bajo mi supervisión directa, eran mis subordinados,. En una ocasión traté de ligar con una empleada del hospital y presentó una denuncia. Los directivos del hospital me habían dado una advertencia en dos ocasiones previas, la primera después de hacer proposiciones "juguetonas" a dos empleadas, y la segunda después de llamar a una mujer a su casa para pedirle una cita. En esta ocasión, me dieron una sanción disciplinaria de un castigo de cuatro semanas. Sentía como si Dios me hubiera movido el tapete para llamarme la atención.

Por primera vez le revelé mis infidelidades a mi esposa. Le tuve que decir, o vivir una mentira aun mayor. Ya me había agotado mi incapacidad de cambiar mi vida de mentiras. Era tiempo de ser honesto. Ella empezó a preguntarme si había habido otras indiscreciones en el pasado. Aunque le contesté todas sus preguntas con casi toda la verdad, tengo que admitir que me guardé algo de la verdad porque no soportaba el dolor de ella.

Desde entonces mi relación con mi esposa ha crecido considerablemente. Pero a pesar de eso vacilé y mi adicción continuó asomándose. Varios años después, reanudé una aventura amorosa previa, y con el tiempo impulsivamente le hice una proposición a otra empleada del hospital, que me reportó a la dirección. En esta ocasión se me recomendó que entrara a un programa de rehabilitación para mi conducta sexual adictiva.

Unos cuantos años antes de esto, mi hermana me había contado que mi padre había abusado sexualmente de ella cuando era niña. Al principio fue difícil creerle, tal vez así como me era difícil creer que en realidad yo tenía algún problema sexual adictivo. Con el tiempo, se me ha hecho más evidente que sus recientes recuerdos encajan perfectamente con nuestra familia y con mi propia tendencia a actuar.

Cuando entré a rehabilitación, mi negación inicialmente se mantuvo intacta. Llevé a cabo todo el trabajo que se me solicitó y pensaba que me iba bien. Pero después terminé actuando con otro adicto sexual en tratamiento. Se me descubrió, y como resultado mi esposa me pidió un divorcio con justa razón. Me sentía tanto triste como aliviado, y nunca intenté cuestionar su decisión. Entré en una profunda depresión conforme empecé a sentir las consecuencias de mis acciones. Afortunadamente me trasladé a otro centro de rehabilitación en donde se me dio apoyo para que pudiera sentir sentimientos que nunca había permitido que entraran a mi vida. Llegué a identificar otra conducta adictiva: la ira. También llegué a admitir que el temor había controlado mi vida aun cuando yo hacía todo lo posible para negar que tuviera miedo. La dinámica del temor y la ira me había dominado la mayor parte de mi vida. Al darle rienda suelta a mi ira, yo "controlaba" el sentimiento de desdicha que sentía cuando la ira de alguna otra persona aparecía. ¡Era una paradoja que yo hubiera "controlado" lo que yo sentía como la incipiente ira de alguien más dando rienda suelta a mi propia ira! Igual que la mayoría de las conductas adictivas esta manifestación de ira me brindaba alivio por unos cuantos segundos. Después de eso, la vergüenza y los sentimientos de remordimiento me abrumaban y mi depresión se hacía más profunda. Mi conducta se ha mejorado gradualmente, al darme cuenta de mi temor a la ira y mi respuesta disfuncional a ella y al poder aceptarlo.

Cuando era un niño sólo bajo una circunstancia me expresaban verbalmente su amor cualquiera de mis padres. Cuando tenía un arrebato de ira y hacía algo enojado como arrancar el toallero de la pared del baño, me enviaban castigado a mi habitación. Alrededor de veinte minutos después mi padre entraba a platicar conmigo en un tono de voz calmado y me decía que me quería. Creo que aprendí inconscientemente que había un beneficio secundario a mis ataques de ira. Comprender esto me ha ayudado a aceptarme mejor a mí mismo y a mi ira.

Ahora, cuando mi ira se empieza a salir de control o parece ser una respuesta inapropiada para la situación, me siento, medito, y escribo a qué le tengo miedo. Me pregunto, "¿Cuáles son los posibles temores subyacentes que tengo en mi situación actual?" "¿Cuál es la mejor forma de calmar esos temores (p. ej., hacer oración, asesoría, platicar con un amigo o padrino, comentar mis temores en una reunion, o comentarlos en su momento con la persona con la que estoy enojado)?"

Cuando me doy cuenta de mis temores, me siento triste. He aprendido que es importante para mí reconocer las penas que siento y no intentar evitarlas. He descubierto que cuando la ira se convierte en pena, ayuda a poner fin a un círculo vicioso de ira y depresión.

Finalmente adopté los Doce Pasos. Llevar a cabo el Cuarto y Quinto Paso resultó ser una de las cosas más espirituales que yo había hecho, y mi vida comenzó a dar un giro. De verdad creo que haber actuado mientras estaba en rehabilitación era lo que necesitaba para poder entender cuán enfermo estaba. Necesitaba tocar fondo para poder aceptar mi impotencia. Cuando al fin acepté que necesitaba el programa, estuve abierto a una experiencia espiritual conmovedora, por la cual me siento bendito.

Cuando volví de la rehabilitación, el hospital para el cual trabajaba me decepcionó por no dejarme seguir trabajando allí. Contraté un abogado y apelé la decisión sin lograrlo. Después de dos años y muy a mi pesar, dejé de pelear que me devolvieran mi trabajo. En realidad creo que Dios me estaba diciendo que hiciera algo nuevo con mi vida.

Cuando mi esposa vio los cambios en mí conforme avanzaba en mi recuperación, decidió reconsiderar si me volvía a aceptar. Ella y yo seguimos trabajando en nuestra relación, en la mayoría del tiempo con gusto y en ocasiones con gran dificultad. Cada uno de nosotros está llevando a cabo su propio programa de recuperación de doce pasos. Considero a los Pasos como seguir lo que mi Poder Superior, Jesús, nos enseñó—entregarnos a Dios, aceptar nuestras deficiencias, arrepentirnos, hacer reparaciones a aquellos que sentimos que hemos dañado, y compartir nuestro despertar espiritual con otros. Al mismo tiempo, debemos amar y respetarnos a nosotros mismos como lo hacemos con otros. Mi educación me había enseñado a honrar a otros, pero no a mí.

Tengo tres hijas adultas que han estado enojadas conmigo con justa razón. Los efectos de mi ira pasada y mis infidelidades les han dado mucho por qué estar disgustadas. Desde mi punto de vista, aunque exista mucho enojo todavía, siento que lentamente hay un proceso para sanar con ellas. En ocasiones quisiera que este proceso de sanar procediera con mayor velocidad. La mayor parte del tiempo le agradezco a Dios la paciencia que me está enseñando.

A través de los años he llegado a compartir mi experiencia con buenos amigos y en las reuniones. Con el tiempo, también la he compartido más abiertamente. Aunque al principio esto fue difícil, gradualmente se ha vuelto más fácil. Compartir es terapia para mí y me ha ayudado enormemente en mi proceso para sanar. Al revelar mi alma me siento liberado y me he vuelto más íntimo con el amor de Dios. Me he podido dar mejor cuenta de que Dios me acepta como soy. Una de las formas en que el amor de Dios se ha manifestado es el apoyo que he recibido de los amigos con los que he sido honesto. Las personas en la familia de mi iglesia me han apoyado con fervor. Después de abstenerme de las actividades dentro de mi iglesia por casi tres años, empecé una vez más a participar como lector laico y a enseñar una clase de catequesis para adultos (una basada en los Doce Pasos).

Abrirme a mis debilidades y compartirlas con otros resultó ser uno de los roles de liderazgo más amplios que he tenido en mi vida. Tomar este "camino menos transitado," aunque más difícil, no sólo resultó en mi superación personal sino que ha llevado a que las personas compartan conmigo cosas acerca de ellos mismos que antes no le habían confiado a nadie. Un amigo cuyas habilidades de liderazgo admiro me comentó que la forma en que manejamos mi esposa y yo nuestra crisis había significado mucho para él. Agregó que esto le había ayudado a compartir con su esposa un asunto sexual con el que había estado en conflicto, y cómo esto los unió en su relación.

Mi camino a la reconciliación no ha sido fácil. He descubierto que la mayor parte de las cosas de gran valor en la vida no son fáciles de obtener. Aun existe dolor para mi esposa, para mis hijas y para mí. Aun así, mi esposa y yo estamos más cerca que nunca y nunca me he sentido más cerca de Dios o de otras personas que después de haber pasado por esta parte tan difícil de mi camino.

Todavía tengo que estar consciente de mi orgullo. A menudo deseo ser el que manda, y eso me puede ocasionar problemas. Con demasiada frecuencia, deseo hacer mis propios planes para Dios y algunos de estos pueden parecer buenos. Necesito recordar que El me desea mucho más de lo que desea mis planes. Hay un dicho, "Si quieres hacer reír a Dios, cuéntale tus planes." Si Dios me tiene a mí más que a mis planes, entonces los planes de Dios pueden funcionar a través de mí. Al vivir una vida mucho más auténtica, siento que Dios tiene una mayor parte de mí.

36.

¿ES POSIBLE SER ALGUIEN "NORMAL"?

Mi Soy un hombre de 41 años de edad y he sido miembro del programa de Adictos Sexuales Anónimos (ASA) durante once años. No he actuado desde que empecé a venir a ASA y me propuse hacer lo que fuera necesario para recuperarme. Hace once años, recuerdo haber hablado por teléfono con un amigo de confianza a quien respeto mucho. Para mí, en ese entonces, él era la persona que se aproximaba más a la definición de padrino. En el pasado, le había contado acerca de mi comportamiento sexual y del hecho de que yo no podía dejar de comportarme así; me habló con firmeza, como debe hacerlo un verdadero amigo. Tenía que ir a terapia o investigar sobre el programa de los doce pasos para adicciones sexuales. Cuando pensé que la gente podía enterarse de mi comportamiento sexual me puse paranoico y evité la terapia; sin embargo, encontré el programa de ASA en Internet, ordené muchos libros acerca de ASA y cintas de la ISO. En ese tiempo no existía el Libro verde, además leí los primeros capítulos de otro programa de doce pasos que trataba el problema del alcoholismo, convirtiéndolo en términos de adicción sexual en mi mente. Esto me hizo comprender mi terrible realidad.

Poco después, fui a trotar al parque con mi amigo y le dije que estaba dispuesto a hacer lo que fuera necesario para poner fin a mi comportamiento, no me importaba si todas las personas del pueblo donde vivía pensaban que era un pervertido asqueroso que debía ser evitado, simplemente tenía que recuperarme, —no quería experimentar la naturaleza progresiva de la adicción sexual—. Mi amigo me ayudó a elaborar mis Tres Círculos, después de revisar un folleto que le mostré; también me comentó, a su vez, sobre alguien que él conocía que tenía problemas de adicción sexual de una forma diferente a la mía. Con él, formamos un grupo de ASA en mi casa (no había reuniones en nuestro pueblo en ese entonces). No sabíamos realmente, lo que estábamos haciendo, pero encontramos un local y lo alquilamos semanalmente. Pronto llegó otra persona, empezamos a escuchar las cintas del ISO como si se tratara de una reunión iniciada por un orador, hablamos de nuestros círculos y de nuestro continuo actuar. Yo tenía un padrino y creí estar poniendo en práctica los principios de todos los Doce Pasos.

Fue así como permanecí sexualmente sobrio en la comunidad. El grupo creció poco a poco y también crecí con él. Pero como ocurre, frecuentemente, al crecer, algunas veces, parece como si fuéramos en retroceso. ¡Después de 3 años más o menos, pensé que lo mejor que podía hacer para dejar mi comportamiento en el pasado era decidir que yo no era un adicto sexual y dejar el programa de ASA! Pensé en ese momento, que no había actuado durante años y que el programa de ASA sólo hacía que me obsesionara acerca de mi comportamiento del pasado. "Ojos que no ven, corazón que no siente", pensé. Además no me gustaba la idea de tener que explicar a mis posibles compañeras a dónde iba cada vez que tenía una reunión.

Al principio, todo iba bien. Mi amigo de muchos años, con el que había ido a trotar en aquella ocasión, no pareció estar en desacuerdo conmigo pero me dijo que estuviera atento de mis pensamientos y me aconsejó que no me diera por satisfecho conmigo mismo.

Luego algo curioso comenzó a pasar. En lo más profundo de mí ser, lo que me inspiraba a actuar seguía ahí, volvía a inquietarme. Cuando caminaba por el pueblo, veía la televisión o iba a la playa, etc., me sentía incómodo, sentía que no estaba "curado", aún no era un hombre cambiado. ¡Todo lo que quería era ser una persona normal y sentir que era normal! Un día mientras veía televisión, caí de rodillas en la sala de mi casa rogándole a Dios que me liberara de estos pensamientos compulsivos. Pero los pensamientos no me abandonaron.

Pronto regresé a ASA para ver si podía hacer algo. No lo había comprendido, pero algo había cambiado; tenía la sensación de que en realidad necesitaba del programa de ASA y de que no sería capaz de vivir feliz sin un programa así. Esta sensación ha incrementado con los años y, ahora, me doy cuenta, que esto tiene un nombre: es el Primer Paso del programa de ASA; así que después de todo yo no había puesto en práctica todos los Doce Pasos. Y como no había puesto en práctica el Primer Paso, ¿cómo podía poner en práctica el Duodécimo Paso que consiste en ayudar a otros adictos sexuales? Ahora entendiendo mejor el Primer Paso (y poniendo en práctica los principios de todos los demás pasos), la gente ha empezado a pedirme que les ayude, que sea su padrino. Con el tiempo, ayudé a dos personas a llevar a cabo los Doce Pasos y muchos años después continúan absteniéndose de esas prácticas sexuales; es por eso que definitivamente la palabra "milagro" viene a mi mente en estos días.

Al poner en práctica los pasos del programa, empecé a sentir la espiritualidad del programa de ASA. Lo que pienso del programa de ASA y de mí ha cambiado drásticamente. Ya no soy la persona insegura que se sentía anormal, ahora me siento lleno de confianza en la fuerza que ASA y los Doce Pasos me brindan, un día a la vez. No siento la tentación de actuar y ya no me siento obsesionado con pensamientos de actuar cuando camino por el pueblo o veo televisión; si me vienen a la mente esos pensamientos, no me molestan demasiado. Sé que honestamente estoy tratando de ser un buen hombre, de ser lo mejor que puedo ser dada la enfermedad que padezco. Lo que era un secreto lúgubre y vergonzoso se ha convertido, con mi papel de padrino, en una herramienta que me sirve para ayudar a otras personas a recuperarse. He visto personas a quienes les he servido de padrino recuperar sus familias, casarse y, a su vez, formar su propia familia. ¡Qué bendición haber podido contribuir con algo así!

Después de haber luchado tanto y encontrado tantas excusas, finalmente acepté que en realidad necesitaba el programa de ASA y que es el lugar que me corresponde; fue así como se me brindó la oportunidad de sentirme, cada vez más normal. Sólo al aceptar que yo no encajaba dentro de mi propia definición de "normal" empecé a sentirme mucho más "normal", sentir que soy parte de la sociedad común y corriente y de la vida.

Durante mis primeros años, las reuniones de ASA algunas veces me parecían salas llenas de gente enferma y sentía que yo me estaba degradando por integrarme a dichas actividades. Ahora las reuniones son lugares donde encajo de verdad, donde puedo ser quien soy. Además en estas actividades lo más importante para mí, es dar de mí mismo, lo que aporto a la reunión y a ASA me vuelve con creces. Siempre recibo más de lo que espero. Existe una fuerza y una visión en ASA mucho más poderosas de lo que yo podría llegar a tener, son mi esperanza para el futuro: rezo, medito, hago inventarios de mis comportamientos, presto servicio y participo activamente. Tengo un padrino y soy padrino, también soy parte de un grupo local y hablo durante las reuniones. Hago todo esto no porque tenga que hacerlo, sino porque quiero vivir la vida que me proporcionan estas acciones y porque me ayudan a ser quien soy.

37.

AUTO-ACEPTACIÓN

Crecí en un ambiente hostil y de maltrato y se me enseñó cosas dañinas sobre la sexualidad. Tuve una madre que era una recién divorciada y estaba abrumada con la responsabilidad de criar a sus hijos y a la vez trabajar y terminar sus estudios universitarios. Empezando desde los cuatro años de edad, se me castigó seriamente por orinar en la cama. No dejé de hacerlo hasta los diez años, y esos seis años estuvieron llenos de golpizas, amenazas y humillaciones. Nada de eso me ayudó a dejar de orinarme en la cama y me enseñó mi primera lección sobre la vergüenza—las funciones corporales eran especialmente sucias y malas.

También aprendí varias cosas sobre los hombres y las mujeres que fueron dañinas para mí. Se me dijo que cualquier abuso o ataque sexual siempre era culpa de la mujer o la niña. Estaba desconcertada cuando se le permitía a mi hermano de quince años quedarse a pasar la noche en casa de su novia pero no se me permitía pasar la noche con muchachos—ni siquiera con mis amigos gay. Me dijeron que la mayoría de los hombres eran personas peligrosas, que no debería "tentarlos" usando ropa reveladora o actuando de forma seductora, y que hasta hombres "no peligrosos" se volverían peligrosos si veían a una mujer en ropa provocativa.

La primera ocasión que recuerdo haber sentido una excitación sexual fue cuando tenía seis años y me encontré unas revistas pornográficas. Me encerré en el baño para ver las revistas y decidí que cuando fuera grande yo también iba a salir en las revistas. Me masturbé por años hasta que desarrollé serios problemas médicos para los cuales nunca busqué tratamiento porque sabía que me metería en un apuro. También sufrí de abuso sexual en manos de varias personas, casi todas de ellas extraños.

Cuando tenía doce años, decidí que iba a ser una prostituta aunque no había tenido relaciones sexuales con nadie. Pensé que había encontrado una manera de cumplir con las expectativas de mi madre y al mismo tiempo darle una gran decepción.

Durante años alterné entre vivir con mi padre y mis hermanas y con mi madre y mi hermano. Cuando todavía cursaba la secundaria y vivía con mi madre ella recibió por correo un catálogo de anuncios para relaciones sexuales por teléfono. Lo tiró a la basura pero yo hurgué entre la basura y lo encontré. Todas las noches esperaba la hora de irme a dormir porque sabía que a esa hora podía ver el catálogo sin interrupciones. En ocasiones llamaba a los números y escuchaba los anuncios. Más tarde me robé una tarjeta de crédito y hablé con una de las mujeres, fingiendo que era un hombre. Arranqué la tarjeta de la última página del catálogo, marqué el cuadro en donde decía "Continúe enviando ofertas estimulantes" y lo envié por correo. Trataba de llegar a casa lo más temprano posible para que yo recibiera la correspondencia y pudiera conservar los catálogos. Los llevaba a la escuela, los mostraba a mis amigas (no les interesaban), los leía en el baño y los dejaba allí. Así que un día mi madre recibió la correspondencia antes que yo. No pensó que yo había solicitado más catálogos, pero marcó el cuadro que decía "Retíreme de su lista de correos."

Después empecé a tomar fotos de niños desnudos. En ocasiones sus padres se enteraban y se molestaban, pero nunca consideraron mi conducta algo por qué preocuparse. También empecé a ser sexual con niños menores en formas que podían explicarse fácilmente si me pescaban. Jugaba "Verdad o Desafío" con mi hermana menor y sus amigas y las retaba a que fueran sexuales entre ellas. También me exhibía ante ellas, sabiendo que si fui pescada por alguien siempre podía decir que era simplemente "parte del juego." Esto continuó hasta que cumplí catorce años, cuando empecé a abusar sexualmente de los niños a los que cuidaba como niñera. Esa también fue la edad en la que empecé a tener relaciones sexuales con hombres adultos. Tenía miedo, pero sentía que no tenía otra opción. Sentí mucha vergüenza acerca de eso y estaba segura que había hecho algo malo. Me ha tomado años aprender que en realidad eran los hombres los que estaban equivocados.

Como adolescente también me exhibía en formas que parecían ser accidentales. Iba a la escuela o de compras con mi falda sin abrochar, y la mayor parte de las veces las personas veían pero no me decían nada porque les daba mucha vergüenza. Ocasionalmente alguna señora que pensaba que me era útil me decía acerca de mi falda abierta, y yo fingía sentirme avergonzada, y abrochaba la falda, para después volver a desabrocharla y esperar no volver a encontrarme a esa señora de nuevo.

Buscaba conseguir pornografía cuando podía y me obsesioné con encontrar formas de obtenerla. Pensé que podía obtener mi propio apartado postal y ordenar revistas por correo, pero eso no tuvo éxito, así como también fracasaron mis otros intentos de recibir por correo "muestras gratis" de material para adultos. Creo que las compañías podían descifrar por mi letra manuscrita que no era mayor de edad. En varias ocasiones las muchachas de la escuela me amenazaron con golpearme por tener relaciones sexuales con sus novios, y me decía a mí misma que si tan sólo pudiera yo dejar de tener relaciones sexuales, todo estaría bien. Creo que yo me hubiera unido a ASA en ese momento si hubiera sabido que existía. No entendía por qué continuaba siendo sexual con otras personas cuando definitivamente no lo disfrutaba, pero de alguna forma sentía que estaba haciendo lo que debía hacer.

Después me mudé otra vez con mi madre e intenté lo más que pude ser normal. Cuando tenía dieciséis años estaba trabajando como cadete en el departamento de policía de la ciudad, pero seguía utilizando pornografía y deseaba que llegara el día en que tuviera la suficiente edad para comprar mis propias revistas. Algunos de mis amigos me enviaban las revistas por correo y había descubierto recientemente el Internet, pero se me descubrió en la escuela en la primera ocasión en que entré a un sitio pornográfico. Fingí que había sido un accidente.

Continué siendo sexual con hombres adultos, extraños, y en ocasiones con muchachos de mi propia edad. Logré nunca involucrarme con otro de los cadetes en el departamento de policía. Años más tarde utilizaría eso como una excusa para decir que "en realidad no tengo un problema." Después me uní a un grupo de "Satánicos," porque pensé que sería un buen lugar para encontrar parejas sexuales. También empecé a consumir varias drogas y rápidamente me hice adicta. En realidad sentía que estaba viviendo una doble vida en ese entonces, y por un tiempo lo pude hacer sin problema. Seguí trabajando en el departamento de policía y siempre se me dijo qué bien lo hacía y cómo se valoraba mi trabajo. Con el tiempo el consumo de las drogas se supo, y me enfrentó el departamento. Estaban dispuestos a darme otra oportunidad, y recuerdo los sentimientos de culpa tan horribles que sentí cuando me dijeron que yo haría un excelente oficial de policía, y que no querían que abandonara el departamento. Sin embargo, simplemente no podía dejar el estilo de vida que tenía.

Unos meses después estaba viviendo en un pequeño apartamento con otras doce personas, la mayoría de las cuales tenía relaciones sexuales regularmente unos con otros. Las enfermedades de transmisión sexual iban y venían entre nosotros. En ocasiones la confusión por las sustancias químicas se aclaraba lo suficiente, y me daba cuenta de que esto no era lo que quería hacer y que en realidad tenía mucho miedo. Pero creía que no tenía una opción. Me dije a mí misma que este tipo de relaciones sexuales era mejor que no tener ninguna y que sería más fácil fingir que no estaba sucediendo que intentar detenerlo.

Para cuando tenía dieciocho años estaba en una relación destructiva y adictiva con uno de los compañeros de la casa. Estábamos en la calle, porque nos habían corrido debido a mi consumo de drogas y a su conducta violenta, la cual con frecuencia se desquitaba conmigo. Esto se convirtió después en otra conducta adictiva—la incorporación de la asfixia, sacar sangre, golpes y humillación a nuestra vida sexual. En ese tiempo pensé que simplemente estábamos intentando nuevas cosas y siendo libres sexualmente, y continué con esta conducta por años con otras parejas. Pensaba que estar adolorida y tener marcas al día siguiente significaba que estaba teniendo excelentes relaciones sexuales, y que seguramente todos los demás me envidiaban. Nunca busqué recibir atención médica para ninguna de las lesiones porque pensé que alguien intentaría convencerme de dejar de hacer lo que estaba haciendo. Decidí que ya no quería ver a este hombre porque el maltrato físico afuera de la actividad sexual resultó ser demasiado para mi. Con el tiempo regresé con él porque no tenía en dónde vivir, y él siempre conseguía lugares para quedarnos. Mientras estuviera dispuesta a tener relaciones sexuales me podía quedar allí también. Al fin me pude ir para siempre.

Obtuve un trabajo en una fábrica grande y encontré muchas parejas sexuales allí. También estaba trabajando como modelo al desnudo para alguien que había colocado un anuncio en el periódico. Al principio las fotografías fueron de buen gusto y artísticas pero después se volvieron más degradantes y pornográficas. No me agradaba hacer las cosas que este hombre me pedía que hiciera, pero me sentía obligada a hacerlas. Simplemente fingía que no estaba sucediendo, y para entonces ya era bastante buena en esto. Cuando este hombre me empezó a comprar ropa interior y solicitar abrazos me asusté y dejé de contestar sus llamadas. Unos meses después, unas parejas anteriores mías me dijeron que me habían visto en las revistas. Estaba indignada—pero sólo porque pensaba que se me debió haber pagado más. Sin embargo, estaba feliz de haber logrado el sueño que anhelaba para mí cuando comencé a ver pornografía.

Cuando tenía diecinueve años me uní a una confraternidad de doce pasos para mi adicción a las drogas. Después de unos cuantos meses de no verdaderamente intentar de no consumir drogas, conseguí un padrino y empecé a llevar a cabo los pasos. Noté una mejoría inmediata, en que dejé de consumir drogas, pero no había ni siquiera empezado a ocuparme de mi conducta sexual, y no lo haría hasta varios años después. Se me pescó teniendo relaciones sexuales en un baño público con un extraño y se llamó la policía, pero no me preocupó por eso porque me dejaron libre con sólo una advertencia. Pensé que fue bien padre que no me hubieran hecho nada y me jacté de ello a mis amigos. Me vieron como si estuviera loca. Seguí siendo sexual en lugares públicos. En una ocasión convencí a un señor de que me siguiera hasta la cima de un estacionamiento de varios niveles en donde había un gran grupo de personas que observaban los fuegos artificiales. Se asustó cuando se dio cuenta de que yo quería tener relaciones sexuales allí. Por fortuna no se nos pescaron, pero todo lo que faltó para que nos vieran era que una persona se diera la vuelta.

Inicié una relación con un miembro de reciente ingreso al programa. Estuvimos juntos por aproximadamente dieciocho meses e increíblemente ambos nos mantuvimos sin consumir drogas todo ese tiempo. Nuestra relación fue conflictiva desde el principio, puesto que ambos estábamos aprendiendo cómo vivir, y yo era una adicta sexual. Le fui fiel, así que pensé que en realidad no tenía ningún problema. Pero seguían sucediendo cosas que me hacían pensar de otra forma. Si nos pasábamos sin tener relaciones sexuales por más de dos días consecutivos, yo hacía insinuaciones de que él era gay o lo acusaba de ser infiel. El se sintió muy lastimado por esto y no comprendía pero yo pensaba "es la única forma en que va a aprender." Seguía estando obsesionada con otro hombre en el programa y encontraba pretextos para verlo. Hasta mencioné esto a mi padrino y le insinué acerca de mis otras preocupaciones sexuales, pero ella me dijo que yo era normal y que sabía que yo haría lo correcto. Creo que simplemente ella no comprendía la adicción sexual. Todavía veía pornografía cuando tenía la oportunidad y hasta accedí a que un fotógrafo distinto me tomara más fotografías al desnudo, en esta ocasión sin cobrar. Mi pareja se molestó mucho por esto y no sabía que hacer. Tuvimos muchas peleas por esto. Lo acusé de estar inhibido sexualmente y de "odiar a las mujeres." Después de un tiempo acordé no posar para más fotos.

Hacia el final de nuestra relación empecé a pensar que en realidad yo podría ser un adicto sexual, y para ese entonces ya había oído hablar de Adictos Sexuales Anónimos. Pensé que unirme a ese grupo pudiera ser la peor cosa que yo pudiera hacer. Hablé con mi padrino acerca de mi conducta sexual, pero después me di cuenta de que no le contaba todo para que no me dijera que tenía un problema. Leí varios libros de auto-ayuda y pensé que podía encontrar la solución a mi problema de esa forma. Todo el tiempo me seguía diciendo a mí misma que estaba bien porque le era fiel a mi pareja, pero muy pronto ya no pude utilizar esa excusa. Tuve un breve desliz con el hombre de mi confraternidad con el cual estaba obsesionada, y por un tiempo continué viendo a ambos hombres. Me decía a mí misma que no tenía nada de malo, puesto que mi relación obviamente se iba a terminar, pero después ambos tipos se enteraron, y nos causó mucho dolor a todos. También empecé a salir con mi jefe y tuve un breve encuentro sexual con un compañero de trabajo. Al fin terminó la relación, y pensé que era para bien pero aun así me sentía horrible por haber lastimado a mi pareja.

Pensé que tal vez podía desarrollar una relación positiva con mi jefe. El tenía una novia de mucho tiempo (otra compañera de trabajo) que en realidad me agradaba y que era amable conmigo, pero pensé que de alguna forma la situación no era tan mala. Me quedaba en su casa la mayoría de las noches, él se levantaba y se iba a casa de su novia, y yo me quedaba despierta media noche viendo pornografía en su computadora. En realidad prefería eso que cualquier contacto sexual con él. Sentía que el Internet era perfecto y que era justo lo que siempre había necesitado—no me podía dejar ni sentir celos; era gratis si utilizaba la computadora de otra persona; y contenía cosas que las revistas no tenían. La mayoría de las imágenes que veía representaban escenas de violaciones, personas, animales y niños muertos. Con el tiempo mi jefe vio todo lo que yo había estado viendo y me dijo lo enferma que pensaba que yo estaba. Pero nunca me dijo que mi trabajo estuviera en riesgo, por lo que no ví ninguna razón para dejar de hacerlo. Veía las imágenes hasta que se me volteaba el estomago, y me quejaba a mi padrino que no podía dejar de ver pornografía y que no podía sacar las imágenes violentas de mi mente. Intenté controlarme de diferentes formas, limitar mi tiempo en la computadora a sólo una hora, ver solamente imágenes legales y no violentas, y regresar a ver revistas—nada funcionó. Con el tiempo la relación dejó de funcionar, y ya no se me permitió estar en la casa de mi jefe. Estaba limitada a la computadora del trabajo, pero continué haciendo las mismas cosas. Mi jefe les había dicho a los otros empleados lo que yo había estado haciendo y todos empezaron a tratarme distinto. Después encontré otro trabajo.

Por este tiempo llevaba como dos años limpia, había llevado a cabo los Doce Pasos, había patrocinado a algunas personas, y tenía varias posiciones de servicio. Le agradaba a la mayoría de las personas, y hacía un esfuerzo de practicar los principios espirituales en mi vida y transmitir el mensaje de recuperación al adicto que aun sufre. Una vez más llevaba una doble vida—nadie en mi confraternidad sabía de mi adicción a la pornografía. Para ellos mi vida parecía fabulosa, pero yo empecé a ver cómo mi vida sexual actual era semejante a mi adicción a las drogas. Continué buscando parejas sexuales en las reuniones de doce pasos, pensando que de alguna forma una de ellas me compondría. Cada encuentro me dejaba llena de vergüenza y desesperación. Unos meses después estaba saliendo con un hombre por el cual no sentía ningún respeto. De hecho, lo odiaba. Un amigo me dijo, "Sólo sales con él porque al fin encontraste a alguien a quien odias más que a ti misma." Después comprendí que él tenía razón.

Nuestra relación inició mal porque yo sentí que toda la actividad sexual me fue obligada. En ocasiones decía verbalmente que no, en otra peleaba físicamente, pero al final no servía nada, y una vez más encontré que lo más fácil de hacer era fingir que no estaba sucediendo. Creo que él también era un adicto sexual. Me comentó que había asistido a ASA, y le pregunté con mucho entusiasmo cómo eran las reuniones. Tenía la sensación de que algún día yo también iba a terminar yendo allí. Nadie comprendía porque salía con este hombre. Mis amigos me animaban a que lo dejara. En ocasiones yo pensaba que merecía todo lo que él me daba, pero pensé más en unirme a ASA.

Al fin llamé a ASA y solicité información sobre el programa. Un miembro me llamó y me puso en contacto con otra mujer en mi área e hicimos planes para asistir las dos a una reunion. Unos días antes de hacer la llamada casi me había violado un conocido. Sentía temor de asistir a una reunión de ASA porque pensé que estaría llena de hombres con los que ya hubiera actuado, o que me hubieran visto en una revista. Pensé que todos seguramente me iban a juzgar y que ASA se trataba de privarse a uno mismo y de negar la sexualidad natural. En este punto ya estaba yo tan acongojada que ya no me importaba, pero fue un gran alivio descubrir que no era así.

Algo que noté inmediatamente fue que los hombres en la confraternidad eran muy maduros y respetaron mis límites personales. Los miembros del programa me hablaron acerca de la diferencia entre las conductas sexuales sanas y las adictivas y aprendí mucho al leer la literatura.

He tenido varias conductas en mi círculo interior, pero actualmente consiste en cualquier uso de la pornografía incluyendo participar en ella; cualquier violencia sexual, incluyendo verla en las películas; y cualesquier actos sexuales ilegales que hagan victimas a otras personas. Me he abstenido de estas actividades desde que llegué a mi primera reunión en julio del 2000.

Lo que me gustó en particular del programa fue que podía seleccionar mis propios límites de mi círculo interior y no tenía que limitarme a las conductas sexuales que otras personas encontraran aceptables. Por último, se respetan mis opiniones y decisiones. Algunas personas parecen tener la idea de que los adictos no son capaces de tomar decisiones positivas para sí, pero este programa me permite hacer precisamente eso. Hoy mantengo mi sobriedad sexual recordando el Primer Paso. Yo sé que pase lo que pase, siempre seré impotente ante la conducta sexual adictiva, y que cuando actúo mi vida se vuelve ingobernable. La experiencia me ha demostrado que no hay nada que pueda hacer para controlar o disminuir el impacto de mi conducta adictiva una vez que decido participar en ella. También mantengo un contacto consciente con un Poder Superior amoroso, que no me juzga y que me ofrece una nueva perspectiva cada día.

Otra cosa que me ha sido útil es elegir vivir mi vida hoy de una forma diferente a la forma en que vivía en mi adicción. En mi adicción, me esforcé por hacer lo que las otras personas deseaban, por cubrir los sentimientos que a las otras personas no les agradaban, y por asegurarme que siempre tuviera una pobre opinión de mí misma. En mi recuperación es necesario practicar la auto-aceptación aun si otros no me aceptan; permitirme sentir cualquier emoción que surja, hasta las llamadas "emociones negativas" como el temor; la ira, la preocupación, y el rencor; y estar orgullosa de todos mis logros y elecciones positivas, dándome cuenta de que yo tuve mucho que ver en que se presentaran, junto con mi Poder Superior.

Cuando hago un inventario de mi vida y de mis acciones, me gusta mantenerlo tan equilibrado como sea posible—eso significa que la lista de aspectos positivos será tan larga como la lista de rencores y la forma en que he lastimado a otros. Puedo utilizar este inventario para buscar mis "defectos de carácter," aunque no los llamo así. No creo que nada de mi "carácter" sea "defectuoso"; sencillamente pienso que como todas las personas podría mejorarme. No creo que de alguna forma sea "peor" que nadie más sólo porque sucede que soy un adicto sexual. Sé que mi Poder Superior me acepta tal como soy, y que me aceptaría aun si nunca me mejorara, y es importante que yo también logre ese mismo nivel de auto-aceptación.

Otra cosa que ha sido básica para mantener mi sobriedad sexual es saber que no soy responsable de cualquier momento en que he sido una victima. Sé que no fue porque "me coloqué en posición de que sucediera," "no estaba llevando a cabo el programa" o "era un mensaje de mi Poder Superior." Este programa me ha permitido ver que yo nunca soy responsable de la conducta sexual de alguien más. También sé que es bueno que reconozca que de hecho yo fui victimada, que no estoy solamente "actuando y pensando como víctima," y que cualesquier sentimientos que tenga acerca de un incidente en particular son buenos también. Puedo tener sentimientos positivos y sanos de ira por cuanto tiempo sea necesario, y puedo decidir cuando y si debo perdonar a alguien. Creo que cualquier persona que haya sido víctima de un crimen tiene este derecho.

Una de las mejores cosas de la recuperación hoy en día es que puedo rechazar un contacto físico de cualquiera sin tener que ofrecer disculpas o una explicación. Esto incluye abrazos de las personas en las reuniones. En el pasado yo hubiera sentido que no tenía el derecho de rechazar un abrazo de alguien, o si lo rechazaba sentía la necesidad de inventar alguna excusa. Es fantástico poder decirle que no a alguien y saber que no importa por qué. También he podido sanar de las cosas dañinas que aprendí acerca de la sexualidad en mi infancia y me estoy sintiendo cada vez más cómoda conmigo misma y mi sexualidad.

Al principio, el concepto de una relación sexual sana en donde nadie sale lastimado era demasiado para que yo lo comprendiera. Creía en realidad que disfrutaba los actos violentos porque eso era lo único que había recibido de todos. Ahora sé que en realidad no me agradó nada de lo que hice cuando actuaba. Actualmente no disfruto de cosas que son auto-destructivas o que lastiman a otros. Sé que si estoy disfrutando algo, ya sea de forma sexual o de otra forma, ¡significa que debo seguir haciéndolo! Encontré que ASA no es ninguna de las cosas horribles que pensé que sería. No me puedo imaginar cómo serán las cosas para mí en el futuro, pero sé que mientras me mantenga en el programa, puedo tener relaciones sexuales sanas y nunca tendré que volver a actuar jamás.

38.

POR LA GRACIA DE DIOS

Nací en el seno de un hogar desecho. A la edad de cuatro años, mi madre nos abandonó a mi hermana y a mí. Después nos mudamos a otro estado y vivimos con mi padre y mis abuelos. A los pocos meses de habernos mudado allí, mi tío abusó sexualmente de mí. Esto continuó hasta que cumplí los diez años de edad. Mientras abusaba sexualmente de mí, me mostraba pornografía para excitarme.

Me escapé de la casa en varias ocasiones. Mi papá pensaba que era rebelde. En realidad era del temor que se me culpara si alguien descubría que se me abusaba sexualmente. Se me dijo que se me mandaría a un orfanato si se me ocurría decir algo.

Mi mamá regresó cuando tenía diez años y nos llevó a mi hermana y a mí a vivir con ella. Vivíamos en un edificio destartalado, lleno de prostitutas y borrachos. Cuando mi mamá no tenía dinero, bebía con quienquiera tuviera dinero. Se me utilizaba para hacer trueques. Los hombres y mujeres podían hacer cualquier cosa conmigo si mantenían a Mamá borracha.

Empecé a robar y a drogarme por ese tiempo. Mamá montaba en cólera y disparaba en la casa. Una noche incendió a mi padrastro por haberme golpeado, y después trató de pegarme un tiro. La policía la envió a un hospital psiquiátrico y yo desaparecí en el ghetto. Empecé a juntarme con pandillas, robando y asaltando a las personas. Pasaba por un bar de gays y actuaba como niño bonito, convenciendo a los gays a salir a la vuelta de la esquina para que mis cómplices los pudieran robar. En otras ocasiones iba solo, esperando robar su dinero para comprar drogas.

Para cuando tenía diecinueve años mi madre había entrado y salido de una docena de instituciones mentales. Murió en 1977, y yo fui a prisión, recibiendo una sentencia de siete años por dos robos. Cumplí cuatro años de esa sentencia. Durante todo el tiempo que estuve en prisión, me masturbaba mientras veía pornografía. Llegó a etapas crónicas de dos o tres veces al día. En menos de seis meses de haber salido de prisión me había casado con una mujer que tenía las mismas adicciones que yo: el alcohol, las drogas y las relaciones sexuales. Empezamos a alquilar videos pornográficos y a comprar varias revistas cada semana para enriquecer nuestra vida sexual. Podíamos tener relaciones sexuales dos veces al día y aun así me masturbaba viendo pornografía.

Nuestro matrimonio siempre tuvo problemas. Ella necesitaba el hijo que había abandonado en su primer matrimonio. Yo necesitaba una "mamá." Finalmente todo culminó cuando empecé a tener violentas pérdidas del conocimiento. Recuperaba el conocimiento a la mañana siguiente lleno de sangre y no sabía de donde provenía. Necesitaba ayuda y fui a rehabilitación.

Me abstuve de tomar durante dos años mientras asistía a reuniones de doce pasos por mi alcoholismo. Sin embargo, nunca detuve mi conducta sexual compulsiva. Después pesqué a mi esposa engañándome y la ahuyenté. Sin embargo, seguíamos regresando a vivir juntos, hasta que se deshizo por completo. Terminé en un hospital psiquiátrico con una crisis nerviosa. Después traté de suicidarme en varias ocasiones. La única razón por las que fallaron era que en realidad no me quería morir. Así que empecé a beber nuevamente mientras tomaba medicamento psicotrópico. Caía en ataques de cólera con pérdida del conocimiento—amenacé de muerte a mi ex-esposa y a cuatro otras personas durante ese tiempo. Hablaba en serio. Confronté a mi ex-esposa un viernes por la noche y le dije que mataría a ella a y a sus amigos el miércoles siguiente. Ese martes empecé a beber y a tomar medicamento. Perdí el conocimiento alrededor de las diez de la mañana. Recuperé el conocimiento alrededor de las 10:30 de esa noche en la casa de una mujer a quien le había estado arreglando el jardín. Esa noche violé a alguien.

Cada vez que me detenía, veía en ella una persona inocente que nunca hizo daño a nadie. Después se me venían recuerdos, veía a mi ex-esposa y empezaba otra vez. Escribí mi nombre, dirección y número telefónico en un pedazo de papel y se lo di a ella antes de irme. Sabía que iría a prisión por el resto de mi vida.

Recibí noventa y nueve años por violación en primer grado y tenía varios cargos adicionales pendientes que posteriormente se retiraron. Intenté suicidarme dos veces más, colgándome y encendiéndome fuego. Todavía tengo las cicatrices.

Caminé dentro de la prisión durante cuatro años, sin admitirme a mí mismo que había cometido este crimen horrible. Seguía usando drogas, alcohol, y pornografía de forma regular. Finalmente me agoté al punto que empecé a asistir a reuniones dentro de la prisión.

El Tercer Paso fue un problema para mí. No conocía a Dios. Cada vez que trataba de imaginarme a Dios, no lo podía hacer. Finalmente caí tan bajo, que imploré al Dios que nunca conocí, y los pasos se hicieron más claros para mí. Conocí al Dios de mi entendimiento por primera ocasión.

Me inscribí en un programa para delincuentes sexuales dentro de la prisión, cinco años después de mi arresto. Sabía que simplemente porque creía en Dios, no quería decir que ya no tenía problemas. Tenía un problema serio con las relaciones sexuales. Y necesitaba resolverlo. También tenía muchos secretos guardados que necesitaban ser enfrentados. Por primera vez en mi vida ví que tan enfermo había llegado a estar. Me hice responsable de mis acciones.

Ha sido un camino largo de andar durante estos cuatro últimos años. He enfrentado muchos problemas. No he visto pornografía en cuatro años y no me he masturbado en ocho meses. Estoy libre del alcohol y de las drogas. Me he vuelto a casar y mi segunda esposa sabe todo acerca de mí. Es mi mejor ayuda.

Todavía trabajo a diario en mi programa. Puedo reconocer la diferencia entre pensamientos fugaces y lujuria malintencionada. Conozco mis disparadores y sé que debe hacerse para evitar crear otra víctima. Mi crimen fue entre los peores que puede cometer el hombre. Asumo la responsabilidad total por eso. Y por la gracia de Dios y de llevar a cabo los pasos, ¡espero no dañar nunca más a otro ser humano!

No podré cambiar las circunstancias pasadas de mi vida, pero puedo hacer algo por hoy. Por la gracia de Dios no tengo que caer en mi patrón de pensamiento anterior. Los Doce Paso funcionan, pero hay que querer que funcionen.

39.

UNA DE LAS PERSONAS ELEGIDAS

Mi familia era una familia de secretos. Nadie dijo nunca nada sobre las relaciones sexuales, y nadie me dijo nada sobre la masturbación, pero la descubrí por mí mismo cuando tenía aproximadamente cinco años de edad, y hasta que tenía doce años, pensé que yo era el único en el mundo que hacía esta cosa mala. A los diez años mi primo, que era un año mayor que yo, me agarró y trató de molestarme. Me excité tanto que me dio vergüenza y salí corriendo de su casa. Esto fue el inicio de mi relación con el juego y la fantasía sexual, que me ha perseguido toda mi vida.

La mayoría de mis fantasías eran sobre personas con las que había estado o con las que deseaba estar. Después esto se convirtió en una adicción a la pornografía, pero no visual—yo prefería historias, y me eran más estimulantes si me humillaba de alguna forma. Utilicé este tipo de pornografía a diario por más de veinte años, sin importar si estuviera en una relación o no.

Cuando tenía nueve años empecé a anhelar recibir atención de los niños y hombres y me di cuenta de que era homosexual. A los doce años le conté a mi padre lo que había descubierto—me dijo que sólo era una etapa y que no me preocupara por eso. Me enamoré de mi mejor amigo cuando tenía quince años. El era heterosexual y en algún punto terminó nuestra relación porque a él le interesaban más las muchachas. Así inició mi primera abstención de una relación amorosa. Me encontraba en un dolor constante, continuamente deprimido, y parecía que nada podía llenar el hueco que él había dejado. Con el tiempo me enamoré de alguien más. Tuvimos relaciones sexuales, pero el nivel de la vergüenza que él sentía era tan insoportable que terminó nuestra amistad. Una vez más me quedé sintiendo el dolor de un amor perdido. Las relaciones sexuales y el amor ya eran uno solo para mí; era la forma en que yo podía justificar sentirme cómo sentía, pero cuando se limitaba solamente a las relaciones sexuales, me sentía avergonzado.

Dos semanas antes de graduarme de la preparatoria tuve mi primera experiencia sexual anónima. Era como si lo hubiera estado haciendo toda mi vida. Ya no pude racionalizar mis sentimientos. Era homosexual—todo lo que yo no quería ser. Más tarde en ese verano tuve relaciones sexuales con alguien en un lugar público, en el suelo de un aparcamiento. Fue muy estimulante, pero la vergüenza me consumió inmediatamente después de que terminamos.

La universidad fue muy difícil. Continuaba masturbándome a diario, en ocasiones varas veces al día, inclusive en los baños públicos. Tenía fantasías mientras leía anuncios sexuales en uno de los periódicos semanales. Parecía como si la actuación era la única forma en que yo podía escapar del dolor. Fue durante este período que empecé a actuar de forma regular en un parque público.

Estaba tan desesperado y solitario que abandoné la escuela, sintiendo que no podía cuidar de mí mismo. Deseaba recibir ayuda y hasta ingresé a un programa de rehabilitación de drogas, aunque no consumía drogas. Me dijeron que mi problema consistía en que yo era gay y que ser gay era como ser un adicto a la heroína. Dijeron que podía cambiar y ser heterosexual y por tres años volví a ocultar mi homosexualidad. Cuando eso terminó, de forma inevitable, empecé a buscar parejas sexuales en las librerías para adultos.

Cuando tenía veintitrés años conocí a mi primer amante, con el cual tuve una relación de larga distancia durante tres años. Sin embargo, mi actuación continuó. Me pasaba horas a la vez en un baño público esperando algún contacto sexual. En 1980, mientras buscaba parejas sexuales en un parque muy tarde por la noche, fui asaltado por siete tipos y golpeado salvajemente. Me quebraron la clavícula y mi rostro estaba irreconocible. Creo que me hubieran matado si no hubiera pasado un automóvil que sonó la bocina. Esto fue el principio de un trastorno de tensión post-traumático y terrores nocturnos que no se empezaron a resolver sino hasta trece años después. Me daba temor ir a ese parque de noche, pero eso no me detenía por completo. Simplemente cambié a otro parque que tenía una mejor iluminación.

En la década de los 80 tuve una relación de largo plazo. Eramos sumamente co-dependientes; estábamos juntos por la sensación de protección y aunque nuestra vida sexual no era buena y estaba llena de conductas adictivas, en realidad intentamos llevar una vida juntos. Mi adicción me llevó a creer que deberíamos incluir otras personas, así que constantemente estaba en la búsqueda de posibles parejas sexuales. Seguía masturbándome a diario viendo pornografía y salía en busca de parejas sexuales siempre que lo podía hacer. E.l golpe más fuerte de mi vida fue cuando me enteré que mi pareja era VIH positivo. Esto era lo más cerca que yo había estado a otro ser humano. El fingía que mi actuación no lo molestaba, y que así evitaba que yo lo presionara para que tuviéramos relaciones sexuales. Después de que nos separamos me hizo saber que a menudo él sabía cuando acababa de actuar porque le llevaba un regalo.

Mi siguiente relación fue la más adictiva de mi vida. Intenté controlar la relación, pero pensaba que si mi pareja no tenía relaciones sexuales conmigo todas las noches significaba que en realidad no me amaba. Lloraba y manipulaba y me enojaba y hacía todo lo que podía hacer para convencerlo que tuviera relaciones sexuales conmigo. Él se cansó de esto y estuvo cada vez menos disponible y yo seguí intentando convencerlo de que si en realidad me amaba él actuaría en la forma en que yo quería que lo hiciera. Esta relación causó que tocara mi primer fondo y en septiembre de 1989 empecé a asistir a las reuniones de una confraternidad "S" y empecé a llevar a cabo los pasos. Después de dos años nos separamos.

Luché con mi adicción por un tiempo dentro del programa y después volví a actuar con regularidad otra vez. En 1992 conocí a otro hombre con el cual repetí el mismo patrón. Una vez más intenté controlar nuestra vida sexual, lloré y manipulé y me metí con í con él. Al fin se cansó y terminó la locura. Sin un programa me sentía más solo; pasaba la mayoría de mis fines de semana actuando y la mayoría de mis noches viendo la televisión. Tuve tendencias suicidas. El dolor y la depresión eran tan grandes que sentía que la muerte era la mejor opción. Y luego me di cuenta de que la mejor forma de salir del aislamiento era volver a asistir a las reuniones nuevamente. La Noche Vieja de 1997 asistí a un retiro y escuché a una mujer hablar que tenía trece meses de abstinencia de su círculo interior. Fue en ese momento que supe que se había acabado el juego. Tenía que encontrar la sobriedad.

Para cuando entré a los salones de Adictos Sexuales Anónimos, mi vida estaba hecha un desastre. Muchos de mis amigos, incluyendo dos de mis amantes, habían muerto de SIDA. Estaba viviendo con un compañero de cuarto que me estaba robando, teniendo fiestas de drogas en mi casa, y haciendo mal uso de las instalaciones, y yo no podía hacer nada. Nunca había aprendido lo más fundamental acerca de cuidarme a mí mismo, como hacer la cama todos los días, o fregar la loza más de una vez por semana. No había acudido al dentista en más de tres años. Me faltaban las habilidades necesarias para sostener una relación. Me volvía tan volátil cuando me enfrentaba al dolor o al conflicto que ahuyentaba a las personas. No tenía esperanza de volver a tener una relación.

En enero un amigo me llevó a mi primera reunión de ASA. En muchas formas ese día fue el principio de mi vida. Ví a gente allí que había conocido años atrás y estaban sobrios, no sólo de un día o un mes, sino por años. Por primera ocasión en mi vida realmente sentí esperanzas acerca de dejar mi adicción activa. Ellos tenían una tradición que una persona es un miembro de reciente ingreso hasta que completara treinta días de sobriedad. Estaba decidido llegar hasta los treinta días. Empecé a contar los días.

Asistí a reuniones todos los días y tuve un promedio de nueve reuniones por semana durante mis tres primeros años. Definí mi círculo interior como tener relaciones sexuales anónimas de cualquier tipo, masturbarme utilizando cualquier tipo de pornografía, relaciones sexuales por teléfono, sexo cibernético y tener relaciones sexuales (incluyendo la masturbación) en mi oficina.

Pensé que mi forma de hacer las cosas no había funcionado, así que cualquier cosa que hubiera intentado antes, ahora pensaba en hacer lo opuesto. Aunque antes asistía a reuniones solamente en la mañana, empecé a asistir a reuniones a mediodía y en la noche. Reduje drásticamente mis horas para ver la televisión. Hice llamadas a mis amigos todas las noches. ¡Eso fue el principio!

Me conseguí un padrino y empecé a escribir mi Primer Paso. Llevar a cabo públicamente mi Primer Paso es una experiencia que nunca olvidaré. Tener un salón repleto de personas que se presentó exclusivamente para verme a mí fue un regalo de generosidad que nunca antes había recibido. No pude más cuando llegué a la mitad del paso, cuando estaba platicando acerca de mi primer amante que había muerto, y el grupo me dijo que regresara la siguiente semana para terminarlo. Tomar el Primer Paso de esta manera se sintió como un rito de iniciación, y desde ese momento me sentí parte de esta confraternidad. También empecé a sentir el verdadero significado de "De la Vergüenza a la Gracia."

A principios de mi recuperación me di cuenta de que mientras la actuación fuera una opción, con el tiempo volvería a salir. Para poder mantener mi sobriedad necesitaba asegurarme, un día a la vez, que la actuación no fuera una opción. Si me levantaba por la mañana y mi "medidor de actuación" decía "opción," sabía que tenía que hacer lo que fuera necesario para mover esa palanca hacia atrás. Eso incluía asistir a una reunion, llamarle a mi padrino, llamar a otros amigos del programa, escribir y hacer oración. En ocasiones significaba estar sentado en mi templo favorito hasta que el deseo pasaba. Mi programa tenía que ser primero. Tenía que anteponerse a mi trabajo, mis relaciones, o cualquier otra cosa. Les digo a las personas a las que patrocino que aunque estén casados y tengan hijos, si su programa no es lo primero el resto de su vida está en riesgo. Si no están llevando activamente a cabo un paso, están poniendo en riesgo su sobriedad. Esa ha sido la verdad para mí.

Al escribir esto, con la gracia de Dios, llevo un poco más de cuatro años alejado de mis conductas del círculo interior. Una de las cosas que he descubierto es que la recuperación comenzó el momento en que entré a los salones de ASA y paradójicamente, la recuperación comenzó el día que logré la sobriedad. Ambas son ciertas para mi. El proceso de recuperación comenzó para mí hace doce años cuando admití por primera vez que yo era impotente y que mi vida era ingobernable. Desde ese día en adelante llegué a tener una mayor presencia y fui más honesto acerca de mi vida. Empecé a presentarme para sentir el dolor del cual había estado huyendo. Inicié verdaderamente la búsqueda de entendimiento en mi vida, y descubrí cómo mi adicción me había robado mi felicidad, y que era la causa principal de mi depresión. Fui capaz de empezar a asumir responsabilidad por mis actos y ver la parte que jugué en las cosas. Fui capaz de estar presente para las muertes de mis amigos y amantes y sentir su pérdida. Y entre todos mis resbalones y tropiezos, mi actuación nunca volvió a tener el mismo encanto o intensidad que tenía antes de que yo cruzara por la puerta. Hasta empecé a sentir algo de aceptación de mis imperfecciones.

He descubierto que necesito estar dispuesto a compartir sobre todas las áreas de mi vida, tanto en las reuniones como personalmente, para permanecer sobrio. Si tenía un mal día, es importante para mí decir la verdad, sin importar qué tanto me atrajera el deseo de parecer bien. Si no había una reunión dirigida a mis problemas individuales, encontraba otras personas con los mismos problemas para que me ayudaran a formar una reunion. Formamos una reunión llamada "Sentimientos en la Sobriedad" porque había algunos de nosotros que sentíamos que necesitábamos hablar acerca de nuestros sentimientos más profundos para mantenernos sobrios. Formamos una reunión dirigida a los sobrevivientes del abuso. Pero nunca perdí de vista que sin la sobriedad, no podía concentrarme en ninguno de los problemas y que nunca crecería. Ha sido muy importante para mí reconocer mi sobriedad cada mes en mi aniversario y recordar que si volviera a actuar otra vez, no puedo estar seguro de cuando o si regresaría.

Todos nosotros tenemos distintos caminos. Yo sabía que si iba a tener una esperanza de mantenerme sobrio tenía que sustituir la actuación con algo mejor. Lo que encontré fue una comunidad de personas que me podían sostener y ayudarme a sanar. He aprendido a entablar amistades y a mantenerlas vivas. Es normal que las personas deseen contacto y amor. La única forma en que yo sabía hacer esto era en relaciones adictivas o relaciones sexuales anónimas. En ASA estuve consciente de las responsabilidades de ser un miembro de una comunidad. Somos una comunidad que cuida unos de los otros. Si las personas tropiezan, no estamos allí para avergonzarlas, estamos allí para sostenerlas y apoyarlas en su retorno a la sobriedad. Si alguien está enfermo, llevamos las reuniones a su casa. Si alguien necesita ayuda con la mudanza, la gente llega para hacerlo. Solía tener temor de ser un anciano gay solitario. Ahora sé que sin importar qué tan viejo llegue a ser, nunca estaré solo. Siempre tendré una reunión a donde asistir y un grupo de adictos sexuales sobrios con quien compartir mi vida.

Y también hay el don de Dios. Siempre había creído en algún poder mayor que yo. Pensé que Dios se encontraba en algún lugar muy lejos de mí y que solamente intervendría ocasionalmente. En la recuperación he aprendido que Dios interviene en mi vida todos los días. Yo solamente tengo que estar lo suficientemente despierto para darme cuenta o ser lo suficientemente listo para recordar recurrir a Dios cuando necesito ayuda o hasta para expresarle mi gratitud. Cuando estoy sintiendo mucho dolor y no tengo a donde ir, no estoy solo porque puedo comunicarme con mi Poder Superior. Para mí la mejor comunicación ha llegado al escribirle a Dios. Llevo un diario de HP (Poder Superior por sus siglas en inglés) y me reporto con Dios casi todos los días. De alguna forma si le cuento mis sentimientos, mis temores y mis rencores a Dios por escrito, libera la energía para meditar y esperar una respuesta de él. Cuando volví a llevar a cabo mi Segundo Paso recientemente, me di cuenta de que mi creencia básica había cambiado. Ya no siento que una vida sin una pareja no vale la pena vivir, creo que una vida sin Dios no valdría la pena vivir.

En muchas ocasiones me siento abrumado con una sensación de gratitud. Soy judío por nacimiento y crecí con el concepto de las personas elegidas. Sí me siento como una de las personas elegidas, uno de los pocos adictos sexuales que se encuentran sobrios. Allá afuera existen miles de personas que sufren que no saben que existe una solución.

Mi vida es muy diferente ahora. Vivo una vida simple en un apartamento limpio, solo pero no solitario. Cuido de las cosas banales de mi vida a diario, y ya no las siento banales. Tengo casi cincuenta años y por primera ocasión siento que puedo cuidar de mí mismo y que mi vida merece vivirla, ya sea en pareja o solo. Cuando tengo temores recurro a Dios, a mis amigos y a mi programa.

40.

SE REVELARÁN MAYORES DETALLES

He pertenecido a Adictos Sexuales Anónimos durante casi cuatro años y en otra confraternidad durante dieciocho años recuperándome del alcoholismo. En todos estos años sin beber y sin drogarme, parecía que faltaba algo en mi recuperación. Incrementaba mis esfuerzos para la recuperación pero no podía deshacerme de esa sensación. Ellos decían "fíngelo hasta que lo hagas" y me sentía un fraude. Ahora sé por qué. Al final de mi segundo matrimonio, y con un milagro de Dios, ahora me siento como si finalmente estoy en paz. Voy a ASA.

Aun como una criatura de cuatro años estaba interesado en las relaciones sexuales. Tengo la sensación de que debo haber visto algo sexual en la casa de mi abuelo, porque en una ocasión llevé a mi prima menor a un edificio y traté de tener relaciones sexuales con ella. Para mi sorpresa, descubrí que no podía, y me sentí avergonzado. Ella parecía desconcertada. Más tarde me encontraba jugando con los genitales de mi prima y se me pescó cuando le dijeron a su mamá y mi mamá. Sentí suma vergüenza, y negué todo.

Tengo un recuerdo claro de la escuela de tratar de llamar la atención a una muchacha rubia. Ella se cansó de mi agresividad, volteó hacia mí y me propinó una cachetada. Me sentí lastimado, asombrado, y apenado porque se me avergonzó públicamente. Creo que desde ese día en adelante temí a las mujeres, aunque todavía anhelaba su atención.

Conforme crecí, así también creció mi compulsión por las relaciones sexuales. Mi papá tenía pornografía que mantenía en un cajón en su habitación. Mi hermano menor y yo nos escurríamos a su cuarto y veíamos a todas las fotografías lascivas. Cuando era adolescente era bastante tímido con las muchachas, teniendo fantasías en la noche acerca de salvarlas de automóviles incendiados y siendo el héroe. En mis pensamientos durante la noche yo recibía grandes favores de las muchachas por mi heroísmo, pero durante el día, cuando estaba frente a ellas, era tan tímido que casi no podía decir Hola. Durante este tiempo empecé a obligar a mi hermana menor a que me masturbara y la obligué a tener relaciones sexuales conmigo. Esto me causó una gran vergüenza y un temor de ser descubierto.

Después de la preparatoria tuve mi primera experiencia con el coito. Quizás duró unos dos minutos. Yo tuve un orgasmo y me imaginaba que ya había terminado. Ella protestó, me sentí avergonzado; la dejé en su trabajo y me fui. Me sentía "menos." Sabía que no había llevado a cabo con éxito las relaciones sexuales y me sentía degradado.

Después conocí a una muchacha en la universidad cerca de la escuela vocacional donde yo asistía. Se enamoró de mí y yo me sentía lleno de lujuria por ella. Ella era virgen. Me estaba convirtiendo lentamente en un ebrio y un marihuano para cubrir mis sentimientos negativos acerca de mí mismo. Tomé su virginidad y me sentí obligado a casarme con ella por eso. Tuvimos hijos. Conforme salía a los clubes buscando mujeres, bebía para deshacerme de mis frustraciones. Esto se convirtió en un patrón para mí. En 1983, terminé en un programa para recuperarme de la bebida. Mi matrimonio se desintegró, básicamente por culpa de mi conducta abusiva. Con cinco años de sobriedad, conocí y me casé con otra mujer. Ella amaba las relaciones sexuales y hacía todo lo que yo quería. Me encontraba en el paraíso de las relaciones sexuales.

Para entonces estaba en el ejército, aun en recuperación por mi alcoholismo, y apadrinando a un tipo que definitivamente tenía un problema sexual. El tenía una aventura amorosa con una mujer casada. Yo sabía que él necesitaba ayuda, así que me ofrecí a ir a un pueblo más grande a unas sesenta millas de distancia para asistir a algunas reuniones de recuperación sexual, y buscar una reunión para él. Esto fue alrededor de 1987. Fui a diferentes programas "S." Pensé que una reunión le ayudaría a la persona que yo apadrinaba, pero yo no consideraba que mis propios problemas necesitaran resolverse.

Conforme pasaron los años dentro de mi segundo y volátil matrimonio, me encontré a mí mismo coqueteando con las amigas de mi esposa. Realmente no engañaba a mi esposa, pensando, "Estoy libre de drogas y del alcohol, y un hombre en recuperación nunca debe abandonar a su esposa." Más tarde en ASA descubrí que había estado "dando vales" a las amigas de mi esposa. Sin estar consciente de lo que estaba haciendo, estaba estableciendo contactos sexuales para cuando lo necesitara—en caso de que mi esposa actual me llegara a abandonar tendría otras fuentes de contactos sexuales disponibles para mí. Mi esposa y yo nos separamos posteriormente. Ella había sido víctima del incesto en el pasado y se sentía avergonzada por los juegos sexuales que yo quería jugar. Tenía cinco años de recuperación del alcoholismo y cuando les dijo a sus amigos en recuperación de los actos sexuales que yo quería que ella realizara, le dijeron que yo estaba enfermo. Me sentí ofendido por esta etiqueta, y ofendido con ellos por decírselo a ella. Pero ella no cooperaba más en mi enfermedad sexual.

Me separé de mi esposa en enero de 1997. Había empezado a tener pensamientos sexuales en relación a mi hijastra de catorce años de edad, y tenía temor de que si permanecía dentro del matrimonio haría un avance sexual hacia ella. No quería causarle la misma devastación en su vida como la que había visto que sufría mi esposa por ser una víctima del incesto. Me sentía loco y fuera de control. Había empezado a utilizar pornografía por Internet y en ocasiones sentía una compulsión por ver por las ventanas con binoculares hacia las otras casas cercanas. Esperaba varias horas para vislumbrar a alguien caminando desnuda en frente de una ventana o con ropa de dormir provocativa. Le había preguntado a un padrino unos años antes acerca de mi conducta, y el dijo, "Yo también hago eso, no te preocupes por eso."

Aquí está el milagro que realizó Dios. Había leído en otra literatura de recuperación que "se revelarán mayores detalles" por Dios si continuaba dentro de la recuperación. Había estado haciendo oración a Dios para que me ayudara—que mi vida estaba desquiciada y que si podía intervenir. En la Navidad de 1996 se me invitó a ir a la casa de un amigo que había conocido mientras trabajaba en un centro de rehabilitación. En el pasado había declinado este ofrecimiento de Navidad, pero de alguna forma este año supe que allí había algo para mí y que Dios participaba en esto. Me senté en la casa de mi amigo, escuchando hablar a las personas, y estaba aburrido. Después me percaté de una mujer que portaba una falda transparente y empecé a mirarla fijamente. Un hombre se sentó a mi lado y empezamos a platicar. Parecía como si lo conociera de toda mi vida. Me imaginaba que él era un alcohólico en recuperación, y le pregunté. Me dijo que sí y que también estaba asistiendo a reuniones "S" por su adicción sexual. Me dio su número telefónico, y el lugar y la hora de una reunion. Se me olvidó esto después de la fiesta, pero varias semanas después en una reunión de doce pasos un miembro deslizó un folleto a través de la mesa hacia mí y me dijo que estaba asistiendo a reuniones para la adicción sexual y que iba a asistir el domingo que venía. Le pregunté si podía ir yo, y me llevó a mi primera reunión que asistí para mí mismo. Más tarde ese año, me cambié a otro estado y empecé a asistir a Adictos Sexuales Anónimos.

Este programa es una bendición. Me siento más vivo ahora que antes. Me volví a casar y de momento estoy haciendo un inventario del Cuarto Paso y ya me he preparado para llevar a cabo mi Quinto Paso. Me di cuenta de que mi experiencia en la recuperación del alcohol no me ayudaba en esta adicción: necesitaba estar en el lugar correcto para recuperarme de los pensamientos y las conductas sexuales compulsivas. Utilizo las herramientas del programa: un Poder Superior, reuniones, ayuda de otros, los Tres Círculos y la regla de los tres segundos (ver durante tres segundos y después regresar a lo que estoy haciendo). Estoy descubriendo muchas otras herramientas para ayudarme a permanecer sobrio. Los Tres Círculos me han dado una gran perspectiva para definir esta adicción y el proceso de recuperación para mí. Gracias, Dios, por revelarme esto y como siempre—"Se revelarán mayores detalles."

41.

FUNCIONA SI NOSOTROS LO LLEVAMOS A CABO

La actuación sexual inició a una edad muy temprana para mí. Recuerdo que intenté esconder mi masturbación compulsiva de mis padres y de mi hermana, con la que compartía una habitación. Conforme fui creciendo le agregué fantasías y obsesiones acerca de muchachos que conocía o situaciones y parejas imaginarias. Cuando cursaba el último año de la preparatoria empecé a salir con mi futuro esposo y tuvimos relaciones sexuales casi de inmediato. Nuestra relación tomó un tinte frenético porque buscábamos como desesperadamente lugares para estar solos para que nos pudiéramos acariciar. Le fui físicamente fiel a él durante la mayor parte de los años que cursé la universidad, aunque estaba obsesionada con otros hombres.

Sin embargo, cuando cursaba el último año de la universidad inicié una relación con el novio de una de mis amigas más cercanas. Aunque mi vida siempre había estado llena de obsesiones y masturbación adictiva ésta era la primera ocasión en que conscientemente había hecho algo que yo consideraba que era equivocado. Tenía un temor enorme de que ella se enterara, y me tranquilicé completamente cuando todos nos graduamos y tomamos cada quien nuestro camino. Mi esposo y yo nos casamos y nos mudamos ese verano. Yo era muy desdichada y extrañaba a mis amigas y a mi familia (aunque nunca tuvimos una buena relación). Con el tiempo empecé a beber en grandes cantidades. Como a los dos años de habernos mudado, tuve mi primera relación después de haberme casado. No duró mucho tiempo y terminó con mucho dolor, pero la segunda duró dieciocho meses. Me volví muy dependiente en los hombres para convencerme que yo valía y no pasaba mucho tiempo entre una y otra relación.

Después de que el segundo hombre se fue de la ciudad, gradualmente me volví más promiscua, usando cómo pretexto que estas relaciones eran totalmente ajenas a mi matrimonio y yo podía manejarlas. Mi actuación siempre estuvo relacionada con el uso del alcohol o marihuana; parecía que sólo podía tener relaciones sexuales con alguien más si ya estaba medio ebria o drogada. Durante el último año antes de que nos volviéramos a mudar, impartí clases en una universidad reconocida como maestra temporal suplente e hice una vida social activa con mis alumnos. Pasamos mucho tiempo bebiendo juntos y tuve una aventura amorosa con uno de ellos. Para el final del año ya les había hecho propuestas a otros tres alumnos y desperté una mañana en la cama con una alumna mía después de una pérdida del conocimiento inducida por el alcohol. No me sentía bien acerca de estos incidentes, pero siempre lograba alejarlo de mi mente antes de que apareciera la siguiente oportunidad de actuar.

Mi esposo obtuvo un buen trabajo en otro estado, así que nos mudamos. Me di cuenta de que probablemente era tiempo de tener hijos y que mi conducta tendría que cambiar para poder ser una buena madre. Hice un gran esfuerzo por mi cuenta para dejar tanto mi bebida como la actuación sexual. Me embaracé y tuvimos nuestro primer hijo. Me deprimí cada vez más. Me sentía desesperada por obtener ayuda y empecé a ir a terapia. Aunque algunas partes de mi vida cambiaron para bien, empecé a tomar en mayores cantidades. Mi terapeuta me envió a una confraternidad de doce pasos, en donde pude dejar de beber. Di por sentado que todos los pensamientos de otros hombres se alejarían junto con el alcohol. Sin embargo, durante el transcurso del siguiente año aumentó mi obsesión por otros hombres, hasta que se volvió totalmente ingobernable y fuera de control. Me pasaba días enteros perdida en pensamientos sexuales obsesivos, descuidando mi trabajo y mis hijos. Al dejar de tomar, la obsesión se convirtió en mi droga preferida, mi medicamento principal para el dolor. No era sexual de forma obvia con nadie, pero constantemente tenía en mi mente a otros hombres y coqueteé mucho, además de seducciones sutiles que eran de posible riesgo para mí.

Cuando mi terapeuta me dio el número telefónico para el intergrupo local de ASA llamé y se me llevó el mensaje de ASA en la reunión a la que actualmente asisto. Intenté llevar a cabo los pasos, asistir a las reuniones con regularidad, y ser honesta como había aprendido en otras reuniones de doce pasos. Aunque el tiempo que pasaba en la obsesión había aumentado, en realidad no había tenido relaciones sexuales con nadie excepto mi esposo durante varios años y pensé que estaba "a salvo" de esa conducta. La siguiente primavera aprendí lo astuta y desconcertante que es en realidad esta enfermedad.

Acompañé a unos alumnos de la universidad como maestra asesor a una excursión. De camino a casa mi automóvil se descompuso en un pequeño pueblo. Todos los alumnos regresaron a casa en un autobús, con excepción de uno muy guapo y (pensé) maduro. A ninguno de los dos nos quedaba mucho dinero, por lo que acordamos hospedarnos juntos y nos registramos en un motel. De ahí en adelante sentí como si estuviera a bordo de un tren con destino desconocido sobre el cual yo no tenía control. Era una sensación vieja y conocida. Cuando íbamos caminando de regreso al motel después de cenar, recuerdo haber pensado, "Ni modo, otra vez," con un sentimiento de impotencia total. Lo llevé a la licorería local y le compré lo que quiso, puesto que él era menor de edad, aunque yo no compré alcohol para mí. Intenté seducirlo esa noche y fue una bendición que se haya reído y haya dicho que eso era la cosa más ridícula que había escuchado. Sintiéndome completamente avergonzada y derrotada, le ofrecí disculpas a la siguiente mañana, pero fui perseguida por ese incidente por años. Me fue un sobresalto total que yo pudiera "seducir" a alguien mientras me abstenía del alcohol o las drogas. No me había dado cuenta en lo más profundo de mí de que la adicción sexual era un problema en sí, aunque ya llevaba nueve meses de estar yendo a las reuniones. Este incidente más que ningún otro me convenció de que en realidad soy impotente ante mi adicción sexual y que si no uso las herramientas del programa y cuidarme de forma práctica (como conseguir habitaciones separadas en el motel y llamar a mi padrino), es muy probable que yo actúe.

Cuando regresé a mi reunión la semana siguiente, empecé a llevar a cabo el programa de ASA con mucha seriedad, intentando recuperarme de mi tropiezo. Hice un esfuerzo por concentrarme en el problema de la obsesión porque parecía que me conducía a mi conducta de seducción. Durante el año siguiente descubrí que cuando de verdad le entregaba un problema a mi Poder Superior, se me liberaría del mismo si yo estaba dispuesta a llevar a cabo el trabajo. Cuando entraban a mi mente los pensamientos obsesivos, aprendí a recitar la Oración de la Serenidad o los tres primeros pasos, como una formula mística. Esos pensamientos casi siempre desparecían con el tiempo; y después de varios meses el problema de la obsesión en general se solucionó y desde entonces no ha sido un factor importante en mi vida. Tener las herramientas disponibles para tratar con estas conductas adictivas y problemas es un don muy preciado.

Mi esposo cambió de trabajo y nuestra familia se mudó a otro estado por un año. Había estado en terapia a causa del abuso sexual en mi infancia y me di cuenta de que tenía una conexión vital con mi adicción sexual. Percibí mi actuación sexual como una reconstrucción de los hechos de mi abuso sexual. Encontré un grupo de doce pasos para sobrevivientes de incesto y llevé a cabo ese programa, pero no había un grupo de ASA cercano a mi ciudad. Me pasé el año investigando otros grupos e intentando llevar a cabo el programa de ASA como yo lo recordaba. No me mantuve en contacto con mi padrino u otros miembros de ASA y comencé a pensar que tenía algo de control sobre mi adicción sexual. Ahora veo que eso era una negación total del problema. La terapia y el trabajo sobre abuso sexual me han ayudado a sanar en mi vida, pero yo necesitaba el programa de ASA para tratar mis conductas de actuación. La terapia no era suficiente.

Cuando nos volvimos a casa, tardé en regresar a mis reuniones de ASA. Habían surgido muchos de los problemas anteriores entre mi esposo y yo durante el tiempo que estuvimos fuera de la ciudad, y nuestro matrimonio se inició a desintegrar. El volvió a irse lejos por un compromiso de trabajo por un período de seis meses el siguiente febrero, y me dejó en casa sola con nuestros dos hijos pequeños. Estaba enojada, desalentada, y al fin volví a asistir nuevamente a las reuniones de ASA porque sabía que me encontraba en una situación peligrosa. Para el siguiente abril los problemas del matrimonio me parecieron insuperables. Me sentí llena de rabia y vacía por dentro, y decidí que era tiempo de divorciarnos. Un amigo cercano me parecía cada vez más atractivo y pronto tuvimos relaciones sexuales. Cuando llegó mi esposo a casa de visita le conté acerca de mi decisión de solicitar el divorcio, y de mi nueva pareja, y él decidió acortar su compromiso de trabajo para ver si podíamos salvar nuestro matrimonio. Todo ese varano continué viendo ocasionalmente a mi amigo, y mi esposo y yo asistimos al consejero matrimonial de forma intensiva.

Desde que había regresado a ASA, me había estado reuniendo con regularidad con mi co-padrino y durante un período de varios meses me había ayudado a distinguir la realidad del espejismo de la negación bajo el cual yo vivía. Mi esposo y yo nos comprometimos en trabajar en nuestra relación durante seis meses y después reevaluar nuestro avance y decidir qué hacer. Mi amigo se mudó, eliminando muchas de mis distracciones. Empecé a ver exactamente qué tan adictiva había sido yo. No fui capaz de soportar el dolor de todos los problemas en nuestro matrimonio que habían ocasionado las mudanzas y la separación. Había elegido buscar otra pareja sexual con la que pensaba que podría ser posible establecer una relación en lugar de enfrentarme al trabajo requerido para salvar nuestro matrimonio. Esa amistad tuvo muchos aspectos positivos, sin embargo fue un tropiezo para mí porque yo no estaba aun divorciada. Mi sobriedad requiere que yo tenga una relación de monógama, y ya había cruzado claramente esa línea.

Durante esos seis primeros meses mi esposo y yo vivimos en un estado de ambigüedad. "Decidimos no decidir" nada, sino entregarle el futuro de nuestro matrimonio a un Poder Superior para ver que pasaba. Hacer de lado mi impaciencia característica y mi necesidad de conocer el futuro y vivir en el presente, fue la cosa más difícil que he hecho. También acordamos en un período abierto de celibato, debido a que ambos nos dábamos cuenta de que nuestra relación sexual reflejaba la disfunción de toda nuestra relación. Hicimos otro compromiso de seis meses, y con el tiempo empezamos a trabajar para lograr una relación sexual sana. Esto ocurrió de manera lenta y gradual, cambiando un límite o conducta a la vez, deteniéndonos si sentíamos demasiado temor, y siempre intentando mantenernos en contacto con nuestros seres espirituales y nuestras emociones cuando había contacto físico.

Conforme fuimos reestableciendo lo que el matrimonio y el compromiso significaban para nosotros, seguí asistiendo a las reuniones de ASA y me reunía con mi co-padrino. También empecé a llevar a cabo intensamente los pasos, porque al fin me di cuenta de que la antigüedad en el programa no es garantía de la sobriedad. La sobriedad sexual está disponible solamente a través de la confianza en mi Poder Superior y de un gran esfuerzo. Se hizo cada vez más importante que admitiera el grado de mi impotencia ante mi comportamiento sexual adictivo y entregara mi voluntad y mi vida al cuidado de mi Poder Superior. Empecé a explorar los diferentes conceptos de un Poder Superior y a meditar con regularidad. Con el tiempo participé más activamente en el servicio, tanto dentro de mi grupo de base y a nivel nacional. Todas estas cosas han sido vitales para mi recuperación. A través de llevar a cabo los pasos, asistir a las reuniones y participar en el servicio, recibí la bendición de un matrimonio que se fortaleció, una familia relativamente estable y una sexualidad que avanza hacia ser sana.

La espiritualidad de este programa inició para mí cuando fui lo suficientemente firme de llevarme los pasos a casa, leerlos e intentar llevarlos a cabo. Cuando no lo pude hacer por mi propia cuenta, obtuve un padrino que me ayudara en eso. Lentamente empecé a abrirme a las mujeres de mi reunión y a permitirles que me ayudaran a crecer a través de sus comentarios y de su comprensión de los pasos. Conforme ha cambiado y crecido nuestro grupo a través del uso de la conciencia de grupo y las tradiciones, yo también he cambiado y crecido. Realizar trabajo de servicio me ha dado una mayor comprensión de este programa y de otros adictos sexuales, y me ha brindado la oportunidad de acercarme a otros con mi propia experiencia, fortaleza y esperanza. Ahora siento un compromiso profundo con la sobriedad, el programa de ASA, y mi propio crecimiento espiritual y recuperación. Sé dentro de mi corazón que si no fuera por ASA, yo no estaría casada ni viviendo con mi familia en estos momentos. Agradezco poder llamarme a mí misma una adicta sexual en recuperación.

42.

EL DON DE LA SOBRIEDAD

Soy miembro de Adictos Sexuales Anónimos desde hace siete años. Durante mucho tiempo había estado pensando y preocupándome acerca de mis compulsiones sexuales. Me había unido a grupos de auto-ayuda, leído libros al respecto, e ido a consultar a un psicoterapeuta. Todavía estaba actuando sexualmente. Nada funcionaba. Pensé que nunca disfrutaría nada tanto como las relaciones sexuales. Buscar y encontrar el tipo de relaciones sexuales que me gustaban era una gran aventura. Todo lo demás palidecía en comparación. Periódicamente, cuando me gastaba tanto físicamente o me deprimía tan seriamente que no podía soportarlo más, dejaba de hacerlo. Después, tarde o temprano, todo empezaba otra vez. Esto realmente es la esencia de mi situación como un adicto sexual: no puedo dejarlo. Siempre regreso por más. Lo que es realmente un milagro del programa de ASA es que me enseñó cómo detenerme, y quedarme detenido.

Crecí en un pueblo pequeño del Sur de los Estados Unidos, con muchos familiares. No sé nada de la historia sexual de la familia, pero había alcoholismo y enfermedades mentales, con todo el dolor y sufrimiento que conllevan. También había amor y preocupación por mi bienestar. Como en muchas familias, había una mezcla de lo bueno y lo malo.

Algunos de mis primos vivían en una granja afuera del pueblo. Eran más jóvenes que yo, pero parecían saber más sobre las relaciones sexuales. Su padre tenía pornografía, y solíamos escurrirnos para verla, algunas veces masturbándonos ante las imágenes. También tenía contacto sexual con mis primos. Recuerdo haberme sentido cohibido. Aunque yo era mayor, era más reservado y tímido. Me preocupaba meterme en un apuro, que se me pescara.

Hubo otros lugares en donde encontré pornografía. Me gustaba revisar las cosas de mis padres cuando ellos no estaban en casa. Una revista no muy explicita sexualmente casi siempre se encontraba en la mesa de noche de mi padre. Parecía que nunca compraba una nueva. Algunos de los amigos de mis padres también tenían revistas para adultos, y las veía cuando los visitábamos. Mi relación con la pornografía era una de secreto, temor y excitación. Era una mezcla potente para mí desde temprana edad.

Como adolescente, me enredé en las drogas y el alcohol, y pienso que me separaron más de la realidad de lo que estaba haciendo. Alrededor de los trece años de edad, descubrí un proyector de películas Súper-8 en el desván y algunas películas de adultos que mi papá tenía escondidas. Requería una buena planificación para ver estas películas y después reunir toda la parafernalia en su lugar sin ser descubierto.

De manera gradual, empecé a correr más riesgos, queriendo una mayor excitación. En algún momento después de recibir mi licencia de manejo, me encontré una noche varado en una ciudad extraña. No pudiendo encontrar pornografía, traté de seducir a extraños acostándome en mi cama del motel, parcialmente vestido, con las cortinas abiertas. Los de seguridad del hotel tocaron a mi puerta, me llevaron a su oficina y amenazaron con llamar a la policía. Me dijeron que nunca regresara a ese motel.

Durante la preparatoria, visité un club de desnudistas para gays por primera ocasión. Cada vez más llevaba una doble vida. En la escuela, parecía un muchacho normal, saliendo con mujeres y en algunas ocasiones teniendo relaciones sexuales con ellas. Y también tenía mi vida secreta. En la universidad, les dije a mis amigos que era gay, pero me guardé muchos secretos. Me escurría a menudo, visitando los bares locales y las librerías para adultos para tener relaciones sexuales anónimas.

Mis excesos con las drogas y el alcohol llegaron a un punto decisivo, y se me introdujo a una confraternidad de doce pasos. Durante los primeros años de mi sobriedad de las drogas y el alcohol, mi vida sexual se enfrió. Estaba limitada a la poca pornografía que tenía escondida. No reconocía mi falta de control en esta área.

Durante los diez siguientes años, mi actuación sexual aumentó de manera gradual en intensidad y frecuencia. Me mudé a una ciudad grande y descubrí muchos sitios nuevos en donde tener relaciones sexuales: los baños públicos, parques y gimnasios para gays. Descubrí que podía recibir un masaje y después un poco de masturbación al final del mismo. Empecé a pagar para tener relaciones sexuales. Cuando eso llegó a ser un problema, empecé a buscar nuevas maneras de actuar en las líneas telefónicas o en la computadora. Empecé a masturbarme compulsivamente teniendo fantasías de incesto y de niños, particularmente mientras estaba en las líneas telefónicas. Esto duraba por horas a la vez. Había períodos cuando me quedaba completamente sin energías. Las rodillas y la espalda me dolían a menudo. Al final, tener relaciones sexuales por teléfono o por la computadora se convirtió tan destructivo y tan peligroso como el actuar con extraños o prostitutas.

Un día, un amigo me invitó a un grupo que comentaba problemas de relaciones y de las relaciones sexuales. Fui sólo por broma y no lo tomé en serio. La idea de una adicción real a las relaciones sexuales no me parecía creíble. En la mente yo era liberado, libre de participar en conductas que las personas demasiado convencionales no podían buscar. Aun así, claramente yo tenía problemas, y acudí a este grupo de vez en cuando por unos años. Los comentarios a menudo se centraban en la recuperación del incesto o de la co-dependencia. Me podía identificar con algo de eso, pero estaba confundido acerca de lo que pudiera significar estar sobrio en cuanto a las relaciones sexuales y si eso era realmente mi problema.

Una solución a la que llegué fue el celibato total. Lo intenté durante dos meses, en parte porque mi novio se había cansado de mí actuación. Finalmente me abandonó y yo volví a tener relaciones sexuales de la forma que yo quería. Entre las sacudidas de la excitación sexual, me sentía sin esperanzas y desesperado por encontrar algo nuevo. Me preguntaba si pasaría el resto de mi vida actuando. Empezaba a hacer oración por mi vida sexual. A pesar de la intensidad de mis impulsos por buscar las relaciones sexuales, empecé a tener algo de disponibilidad por intentar una forma diferente.

El punto decisivo llegó para mí cuando entré en contacto con alguien dentro de Adictos Sexuales Anónimos que había aprendido a permanecer sobrio. Un conocido de visita de otra ciudad me dijo que había personas en ASA que gozaban de una sobriedad de largo plazo. Esta información tuvo un fuerte efecto en mí y llamé a su inter-grupo local, buscando ayuda. Finalmente, hablé con alguien que había estado sobrio durante muchos años y estuvo de acuerdo en apadrinarme por teléfono. En ese momento no había reuniones de ASA en mi ciudad.

Sabia de otros tipos con problemas semejantes al mío y decidimos empezar a reunirnos una vez a la semana en mi casa. La mayoría de nosotros habíamos entrado y salido de varios grupos sin mucho éxito. Todos éramos adictos sexuales en recaída. Estábamos desesperados, y por primera ocasión, nos dábamos cuenta de que nuestro único propósito era mantenernos sobrios y ayudar a otros adictos sexuales a hacer lo mismo. Nuestros otros problemas eran secundarios. Por años de experiencias amargas, sabíamos que sin la sobriedad, no habría recuperación.

Escribí mis Tres Círculos y empecé a reunir grandes periodos de sobriedad de mi círculo interior, lo cual para mi incluía ir a librerías para adultos, pagar por las relaciones sexuales, tener relaciones sexuales anónimas, comprar o alquilar pornografía, tener relaciones sexuales por teléfono o por la computadora, masturbarme más de una vez al día o masturbarme teniendo fantasías de incesto o de niños. Ha sido un proceso desordenado. Me enojé. Pasé por periodos horribles de abstención de la adicción. A menudo permanecía sobrio cuando no podía ver una razón para estarlo. Hubo momentos en que parecía como si estuviera muriendo por dentro. Afortunadamente, tenía un padrino que había pasado por la abstención y había logrado la sobriedad de largo plazo.

Al principio me mantuve sobrio durante cuatro meses y después en una ocasión por catorce meses. Las recaídas duraban meses a la vez. Cuando regresaba a la actuación, no era solamente un desliz fugaz. Siempre sentía que, mientras estuviera en una recaída, valía más hacer lo que realmente me gustaba. Ahora puedo ver que simplemente yo no había terminado. Tenía mis reservas en relación a permanecer sobrio. Todavía pensaba que me perdía de algo si no estaba actuando.

Actualmente he estado alejado de todas esas conductas de mi círculo interior por más de cuatro años. Es un milagro. He hecho amigos maravillosos en el proceso. Aunque la sobriedad no es ajena de los problemas, es una forma de vida mucho más feliz. Al estar conectado con ASA y con un Poder Superior que sabe todo sobre mi adicción sexual, soy más parte del mundo, estoy más involucrado con otras personas.

Una parte importante de mi recuperación es compartir mi experiencia con otros adictos sexuales que están tratando de encontrar una forma de salir de la locura. Creo firmemente que tenemos una obligación de llevar el mensaje de la sobriedad a aquellos que quieren escucharlo. El mensaje es que hay una respuesta a toda la locura de la adicción sexual.

Nunca se me olvidará una conversación que tuve con alguien durante una de mis recaídas. Me sentía sin esperanzas; la solución que pensé que había encontrado en ASA no estaba funcionando. Me sentía desconcertado. El escuchó y después compartió conmigo que él había tenido una recaída y que ahora llevaba años de sobriedad. Escuchar eso hizo una gran diferencia. A menudo siento que mi sobriedad me la transmitieron personas como este hombre.

Ha sido una experiencia maravillosa ver crecer la confraternidad de ASA. El grupo que una vez se reunió en mi apartamento desde hace mucho que se mudó a un espacio público, donde es más fácil darles la bienvenida a las personas que son de nuevo ingreso. He sido afortunado de tener a adictos sexuales sobrios a mi alrededor. Ahora soy responsable de mi sobriedad. Comento las cosas con mi padrino y otros miembros de forma regular. Tengo el tipo de Poder Superior que trabaja a través de otras personas.

43.

LA CLAVE PARA SANAR

La soledad me sigue como una sombra. Existen algunos espacios vacíos, el dolor de un niño sin consolar, que aun atormenta en los momentos tranquilos. Como niño no tenía plena consciencia de cómo difería yo de los demás hasta que me excluían. ¿Por qué no era correcto sentir algo que era tan natural para mí—una atracción por personas de mí mismo género? No fui capaz de darle un nombre a esto hasta una ocasión cuando tenía diecisiete años, cuando iba por la calle tomada de la mano de mi novia, que unos muchachos nos gritaron desde la ventana de un automóvil en marcha - ¡Malditas p-- lesbianas!,. Su intención era ser groseros, pero esto fue un regalo para mí. Llegué a saber que no estaba completamente sola, porque existen suficientes personas como yo para merecernos un nombre: lesbianas.

La sociedad me había enseñado el valor de la honestidad. Había demostrado que las buenas relaciones son las relaciones formales de matrimonio. Sin embargo, las relaciones gay y lesbianas van "en contra de la naturaleza" y son "pecaminosas." ¿Cómo podía ser ambas cosas, tanto honesta como un miembro aceptado de mi comunidad?

Elegí establecer una relación formal con otra mujer cuando tenía veintidós años, hace aproximadamente veinte años. Intercambiamos anillos y votos en una ceremonia en nuestra casa frente a nuestros amigos. Mi hermano y hermana enviaron regalos. En nuestras vidas laborales seguimos manteniendo nuestro secreto, pero teníamos un círculo de amigos. Sin embargo, al poco tiempo después de nuestra ceremonia mi pareja se involucró con otra mujer. Así que tanto la relación como yo nos desintegramos, sin que la mayoría de las personas se percataran de que había sucedido algo. Mi madre no sólo se negó a apoyarme, sino que enojadamente le dijo a mi hermana que no me llamara, negando que hubiera sucedido algo importante.

El día que mi pareja abandonó la casa fue la primera ocasión en que salí a buscar y encontré alguien con quien tener relaciones sexuales dentro de ese espacio solitario y vacío. A través de los siguientes siete años hubo muy pocos días en los que yo no estuviera involucrada en una relación romántica o sexual de algún tipo; la mayoría duraba unos cuantos meses. Aunque generalmente vivía sola o con amigas, necesitaba con desesperación tener a alguien "en puerta" en todo momento.

Tenía un radar perfecto. Cuando terminaba una relación yo sabía quién andaba buscando, así que podía ponerme en contacto con esa persona en menos de veinticuatro horas. Nunca ligué con nadie en bares y en muy pocas ocasiones dormía con alguien a quien no hubiera conocido durante un tiempo. No consumía drogas—las relaciones sexuales eran la droga. Disfrazaban el dolor que sentía cuando estaba sola. Disfrazaban el dolor que no sabía manejar cuando se fue mi pareja. Disfrazaba el vacío de la niña dentro de mí. Silenciaba el eco de mi madre gritándome que era inmoral y que iba en contra de la naturaleza debido a los sentimientos de amor que para mi eran lo más natural del mundo.

Para cuando tenía veintinueve años, yo sabía que algo estaba muy mal. No podía cumplir con el compromiso de una relación. Había comprendido el patrón de hilar las relaciones sentimentales una tras otra sin dejar pasar días entre ellas, y no sentía que fuera sano para mí. Establecía reglas para mí acerca de con quién no tendría relaciones sexuales e inmediatamente las rompía. Sabía que estaba en problemas y no sabía como obtener ayuda.

Desde la primera ocasión en que escuché las palabras "adicción sexual," sabía que mi problema tenía un nombre. Durante dos años no sabía en dónde encontrar ayuda para mi problema. Mi proceso para sanar comenzó cuando una amiga que es una trabajadora social me proporcionó el número de teléfono de ASA.

Después de ingresar a ASA me mantuve en una relación monógama durante varios años. Cuando me di cuenta de que no era sano para mí quedarme con una mujer que era distante emocionalmente y que se negaba a mantener una relación monógama, me fui de allí. Después, por primera ocasión en años, estuve sola. Y no pasó nada. Seguí yendo a mi grupo y estuve muy agradecida.

Han pasado siete años desde entonces. Durante ese tiempo estuve por cinco años en la relación más profundamente amorosa que he conocido. Ahora, cuando siento ese vacío que me abruma, lloro o escribo en mi diario. Cuando me siento solitaria llamo a una amiga o medito o doy un paseo.

Pasé por una serie de depresiones serias después de que murió mi padre y se terminó la relación que más ha significado algo para mi, a pocos meses de distancia uno de lo otro. Empecé a tener una obsesión sobre otra mujer y corrí de regreso a ASA. Mi grupo me aceptó, me cuidó durante mi depresión, me contó sus propias historias y me dio el calor, amor y aceptación que ni mi madre o la sociedad me ofrecían. Esta aceptación y amor incondicional me animaron a buscar mi propio viaje espiritual.

Mi grupo me ayudó a reconocer que estaba en un estado de obsesión más que en una relación ideal. Cambié de trabajo, en parte para mantener mi sobriedad, y con el tiempo logré salir adelante sin el tipo de actuación en la que había estado estancada durante años. Cuando me sentía atormentada por estar fuera de control con esta obsesión, conscientemente le entregaba este problema a Dios, una y otra y otra vez, hasta que ya no me afligía.

Todos esos años intenté llenar el vacío y la soledad con las relaciones sexuales. Pero este tipo de vacío que siento no puede ser llenado por una acción física o ni siquiera por un vínculo emocional entre dos personas. Este vacío es espiritual por naturaleza y solamente puede ser llenado por la práctica espiritual y estar consciente espiritualmente. Para mí esto incluye tales cosas como reuniones con mi comunidad religiosa, reuniones de doce pasos, meditación tranquila, paseos por la naturaleza, ejercicio físico al aire libre, llamadas a los miembros del grupo, escuchar música y escribir en mi diario.

Trabajo en la alta gerencia y soy una abogada en una compañía con varios miles de empleados. Soy soltera y comparto una casa con una amiga. Participo activamente en una comunidad religiosa. Siento las cosas con mayor profundidad y menos temor que antes. Aunque aun tengo temor de que se me hiera, estoy mejorando en permitirme sentir esas heridas. Doy gracias que soy más capaz de reírme y acercarme a otros también. Estos dos últimos años he sentido más dolor que en cualquier otro momento anterior en mi vida. Pero no siento la culpa y la vergüenza y la falta de control de actuar activamente en mi adicción.

La mayor lección de todo esto es la compasión. Antes de que aprendiera las lecciones de ASA, disfrazaba la experiencia de sentir: mi adicción no me permitía sentir un dolor profundo ni una alegría profunda. En los períodos cuando no actúo por compulsión conozco mi propia tristeza y he aprendido a vivir cuando tengo alguna pena. Así que ahora puedo reconocer cuando otro ser humano siente pena y dolor. Y una parte de mí sabe acercarme a ese otro ser en dolor. Esta es la esencia del Decimosegundo Paso y la clave para sanar en un mundo imperfecto.

44.

AMOR FIRME

Nunca quise ser un adicto. Cuando empecé a espiar a las esposas de mis hermanos a través de una ranura en la puerta, cuando empecé a comprar revistas y a masturbarme cuando era un adolescente, toda esa experiencia era estimulante y divertida. Como cualquier adolescente, tenía curiosidad. Se despertaban sentimientos que nunca había sentido antes. Los sentimientos eran placenteros no sólo por sí mismos sino también por su habilidad de cambiar mi humor—borraban todos los sentimientos negativos que tenía cuando las cosas eran difíciles en la escuela, en la casa o con los amigos. Pero sobre todo, empezaron a compensar la sensación general que yo tenía de que faltaba algo básico en mi vida—una falta de seguridad, una sensación de no valer nada, un sentimiento de vacío interior. La vida en el fondo se sentía intolerable, deprimente, aburrida—simplemente no me sentía bien. Necesitaba una salida, una forma de llenar el vacío, y las relaciones sexuales parecían prometer que proporcionarían ambas cosas—al menos de forma provisional.

Parecía lógico que entre más relaciones sexuales tuviera, más a menudo sentiría ese consuelo provisional, de tal forma que empezaba a sentirse como un consuelo permanente. No se me ocurría que estaba desarrollando una conducta compulsiva y que empezaba a actuar como un esclavo. Así que las relaciones sexuales lentamente empezaron a ser una necesidad, una experiencia que habría de satisfacerse de una forma regular, y con el tiempo a intervalos más frecuentes. Aun así, al mismo tiempo los mensajes que recibía acerca de las relaciones sexuales de parte de aquellos a mi alrededor, especialmente de mis padres, que no mencionaban casi nada acerca de esto, en el mejor de los casos era que las relaciones sexuales eran algo de lo que no se hablaba, y en su peor referencia eran algo que causaba dolor. A menos de que yo lo pusiera sobre el tapete, no se hacía referencia a esto—por lo que yo suponía que o era una tontería sin importancia o era de tal magnitud su importancia que era algo que tenía que conservarse en secreto, queriendo decir que había algo malo en ello.

Definitivamente era de tal magnitud su importancia para mí. El hecho de que era una necesidad creciente en mi vida comprobaba eso, y así que decidí que debería haber algo de malo acerca de esto y que yo debería guardarme su importancia. Con la falta de información acerca de ello, las relaciones sexuales también se confundieron con las actividades relacionadas con ir al baño (otro tema tabú), que le daba la sensación subyacente de asco a mi fascinación con ello. Agregado a esto estaba el hecho de que constantemente me encontraba la pornografía de mi padre—la única fuente de información sexual disponible que yo tenía—escondida en cajas y cajones donde se suponía que no lo podría encontrar, confirmándome que las relaciones sexuales eran algo sobre lo que no debería ni siquiera saber, mucho menos estarlas practicando. Esto le interesó a mi sensación adolescente de rebeldía e independencia y hacía que las relaciones sexuales fueran mucho más atractivas (y en consecuencia más compulsivas) para mí. También significaba que los sentimientos de excitación ilícita que la pornografía agregaba a mi actuación sexual sólo abrieron el camino para los mayores sentimientos de culpa y de vergüenza que siempre seguían.

De manera gradual mi actuación sexual contribuyó a crear los mismos sentimientos que estaba tratando de adormecer y calmar. Al tratar de evitar el dolor, ahora lo estaba creando. Conforme avanzaron el tiempo y la adicción, esta dinámica se arraigó más. Caí en la trampa en un degradante ciclo sin fin de una conducta contraproducente, con la desolación uniéndosele finalmente a la vergüenza y a la culpa. Con el dolor y el placer unidos de manera inseparable, los sentimientos negativos eran tan necesarios para mí como la euforia que les precedía. Dependía no sólo de las relaciones sexuales sino del dolor—relaciones sexuales con dolor, relaciones sexuales que degradan.

Aunque no quería admitírmelo a mí mismo, pronto se hizo evidente que yo era diferente a las otras personas en mi alrededor. Cuando mis amigos de la adolescencia de repente dejaron de venir cada fin de semana a ver películas de relaciones sexuales mientras yo continuaba haciéndolo; cuando gastaba todo mi dinero cada sábado por la mañana en la tienda de revistas de segunda mano e intercambiaba revistas pornográficas viejas por nuevas, seis o siete a la vez; cuando me pasaba todo el día masturbándome en frente de la televisión hubiera o no contenido de relaciones sexuales, se hizo claro que algo andaba mal. Aunque sentía que lo que estaba haciendo no era normal, no había nada más que yo prefiriera estar haciendo—claro está, a menos de que fuera tener relaciones sexuales reales con una mujer de verdad, una fantasía que constantemente ocupaba mi mente. Pero les tenía un pavor mortal a las mujeres de verdad. Yo idealizaba a las mujeres y las colocaba en un pedestal, donde ocasionalmente aparecían como ángeles y en ocasiones como putas, pero rara vez como personas reales con una identidad y sexualidad propia. Las mujeres de verdad tenían la capacidad de decir que no y podían lastimarte, algo que mis fantasías no tenían la capacidad de hacer.

Para disfrazar mi inquietud en relación a mis pensamientos constantes y compulsión con las relaciones sexuales, racionalizaba que todos estaban tan absortos con las relaciones sexuales como yo, y como yo, deseaban una vida de emoción sexual continua. Simplemente eran demasiado convencionales o estúpidos para permitirse obtenerlo. También alegaba que mi libido sexual era simplemente mayor y que utilizar la masturbación era mejor que utilizar a mujeres para satisfacer mis impulsos, por lo que suponía que de alguna manera yo era responsable y lleno de virtud. Pero conforme avanzó mi adicción, esta actitud pronto se convirtió en algo que yo ansiaba romper. Cambié mi forma de pensar, creyendo que quería tener relaciones sexuales con muchas mujeres y que la masturbación era simplemente para compensar mi cobardía. Las necesidades de mi adicción eran tales que ningún límite, moral o físico, era demasiado precioso o sagrado para detenerme en mis esfuerzos de tratar de lograr otra dosis de satisfacción sexual mayor y mejor.

De hecho, aun cuando finalmente me torné sexualmente activo, no podía solicitar que tuviéramos relaciones sexuales de manera directa, no solamente por temor sino también por negación. Tenía que convencerme a mí mismo que mis motivos eran puros antes de que pudiera acercarme a una mujer. Necesitaba creer que realmente la quería conocer como "persona" y que las relaciones sexuales eran solamente un factor secundario. No podía aceptar que fuera el tipo de hombre que sólo quiere dormir con una mujer y dejarla, aunque en secreto envidiaba y admiraba a los hombres que podían hacerlo. Iniciaba amistades con una mujer—mostrando un gran interés en ella, insinuando el deseo de entablar relaciones, y mostrando todas las señales externas de alguien interesado principalmente en una comunicación íntima más que en las relaciones sexuales casuales—y sin embargo al mismo tiempo encendía el encanto requerido para seducirla y convertirla en la siguiente dosis de satisfacción sexual. Conforme avanzó mi enfermedad, se agudizó mi instinto para detectar a las mujeres que responderían a este tipo de conducta. Aunque pocos de estos encuentros terminaron siendo simplemente relaciones sexuales de solamente una ocasión (aun después del suceso no era capaz de admitir la motivación sexual secreta detrás de mis acciones), la mayoría de ellos eran sexualmente abusivos en su naturaleza.

Mientras tanto, mi actuación de voyeurismo no había disminuido. Visitaba salas de cine para "adultos," compraba igual de pornografía que siempre y empecé a tratar de que mis parejas participaran en la actuación de mis fantasías pornográficas. De hacer algo, mi "sed" de relaciones sexuales por voyeurismo aumentó. Aun cuando no hubiera actividad sexual, el impulso por una dosis de satisfacción sexual siempre estaba bajo la superficie—como un motor subyacente llevándome de una situación a otra. Igual que el impulso de supervivencia, el impulso de actuar se convirtió en un reflejo involuntario. Cada vez más, superaba al impulso de sobrevivir, creando situaciones de peligro mortal. "Fisgonear" y estar absorto constantemente terminaron en incidentes donde me subí al bordillo o inclusive choqué mi automóvil. Siempre estaba absorto—antes de tocar a una persona, recoger un video, comprar una revista, me encontraba absorto con los pensamientos sexuales y la fantasía. Sin embargo, se encontraban siempre ausente en las fantasías las consecuencias inevitables de la actuación—e l dolor, la desesperación, la culpa y la vergüenza.

Aunque reconocía lo compulsivo de mi conducta, pensaba que al final yo la podía controlar. Era sólo después, cuando todos los problemas relacionados (los cuales por un momento habían desaparecido en mi euforia sexual) regresaban repentinamente, que llegaba a reconocer que éste era sólo otro lastimero evento en lo que pareciera una historia de una vida sin control. Mi impotencia se extendía aun a momentos donde me sentía bastante contento y feliz conmigo mismo. Siempre había la idea de que de alguna manera yo podía enriquecer estos sentimientos a través de las relaciones sexuales y hacerlos aun mejor; pero inevitablemente la actuación que seguía solamente servía para sabotearlos. Mi necesidad de actuar anulaba cualquier sentido de valores que tenía. Empecé a pensar que estaba loco y de una extraña manera tenía la esperanza de estarlo.

Sin embargo, obviamente no estaba loco, o aun no. En todos los otros aspectos de mi vida estaba en control. Era capaz de encontrar y mantener un trabajo. Se me elogiaba por mis habilidades, se me consideraba fiable, y se me confiaba y se me daban responsabilidades que cumplía tan bien como cualquier otra persona. Participaba en el crecimiento espiritual, en el desarrollo personal, y en las artes curativas. Me preocupaba por el ambiente y por los derechos de las personas y animales. Era alguien cuya opinión fue valorada y buscada con frecuencia. Las personas admiraban lo racional que era, mi serenidad e inteligencia. Era bueno para los deportes y había acreditado varios niveles escolares con una sola sesión. Todo esto parecía indicar una persona positiva y sana. Sin embargo, a pesar de mis dones, todavía actuaba.

Lejos de ser un motivo de orgullo, estos otros aspectos de mi persona en realidad aumentaban al dolor—mi persona pública y mi persona privada simplemente no correspondían. Como un adicto me sentía inadecuado, obsesionado conmigo mismo, ansioso, y fuera de control. La fractura entre mis dos yo, y el aumento progresivo en la necesidad de actuar, fue tal que empecé a pensar que la parte adictiva de mí era en realidad el yo "verdadero." Todo lo demás era un fraude, simplemente un mecanismo para lograr la simpatía de las personas, que me hicieran compañía, y me cuidaran, mientras yo conducía mi vida "real" en privado.

Entré a terapia, creyendo que si tan sólo pudiera descubrir qué había en mi infancia que me había hecho tan compulsivo sexualmente, sería capaz de controlar finalmente mi conducta. Creía que si hurgaba con suficiente profundidad, descubriría el suceso que había despertado mi conducta, retiraría la compulsión de mí, y yo seria normal. Pero con cada nuevo descubrimiento acerca de las circunstancias imperfectas y de los sucesos de mi educación, la emoción concomitante que sentía cada vez que creía que finalmente había descubierto la razón por la cual yo era como era, venía la desilusión y el dolor debido a que no había ninguna transformación mágica y mi actuación continuaba incesante. También creía que eran mis circunstancias que me habían hecho como era, y que si tan sólo pudiera controlar las influencias en mi alrededor, entonces cambiaría. Pensaba, rodeado de tantos anuncios, tantas imágenes sexuales en carteles, televisión, revistas y periódicos, que "no es de extrañar que estuviera fuera de control." Pensaba que si me pudiera alejar de mi ambiente urbano y regresar a la naturaleza, terminaría mi compulsión. Pero cuando estuve entre la naturaleza, descubrí que aun seguía absorto con pensamientos sexuales. Ansiaba estar en la ciudad, en frente de mi televisión o en una tienda de artículos sexuales.

Tampoco hicieron ninguna diferencia los cambios en las otras áreas de mi estilo de vida. Pensaba, "Si tan sólo tuviera un trabajo….," "Si tan sólo tuviera un trabajo que me gustara…," "Si tan sólo estuviera desempleado…," "Si tan sólo tuviera dinero….," "Si tan sólo tuviera con quien vivir….," "Si tan sólo pudiera estar completamente solo…," "Si tan sólo tuviera un apartamento diferente…..," "Si tan sólo no hubiera ninguna mujer…." Ningún cambio en mis circunstancias externas parecía hacer algo fuera de una diferencia provisional. En algunas ocasiones culpaba a mis parejas. Una pareja no era lo suficientemente atractiva, otra no era lo suficientemente emotiva, otra no era lo suficientemente inteligente, otra no era lo suficientemente sensual, y a otra no la amaba lo suficiente. Si pudiera encontrar a la pareja perfecta, entonces una vez más creía que traería mi conducta sexual a raya. Pero una relación tras otra, con todos los diferentes tipos de mujeres que yo pudiera soñar, no hacia la diferencia.

También creía que si podía evitar esas cosas o personas a través de las cuales actuaba, podía contener el problema. Así que me deshice de mi televisión—solamente para buscar excusas para utilizar la televisión de otras personas cuando éstas se encontraban fuera de sus casas. Cerré las cortinas para dejar de espiar a las ventanas del otro lado del camino, sólo para caminar en las calles buscando ventanas con cortinas no del todo cerradas a través de las cuales anticipaba que vería personas desnudándose o teniendo relaciones sexuales. Fui capaz de convencerme que mi conducta había mejorado. Pero en realidad era simplemente una emoción fresca para un adicto que estaba sediento de encontrar nuevas formas de mayor riesgo y emoción para recibir una dosis de satisfacción. De manera semejante me deshice de mi altero de revistas pornográficas (en varias ocasiones) sólo para comprar revistas de contacto donde las personas anuncian su disponibilidad para tener relaciones sexuales. Una vez más consideraba esto una mejoría, ya que por lo menos estaba soltando la fantasía de las relaciones sexuales anónimas y buscando las verdaderas.

Empecé a negociar conmigo mismo. Pensaba que si no podía detener mi conducta adictiva por completo, cuando menos podía controlarla o manejarla. Fijaba límites estrictos a mi conducta con las mujeres, pero era incapaz de resistir cada paso siguiente, por lo que los ampliaba, hasta que finalmente fijar cualquier límite parecía ridículo. Había olvidado mi límite original, pero después me acordaba de él, y el odio a mí mismo por haber perdido nuevamente el control también regresaba. El mismo proceso ocurría al alquilar videos o comprar revistas. Acordaba limitarme a un video o una revista. Cuando entraba a la tienda creía que me podía sujetar a esto, pero al final fue inútil. Aun cuando llegaba con los videos o las revistas a casa, la negociación continuaba. Los utilizaría con moderación, pensaba. Pero inevitablemente yo estaría allí durante horas. Y eso no sería el final del asunto—en un futuro estaría nuevamente en la misma tienda pasando por el mismo proceso otra vez, y creyendo nuevamente que ésta sería la última ocasión.

A pesar de mis intentos por controlarla, mi adicción no disminuyó, y los límites empezaron a desvanecerse de manera lenta. Las cosas que había jurado que nunca haría empezaron a convertirse en algo común. Empecé a utilizar mi puesto de confianza como maestro para detectar a posibles parejas sexuales. Siempre me había enorgullecido de poder manejar mi vida sexual secreta de forma que no afectaba a nadie mas allá de mis parejas sexuales, que eran adultos y sabían como era esto. Pero un día puse en riesgo a la hija de diez años de mi novia, masturbándome en frente de la televisión en la misma habitación donde ella se encontraba acostada y (aparentemente) dormida. En otra ocasión, me impresionó cuando mi pareja me enfrentó con un video pornográfico que había encontrado en su videocasetera donde su hija la podría haber encontrado sin querer. Estaba pasmado con horror, seguro que lo había retirado y repuesto con el video de su hija. Pero obviamente de alguna manera los había confundido y había colocado mi video nuevamente dentro de la maquina. Por fortuna, por alguna razón, su hija decidió no encender la videocasetera ese día, como suele hacerlo justo al llegar de la escuela. Fue a través de incidentes como éste donde me di cuenta de que la vida secreta que creía que tenia tan bien bajo control estaba en verdad empezando a invadir y poner en riesgo las vidas de las personas que creía que me importaban, por lo que finalmente admití mi derrota y acepté que, al igual que un alcohólico, estaba fuera de control.

Aceptar finalmente mi impotencia fue una experiencia atemorizante, pero necesaria, para que no ocurriera la locura, el suicidio o el encarcelamiento. Fue atemorizante porque si yo admitiera mi impotencia ante mi comportamiento, ¿de dónde habría de venir el poder? Cuando las relaciones sexuales que degradan habían sido mi dios por tanto tiempo—al punto donde yo no creía en ninguna otra fuerza espiritual, y me había separado de las personas más que para que me ayudaran a mantener mi estilo de vida adictivo—el único prospecto que parecía quedarme era el vacío. ¿Quién o qué me podría ayudar? ¿Era capaz de poder ser ayudado? No tenía ni idea que hubiera otras personas como yo. Empecé a llamarme un adicto sexual antes de que supiera que existían otros adictos sexuales o de que existía un programa de doce pasos en donde podría conocer a personas que habían caminado el mismo camino que yo había tomado. Pero fue solamente cuando admití mi impotencia y me llamé un adicto sexual que estas cosas me fueron reveladas. Como una plegaria que se contesta—no demasiado pronto, no demasiado tarde.

Al admitir mi impotencia, me abrí a la ayuda y entonces se me ofreció ayuda. Aceptar mi impotencia fue el principio de la libertad: la libertad de la locura de todas las mentiras, manipulación, secretos vergonzosos, energía gastada, y relaciones abusivos. Conforme empecé y seguí asistiendo a las reuniones, y acudí a rehabilitación, conocí a otras personas como yo que fueron capaces de ofrecerme una salida. Al fin pude empezar a hablar de la doble vida que había estado llevando, y en lugar de encontrar rechazo y juicio como me lo había esperado, encontré la aceptación y la comprensión. Encontré la identificación, la recuperación y la esperanza. Sin embargo, encontré que no me tenían lástima. La lástima sólo taparía las grietas, y al final se convertiría en un auxiliar para que yo actuara nuevamente. Dentro de la aceptación y la comprensión había un amor firme y una honestidad que no tenía espacio para permitir el abuso continuo de mi persona y de otras personas. Ese amor firme me puso en contacto con un amor firme propio bastante necesitado y casi sumergido—algo que pudiera cortar a través del impulso adictivo y anular el pensamiento y las justificaciones egocéntricas—y con un yo más profundo que fluye con amor, respeto y compasión para mí y para los otros seres humanos a mi alrededor.

Las cosas podían volver a importarme. Podía tomar fuerzas para llevar a cabo un programa de abstinencia, con el apoyo de otras personas para ayudarme durante el tiempo difícil de la abstención. Con la claridad que esto trajo, podía empezar a distinguir entre los pensamientos y conductas sexuales sanas y los degradantes; también podía empezar a aceptar la posibilidad de que yo también podía tener lo que siempre quería tener verdaderamente: una vida sexual sana, estimulante, satisfactoria, y amorosa conmigo mismo y, en caso de decidirlo así, con otra persona. Con la admisión de la impotencia, repentinamente regresé de un mundo que yo había poblado con objetos a un mundo con personas y objetos, y una habilidad reconocible de distinguir entre ambos. Como las relaciones sexuales ya no eran mi poder superior, podía empezar a preguntar lo que realmente consideraba como mi Poder Superior. Y de manera milagrosa, en lugar de desesperación, mi vida empezaba a tener algo de esperanza, tal vez por primera vez.

45.

SUEÑOS REESTABLECIDOS

Las cuentas de los Nativos Americanos eran maravillosas. Era difícil imaginarse que todos esos colores existieron hace 150 años y que las estábamos desenterrando después de todo ese tiempo. Mis hermanas y yo nos encontrábamos en el desierto con un hombre mayor al que le gustaba llevarnos a lugares remotos. Mi hermana mayor tenía seis años y la menor, dos.

Ese primer viaje nos pareció inofensivo. Sin embargo, el siguiente nos pareció completamente equivocado. Aun a la edad de cuatro años sabía que lo que estábamos haciendo no era correcto.

Cuando llegamos a casa y estábamos listas para dormirnos mi madre me hizo que le diera un beso de las buenas noches al hombre mayor. Me sentí enferma. Hubo una excursión más antes que su esposa le advirtiera a mi madre que no debería estar a solas con nosotros. Debió haberlo dicho antes de la primera excursión.

Hubo unos cuantos incidentes más en mi juventud. Uno ocurrió con otro amigo de la familia. El otro sucedió con un tío. Mi mente ha borrado por completo los detalles.

Mi padre era un hombre iracundo con sus propios secretos oscuros. Le temía y nunca pensé ni por una vez en decirle las cosas malas que yo estaba haciendo.

Poco tiempo después de los encuentros anteriores recuerdo haber jugado al "ojear y ver" con el niño vecino. Ambos teníamos cinco años. Mi madre me dijo, "Las niñas buenas no se quitan su ropa interior." El mensaje que escuché fue que yo definitivamente no era una niña buena.

Cuando tenía dieciséis años una amiga mía me dijo que las personas que se masturbaban eran unos pervertidos. Bueno, yo me masturbaba y tenía fantasías, así que consideré que debía ser una pervertida.

Mi sexualidad se volvió más escondida, secreta y separada del resto de mí. Mi imagen más visible era de una mujer sincera, inocente, en busca de su fe, que había sido educada en un hogar cristiano profundamente religioso.

La parte que la gente no veía tenía una sed obsesiva de sexualidad y se pasaba horas y horas teniendo fantasías acerca de las relaciones sexuales. Entre más ocurría esto más profundo eran mi vergüenza y mi sentimiento de culpa y más se fracturaban estas dos partes de mi personalidad.

Cuando descubría revistas eróticas en casa de otras personas mi obsesión se impulsaba aun más. Leía y me masturbaba, y sentí una vergüenza tóxica tan profunda que borraría por completo de mi mente la existencia de esta parte de mí.

Los pocos novios que tuve fueron hombres perturbados con profundas heridas emocionales. Rara vez eran personas que uno consideraría llevar a casa a conocer la familia. De hecho, nunca quería que nadie supiera que tenía una relación con ellos.

A la edad de veintidós me junté con un alcohólico sin recuperación. Al principio me sentía inquieta pero ignoré esta sensación. Tuvimos dos hijas. Después de una relación de cinco años, lo terminé cuando actué con otro hombre.

Mi mundo de actuación incluyó durante ocho años un elevado nivel de promiscuidad, seis abortos, algunas experiencias sexuales profundamente traumatizantes y enfermedades de transmisión sexual. Recurrí a las mujeres como amantes por un tiempo y me consideraba como liberada sexualmente. Esto me permitió seguir degradándome.

La gente me dice que a pesar de todo esto yo seguía siendo una buena madre. Me imagino que sí lo era, mientras no estuviera obsesionada con el romance. Desgraciadamente, con frecuencia me encontraba en una actuación intensa. Aun siento un profundo dolor por lo que hice que pasaran mis hijas.

Es un milagro que yo aun esté viva. Durante la cima de mi actuación tuve relaciones sexuales con un hombre que tenía SIDA. Lo que esto significa hoy para mí es que estoy aquí en tiempo prestado y cualquier cosa que me pida Dios es una bendición.

Hace casi veintiún años conocí y me casé con un hombre bueno. Tuvimos un hijo y él adoptó a mis hijas cuando ellas tenían ocho y diez años. En el primer año de casada adopté la recuperación de doce pasos. Quisiera poder decir que vivimos felices para siempre. En los diez años en que estuvimos casados yo actué con otros hombres cuando sentía que él no estaba satisfaciendo mis necesidades. Me cansé de los engaños y le pedí que nos separáramos y después le pedí el divorcio. En ese tiempo el dolor de perseguir hombres que no estaban disponibles y de intentar seducirlos se convirtió en insoportable.

Entré en ASA, y la recuperación ocupó mi mayor prioridad. Obtuve un padrino, llevé a cabo con desesperación los Doce Pasos y empecé a asistir a una reunión al día. Hacer un inventario extenso y minucioso de las relaciones sexuales se volvió parte de mi trabajo. Con la gracia de mi Poder Superior fui capaz de tener un año de sobriedad sexual antes de encontrar la puerta a los salones de Adictos Sexuales Anónimos. Había empezado a madurar, pero me di cuenta de que muchas de las personas se sentían incómodas cuando hablaba de mi historia sexual, y yo sabía que no era normal. También me daba cuenta de que no iba a poder mantener mi sobriedad sexual a menos que encontrara personas que me comprendieran.

Fue entonces que un amigo me entregó un folleto de ASA. Contenía historias iguales a la mía. Asistí a mi primera reunión de ASA un año después de que inicié mi abstinencia de las prácticas sexuales malsanas. Nunca me he arrepentido.

¡Qué don tan grande fue escuchar a otras personas contar historias como la mía! Había tanto que yo estaba dispuesta a enfrentar acerca de mí con sólo escuchar las otras historias. Le pedí a alguien que tenía lo que yo deseaba que fuera mi padrino. Porque él es gay, me siento a salvo teniendo un padrino varón. Volví a llevar a cabo los pasos en ASA. Hice lo que se me solicitó, lo cual fue que asistiera a muchas reuniones, que mantuviera una estrecha relación con mi padrino, llevara a cabo los Doce Pasos y las Doce Tradiciones, y estuviera dispuesta a hacer trabajo de servicio, incluyendo ser yo misma un padrino.

Mi recuperación definitivamente ha sido una de progreso pero no perfección. Por la gracia de Dios no he necesitado actuar nuevamente. Agradezco que mi padrino me respete lo suficiente para dejarme cometer mis propios errores. Algunos de ellos han sido "garrafales," pero han consolidado mi recuperación y han hecho que se arraigue profundamente mi compromiso a mi viaje espiritual.

Al llevar a cabo las reparaciones del Noveno Paso, han sucedido algunos verdaderos milagros. Me reuní con mi madre y mis hermanas y se revelaron unos secretos de familia muy dolorosos pero necesarios. Mi ex-esposo y yo nos volvimos a casar hace más de tres años. Hemos colocado a la recuperación como nuestra mayor prioridad y él asiste a una confraternidad para co-adictos sexuales. También asistimos a reuniones para parejas y llevamos a cabo los pasos en ese programa.

En abril del año pasado celebré seis años de sobriedad en ASA. Mis hijas me dicen que sí he cambiado. Cuando se les preguntan cómo, dicen que me hago responsable de mi conducta. Deseo que siempre lo hubiera hecho, pero estoy profundamente agradecida que hoy sí lo hago.

¿Qué me ha dado la recuperación? Todo. La recuperación ha tocado todos los aspectos de mi vida. Ha integrado partes de mi personalidad que solían estar separadas por un muro unas de otras. Esto ha sucedido por traer todos mis secretos de la oscuridad y hacia los rayos de la luz del espíritu. Ha reunido no sólo a mi familia de origen sino a mi esposo y mis hijos también.

Me ha devuelto el respeto por mí misma y una confianza renovada en mi capacidad de sostener relaciones sanas. Estoy dispuesta a aumentar esas relaciones de formas que signifiquen algo.

Mi carrera profesional ha prosperado debido a que mi tiempo está libre para llevar a cabo empresas productivas. Mi creatividad continúa ampliándose.

Cuando yo era niña, no aspiraba a convertirme en un adicto sexual. Soñaba con el amor, la libertad y la felicidad. Mucho de mi actuación se debió a la búsqueda equivocada de esos sueños, los cuales, desafortunadamente, se alejaron más de mí por mi enfermedad.

Cuando estuve dispuesta a aceptar la dolorosa verdad sobre mi y mis acciones, Dios me liberó y se me han restablecido mis sueños...con mucho más.

46.

LOS PASOS A LA LIBERTAD

Es difícil decir con exactitud cuando empezó mi adicción sexual. Sé que en la primaria parecía que yo pensaba más en las relaciones sexuales que la mayoría de las personas de mi edad. Tuve fantasías sexuales acerca de mi maestra de tercer grado y me fascinaba por completo la desnudez. Mi hermano y yo descubrimos la pornografía que guardaba mi padre, y aprendimos de él y de mis primos varones a asignarles características sexuales y de objetos a las mujeres, primero en fotografías y después en persona. Esto probablemente no es tan fuera de lo común para muchachos jóvenes, pero sé que tuvo un efecto fuerte en mí en la formación de actitudes sexistas que todavía estoy tratando de superar.

No tengo ningún recuerdo de abuso sexual, y no puedo precisar cualquier "razón" para convertirme en un adicto sexual. Afortunadamente para mi recuperación de la adicción sexual dentro de ASA, no importa cómo me hice adicto. Lo que importa es que acepte que soy un adicto sexual y me concentre en lo que puedo hacer hoy para permanecer sobrio.

La "actuación" más remota que puedo identificar claramente fue en el sexto grado. Puedo recordar que me masturbé bajo mi escritorio. Sabía que sería horriblemente bochornoso si alguien me pescara, pero me sentí impulsado a hacerlo. Ahora bien, la masturbación ciertamente es normal a esa edad, pero el lugar público y el riesgo de ser descubierto intensificó la experiencia enormemente. Me dio una sensación de satisfacción.

Otra instancia fue cuando mi hermano y yo gateamos al desván, mientras mi papá tenía una fiesta, para espiar a las mujeres en el baño a través de un abanico en el techo—mi primer acto de voyeurismo. Nuevamente esto pudiera atribuirse a la curiosidad de adolescente, pero realmente creó en mi una necesidad, y empecé a buscar toda oportunidad para ver a mujeres desnudas de manera secreta.

Conforme crecí, no solamente me masturbaba diariamente, pero también experimenté con animales. Me dije a mí mismo que sólo era un muchacho americano común y corriente que no sostenía suficientes relaciones sexuales—por eso estaba haciendo todas estas cosas raras. Mi razonamiento era que "Nuestra sociedad está sexualmente reprimida." Pero años después, cuando estaba viviendo con una mujer y que sostenía una vida sexual muy activa, aun así actuaba—de hecho, más que nunca. Me iba a mi trabajo en la mañana a temprana hora para poder merodear por nuestro barrio y atisbar por las ventanas. De manera "accidental" me exhibía al utilizar pantalones bastante cortos mientras paseaba en mi bicicleta, o al desvestirme y masturbarme en frente de una ventana o puerta abierta.

Nos mudamos a una ciudad importante, y mi adicción se disparó en verdad. La ciudad ofrecía un grado de anonimato que nunca hubiera tenido en mi pueblo natal. Empecé a exhibirme a un lado de la carretera, mientras pasaban los trenes urbanos repletos de mujeres, niños y hombres, y aun me decía a mí mismo que esto no lastimaba a nadie. -Si no fueran demasiado convencionales sexualmente, esto no les molestaría—era mi racionalización que utilizaba una y otra vez.

También descubrí galerías de pornografía y clubes de desnudistas en la ciudad. También desarrollé una adicción inmediata a éstos. Estas eran actividades a las que se oponía mi prometida, así que las mantuve en secreto. Empecé a buscar excusas para obtener tiempo para mí sólo y a dejar dinero aparte para no tener que rendir cuentas. Mi vida sexual oculta se convirtió en una rutina diaria. Iba a la tienda de abarrotes y me detenía a actuar ya sea de camino hacia la tienda o de regreso. Mi esposa me preguntaba por qué me había tardado tanto tiempo, y yo le contestaba con cualquier excusa o simplemente esquivaba responderle. Me escurría a los baños de mujeres en el plantel de una universidad local y me sentaba en un cubículo, esperando a que una mujer utilizara el cubículo contiguo al mío, y después me masturbaba con ella al otro lado de la mampara.

Mi búsqueda de emociones de voyeurismo se excedía hasta escurrirme al cuarto de regaderas de un dormitorio para hombres y mujeres temprano en la mañana, para atisbar a una mujer saliendo de la regadera. La mujer me vio, y huí. Gritó solicitando ayuda y pensé que un montón de tipos me perseguirían y me golpearían, así que corrí hasta que quedé sin aliento y no podía correr más. No me atraparon, y me dije, "¡Ésto es una locura! ¿Qué estás haciendo?" Juré que ésa sería la última vez, pero una semana después, intenté entrar a los mismos dormitorios, solamente para encontrar la puerta cerrada con llave. (¡Gracias a Dios!)

Seguí actuando, sin que importaran las consecuencias. Sabía que si me atraparan, significaría la humillación, arresto, una golpiza, o el final de mi matrimonio, pero no podía detenerme. A menudo, inmediatamente después de actuar, me sentía terrible, inclusive enfermo del estómago, y me decía, "¡Nunca vuelvo a hacer esto!" Después, al día siguiente, lo hacía otra vez.

Muchos de los problemas en mi matrimonio surgieron por el alcohol, y nos separamos en varias ocasiones, la última de ellas en 1995. El hecho de que no pudiera dejar de beber precipitó esta separación final. Ahora que estaba soltero, "todo vale." Ya no tenía que esconderme de nadie. Empecé a beber sin detenerme y actuar más que nunca. Hice cosas que me había jurado a mí mismo que nunca haría. Había perdido todo el respeto por mí mismo. Había dicho que nunca le pagaría a nadie por las relaciones sexuales, pero en dos ocasiones, después de largas horas de juerga en un bar de desnudistas, ya no era suficiente. Me había exhibido a menudo en frente de hombres en las galerías de pornografía, pero nunca los había dejado que me tocaran. Ahora tenía relaciones sexuales anónimas con personas que no me atraían ni siquiera remotamente.

Esto continuó durante otros diez meses, hasta que toqué fondo en mi alcoholismo y empecé a asistir a reuniones de doce pasos. Cuando dejé de beber y empecé a llevar a cabo un programa espiritual de recuperación, mi actuación disminuyó de manera considerable. Desapareció casi por completo durante un tiempo, pero seguía surgiendo, y en realidad yo todavía no la había resuelto. Lo traté como un problema corolario a mi programa o como un "defecto de carácter." Tenía un éxito limitado cuando sinceramente solicitaba ayuda a un Poder Superior, pero no estaba llevando a cabo ningún tipo de programa de forma constante. Todavía estaba actuando de manera ocasional y tratando de controlarlo.

En 1997 me enfrentó mi ex-esposa por una actuación que había tenido diez años antes. Cuando mis hijastras estaban pequeñas, solía ir a sus recámaras cuando estaban dormidas y me masturbaba, para poder intensificar una sensación de satisfacción. Sin embargo, hubo ocasiones en que no estaban dormidas realmente, y me habían visto. No le habían dicho a nadie en esa época, pero ahora habían empezado a hablar acerca de ello. Mi ex-esposa estaba furiosa y llamó a la policía, y después me llamó a mí.

Cuando colgué el teléfono, me dije, "Debo hacer algo. No puedo seguir así, tratando de controlarlo." Siempre me había dicho que mi actuación no lastimaba a nadie, pero tuve que enfrentar el hecho que había lastimado a personas muy cercanas a mí. El hecho es que, cuando estaba activo en mi adicción, no importaba quién lastimaba. Eso es difícil de admitir para mí, pero darme cuenta de eso fue el principio de mi viaje a la recuperación de la adicción sexual. Tomé el teléfono, marqué información y solicité el número de Adictos Sexuales Anónimos.

En mi primera reunion, oí a las personas compartir de forma honesta y abierta acerca de conductas que la mayoría de las personas nunca discuten. Esto me ayudó a liberarme de mucha de la culpa y vergüenza y me autorizó a ser igual de honesto. Escuché a personas compartir que actuaban de la misma forma que yo lo hacía, pero que no habían actuado en años. Esto me enseñó que el programa funcionaba.

Ese programa es el de los Doce Pasos de Adictos Sexuales Anónimos y la historia de mi recuperación de la adicción sexual es la historia de los Doce Pasos. Los pasos son un método simple y práctico de llevar a cabo los principios espirituales en mi vida. Cualquiera los puede llevar a cabo. No necesito ser un genio o un santo para hacer que este programa funcione. Todo lo que requiere es la disponibilidad de seguir unas simples sugerencias, y cualquier adicto sexual puede dejar de actuar, perder el deseo de actuar, y vivir una vida feliz y útil.

Llevé a cabo los Doce Pasos con un padrino, alguien que tenía experiencia llevando a cabo los pasos por sí mismo. Era importante para mí obtener ayuda de alguien que se había recuperado a través de los pasos, en lugar de tratar de hacerlo todo yo solo. Mi adicción se centra en el aislamiento, pero en la recuperación, he aprendido que no estoy solo. Mi padrino me ayuda a comprender como aplicar los pasos en mi vida diaria para que no necesite actuar hoy, pase lo que pase.

Admitir que era impotente ante mi comportamiento sexual adictivo no fue fácil. Al principio, no podía ver como me iba ayudar eso. Eso sonaba como un fracaso. Quería obtener el control sobre esto. Se me educó creyendo que uno puede lograr lo que sea si se concentra en ello. Pero había pasado años tratando de controlar mi adicción sin tener éxito, así que pensaba que llevé a cabo el Primer Paso durante mis años de actuar.

Tengo que reconocer que era impotente ante mi adicción y no fui capaz de controlarlo por mi cuenta antes de que llevara cualquiera de los otros pasos. Tenía que estar completamente dispuesto para hacer cualquier cosa que fuese necesaria para recuperarme, dispuesto como sólo los moribundos pueden estar. Si esto fuera sólo un "mal hábito," tal vez entonces la lógica, la terapia, psicoterapia, o técnicas de modificación de conducta serían capaces de cambiar esa conducta. Mi experiencia con la adicción es que no responde a la razón, medicina o psiquiatría. Necesitaba una solución espiritual. Pero primero, tenia que agotar cualquier esperanza de reformarme a mí mismo. Suena paradójico, pero solamente cuando reconocí que era impotente fue cuando pude detenerme. Solamente cuando me di por vencido de tratar de hacerlo sólo que estuve listo para considerar solicitar ayuda de un Poder mayor que yo mismo.

Para terminar mi Primer Paso, necesitaba definir exactamente ante que era ya impotente—que conductas específicas comprendían la actuación para mí. Definir la sobriedad sexual fue la mayor diferencia entre llevar a cabo los Doce Pasos en Adictos Sexuales Anónimos y en mi programa de doce pasos del alcoholismo. En ese programa, me abstengo por completo del alcohol para poder permanecer sobrio. Muy sencillo. No tomes la primera bebida. Sin embargo, no sería sano para mí abstenerme por completo de las relaciones sexuales durante el resto de mi vida. De hecho, eso podría constituir una obsesión igualmente malsana. Mi sexualidad es una parte hermosa de mi humanidad, un regalo otorgado por Dios. Solamente cuando mi adicción ve hacia ciertas conductas sexuales para darme ciertas cosas que no me pueden dar, es cuando mi sexualidad llega a ser un problema.

Así que necesitaba definir qué conductas eran adictivas, qué conductas eran sanas, y qué conductas eran intermedias, de ahí, los Tres Círculos (tal como se describen en uno de nuestros folletos de ASA). Empecé con mi círculo interior, las conductas que son adictivas y destructivas, las conductas que no puedo controlar. Una vez que definí éstas, definir la sobriedad nuevamente fue sencillo: me abstengo por completo de estas conductas del círculo interior, un día a la vez, y me mantengo sobrio sexualmente. Mi círculo interior incluye el exhibicionismo, voyeurismo, pornografía, clubes de desnudistas, y cualquier relación sexual sin honestidad emocional, respeto mutuo e intimidad verdadera.

En mi grupo de base (un grupo local de ASA donde asisto de forma regular y realizo trabajo de servicio), todos decimos cuales son nuestras conductas del círculo interior y cuanto tiempo hemos permanecido sexualmente sobrios. Ha sido muy importante para mí tener definiciones claras (para que sepa si estoy sobrio o no) y para celebrar el tiempo de sobriedad continua. He estado sexualmente sobrio desde el 9 de septiembre de 1997, más de cuatro años y medio al momento de escribir la presente historia.

Costó mucha reflexión honesta, algo de compartir con otras personas, y un poco del método de tanteos para clasificar qué correspondía al círculo interior. Este proceso por sí mismo fue muy valioso. Agradezco sinceramente que los miembros de ASA definen por sí mismos ante qué conductas son impotentes. Si alguien me hubiera dado una definición, no hubiera sido tan significativo, no habría funcionado o no habría tenido sentido para mi, y lo más probable es que me hubiera rebelado contra eso como quiera.

En verdad hay conductas que algunos adictos pueden llevar a cabo de manera segura mientras que otros adictos deben abstenerse de las mismas. Algunas cosas en mi círculo exterior (conducta sexual sana) están dentro de los círculos interiores o medios de otras personas, y no hay problema con eso. Encontré las definiciones que funcionan para mí.

Cuando llegó el momento del Segundo Paso, tuve un gran problema con la cuestión de "Dios." No era yo agnóstico sino antagonista a cualquier cosa que fuera "espiritual." Insistía de manera desafiante que todo puede ser explicado y entendido sin recurrir a creencias no científicas. Había participado en grandes debates durante la preparatoria acerca de la existencia de Dios y la evolución contra la creación, y en cualquier ocasión que alguien mencionara a Dios, la religión o cualquier cosa que tuviera que ver con la espiritualidad, mi mente se cerraba. No escuchaba cualquier otra cosa que se mencionara, ya que estaba ocupado construyendo argumentos en contra. Cuando leí los Doce Pasos y vi que se mencionaba a Dios en la mitad de ellos, no pensé que este programa funcionaría para mi. Compartí en las reuniones que tenía problemas con lo referido a Dios, y otros miembros compartieron que ellos también habían tenido el mismo problema pero que habían encontrado una manera para que funcionara para ellos. Un miembro sabio con más de diez años de sobriedad se me acercó después de una reunión y dijo, "No trates de entender todo. Solamente sigue regresando."

Para entonces, ya me había sacudido mi enfermedad a un estado de sensatez, y había tenido que aceptar la posibilidad de que tal vez no había comprendido todo. Siempre había considerado a la inteligencia humana el poder máximo en el universo. La idea de que hubiera otras cosas que no fui capaz de comprender fue un golpe duro a mi ego, pero una vez que superé eso, fui capaz de aprender. Las personas me aseguraron que yo podía tener mi propia concepción de un Poder superior a mí mismo, y que no tenía que ser el "Dios" que otras personas me habían descrito en mi juventud. Había investigado varias religiones en el transcurso de los años y había descubierto que cada una tiene algo que ofrecer, pero nunca pude aceptar a ninguna. Sentí un gran alivio saber que podía desarrollar mis propias definiciones para términos espirituales.

Un día, después de unos dos meses de ir a reuniones diarias, estaba sentado en una reunion, y empecé a pensar acerca de la frase "Dios es amor." Seguí repitiéndola en silencio. Cuando compartí, dije, "Si Dios es amor, entonces creo que puedo soportar eso." Empecé a llorar. Esto rompió el hielo para mí. Aquí había algo sencillo y no amenazador. Ví que el amor era un Poder mayor que yo, y que el amor era lo que yo necesitaba para llenar el vacío en mi interior que yo estaba tratando de llenar con mi conducta adictiva. Cuando me abrí y dejé entrar al amor de Dios, me llené. Supe que todo iba a estar bien.

Habiendo aceptado que no podía dejar de actuar por mí mismo y que algún Poder mayor que yo tendría que ayudarme, tuve que decidir, "¿Realmente quiero esta ayuda?" Esto puede parecer obvio, pero tenía que tomar en serio el Tercer Paso. Tenía que decidir si quería regresar a mi vida y tratar de hacerlo "a mi manera" una vez más, o quedarme y tratar lo que estaba funcionando para las personas en ASA.

Para poder entregar mi voluntad y mi vida a Dios, verdaderamente tuve que dejar mi ego a un lado. Mi egocentrismo había obstruído la entrada de un Poder Superior a mi vida. Mi ego me dice que yo tengo que controlar todo lo que me rodea para poder obtener lo que necesito y solucionar todo. Significa que tengo que ser perfecto.

Una definición de ego que he encontrado útil es que "el ego es la ilusión de que soy separado"—separado de las otras personas, separado del resto del universo, separado de Dios. Esta ilusión me deja sintiéndome solo y atemorizado. Honestamente, en verdad soy parte de un todo superior;

verdaderamente soy uno con todo. No hay ningún punto en el cual yo acabe y Dios empiece. Mi vida egocéntrica se basa en el temor y la escasez, pero una vida centrada en Dios se basa en el amor y la abundancia. He llegado a creer que todo sucede por alguna razón, aun cuando no pueda comprenderla en el momento. Al entregar mi voluntad y mi vida a la sabiduría y cuidado de este Poder Superior, estoy suponiendo que el universo sabe lo que está haciendo. Tengo fe que si entrego las cosas a Dios, todo resultará de la manera que se supone sin que yo tenga que "hacer" que sucedan las cosas. Esto no quiere decir que no trabaje o no haga planes, sólo que debo liberar el resultado de las cosas que no puedo controlar.

Así que, ¿cómo precisamente entrego mi vida al cuidado de Dios? Pensé que entregar mi vida a Dios significaría que tendría que convertirme en un monje, dar todo cuanto poseo a los pobres, o vender flores en el aeropuerto. Eso era el tipo de pensamiento, todo o nada, que era típico de mi adicción activa. Como resultó, no costó nada tan extremo. Aprendí que los Doce Pasos se diseñaron para ayudarme a vivir en una base diferente, y que es a través de llevar a cabo los Doce Pasos que puedo entregar mi voluntad y mi vida al cuidado de un Poder Superior amoroso. Me di cuenta de que el Duodécimo Paso dice, "habiendo obtenido un despertar espiritual como resultado de estos pasos." Esto significa que no tengo que llegar a la espiritualidad en un solo momento. Puedo tomar un paso a la vez y avanzar de forma lenta hacia mi salud espiritual. La decisión que tomé en el Tercer Paso fue una decisión de llevar a cabo el resto de los Doce Pasos.

Alguien me preguntó en una ocasión durante una reunion, "Si hubiera tres sapos en un tronco, y uno toma la decisión de saltar, ¿cuántas quedan en el tronco?" La respuesta es, "Tres. Una solamente tomó la decisión, pero no llevó a cabo la acción." Tuve que hacer seguir mi decisión por la acción si quería permanecer sobrio. Esto significa tomar un vistazo, bueno y honesto, a mí mismo en el Cuarto Paso.

Hice un inventario de mis sentimientos, actitudes y conductas. Mi Cuarto Paso era un inventario escrito de manera simple y directa, no una novela o una autobiografía. Era importante para mí escribir mi inventario, porque puedo darle vueltas y vueltas a las cosas en mi cabeza y no llegar a ningún lado. Escribirlo hizo las cosas más concretas y definitivas, y me ayudó a obtener una perspectiva de las cosas en mi vida que no estaban funcionando. Creo que escribir puede ser útil en cualquiera de los pasos, pero éste es uno de los dos pasos (junto con el Octavo Paso) que requiere escribir.

Hice un inventario de cuatro aspectos principales: rencores, temores, conductas sexuales y daños hechos a las demás personas. Llevé a cabo cada uno de los temas de manera sistemática para encontrar las deficiencias personales dentro de mí qué habían ocasionado, realizado o agravado cada situación.

Compartir mi inventario con mi padrino en el Quinto Paso fue una experiencia fuerte y liberadora. Había cosas que había hecho que nunca iba comentarle a nadie, y pensé que si le decía a alguien todo esto él me daría una paliza soberana. Eso no sucedió. Compartir estas cosas con alguien más fue una liberación increíble. Me ayudó a liberarme de la vergüenza y me allanó el camino para que Dios trabajara dentro de mí. No tenia que hacerlo todo por mí mismo.

He escuchado que se refieren a los Pasos Sexto y Séptimo como los "pasos olvidados," pero también he escuchado que se refieren a ellos como "el corazón del programa." Fue a través de estos pasos que verdaderamente empecé a cambiar. En lugar de tratar sencillamente de regular mi conducta, le pedí a Dios que me ayudara a cambiar. Tenía que estar completamente dispuesto a permitir que Dios retirara esas cosas que no funcionaban en mi vida, cosas que habían sido la fuente de todos mis problemas. Algunas veces todavía quería aferrarme a un defecto de carácter porque estoy recibiendo un tipo de "recompensa" de él, pero he descubierto que vivir de acuerdo a los principios espirituales significa dejar ir mi forma antigua de hacer las cosas, las "habilidades de supervivencia" antiguas que ya no funcionan. Una vez que adquiera la humildad para permitir que Dios me ayude, todo lo que tengo que hacer es pedir. Yo hago el trabajo ligero, después me hago un lado y permito que Dios haga el trabajo pesado.

No creo que hubiera logrado estar sobrio hasta ahora de no haber reparado los daños a las personas que lastimé. Tenía que tomar la responsabilidad de mis acciones pasadas para poder vivir conmigo mismo. Ya tenía una lista de daños hechos a otras personas de mi Cuarto Paso, los cuales volví a escribir en mi lista del Octavo Paso, así que la mayor parte de este paso es acerca de que esté dispuesto a acercarme a las personas a las que he lastimado. Mi padrino me ayudó con esto diciendo, "Olvídate de cualquier idea de que vas a salir de esto 'teniendo buena cara,' entonces ve y hazlo." Tenía que estar dispuesto a tomar las medidas necesarias para mi recuperación, y dejar ir cualquier expectativa acerca de cómo responderían las personas a mi reparación de daños.

También trabajé con mi padrino para asegurarme de no lastimar más al tratar de reparar los daños. Cuando mis hijastras no quisieron escuchar mi reparación de daños, le pregunté a mi padrino si debía escribir una carta o algo así. El me dijo, "No presiones más. Ya expresaste que estás dispuesto. Déjalo así. Cuando sea el momento, sucederá."

No fui esperando perdón o aceptación, pero casi siempre fue lo que recibí. La mayoría de las personas simplemente estaban felices de ver que mi vida se mejoraba, y debido a que había llevado a cabo todos los pasos hasta el Noveno, podían ver que había cambiado. Mi ex-esposa no aceptó mi reparación, porque no creyó que fuera sincero. No puedo decir que la culpo. Le había mentido durante años. Tal vez algún día ella podrá ver que me he recuperado, pero lo importante es que he reconocido en qué me equivoqué y que he hecho lo que tengo que hacer para remediar la situación. Ahora puedo ver de frente al mundo, y estoy haciendo todo lo que pueda para asegurarme de no volver a dañar a nadie más de esa manera.

Para permanecer espiritualmente sano, seguir creciendo y evitar daños futuros a otras personas, sigo haciendo un inventario personal y sigo las sugerencias dadas en el Décimo Paso. Estoy contento que nunca me "gradúo" de este programa. Solamente sigo pidiendo ayuda para retirar esos defectos de carácter que se presentan en el camino de serle útil a Dios y a las personas en mi alrededor. Una deficiencia que sigo trabajando de manera diaria es mi tendencia a juzgar a los demás. No es mi lugar juzgar a cualquier otro ser humano, y nunca sirve de nada hacerlo. Siempre trata de pensar que soy mejor que alguien más. Cuando juzgo a alguien más, no tengo paz, así que trato de adherirme a hacer mi propio inventario en lugar del de todos los demás.

También mantengo la salud espiritual a través de la oración diaria y la meditación. No tengo una práctica estricta, procuro no olvidar meditar cada mañana y hacer oración antes de irme a la cama en la noche, así como durante el día cuando lo necesite. La meditación de la mañana me ayuda a centrarme para el día, y es mucho menos probable que esté irritable o frustrado cuando recuerdo de pasar unos momentos conmigo mismo y sentir la presencia de Dios dentro de mí y en mi alrededor. Saltarme mi meditación de la mañana es como saltarme el desayuno; generalmente me doy cuenta casi a media mañana que me enfado o se me desequilibra con mayor facilidad. Cuando esto sucede, me detengo, respiro profundamente, y pienso, "Sí, cómo no, eso está bien, no se trata de mí." De esta manera puedo empezar nuevamente mi día en cualquier momento que yo quiera.

En mi oración de la noche, le doy gracias por todas las bendiciones en mi vida y le pido ayuda para retirar mis deficiencias. He aprendido a no pedir por cosas específicas, puesto que eso equivaldría a esperar que Dios hiciera mi voluntad. Trato de pedir sólo la voluntad de Dios en mi vida como dice el Undécimo Paso, y expreso mi disponibilidad de aceptar lo que sea que Dios tenga en mente para mí.

En ocasiones la vida esta llena de incertidumbre, ansiedad y temores. Cuando enfrento a cambios mayores o al estrés, mi solución es entregárselo a Dios. Desafortunadamente, parece ser que tengo que estar muy desesperado antes de que yo pida ayuda. La oración se convierte en algo de último recurso, cuando debería ser mi primer recurso. Cuando finalmente me doy por vencido de tratar de hacer todo por mí mismo, digo, "Dios, tengo miedo, estoy confundido. No sé que va a pasar. No sé qué me toca hacer, pero estoy dispuesto a aceptar cualquier cosa que sea tu voluntad para mí.- Una vez que hago esto, todo funciona bien, a menudo en formas que nunca me hubiera imaginado. Se presentan cosas que yo jamás hubiera forzado o manipulado a que sucedieran. Cuando mis planes no funcionan, es porque Dios tiene algo mucho mejor en mente.

Tal vez lo más importante que hago para permanecer sexualmente sobrio es llevar el mensaje de recuperación a través de los Doce Pasos de ASA a otros adictos sexuales que todavía sufren de esta enfermedad. Cuando nada más me mantiene sobrio, trabajar con otro adicto sexual me ayuda a eliminar mi deseo de actuar. Ya sea llevar a cabo los pasos con alguien, informar al público en general sobre nuestras reuniones, compartir mi experiencia en una reunion, o simplemente recogiendo las sillas después de la reunion, el trabajo de servicio ha sido una gran parte de mi recuperación. Me involucré con el servicio durante mis primeros treinta días de recuperación, y siempre he desempeñado un puesto de servicio desde entonces. El objetivo primordial de cada grupo de ASA es llevar el mensaje, así que cualquier cosa que ayude al grupo a funcionar ayuda a llevar el mensaje. Al utilizar mi experiencia para ayudar a alguien más, puedo convertir la tragedia de mi adicción en mi don mayor. Una persona que se ha recuperado de una adicción a través de los Doce Pasos puede comunicarse con otro adicto de una manera que nadie más puede hacerlo. Esto significa que siento una responsabilidad de utilizar mi experiencia para ayudar a otros, de otorgar lo que me dieron de una forma desinteresada. "El servicio es gratitud en acción," y el don de mi recuperación es tan grande que la única forma de mostrar mi agradecimiento en la que yo puedo pensar es en repartirlo.

Quiero cerrar compartiendo cuanto disfruto de la vida ahora. En mi adicción, yo estaba solo, atemorizado y sin esperanza. En realidad no quería estar presente para la vida. Sólo quería "apartarme del mundo." Desde que vengo a la recuperación, he terminado mi educación, y estoy haciendo el trabajo que siempre soñé hacer, una carrera que la adicción sexual hubiese destruido. Me casé con una mujer maravillosa, y tengo una relación sana y honesta con ella. Puedo disfrutar de la intimidad verdadera con otra persona. Mi vida sexual es mejor de lo que nunca fue durante mi adicción, porque (para mi, en cualquier caso) la intimidad verdadera es de lo que se trata al tener relaciones sexuales magníficas. El mes pasado ví nacer a nuestro primer hijo, y sé que puedo ser un buen padre a esta criatura por mi recuperación en ASA. Me presento a la vida hoy, y estoy verdaderamente contento de estar vivo. ¡Me encanta este programa! Funciona.